Lucy Worsley

# LA VITA SEGRETA DI AGATHA CHRISTIE

Traduzione di Laura Serra

SALANI EDITORE

Titolo originale:
*Agatha Christie: A very elusive woman*

ISBN 978-88-310-2216-3

IL LIBRAIO.IT
il sito di chi ama leggere



First published in Great Britain in 2022 by Hodder & Stoughton,
an Hachette UK company

**dal 1862**

Gruppo editoriale Mauri Spagnol, Milano
www.salani.it

Dedico con gratitudine questo libro alla memoria
di Felicity Bryan.

«La signora Christie è una donna molto sfuggente
e non m'interessa parlare di lei».
Risposta data da Agatha Christie – sotto le mentite
spoglie di Teresa Neele – a chi le chiedeva
un parere sulla misteriosa scomparsa della scrittrice.
*Daily Mail*, 16 dicembre 1926

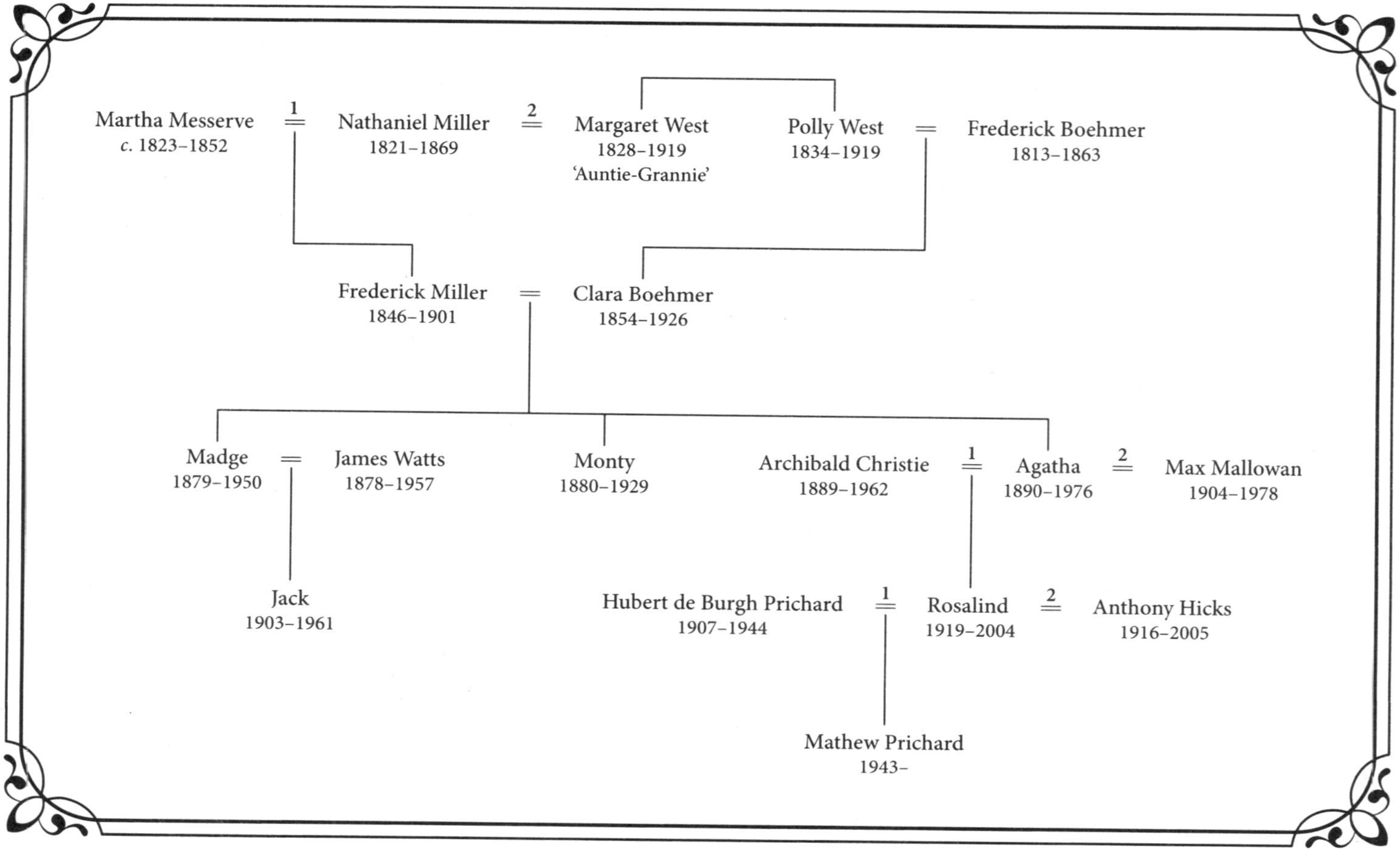
Martha Messerve
c. 1823–1852
1
Nathaniel Miller
1821–1869
2
Margaret West
1828–1919
'Auntie-Grannie'
Polly West
1834–1919
Frederick Boehmer
1813–1863
Frederick Miller
1846–1901
Clara Boehmer
1854–1926
Madge
1879–1950
James Watts
1878–1957
Monty
1880–1929
Archibald Christie
1889–1962
1
Agatha
1890–1976
2
Max Mallowan
1904–1978
Jack
1903–1961
Hubert de Burgh Prichard
1907–1944
1
Rosalind
1919–2004
2
Anthony Hicks
1916–2005
Mathew Prichard
1943–

# Prefazione
## *Un successo 'nascosto in piena vista'*

Agatha Christie sedeva in silenzio nella sua carrozza, quando sentì qualcuno fare il suo nome.

Sullo stesso treno viaggiavano «due donne che parlavano di me, entrambe con in grembo una copia dell'edizione tascabile di un mio romanzo». Non avevano idea di chi fosse la corpulenta signora di mezz'età che divideva con loro lo scompartimento e continuarono a parlare della scrittrice più famosa del mondo. «Ho sentito dire che beve come una spugna» disse una delle due.[1]

Questa storia mi piace molto, perché riassume tanti elementi della vita della Christie. E mi piace per tre ragioni.

La prima è che Agatha raccontò l'aneddoto nel corso di un'intervista pubblicata per festeggiare il suo ottantesimo compleanno, nel 1970. Che vita lunga e movimentata aveva avuto!

Era nata, benestante, in tarda epoca vittoriana: la sua famiglia aveva ereditato vari beni, tra cui una casa signorile con un salone da ballo e una schiera di domestici. L'iniziale ricchezza sarebbe andata perduta e avrebbe costretto Agatha a guadagnarsi da vivere. Nei primi ottant'anni di vita, inoltre, la scrittrice aveva visto due guerre mondiali e assistito al declino dell'Impero Britannico e a violente trasformazioni sociali. E avrebbe descritto tutto ciò in un'ottantina di libri che non solo divertono e appassionano ancora oggi, ma rappresentano anche una miniera di informazioni per gli storici.

La seconda è che le due signore in treno avevano entrambe un romanzo della Christie in mano. Più che naturale. Quei libri si vedevano dappertutto, specie nel periodo postbellico in cui era diventato un rito annuale regalare una «Christie for Christmas». Agatha, recita uno slogan, è la più grande autrice di bestseller dopo Shakespeare e la Bibbia. Quello che a me personalmente interessa, però, non è solo che abbia mantenuto questa carica, ma che l'abbia mantenuta *essendo una donna.* Per giunta, non è stata solo una romanziera, ma anche la drammaturga più rappresentata della storia. Ebbe un tale successo da essere considerata più un'istituzione che un'innovatrice, ma fu entrambe le cose.

La terza è che mostra quanti e quali equivoci vi fossero, riguardo alla Christie. Per tornare alle due signore sul treno, non è affatto vero che Agatha bevesse «come una spugna». In realtà, era astemia. Non le piaceva il vino e la sua bevanda preferita era una coppa di panna rappresa liscia, senza aggiunta di alcol. Eppure le due signore sul treno erano convinte che fosse un'alcolista tormentata e infelice.

La vicenda della carrozza mostra anche una tipica caratteristica del personaggio: Agatha è presente e vigile, ma non si rivela. Viaggia in incognito e usa la vita come ispirazione per la sua arte. Il buffo aneddoto della scrittrice che si sente descrivere come un'ubriacona compare nel romanzo *Dead Man's Folly* (*La sagra del delitto*) a proposito dell'alter ego letterario di Agatha, la romanziera-detective Ariadne Oliver.

La scena del treno ci dice anche una verità fondamentale su Agatha Christie come persona. In effetti era facile non notarla, come del resto accade a quasi tutte le donne che hanno superato la mezza età, ma lei approfittava in piena coscienza del fatto di non dare nell'occhio. Quella della persona comune fu un'immagine pubblica che coltivò con cura per celare il suo vero io.

Se le due donne sul treno le avessero chiesto come si chiamava, non avrebbe risposto «Agatha Christie», ma «Mrs. Mallowan», il cognome che aveva acquisito quando, anni prima, aveva sposato impulsivamente un archeologo di quattordici anni più giovane.

Se le avessero domandato quale fosse la sua professione, avrebbe risposto: «Nessuna». Quando, di fronte a una pratica burocratica, doveva compilare la voce «professione», la donna che si stima abbia venduto due miliardi di copie dei suoi romanzi scriveva immancabilmente «Casalinga». E nonostante il suo colossale successo, conservò sempre il punto di vista della spettatrice e dell'osservatrice esterna. Si sottraeva a un mondo che cercava di affibbiarle un'etichetta.

In questo libro vorrei analizzare il motivo per cui Agatha Christie finse per tutta la vita di essere una persona qualsiasi, quando in realtà fu una grande innovatrice. «Nessuno al mondo era meno adatto di me a interpretare il ruolo dell'eroina» disse una volta.[2] Questa convinzione era dovuta in parte alla sua estrema umiltà, ma aveva anche a che fare con il mondo che Agatha aveva conosciuto da bambina, un mondo in cui precisi imperativi sancivano cosa una donna potesse o non potesse fare.

Questa è una biografia dal taglio storico, in cui la vita della protagonista si intreccia con quella del Ventesimo secolo.

Quando ho comunicato che intendevo scrivere un saggio su Agatha Christie, molti mi hanno chiesto per prima cosa che successe negli undici, drammatici giorni del 1926 in cui la scrittrice scomparve e l'intero Paese si mise alla ricerca del suo cadavere. Si è spesso sentito dire che la Christie sparì dalla circolazione con il preciso intento di far accusare il marito di uxoricidio. Era vero?

Altrettanto spesso si è sentito dire che, per il resto della sua vita, la scrittrice non parlò più dell'increscioso incidente. Ma non è esatto. Ho raccolto un gran numero di dichiarazioni fatte da lei sull'argomento e, leggendole con attenzione, ho avuto l'impressione che il cosiddetto 'mistero' sfumasse del tutto.

Agatha ha infranto le regole imposte alle donne nel Ventesimo secolo. Le donne della sua generazione e della sua classe sociale dovevano essere magre, fare le casalinghe, adorare ciecamente i numerosi figli e donarsi sempre agli altri.

L'unico di questi imperativi cui si conformò in pieno fu l'ultimo. In effetti, diede il meglio di sé – l'energia, la creatività, il genio – ai suoi lettori. Non c'è da stupirsi se loro le sono tuttora grati.

Oggi non abbiamo la necessità di mettere le donne su un piedistallo. In altre parole, dobbiamo accettare il fatto che, in quel groviglio di contraddizioni che era Agatha Christie, vi fosse anche un cuore nero. Non solo la scrittrice inventò storie in cui perfino le bambine potevano essere assassine, ma nelle sue opere espresse a volte opinioni sulla razza e le classi sociali che al giorno d'oggi riteniamo inaccettabili.

Ciò non significa che si debba arricciare il naso e distogliere lo sguardo. Dobbiamo accettare la realtà: la narrativa di Agatha Christie è diventata una sorta di codice tramite il quale accedere a una visione tipicamente inglese del mondo. I pregiudizi della sua classe e della sua epoca che trapelano spesso dalle sue opere fanno parte della storia della Gran Bretagna del Ventesimo secolo.

Nonostante le posizioni conservatrici espresse nelle sue creazioni letterarie, sono convinta che, sotto sotto, Agatha abbia influenzato in maniera positiva la percezione che il suo pubblico aveva del mondo. In fondo, nelle sue storie uno straniero basso, effeminato e con un nome ridicolo riesce a sconfiggere il male usando il cervello al posto dei muscoli, mentre una vecchietta malferma sulle gambe riesce sempre ad avere la meglio sui malfattori. Per giunta, questi due single senza figli – né Hercule Poirot né Miss Marple sono sposati – mostrano di non avere alcun bisogno di avere intorno una famiglia convenzionale, per stare bene con se stessi.[3]

Infine vorrei chiarire che la Christie, anche nelle opere degli anni Venti, non espresse mai nostalgia dell'impero e non rivelò alcun legame con il retaggio dell'età vittoriana. Nella mia infanzia guardavo in televisione versioni edulcorate e rassicuranti delle sue storie, ma i romanzi originali erano il prodotto di un Ventesimo secolo che aveva rotto con il passato. La stessa Christie visse una vita 'moderna': praticava il surf alle Hawaii, amava le auto sportive, era affascinata dalla nuova scienza chiamata psicologia. I suoi romanzi risultano ancora oggi di una modernità brillante e dinamica.

In questa biografia impareremo a conoscere una delle grandi autrici del Novecento, una giallista che è stata costantemente denigrata e pervicacemente fraintesa, una donna le cui conquiste sono rimaste nascoste mentre erano sotto gli occhi di tutti.

Ma per prima cosa torniamo alle origini, a una bambina dai capelli biondi.

# PARTE PRIMA

# La bambina vittoriana

*Anni Novanta dell'Ottocento*

# 1
# La casa dove sono nata

Agatha Miller crebbe in un posto speciale. La casa della sua infanzia sorgeva su un colle che dominava dall'alto la cittadina costiera di Torquay, nel Devon del sud.

Ashfield, com'era chiamata, era una bella villa vittoriana circondata dal verde e da un folto, magico bosco. Agatha amava i grandi alberi del primo giardino di cui aveva memoria: «Il grande faggio, la wellingtonia, i pini, gli olmi» e «lo spiazzo erboso vicino all'araucaria» dove giocava con il suo cerchio.

Il giardino è scomparso, e la stessa Ashfield è stata da tempo demolita. Ma se si cammina tra le villette che sono sorte al suo posto, una cosa è rimasta identica: si scorge, in lontananza, il mare, sovrastato a volte da cumulonembi temporaleschi che incombono su Brixham, dall'altra parte della baia.

Nonostante le alterne vicende che avrebbe vissuto, Agatha continuò a considerare la casa di famiglia il luogo più significativo della sua intera esistenza. Da anziana, avrebbe scritto la storia della sua vita che sarebbe stata pubblicata con il semplice titolo *An Autobiography*, (*La mia vita*). La storia inizia e finisce con Ashfield, con l'immagine di lei nel giardino: «Una bambina con i riccioli biondo chiaro e il viso solenne».

Il lieto evento con cui, il 15 settembre 1890, vide la

luce Agatha, figlia di Frederick e Clara Miller, avvenne in quella casa.

Era un lunedì pomeriggio quando la levatrice fece nascere la piccola. Era la terza Miller che entrava nel mondo e vi entrava, curiosamente, a scoppio ritardato, in quanto la trentaseienne Clara (vero nome Clarissa) aveva già dato alla luce una figlia e un figlio rispettivamente undici e dieci anni prima.

Assistette al parto anche la prozia della bambina, Margaret. Oltre a essere zia di Clara, Margaret era pure matrigna di Frederick, motivo per cui i Miller la chiamavano «zia-nonnina». In effetti era una famiglia complicata. Occorre una certa concentrazione per ricordarsi le identità dei vari personaggi, quasi fosse la trama di un giallo. Le famiglie complicate che troviamo spesso nei romanzi di Agatha traggono forse origine dalla sua stessa famiglia.

Una famiglia abbastanza importante perché del lieto evento dessero notizia sia il quotidiano locale sia il *Morning Post* di Londra.[1] Il padre, Frederick Alvah Miller, aveva finanziato la recente ricostruzione dell'All Saints Church, la chiesa da ottocento posti ai piedi del colle dove Agatha fu battezzata. Alla voce «rango o professione» del registro della parrocchia, era scritto «gentiluomo». Vi fu una frotta impressionante di padrini e madrine intorno al fonte battesimale: la moglie del direttore dell'ospedale locale, un pari d'Inghilterra e un futuro visconte.

Forse perché la terza figlia le era arrivata come un dono inatteso, Clara aspettò quasi due mesi prima di assumere la consueta *nurse* che la aiutasse nel compito di madre.[2] La piccola era molto bella. C'è chi definisce gli occhi di Agatha grigi, chi azzurri, chi verdi.[3] Nelle fotografie, appare quasi immobilizzata dalla cuffia e dalle gale inamidate del vestitino di cotone bianco tipico dei bambini delle famiglie borghesi tardo-vittoriane.

Alla piccola non mancava niente di quello che una villa di fine Novecento – piena di oggetti, mobili e fiducia nella propria agiatezza – poteva offrire. Fotografata in tenera età, guarda altera l'obiettivo ora dalla sua poltroncina imbottita, ora dalle ginocchia di un padre protettivo, ora tra le foglie verdeggianti nel delizioso giardino di Ashfield.[4]

Agatha possedeva anche una cosa che non trapelava dalle tipiche fotografie imbalsamate dell'epoca vittoriana: la gioia di vivere. Sapeva apprezzare il momento presente ed era fiera della propria capacità di «trarre il meglio da ogni cosa».[5] Suo nipote, al quale fu sempre molto legata, dice che la nonna aveva il «dono naturale della felicità».[6] Non c'era niente di affettato o di stereotipato in quella bambina di fine Ottocento.

Crescendo, Agatha apprezzò sempre più i piaceri quotidiani: le lezioni di piano e i buoni pasti, in particolare le torte e la panna, anche se detestava visceralmente sia il sapore sia l'odore del latte caldo. Era sempre di buonumore. A sette anni spiegò che la cosa che meno sopportava era «l'ora di andare a letto quando sei ancora sveglissima» e definì «eccitato» il suo «stato d'animo del momento».[7] Era «disordinatissima» e, quando girava per casa, si lasciava dietro una scia di oggetti, foglietti, giocattoli.[8]

Era una bambina amata, e questo da un lato fu una fortuna, dall'altro una disgrazia. Quante sarebbero state, una volta adulta, le probabilità che qualcuno le desse lo stesso affetto di cui l'avevano circondata i genitori nel confortevole mondo di Ashfield e del suo giardino?

Le altre bambine di Torquay, i vicini o le altre allieve delle lezioni di danza avrebbero rammentato la sua agilità e la sua bellezza. Questo potrà lasciare interdetto chi ha presente solo l'immagine matura della signora Christie, appesantita dal mai sopito amore per la panna. «Ti ricordo sorridente, con indosso un bel vestitino di seta tutto pieghe come il mantice di una fisarmonica» avrebbe detto in seguito una sua compagna del corso di danza. «Con i lunghi capelli biondi, sembravi la ninfa marina Teti».[9]

Eppure non si ha l'impressione di una bambina molto vivace, guardando le pose che, con il passare degli anni, la piccola assumeva davanti ai genitori che amavano fotografarla. Agatha usa, tutta fiera, un innaffiatoio mentre, con gli stivali alti ai piedi, sfoggia un giubbotto alla marinara con maniche dai piccoli sbuffi. Quando diventa grande, i bei capelli sono arricciati con i ferri e sul viso le cala un'espressione di solenne mistero. Siede impassibile in mezzo a una pila di bacchette con il suo cane George Washington. E appare molto riservata.

Sappiamo dalla sua autobiografia, là dove descrive nei particolari i giochi che faceva in giardino, che quelle bacchette dovevano rappresentare un mondo di fantasia ormai perduto. Agatha stava bene da sola, si inventava storie e amici immaginari. Tanto era spontanea in famiglia, di fronte a estranei ammutoliva. «Sono sempre stata poco loquace» ammise. «È uno dei motivi per cui sono diventata una scrittrice».

L'autobiogafia rivela come Ashfield sia stato il luogo fondamentale della sua vita, e sua madre la persona più importante. A una prima lettura, *La mia vita* racconta una storia di formazione da cui sembra di capire che l'autrice ritenga qualcosa di inatteso e immeritato la felicità e il successo ottenuti. «Anche solo essere vivi è fantastico».[10] Alcuni lettori sono rimasti delusi dal suo tono superficiale e garrulo: chiacchiere amabili, personaggi curiosi, costumi sociali che via via cambiano, ma quasi nessuna introspezione.

Eppure, anche qui si annida un'altra realtà più profonda. Come tutto ciò che ha a che fare con Agatha Christie, l'apparenza quasi frivola dell'autobiografia cela, sotto sotto, verità meno gratificanti. La vita di Agatha sarebbe stata segnata anche da periodi di grande infelicità.

La Christie riteneva Ashfield la casa di sua madre, quella che Clara Miller aveva comprato di punto in bianco perché se n'era innamorata mentre il marito Frederick si trovava all'estero. La figlia racconta la storia all'inizio dell'autobiografia, quando spiega che il padre, al suo ritorno:

> «Perché l'hai fatto?» chiese alla mamma.
> «Perché mi piaceva» fu la risposta.

Agatha lascia intendere che sua madre riteneva normale, quasi scontato, che una donna comprasse una casa così, per il semplice motivo che le piaceva.

Ecco dunque che, appena iniziata la nostra storia, ci troviamo già in mezzo alle sabbie mobili.

Anche se Clara e Agatha forse *credettero* a questa versione, in realtà non fu così che andarono le cose. In concreto Clara non avrebbe mai potuto, anche volendo, acquistare Ashfield. Una donna nella sua posizione era una *femme couverte*, una donna coniugata: la legge trattava le coppie sposate come una sola persona e quella persona era sempre l'uomo. Clara aveva dei soldi suoi, un'eredità, ma era una somma vincolata in un fondo fiduciario e lei doveva convincere altre persone per potervi accedere. Inoltre, quella di Ashfield in realtà non era una vendita vera e propria: si trattava infatti solo di una proprietà superficiaria.[11] Non è però che, raccontando quella versione della vicenda, la Christie abbia inteso ingannare i lettori. Piuttosto, i suoi sogni, i suoi ricordi e la sua narrazione erano più importanti, per lei, dei fatti nudi e crudi.

La storia della madre che con nonchalance comprava la tenuta rivela, però, una profonda verità su Agatha: Clara era una donna che esercitava il controllo su tutto, aveva il senso del destino e intuiva cosa fosse giusto e cosa no.

La figlia osservò il suo comportamento impulsivo, che avrebbe poi imitato, diventando un'accumulatrice e a sua volta un'acquirente compulsiva di immobili, che amava 'nidificare' in varie case e che a un certo punto arrivò a possederne addirittura otto.

Ritornò spesso sul concetto che possedere una casa fosse il massimo della felicità. Già nell'infanzia, per divertimento suo e della famiglia, scrisse delle storie, la prima delle quali parlava della «terribile Lady Agatha» e aveva una trama «imperniata sull'eredità di un castello». In un altro di questi racconti, l'io narrante sogna un'abitazione:

> Una casa bellissima... Mi alzai e la guardai... A dirlo così non rende l'idea, ma tutto il giorno non ho fatto che pensarci. Quanto è bella! La felicità perfetta, assoluta.[12]

In uno degli ultimi romanzi ancora di qualità che Agatha scrisse in vecchiaia, una casa è ancora una volta al centro di un'ossessione, «la cosa che contava di più, per me».[13]

Ma la vita con papà e mamma nella sua amata Ashfield non poteva restare sempre il paradiso che le era parso nei primi anni di vita.

# 2
# Follia in famiglia

Gli editori hanno proposto al pubblico un'immagine di Agatha Christie come la tipica signora inglese amante del *cream tea* e profondamente radicata nel fertile humus rosso del Devon. In realtà Agatha proveniva da una famiglia di giramondo, e fin dall'inizio ebbe una visione della Gran Bretagna e dei britannici che potremmo definire 'da osservatrice esterna'.

Suo padre Frederick era nato a New York da genitori americani, mentre sua madre Clara era nata a Dublino da un padre tedesco militare di carriera e da una madre inglese che aveva seguito il marito in viaggio per il mondo.

Il vero responsabile della fortuna familiare era il nonno americano di Agatha, Nathaniel Alvah Miller, un uomo d'affari del Massachusetts che si era fatto da solo. Nathaniel aveva iniziato come commesso viaggiatore, vendendo posate porta a porta, prima di diventare un impiegato. Sua moglie, che alcuni chiamavano Martha e altri Minerva, era la figlia di un macellaio e i due vivevano in una pensione del Lower East Side. Ma Nathaniel aveva fiuto per il commercio e sapeva fare i soldi. Dalla posizione di modesto impiegato aveva fatto carriera diventando socio di una ditta di vendita all'ingrosso, la Claflin, Mellon & Company (Agatha spesso scriveva il nome sbagliato, «Chaflin»). Era una florida azienda con sede a Broadway.

Il figlio dei Miller, Frederick, nacque il 31 ottobre 1846. Cinque anni dopo, la madre morì di tubercolosi. Dopo la perdita della moglie, Nathaniel diventò sempre più 'europeo'. Mandò Frederick a studiare in Svizzera, e spesso affrontava un viaggio di otto giorni in piroscafo da New York a Manchester per procurarsi le macchine da cucire che poi spediva in America per metterle sul mercato. Nel 1861 la Claflin, Mellon & Company aprì a Manhattan un nuovo, enorme punto vendita con settecento commessi. Quando Nathaniel presentò domanda per diventare cittadino britannico, gli amici che elencò come patrocinatori della sua naturalizzazione erano tutti mercanti e banchieri.[1]

In Inghilterra sposò la sua seconda moglie, Margaret West. Fu questa zia-nonnina, matrigna di Frederick, a portarsi dietro la nipote Clara e a introdurla nella famiglia Miller.

Crescendo, Frederick e Clara si ritrovarono spesso in reciproca compagnia e, quando venne l'età del matrimonio, Frederick non volle disturbarsi a cercare lontano una moglie. «Un uomo molto affabile» lo definì sua figlia, ma Frederick era anche irreparabilmente pigro. «Un uomo come mio padre oggigiorno non sarebbe molto apprezzato» ammette Agatha nell'autobiografia. D'altra parte, «a quei tempi era ancora possibile vivere di rendita: chi ne aveva una, ovviamente non lavorava. Nessuno se lo sarebbe aspettato. Comunque ho il sospetto che mio padre non fosse particolarmente tagliato per il lavoro».

Frederick aveva il terribile vizio di comprare compulsivamente cose, anche se, come lui stesso affermava, la sua occupazione di gran lunga preferita era «non fare nulla». Fu, quella, una delle risposte che diede in un libro di questionari che l'intera famiglia amava compilare di tanto in tanto. Frederick diede la risposta più lunga e articolata alla domanda sul suo cibo preferito: «Bistecca, costolette, frittelle di mele, pesche, mele. Noci e noccioline di ogni tipo. Ancora pesche. Ancora noci e noccioline, e poi stufato all'irlandese e sfogliatine alla marmellata».

Uomo pigro e simpatico, Frederick convolò a frettolose nozze nell'aprile del 1878, all'età di trentun anni, in una chiesa di Notting Hill. Sua moglie, la ventiquattrenne Clara, era molto meno pigra e anche parecchio meno simpatica di lui. Indossava un rigido abito di damasco color panna, con una cintura strettissima tempestata di perle.[2]

Anche se i due sposi avrebbero vissuto soprattutto in Inghilterra, Frederick continuò a fare frequenti capatine in America. Era registrato nell'annuario dei vip di New York, ed era uno dei pochissimi membri diventati facoltosi di recente. Come spiegavano gli amici, Frederick contrariamente a suo padre «non fu mai in affari» ed era «ben accolto da tutti i membri della buona società newyorchese».[3]

Frederick e Clara decisero di prendere casa a Torquay, piacevole, animata cittadina costiera del Devon. Sempre amante della vita mondana, Frederick era iscritto allo Yachting Club e teneva il punteggio nelle partite del Torquay Cricket Club. («Ero molto fiera che mi fosse permesso di aiutarlo e presi il mio compito molto sul serio» avrebbe ricordato Agatha).[4]

Negli anni Novanta dell'Ottocento, Torquay era nota soprattutto come un bel posto dal clima mite dove passare l'inverno. La prima figlia di Frederick e Clara nacque lì, in una casa in affitto, il 9 gennaio 1879. Naturalmente fu battezzata Margaret come zia-nonnina, ma ben presto sarebbe stata chiamata quasi esclusivamente Madge.

Nel giugno dell'anno dopo, durante una visita in America, nacque il secondogenito, Louis Montant, detto Monty. La famiglia decise di stabilirsi definitivamente in America e tornò a Torquay per liquidare tutto. Frederick era andato di nuovo, per conto suo, a New York quando Clara mise gli occhi sulla villa di Ashfield. Era un edificio con sei camere da letto, collegato con l'impianto fognario di Torquay, ma la sua vera attrazione era il giardino, con «una grande serra, una serra per orchidee, un felceto, un ricco frutteto, un prato stupendo e un orto».[5]

Così Clara decise che il trasferimento in America non ci sarebbe stato. Non era una donna a cui si potesse far cambiare facilmente idea. Vestiva con gusto teatrale, sfoggiando «eleganza e dignità... Con i suoi lunghi soprabiti di marocchino nero... girando per casa a testa alta».[6] Aveva gusti sofisticati: ammirava Alfred Tennyson, Edwin Landseer, Mendelssohn e «Miss Nightingale». Ma aveva anche debolezze umane. Ammetteva di non saper resistere al «gelato» e al «selz».[7]

Benché nutrisse forti passioni, quello che desiderava con tutte le sue forze Clara Margaret Boehmer era la stabilità. Era figlia dell'ufficiale dell'esercito Frederick Boehmer, nato nella Martinica da padre tedesco. Sua madre, Polly, era inglese. La coppia aveva avuto cinque figli, quattro maschi e una femmina, Clara, nata mentre Frederick era di stanza a Dublino.[8]

Quando Boehmer andò in pensione dall'esercito, portò la famiglia a Jersey, dove morì. Secondo Agatha, a ucciderlo fu una caduta da cavallo. Secondo gli indizi più prosaici reperibili nella locale parrocchia, morì di bronchite.

Toccò quindi a Polly farsi carico dei cinque bambini con la pensione militare, rischiando di vedere compromessa la loro già precaria appartenenza alla classe media. Per alleggerirsi il compito, Polly mandò Clara, che allora aveva nove anni, a vivere con sua sorella Margaret (la «zia-nonnina»), che stava per sposare il suo ricco uomo d'affari americano. Clara non sarebbe mai riuscita a dimenticare che sua madre l'aveva abbandonata. Rimase affettivamente carente e incline a «precipitare in stati d'animo terribili». Agatha pensava che sua madre fosse «timida e del tutto priva di fiducia in se stessa».

La vita da «parente povera dei Miller» procurò a Clara un senso di insicurezza, ma nuove ricerche dimostrano che in tutta la sua famiglia era presente la tendenza alla malattia mentale.[9] Un suo fratello maggiore, Frederick, si sparò; una prima cugina, Amy Boehmer, si dette la morte per annegamento, e lo stesso fece una seconda cugina. Il prozio di Clara morì in manicomio e anche la prozia vi trascorse, nel 1850, un periodo. Nel 1880 un cugino di secondo grado morì in un istituto psichiatrico, mentre sua sorella vi fu rinchiusa nel 1891. Un altro cugino di secondo grado, alcolista, venne condannato per avere picchiato la moglie.

Non importa se tutti questi elementi fossero in qualche modo collegati. L'importante è che il tema della follia destava paura e vergogna in epoca vittoriana. Il seme dell'alienazione mentale (come la si chiamava all'epoca), che sembrava circolare nel ramo materno della sua famiglia, avrebbe finito per emergere insistentemente nella narrativa di Agatha. La protagonista della sua storia adolescenziale che si svolgeva in quella bella casa ha una madre morta in manicomio:

C'è il seme della follia in famiglia, sai. Il nonno si è sparato e una sorella... si è buttata dalla finestra... Inoltre, la madre di Allegra è vissuta per anni nell'istituto. Non è che fosse solo... stramba, sai, è che era proprio pazza... pazza furiosa! È una cosa terribile, la follia.[10]

Ma anche se i guai sarebbero arrivati, non vi è il minimo accenno di insoddisfazione in tutte le testimonianze sul lungo, felice matrimonio di Clara con Frederick. Dall'età di dieci anni, la Boehmer non degnò nemmeno di un'occhiata gli altri uomini. Adorava suo marito, anche se adorare il marito era, per le donne dell'età vittoriana, principalmente un dovere.

Clara fu anche, per Agatha, il primo modello di scrittrice, perché era solita scrivere racconti e poesie. Sono le poesie da lei buttate giù in privato a circonfondere di una particolare luce vittoriana l'idea di matrimonio che condivideva con Frederick. Clara si considerava sostanzialmente inferiore:

Ascoltami, Dio del Cielo,
ascolta la mia sommessa preghiera
e rendimi, benché sì modesta, degna
di divider con lui amore e vita.

Nella sua poesia di risposta, Frederick vede la moglie come «angelo del focolare», la classica concezione ottocentesca della donna casta, quieta, casalinga, fulcro morale della casa:

Ma il mio cuore è fedele e tenero,
colmo d'amore per la diletta sposa,
ché essa è il mio angelo innocente

più cara a me della stessa vita
lei sola ha il potere di guidarmi
traendomi dalle tenebre alla luce.[11]

Con la loro saldissima relazione, i genitori avrebbero fatto sentire Agatha profondamente amata nei primi dieci anni di vita. Con Clara, in particolare, la bambina aveva una particolare intesa psicologica, una «comprensione intuitiva delle situazioni che era preclusa ai comuni mortali».[12]

Tuttavia, a un certo punto, la terzogenita dei Miller dovette lasciarsi alle spalle Ashfield e affrontare un nuovo secolo in cui le donne non potevano più permettersi il lusso di essere «angeli innocenti», ma dovevano fronteggiare umiliazioni, lavoro e povertà.

# 3
# La Cosa nella Casa

Passeggiando in giardino la sera di San Silvestro del 1892, Frederick Miller si accorse che i tubi dell'acqua calda, nella serra, erano freddi. Strano. Stupito, andò a cercare William Henry Callicott, l'uomo che da tre anni era il suo «coscienzioso e industrioso» giardiniere.

Non lo trovò. Continuò a cercarlo, e alla fine aprì la porta della vecchia stalla in disuso.

Lo trovò là, l'uomo che non rispondeva all'appello: era morto e il suo cadavere penzolava da una corda.

Poiché la villa di Ashfield era dotata di telefono, Frederick chiamò subito la polizia. Si seppe che Callicott non aveva partecipato alla festa di Natale di Ashfield con gli altri domestici, adducendo la scusa che non poteva perché la sua bambina non stava bene. In realtà, il giardiniere temeva di essere malato di cuore e si sospettò che quella paura lo avesse indotto a togliersi la vita.[1]

L'indizio rappresentato dai tubi freddi e la scoperta del cadavere sembrano le scene iniziali di un giallo di Agatha Christie. E in effetti l'episodio compare in uno dei suoi romanzi, il semiautobiografico *Unfinished Portrait* (*Ritratto incompiuto*), uno degli innumerevoli libri in cui la Christie descrive una casa che è a un tempo meravigliosa e sinistra.

Nell'infanzia, Agatha maturò l'idea molto vittoriana che la casa fosse l'epicentro della vita.

In seguito avrebbe descritto le intense sensazioni che aveva provato nel mondo isolato di Ashfield, dove la cuoca Jane Rowe era una figura centrale. Agatha amava la cucina di Jane. Ad Ashfield il cibo era sempre ricco e abbondante, e lei era definita una «bambina golosa», il cui cibo preferito «è stato, è e probabilmente sarà sempre la panna». Le parole «aggiungere mezza pinta di panna» appaiono più volte in un libro di ricette scritto a mano da Clara per l'uso futuro di sua figlia e comprendente piatti che andavano dal pollo in umido al «riso cinese».[2]

Il censimento del 1891 rivela i nomi degli abituali compagni d'infanzia di Agatha: i domestici. Settant'anni dopo, la scrittrice li avrebbe descritti nella sua autobiografia: non solo la cuoca Jane Rowe, ma anche la cameriera Jane Ratcliffe, la donna di servizio Charlotte Froude e, più importante di tutti, la bambinaia Susan Lewis. Agatha apparteneva a una classe che non poteva concepire di vivere senza servitù. Qualcuno una volta la sentì dire a Susan: «Quando sarò grande, tata, costruiremo un piccolo cottage nel giardino di Ashfield e tu e io vivremo là *per sempre*».[3]

Oltre a ospitare pranzi sopraffini e profonde relazioni femminili, Ashfield offriva un'esperienza estetica straordinaria. Le fotografie la mostrano zeppa all'inverosimile di oggetti, molti dei quali sarebbero, a tempo debito, finiti nella casa successiva di Agatha, villa Greenway, nel Devon. Là, una camera da letto del primo piano sarebbe stata convertita in bagno negli anni Novanta. Nell'armadio della biancheria, catalogate con cura, erano accatastate scatole piene di pacchi di ricevute a dimostrazione della mania compulsiva di Frederick di comprare cose.

Aprendo i contenitori, ci si trova davanti alle ricevute di un paio di medaglioni Wedgwood, «due ciotole orientali» e «otto statuine di pietra saponaria su piedistallo». Frederick non sapeva resistere ai negozi che vendevano «oggetti d'arte, porcellane rare, bronzi antichi e ogni sorta di oggetti per intenditori». Per sé e per Clara comprò un anello di ametista, un portaombrelli, un paio di caraffe di vetro intagliato, cinque belle sedie Chippendale di mogano tappezzate in stoffa ricamata a mano, e una cassa contenente diciotto paia di forchettine da dolce in argento e madreperla.[4] Dovette ampliare la casa perché fosse in grado di ospitare tutte quelle cose, e aggiunse una sala da ballo «capace di accogliere 120 ballerine e ballerini».[5] Gli piaceva anche appendere alle pareti i quadri molto vicini tra loro.

Agatha imitò suo padre nel creare, sia pure su scala infantile, un ambiente domestico piacevole. Usò i suoi risparmi per acquistare mobili per la casetta della sua amata bambola:

> C'erano toilette complete di specchio, tavoli rotondi e un'intera stanza da pranzo le cui sedie erano foderate di un'atroce tonalità di arancione... In breve la casa delle bambole venne ad assomigliare a un magazzino.

In età matura, la Christie si rese conto che erano stati gettati i semi di una passione che sarebbe durata tutta la vita. «Da allora ho continuato a 'giocare alle case'» scrisse.

> Ho visto innumerevoli case, comprato case, scambiato case con altre case, ammobiliato case, arredato case, ristrutturato case. Case! Dio benedica le case!

Agatha ritrovò le atmosfere a un tempo cupe ed eccitanti delle abitazioni della generazione dei nonni quando andò a stare da zia-nonnina nel sobborgo londinese di Ealing, al numero 9 di Craven Gardens, in mezzo a una fila di villette tutte uguali e in una posizione comoda per raggiungere la stazione ferroviaria.

Zia-nonnina, con le sue idee granitiche e il suo debole per il Cherry Brandy, fu una figura fondamentale dell'infanzia di Agatha. Affermava di sapere «intuire subito il carattere di una persona», e Agatha avrebbe attribuito parte della sua acutezza e del suo formidabile intuito agli occhi scrutatori di Miss Marple.[6]

Zia-nonnina capiva all'istante quello che le persone, e in particolare gli uomini, volevano veramente. Quando Miss Marple, sia pur con discrezione, offre del whisky ai signori perché «desiderano qualcosa di più forte del tè», è probabile che Agatha stesse pensando a lei.[7] Zia-nonnina era anche convinta che tutte le donne dovessero «sempre portarsi dietro cinquanta sterline in banconote da cinque per i casi di emergenza», parole che poi vennero dalla Christie attribuite a una zia in un romanzo del 1968.[8]

Durante una delle sue visite al signorile mondo medio-vittoriano della zia, la piccola Agatha ammirò molto il grande water, con «uno splendido sedile in mogano» su cui si sentiva «come una regina su un trono». Nel salotto fiocamente illuminato, zia-nonnina viveva una vita sedentaria, muovendosi solo per andare ad aprire la dispensa e distribuire scatole di «prugne secche, ciliegie, angelica, pacchetti di uva sultanina, panetti di burro e sacchi di zucchero». Quando diventò vecchia, si fece ancora più accumulatrice e, a poco a poco, Agatha cominciò a vederla non più come una figura amata e onnipotente, ma come una figura amata e fragile. Nemmeno la magnifica dispensa avrebbe più potuto salvare Margaret Miller dall'ombra della morte.

La vita, sia ad Ashfield sia a Craven Gardens, dipendeva molto dal lavoro della servitù. Rileggendo nei primi anni Sessanta i romanzi che aveva scritto in gioventù, la Christie manifestò il suo stupore per «il numero di domestici che vi comparivano».[9] Da bambina aveva dato tutto per scontato, ma col tempo avrebbe finito per analizzare attentamente la questione. Le donne della sua famiglia, racconta, «facevano sgobbare fino all'inverosimile le persone di servizio, ma si prendevano molta cura di loro quando si ammalavano. Se una ragazza aveva un innamorato dalle intenzioni poco chiare, la nonnina andava da lui e gli diceva: 'Giovanotto, ha intenzione di fare la cosa giusta con Harriet o no?'».[10] Era convinta che entrambe le parti avessero da guadagnare da un rapporto chiaro: una domestica migliorava il proprio status se lavorava in una casa con una buona padrona.

Ma questa è solo una parte della storia. Agatha non poteva sapere quanto fosse umiliante, per una persona, lavorare nelle case altrui, e una delle accuse che le sono state spesso rivolte è di essere una scrittrice priva di umanità nei confronti dei domestici. Lo si vede in romanzi come *Evil Under the Sun* (*Corpi al sole*), dove il personale dell'albergo è escluso dai sospetti solo ed esclusivamente sulla base della classe sociale. La Christie però i pregiudizi si diverte anche a sfruttarli, e guai al lettore che dia per scontato che in un suo romanzo un domestico non possa essere il colpevole. Agatha la scrittrice non disprezza affatto i domestici. Si interessa a loro e alla loro condizione in via di evoluzione, e in certe storie si sofferma ad analizzare la loro vita.

Mentre nella Ealing di zia-nonnina si conduceva un'esistenza sedentaria, a Torquay Agatha, che sprizzava salute da tutti i pori, faceva una sorprendente quantità di sport e di esercizio fisico. Nuotava spesso, con bracciate sicure. Si dedicava al pattinaggio a rotelle sul molo e cavalcava pony presi a nolo. Del resto Torquay aveva molte attrazioni per i bambini. Fin dagli anni Sessanta dell'Ottocento, la cittadina turistica poteva contare sulla presenza dell'Imperial Hotel, il primo albergo a cinque stelle fuori Londra, che sarebbe apparso in due romanzi della scrittrice, *Peril at End House* (*Il pericolo senza nome*) del 1932 e *The Body in the Library* (*C'è un cadavere in biblioteca*) nel 1942. Inoltre, negli anni Ottanta dell'Ottocento era stato costruito il Grand Hotel, che si rivolgeva ai visitatori che arrivavano dalla vicina stazione della Great Western Railway.

Nonostante la vita agiata in una città consacrata al divertimento, qualcosa di inaspettatamente oscuro si insinuò nella visione del mondo della giovane Agatha.

In *The House of Beauty*, la storia adolescenziale cui abbiamo già accennato, vi è il germe di un'idea che avrebbe percorso l'intera sua narrativa, ovvero che il male si annida proprio in casa. In un'atmosfera strana e inquietante, l'io narrante immagina di essersi imbattuto nella casa perfetta, poi però si rende conto che dentro vi aleggia un'entità malvagia:

> In nessuno dei suoi sogni la Casa gli era parsa più bella e affascinante di com'era quella notte. [...]
> Qualcuno si stava avvicinando alla finestra.
> Era sveglio! Tremava ancora d'orrore per l'indicibile obbrobrio che in lui aveva suscitato la Cosa... la Cosa che si era avvicinata alla finestra e gli aveva lanciato un'occhiata malevola... perché era assolutamente,

totalmente orribile, una Cosa talmente ripugnante e disgustosa che al solo ricordarla gli veniva la nausea.

Ecco che, *in nuce*, c'è già l'idea che pure nel cuore di una casa felice possa esistere un'entità malvagia.

Il motivo si ripresenterà molte volte, anche nell'ultimissimo romanzo di Miss Marple, in cui un personaggio di nome Gwenda scopre una porta nascosta. «Del tutto inaspettatamente», Gwenda «avvertì un piccolo brivido di inquietudine». Questo perché trovare la porta misteriosa le fa riaffiorare un ricordo rimosso dell'infanzia: l'omicidio cui aveva assistito. D'un tratto la sua casa non le apparve più sicura. La casa «la spaventava».[11]

L'idea che un'abitazione o anche una persona potesse all'improvviso cambiare e da gradevole trasformarsi in una creatura malvagia e perfida riusciva fin troppo familiare ad Agatha, che aveva avuto da bambina l'incubo di un uomo cattivo – frutto della sua fantasia – da lei battezzato il Bandito.

Il Bandito o l'Uomo col Fucile era un personaggio immaginario che appariva vivo e terrificante. Agatha lo descrive nella sua autobiografia e anche in *Unfinished Portrait* (*Ritratto incompiuto*), dove, secondo una persona a lei molto vicina, «vediamo molti tratti della sua anima che partono dalla prima infanzia e arrivano all'inizio della mezza età».[12] A volte indossando una giacca settecentesca, altre presentandosi senza un braccio, il *villain* compariva all'improvviso dal nulla nel bel mezzo di una giornata qualsiasi. A volte usurpava addirittura il corpo di qualcun altro:

> Guardavi la faccia della mamma – era certamente la mamma – e le vedevi gli occhi freddi come l'acciaio, e dalle maniche del vestito – che orrore! – spuntava

quell'atroce moncherino. Non era la mamma, era L'uomo col Fucile...[13]

Anche in altri modi l'orrore poteva bussare alla porta delle stanze occupate dalle bambine. Madge, la sorella di Agatha, sapeva recitare molto bene. Su richiesta di Agatha, a volte adottava il suo terrificante alter ego, quello della Sorella Maggiore. Pur somigliando come una goccia d'acqua a Madge, Sorella Maggiore aveva una voce diversa, spaventosa, «melliflua», e diceva: «Sai chi sono, vero, cara? Sono tua sorella Madge. Non penserai che io sia qualcun altro, vero?»

Ideando le figure del Bandito e della Sorella Maggiore, Agatha immaginava che la sua stessa madre e la sua stessa sorella si potessero trasformare in personaggi strani e orribili. Sono importanti, queste fantasie infantili, perché illustrano un concetto che sarebbe stato particolarmente moderno nella sua narrativa gialla. In Sherlock Holmes, per esempio, il criminale è spesso del tutto estraneo alla cerchia sociale della vittima. In Agatha Christie, invece, l'assassino è spesso un membro fidato della famiglia.[14]

Agatha sapeva che Madge era davvero Madge, e tuttavia il dubbio le si insinuava nella mente: «Quella voce, quello sguardo obliquo... Il terrore che provavo è indescrivibile». La si vede usare la sua stessa paura per inventarsi un episodio del racconto *The House of Beauty*. Ecco come descrive un personaggio femminile:

> Stava raggomitolata sul sofà in un atteggiamento strano. [...] Sollevò lentamente la testa e lo guardò... Lui si fermò, paralizzato. Perché nei suoi occhi c'era uno sguardo che conosceva.
> Era lo sguardo della Cosa nella Casa.[15]

# 4
# Rovinati

Quando iniziarono i guai finanziari dei Miller, Agatha aveva appena raggiunto l'età per capire cosa stava succedendo.

Verso la fine degli anni Novanta dell'Ottocento, sentì i genitori discutere delle rendite sempre meno consistenti che derivavano dagli investimenti della famiglia. La bambina riconobbe quel tipo di argomento, perché le era capitato di leggere spesso cose del genere sui libri. Disse con sicurezza alla sua istitutrice che i Miller erano rovinati. La sua mancanza di discrezione fu immediatamente punita dalla madre.

«Insomma, Agatha, devi smetterla di montare le cose. Non siamo affatto rovinati. Stiamo soltanto attraversando un periodo difficile e dovremo fare economia».

«Non siamo rovinati?» ripetei, profondamente afflitta.

«No» dichiarò seccamente mia madre».[1]

Ma i Miller non dovettero aspettare molto, prima che l'espressione 'rovinati' potesse davvero e legittimamente essere applicata alla loro condizione.

Il nonno di Agatha, Nathaniel, si era arricchito con la Claflin, Mellon & Company, divenuta in seguito H.B. Claflin. Aveva investito il capitale in parte nell'azienda, in parte in immobili. Col passare del tempo, però, Frederick scoprì che le rendite erano, inspiegabilmente, sempre più basse. Nel 1901 uno degli amministratori fiduciari del fondo di famiglia si chiuse in una stanza d'albergo e tentò di suicidarsi sparandosi un colpo di pistola. I Miller ne trassero l'impressione che avesse la coscienza sporca a causa della cattiva gestione finanziaria del fondo.[2] Senza dubbio, molti anni dopo la fantasia di Agatha avrebbe attinto all'idea dell'amministratore truffaldino per creare il personaggio di Andrew Pennington, malversatore del capitale di una giovane signora in *Death on the Nile* (*Poirot sul Nilo*).

Non era, però, nella natura di Frederick tirare la cinghia o risparmiare. Cinque anni prima aveva voluto che la sua primogenita Madge debuttasse in società in pompa magna, portandola a New York al termine dell'età dell'oro della metropoli americana. Il giorno del suo diciassettesimo compleanno, Madge fu accompagnata dal padre nella sala da ballo del Waldorf Hotel, sulla Quinta Avenue, dove erano stati invitati seicento ospiti, e lì fu ricevuta da Caroline Astor, regina della buona società newyorchese.[3]

Dopo avere trascorso quattro mesi a New York, Frederick e Madge salparono per l'Inghilterra con un bagaglio di tredici bauli. Frederick non collegò mai simili gite di piacere al capitale sempre più esiguo. Era «stupito e depresso» per la situazione, dice Agatha nella sua autobiografia, «ma non essendo un uomo d'affari non sapeva come porvi rimedio». Alla fine fu costretto a prendere una decisione drastica. Mise in affitto Ashfield e portò la famiglia a vivere in vari alberghi in Francia. Per un anno i Miller vissero prima a Pau, nel sud, poi a Parigi, quindi a Dinard, in Bretagna, e infine nell'isola di Guernsey. Agatha afferma di avere avuto sei anni all'epoca di quei viaggi, mentre in realtà ne aveva nove.[4]

Nemmeno in quelle circostanze, però, Frederick e Clara si rassegnarono a fare vera economia. Agatha ha descritto la lunga discussione sui bagagli da portare. Sua madre aveva «bauli con il coperchio ricoperto di cuoio, uno o due *portmanteau*, una valigetta, due immense cappelliere, altre grandi valigie quadrate, portagioie, borse da viaggio e *nécessaire* da toletta. Niente veniva mai stipato e stretto per risparmiare spazio, ma anzi si usava molta carta velina per avvolgere le cose». Tutti quei colli venivano a costare moltissimo perché erano bagaglio in eccesso. «Santo cielo, le ferrovie francesi fanno pagare cifre folli» si lamentava Frederick. «E pensare che abbiamo così pochi bagagli!» sospirava Clara.[5]

Quando tornarono a Torquay, il conto in banca era così esiguo che Frederick prese in seria considerazione l'idea di lavorare, anche se non era qualificato a svolgere alcuna professione. Ma il peggio fu che lo stress lo fece ammalare. Anche se i genitori cercarono di nasconderle la verità, Agatha intuì che le preoccupazioni economiche avevano influito negativamente sulla salute del padre.

Dopo il sensazionale debutto a New York, Madge si stava godendo una vivace vita sociale. Ma a preoccupare Frederick era Monty, il figlio prediletto. Come lui, Monty era pigro e indolente. A quanto pareva, la sua occupazione preferita era «flirtare», mentre la sua caratteristica principale era «parlare in slang e andare in collera».[6] «Detesto qualsiasi tipo di lavoro» affermava.[7] Dopo essere andato a studiare a Harrow, una scuola privata londinese, era pressoché sparito dalla vita di Agatha. Ma perfino Harrow, che non era nota per gli standard particolarmente alti, lo aveva cacciato. La sua unica, vera passione era trafficare con le imbarcazioni, sicché i genitori gli avevano trovato un lavoro in un cantiere navale. Quando scoppiò la guerra boera, sembrò che finalmente si fosse presentata per lui l'occasione della vita. Nel 1900, Monty si arruolò nell'esercito.

L'anno successivo portò a Frederick ulteriori preoccupazioni riguardo alla propria salute. Accusò una serie di attacchi di cuore, ben ventotto in settembre. «Un attacco breve e acuto», «un brutto attacco» e «un attacco bruttissimo» si legge nell'elenco da lui stilato. Fece anche un serio tentativo di dimagrire, annotando il passaggio da ottantanove a novantadue chili, ma il ritmo delle crisi parve intensificarsi.

La visita da uno specialista a Londra lo tranquillizzò. Alla moglie scrisse che il dottore gli aveva consigliato «di stare molto all'aria aperta, e bere acqua distillata e latte dopo i pasti». Il medico, aggiunse, «dice con grande sicurezza che il mio cuore non è ingrossato». Sollevato e contento, Frederick non vedeva l'ora di tornare dalla moglie. «Mi sono sentito straordinariamente meglio», scrisse:

> ... non ho avuto quasi niente affanno e ho passato bene le notti. Non so se questo sia dovuto alla ricetta di Taylor, che comprende la digitalina, o al fatto di avere camminato molto meno... Se tutto va bene, ho deciso di tornare mercoledì 30.

Fino ad allora, avrebbe soggiornato da zia-nonnina a Ealing, anche se ammise con Clara: «Detto tra noi, preferirei di gran lunga tornare subito, ma la mamma è così buona e gentile che non sopporto di deluderla».[8]

Stare all'aria aperta e bere latte dopo i pasti non bastarono, però, a impedire il declino. In novembre Frederick era tornato a Londra in cerca di un lavoro, quando, ancora una volta, si ammalò. Il 2 di quel mese il diario giornaliero in cui registrava le piccole spese personali (barbiere, cocktail, quotidiani, taxi) si arrestò. Malato e solo, Frederick aveva una voglia disperata di tornare dalla sua famiglia. «Mi dispiace tanto che tu sia ancora ammalato» diceva in una lettera la sua bambina. «Jane mi ha permesso di preparare i dolci in cucina... Ho preso, con il tè, la panna del Devonshire!... Con affetto, Agatha».[9]

A quel punto Frederick, che aveva contratto una grave forma di polmonite, non sopportava neanche di pensare a come la vita felice di sua figlia potesse presto essere sconvolta. Aveva il presentimento di ciò che sarebbe successo. Scrisse a Clara un'ultima lettera che è impossibile leggere senza commuoversi. «Non riesco a immaginare come sarebbe stata la mia vita senza di te», leggiamo:

> Sei stata una moglie straordinaria. Ogni anno che abbiamo passato insieme ti ho amato di più. Ti sono molto grato per l'affetto, l'amore, la comprensione che hai avuto per me. Dio ti benedica, mia adorata, per fortuna presto saremo di nuovo insieme.

Il 26 novembre 1901, Frederick morì. Agatha aveva appena undici anni. Non solo la famiglia era andata in rovina, ma il suo allegro, rassicurante padre era scomparso per sempre.

Fu un colpo terribile per la moglie. Clara avrebbe sempre conservato gelosamente il santino funebre del marito, insieme a una rosa del cimitero di Ealing dov'era stato seppellito e alla sua ultima lettera. Mise i tre oggetti in una scatolina sul cui coperchio aveva ricamato per lui, anni prima, una citazione che a quel punto suonava profetica: «A Frederick da Clarissa [...] forte come la morte è l'amore».[10]

La vita ad Ashfield proseguì, senza Frederick, in tono minore. Madge presto si sposò e se ne andò di casa. Monty non si presentò al funerale del padre e non rispose nemmeno al telegramma che gli annunciava la sua morte.[11] Dopo la guerra boera era rimasto in Africa, diventando cacciatore e venendo processato (e assolto) per avere ucciso illecitamente quindici elefanti. Si vantava: «Ho infranto la legge in tutti i Paesi dove sono stato e mi sono imboscato una bella provvista d'avorio, giù in Africa».[12]

Nel frattempo, sua madre e sua sorella minore dovettero fronteggiare la rovina finanziaria. Clara avrebbe continuato a percepire trecento sterline l'anno, l'unica rendita che le restava dopo il naufragio degli affari di Frederick. Quanto ad Agatha, aveva diritto solo alle «cento sterline l'anno» previste dal testamento del nonno.

Poiché, nella Gran Bretagna del 1901, il reddito medio annuo era di sole quarantadue sterline, e poiché il salario medio di una cameriera era di sedici sterline, Clara e Agatha Miller restavano senza dubbio benestanti,[13] ma poiché aspiravano a fare la vita dei nobili, a loro quella *non* pareva ricchezza. Inoltre, avevano perso il loro posto nella buona società. Non erano più una famiglia, ma solo una vedova con figlia, accudite da quanto restava del personale domestico di Ashfield.

La piccola Agatha fece del suo meglio per consolare la madre, dicendole: «Mammina, papà adesso sta bene, è felice. Non vorresti che tornasse, vero?»

Sapeva di dovere dire cose come quelle. Come scrive nella sua autobiografia, qualcuno le aveva suggerito di fare «la brava bambina e provare a consolare la mamma» dicendole che il papà era felice in cielo. Ma quando entrava nella stanza della madre per pronunciare quelle parole avvertiva la strana sensazione di disagio «che i bambini provano quando fanno qualcosa che ritengono giusto, che anche altri hanno giudicato giusto, ma che, in qualche modo, per ragioni che non sanno spiegarsi, in fondo a sé sentono sbagliato».

Ed era senza dubbio sbagliato. Clara ebbe una reazione stizzita.

> La mamma si alzò dal letto di scatto, con tale violenza da farmi balzare all'indietro. «E invece sì» proruppe con voce bassa e intensa. «Sì. Farei qualsiasi cosa pur di riaverlo. Lo costringerei a tornare, se potessi. Lo voglio, lo voglio qui con me, in questo mondo».[14]

In quel momento sua madre era diventata un'estranea. Era come se il Bandito avesse osato penetrare perfino nel familiare ambiente della camera da letto di Clara.

Agatha si ritrasse, spaventata. La forza dei sentimenti di sua madre le procurava un brivido di paura.

Cominciò a temere di perdere anche lei. «Mi svegliavo di notte con il cuore che mi batteva forte, sicura che mia madre fosse morta» racconta. Allora percorreva con passo felpato il corridoio fino alla sua stanza e ascoltava, sulla porta, il suono del suo respiro. Il dolore avvicinò ancora di più la bambina e la strana, passionale Clara.

La vita di Agatha, che era cominciata così bene, aveva subìto una terribile battuta d'arresto. Come avrebbe fatto, quella bambina sola e ansiosa, a sopravvivere alla perdita sia del padre sia di un patrimonio? Come avrebbe fatto a ritrovare il senso di sicurezza che aveva provato nell'infanzia, quando giocava con il suo cerchio nello spiazzo erboso accanto all'araucaria, nel giardino di Ashfield?

PARTE SECONDA

# La debuttante edoardiana

*Primo decennio del Novecento*

# 5
# Aspettando l'Uomo

Una delle scrittrici più popolari del Ventesimo secolo descrive una ragazza dell'alta borghesia che diventa maggiorenne nei primi del Novecento:

> Eravamo vincolate da costumi sociali alquanto restrittivi, nutrite di snobismo e impossibilitate ad avere contatti o conoscenze con chiunque fosse estraneo alla nostra classe sociale.[1]

A parlare è Barbara Cartland che, come Agatha, da giovanissima perse sia il padre sia la ricchezza. Nel caso della Christie, era ancora più difficile far fronte ai «costumi sociali restrittivi», perché, sebbene i Miller fossero scesi nella scala sociale, Clara voleva che la sua ultimogenita andasse a stare meglio, non peggio. Insomma, per quanto impoverita, Agatha avrebbe dovuto sposare un uomo di una classe più alta della sua.

Mamma Miller era convinta che avrebbe avuto più probabilità di arrivare a un simile esito se non avesse impartito alla figlia un'istruzione. «La cosa migliore per una ragazza» pensava, era «mangiare in modo nutriente, vivere all'aperto e non sforzarsi la mente».

Era da escludere che Agatha studiasse per acquisire un'istruzione grazie alla quale guadagnarsi da vivere:

quel compito toccava al suo futuro marito. Da un censimento del 1901, il primo anno dell'era edoardiana, risulta che in Gran Bretagna solo il 31,6% delle donne avesse un lavoro, in genere come domestiche o nell'industria tessile.[2] Agatha descrive in questi termini la filosofia con cui era stata allevata: in poche parole, «si aspettava l'Uomo e, quando l'uomo arrivava, ti cambiava completamente la vita».

Naturalmente, questo non valeva per i maschi, e infatti Monty aveva frequentato una scuola privata. Particolare piuttosto interessante, aveva frequentato una scuola privata anche Madge, la sorella maggiore.

Più dinamica della sognatrice Agatha, Madge era stata iscritta al convitto di Brighton che avrebbe poi preso il nome di Roedean School. Assieme al Cheltenham Ladies' College, la scuola era all'avanguardia nell'educazione delle ragazze e le preparava a entrare al Girton e al Newnham, i nuovi college femminili di Cambridge. A scuola, Madge ricevette la formazione grazie alla quale avrebbe incarnato il tipo di donna che, ai primi del Novecento, si stava affermando nelle cerchie femministe del ceto medio e che era chiamata 'New Woman'.

Agatha nutriva una profonda ammirazione nei confronti della sua graziosa, spiritosa sorella. La caratteristica fondamentale di Madge era l'«impazienza» e il suo motto era «sbrigati!»[3] ma aveva sempre tempo per dedicarsi alla sorellina minore. «Spero che tu ti stia comportando in maniera molto rispettosa e non ti dimentichi di me» scrisse ad Agatha dal convitto.[4] Secondo Agatha, Madge era una di quelle persone che riescono a portare a termine qualsiasi cosa si mettano in testa di fare. Per esempio, quando decise di cimentarsi nella narrativa, pubblicò dei racconti su *Vanity Fair*.

Ma quando Madge tornò a casa da scuola sostenendo che le persone cattive si divertivano più di quelle buone, i genitori iniziarono a preoccuparsi. Agatha notò inoltre che sua sorella era ormai dotata di «un forte magnetismo sessuale», e questo era considerato un fatto preoccupante. Quando venne il momento, i genitori decisero di non rimandarla a scuola, ma di metterla, per così dire, sul mercato matrimoniale. Una volta entratavi, Margaret Frary Miller, com'era prevedibile, ebbe successo, ma se avesse avuto il giusto tipo di incoraggiamento avrebbe senza dubbio potuto avere una vita molto più appagante.

L'insoddisfazione dei genitori nei confronti dell'esperienza di Madge a Brighton fece sì che Clara impartisse ad Agatha un'educazione più tradizionale, che consisteva nell'andare a lezione di musica e francese, e nel coltivare la conversazione e la 'personalità'. L'atteggiamento di Clara non era insolito: a fine Ottocento, molti erano convinti che dare un'istruzione alle bambine minasse la loro salute. In un manuale di pedagogia del 1895 si leggeva che se una bambina usava troppo il cervello, l'apparato riproduttivo ne riceveva un danno. «La 'Donna Nuova'» concludeva il dottore che firmava il libro, «la troviamo solo nei romanzi, non in Natura».[5]

A causa del voltafaccia di Clara, che in un primo tempo era stata favorevole all'istruzione femminile e poi aveva cambiato idea, Agatha avrebbe espresso per tutta la vita avversione per i valori della Donna Nuova e si sarebbe sempre detta contraria alla carriera e all'indipendenza economica delle donne o all'uguaglianza con gli uomini. Eppure, sotto sotto, avrebbe continuato a interessarsi all'idea della Donna Nuova. Innumerevoli eroine dinamiche e attraenti che ricordano la verve di Madge sarebbero state protagoniste dei suoi romanzi.

L'istruzione poco impegnativa le lasciava parecchio tempo libero e fu per trastullarsi che già da molto piccola imparò a leggere. «Certo, per gran parte delle giornate mi annoiavo a morte» avrebbe ricordato in seguito.[6] Così diventò un topo di biblioteca e divorò tutto quello che trovava, acquisendo l'istruzione che gli adulti non le avevano impartito.

Se si guarda a quella che sarebbe stata poi la sua vita, forse le sarebbe stata utile un'educazione finanziaria, ma i Miller non parlavano mai di denaro. Frederick le aveva dato lezioni di aritmetica sul tavolo da pranzo, e le era subito riuscito facile far di conto. Se avesse frequentato una scuola adeguata, pensò in seguito, le sarebbe piaciuto studiare bene matematica, perché l'aveva sempre trovata affascinante.

Un paio di giorni a settimana andava da Miss Mary Guyer, la cui scuola per signorine, a Torquay, prendeva il nome dal famoso Girton Hall. Ma per il resto del tempo, divorava libri. «Sono cresciuta con Dickens» ricordava. «Amo anche Jane Austen. A chi non piace?»[7]

Ma forse il fatto di non aver seguito un corso di studi canonico le permise di conservare una mente fresca e anticonvenzionale. Quando però, nella vita adulta, le capitò di conoscere persone colte, avvertì sempre un senso di inferiorità, al punto che la frustrazione causata dall'ignoranza può diventare movente di un delitto. «Ho sempre avuto cervello, fin da bambina, ma non mi hanno permesso di fare niente» dice la protagonista di un suo romanzo. «Dovevo stare a casa senza fare niente».[8] E alla fine questa situazione frustrante la spinge a uccidere.

Anche in assenza di materie come matematica e scienze, l'istruzione di Agatha fu più rigorosa di quanto possa apparire. Per esempio imparò a suonare il piano e a cantare. Come faceva per tutte le cose a cui teneva molto, studiò con notevole impegno la musica, fino a raggiungere un livello quasi professionale.

Appena la figlia compì quindici anni, Clara le fece frequentare diverse scuole private francesi per signorine, dove la musica era una delle materie principali. Elegante con il suo colletto inamidato, la cravatta e il cappellino leggermente inclinato, nell'album fotografico di famiglia un'Agatha quasi adulta sorride sul balcone di un albergo affacciato su un boulevard parigino in una giornata d'inverno. Uno dei motivi per cui la giovane Miller si trovava a Parigi era ancora una volta la necessità di risparmiare, perché con Agatha e Clara lontane, Ashfield poteva essere chiusa.

Nonostante l'impegno che Agatha mise nelle lezioni di musica, le sue insegnanti parigine conclusero che per essere una vera concertista le mancava l'istinto del palcoscenico. Nonostante il suo talento, la musica si rivelò quindi un vicolo cieco. Clara riteneva inappropriato che Agatha seguisse un altro progetto che la ragazza aveva proposto, quello di diventare infermiera.

Pratica, precisa, interessata alla soluzione dei problemi, se fosse nata in un'altra epoca Agatha sarebbe probabilmente stata una brava scienziata. Intanto sua madre sperava che la sua ultimogenita seguisse l'esempio della sorella maggiore facendo un buon matrimonio.

# 6
# Il miglior 'gabinetto' vittoriano

Nelle fotografie dei Miller, l'adolescente Agatha ha uno sguardo spavaldo, insieme misterioso e di sfida. È diventata alta e atletica. La vediamo distesa su uno yacht, sui pattini a rotelle o mentre gioca a tennis, sempre con in testa giganteschi cappelli e con il vitino da vespa della sua adolescenza edoardiana. Agatha descrisse il dolore fisico provocatole dai vestiti allora di moda: «Il tormento delle piccole spirali di filo metallico che reggevano il colletto rigido della camicetta... Le scarpe da pomeriggio o da party di cuoio verniciato con tacchi alti... Il disagio era estremo».[1]

Fu costretta ad andare alle feste a piedi, perché ormai le finanze dei Miller non le permettevano di prendere una carrozza o un taxi, ma respirava ancora gli antichi fasti quando andava a far visita a Madge. Più volte fu gradita ospite nella casa di famiglia di suo cognato, la splendida Abney Hall, a Cheadle. Lì imparò come si viveva in una residenza di campagna e come si andava d'accordo con i ricchi.

Madge si era sposata a ventitré anni, a pochi mesi dalla morte del padre, in un momento in cui evidentemente nutriva – caso strano per lei – qualche dubbio. Frederick non era particolarmente entusiasta che James Watts corteggiasse sua figlia, ma una volta che lui era scomparso,

Clara, preoccupata per il futuro della primogenita, aveva insistito «affinché il matrimonio avesse luogo senz'altri indugi». Anche l'istitutrice francese di Agatha aveva le sue idee in merito. James, pensava, sarebbe andato bene per Madge: «Le converrà avere un marito tranquillo e solido, e lui la apprezzerà proprio perché è diversa dalle altre».

Così erano stati spinti in fretta e furia verso l'altare. Madge aveva ventitré anni e James ventiquattro, e l'undicenne Agatha si godette il suo ruolo di «prima damigella». James o Jimmy, fresco di Oxford, era destinato a lavorare nell'industria tessile di famiglia. Era un tipo assennato e ad Agatha era sempre piaciuto. La sua «dote preferita» era l'«affidabilità».[2]

Dopo le nozze, Madge si stabilì con il suo affidabile marito nell'imponente Manor Lodge di Cheadle, in attesa di ereditare la grande villa di Abney Hall.

La famiglia Watts aveva acquistato Abney due generazioni prima. Quando, nel 1902, Agatha cominciò a far visita alla sorella, ci vivevano i suoceri di Madge, un cuoco, due cameriere, due addette alla cucina e al cucito, quattro donne di servizio e una bambinaia. In una dépendance nel parco vivevano i giardinieri dei Watts, oltre al fattore, il contadino e lo stalliere, mentre nel casotto del custode alloggiava la sarta.[3] Agatha si recò dalla sorella le prime volte per Natale e per le feste comandate. Dal 1926 in avanti, quando diventò castellana la stessa Madge, Agatha fu sempre la benvenuta.

Abney, scrisse la Christie, aveva «un'infinità di stanze, corridoi, scalini a sorpresa, scaloni, alcove, nicchie, tutto quello, insomma, che poteva desiderare un bambino». «L'unica cosa che mancava era la luce del giorno; nel complesso, infatti, era una casa buia». Uno storico dell'architettura descrive il salone come «gotico alla Pugin nella sua versione più sontuosa e quindi più oppressiva».[4] Tra le altre cose, c'erano trecento quadri e un leone imbalsamato.[5]

Agatha era troppo giovane per apprezzare gli interni cupi di Abney Hall, che nel 1902 erano passati di moda. Abney, che era stata progettata dallo stesso architetto – Augustus Pugin – del palazzo di Westminster, a Londra, era una gemma tardo-vittoriana che riluceva di blu oltremare, vermiglio e rosso cupo. Agatha descrive il salone come «Il miglior 'gabinetto' vittoriano».

A incaricare Pugin del progetto era stato il nonno di Jimmy Watts, Sir James Watts. Aveva iniziato come tessitore, poi aveva avviato un commercio di tessuti abbastanza florido da permettergli di acquistare un magazzino dalla forma di un palazzo veneziano. E oltre a prosperare nel commercio era diventato sindaco di Manchester.

Il suo palazzo vittoriano avrebbe spesso stimolato la fantasia di Agatha, inducendola a reinventarlo nei romanzi a venire. I suoi fasti sarebbero stati rivissuti nell'Enderby Hall in cui si riuniscono gli Abernethie di *After the Funeral* (*Dopo le esequie*), una famiglia la cui ricchezza proviene da un'industria di cerotti per calli. In *They Do It with Mirrors* (*Giochi di prestigio*), Abney diventa Stoneygates, che ospita un istituto per bambini disturbati. E in *4.50 from Paddington* (*Istantanea di un delitto*), una ferrovia corre accanto al parco di Rutherford Hall come la linea ferroviaria che portava da Manchester e Stockpoint correva accanto al parco di Abney.

Altrettanto importante fu, per Agatha, la nuova ed esuberante famiglia acquisita. James Watts aveva infatti cinque fratelli minori. La sorella più piccola, Nan, era particolarmente sfacciata e ribelle, e si esprimeva con «grida, sgarbi e parolacce», e una volta dipinse di verde i porcellini di famiglia.[6] Presto sarebbe diventata per Agatha l'amica di una vita.

Agatha amava particolarmente il fatto che la famiglia Watts fosse appassionata di teatro e si cimentasse nella recitazione; uno dei cognati di Madge era direttore di un teatro. Per parte loro, i Watts trovarono la tranquilla Agatha un po' stramba, e la definirono «sognatrice» e «romantica». Ma, come molte persone timide, Agatha si trasformava, quando calcava il palcoscenico. Sapeva intrattenere i parenti con pantomime improvvisate. «Mi piaceva soprattutto la parte del giovane protagonista maschile» confessò.

A quei tempi, Abney rappresentò per Agatha un'occasione di festa e divertimento. Solo gli osservatori più acuti avrebbero potuto domandarsi se fare la castellana della magione riempisse il tempo e i talenti della dinamica, brillante Madge Watts. Ed era del tutto evidente, a tutti quelli che la circondavano, che Agatha avrebbe dovuto seguire le orme della sorella e sposarsi.

# 7
# Il Gezireh Palace Hotel

Chi si figura Agatha Christie come l'anziana 'duchessa della morte' che metteva gli altri in soggezione con i suoi occhiali spessi non immagina quale fascino esercitasse sugli uomini in gioventù.

«Ero una bella ragazza» dice nell'autobiografia nel suo modo schietto, «anche se i miei familiari scoppiano a ridere ogni volta che lo dico». Ma era vero. E Agatha ha sempre avuto un rapporto disinvolto con gli uomini. Benché disconoscesse i valori della Donna Nuova, sotto sotto ne aveva assimilati almeno alcuni, tra cui l'essere sempre franca e rilassata nelle relazioni con l'altro sesso.

Quando arrivò il momento del debutto, la situazione finanziaria della famiglia non le garantiva certo di ripetere quanto era stato fatto per Madge. Clara si inventò un'alternativa per salvare la faccia: finse di avere bisogno, per motivi di salute, di recarsi in un clima più caldo, precisamente in Egitto. Il vero motivo del viaggio era che al Cairo risiedevano diversi inglesi protagonisti di una vivace stagione mondana, e che là Agatha poteva fare il suo debutto in società a un prezzo stracciato.

Nonostante la parsimonia, andare al Cairo rappresentò un importante investimento, perché non si poteva fare un soggiorno di tre mesi in Egitto spendendo meno di cinquecento sterline, e le rendite di Agatha e Clara messe insieme ammontavano a sole quattrocento sterline l'anno. Clara evidentemente diede fondo a tutti i risparmi per finanziare il viaggio, il che dimostra quanta importanza desse al fatto che Agatha conoscesse l'uomo giusto.

Partirono insieme e trascorsero al Cairo i primi tre mesi del 1908.[1] Agatha, che non aveva ancora compiuto diciotto anni, era entusiasta dell'avventura. Salparono da Londra con la *SS Heliopolis* e in quattro giorni raggiunsero prima Marsiglia e poi Napoli. Poi, una volta sulla terraferma, presero il treno per il Cairo.

Là, per gli europei, le imposte erano basse e la servitù a buon mercato. I francesi avevano abbandonato l'Egitto nel 1901 e il Paese era ormai sotto il controllo britannico. Al di là del distretto commerciale cosmopolita della capitale, c'era una città musulmana dove Agatha e le persone come lei non mettevano mai piede.[2]

Madre e figlia si stabilirono al Gezireh Palace Hotel, che sorgeva su un'isola in mezzo al Nilo. Costruito in uno stile che ricordava un castello degli anni Sessanta dell'Ottocento, offriva un ufficio del telegrafo, un concerto al giorno e un tram elettrico che lo collegava direttamente con le Piramidi.[3]

Ma Agatha non era andata in Egitto per vedere i monumenti. Nel romanzo *Camera con vista* di Edward Morgan Forster, che uscì quello stesso anno, la protagonista visita Firenze senza conoscere nessuno che non avrebbe potuto incontrare nel Surrey, e lo stesso accadde ad Agatha in Egitto. Le fotografie scattate da madre e figlia immortalano vari capitani e maggiori, un generale, un baronetto e perfino un solitario duca. Nel loro album compaiono solo due egiziani: un prestigiatore e una guida turistica. La Sfinge è l'unica statua antica a meritare un'istantanea. La macchina fotografica di Agatha preferì soffermarsi su un picnic, una partita di polo e il tè in terrazza.[4]

Per tre mesi la ragazza partecipò a cinque balli alla settimana nei grandi alberghi del Cairo, mescolandosi con giovani uomini dei reggimenti britannici di stanza nella città e ritrovandosi «ossessionata da un giovane conte austriaco, dai modi estremamente formali». Le sue preferenze andavano agli ufficiali subalterni.

Quando entrava nella sala da ballo, Agatha sfoggiava un fisico snello da fare invidia, una discreta altezza (un metro e settanta[5]) e una testa di capelli biondi. Tuttavia aveva le tipiche ansie dell'adolescente riguardo al proprio aspetto: «Il seno è di gran moda. Quanto dovrò aspettare prima che anche il mio si sviluppi?»

In seguito avrebbe ricordato con rimpianto il suo abito da debuttante. Quello «stupendo raso giallo» le rimase impresso. «Non stava dritto da solo, ma quasi: metri e metri di stoffa con un lungo strascico… Per cinque anni quel vestito mi accompagnò, infondendomi la fiducia di cui, essendo timida, avevo assai bisogno».[6] In *Dead Man's Folly* (*La sagra del delitto*), del 1956, attribuirà alcuni di quei ricordi all'ex cameriera di una dama. «A quell'epoca le signore si mettevano… roba bella. Niente colori vistosi né nylon e raion, ma seta purissima! Pensate un po' che certi vestiti di taffettà che portavano avrebbero potuto stare dritti da soli!»[7]

Agatha partecipò diligentemente a cinquanta o sessanta balli. Tali serate erano regolate da norme molto rigide. «Non era consentito andare a un ballo da sola» spiega Agatha. «Ai balli si andava accompagnate dalla madre o da qualche annoiata matrona». Ma se poi, «avendo ottemperato alle regole, si usciva ad ammirare la luna o a passeggiare nella veranda in dolci *têtes à têtes*

[sic] con qualche giovanotto, nessuno aveva niente da ridire».

La disciplina dei balli serali insegnò pian piano ad Agatha a fare conversazione. «Ero sempre pessima, in quello» avrebbe ricordato in seguito.[8] Un partner con cui aveva ballato la riaccompagnò da sua madre con queste parole: «Ecco sua figlia, signora. Ha imparato a ballare e per la verità balla meravigliosamente. Adesso sarebbe bene che le insegnasse anche a parlare».

Agatha lasciò l'Egitto alla fine dei tre mesi avendo incassato la sua prima proposta di matrimonio, anche se lei ne era ignara. Clara, a cui era pervenuta la richiesta, l'aveva rifiutata seccamente senza nemmeno consultare la figlia. Appena lo seppe, Agatha si irritò. Ma l'Egitto le lasciò un'eredità molto più importante: il primo romanzo compiuto, *Snow Upon the Desert.*

La debuttante aveva in mente qualcosa di più ambizioso dei racconti che aveva scritto fino a quel momento. *Snow Upon the Desert* voleva essere una satira dei britannici all'estero, ai quali il Cairo pareva la cittadina termale di Cheltenham. La scrittura rappresentò, per Agatha, una gradita pausa tra un evento mondano e l'altro. «Scrivere racconti era diventato per me un'abitudine» spiega nell'autobiografia, «direi quasi che era arrivato a sostituirsi al ricamo delle fodere o dei quadri ricopiati dai disegni floreali delle porcellane di Dresda. Se qualcuno ritiene l'accostamento lesivo nei confronti del lavoro dello scrittore, non posso che dargli torto».

L'idea che la scrittura fosse solo uno dei tanti hobby o diversivi era più diffusa di quanto si pensi. Madge mandò i suoi racconti a *Vanity Fair* per raggranellare qualche spicciolo per le piccole spese. La nonna di Agatha, Polly, abile nel ricamo, aveva usato l'ago per mantenere la famiglia. Nell'uno e nell'altro caso, quello che era considerato un innocuo passatempo aveva fruttato qualche soldo. Niente di più lontano dall'idea romantica dell'artista come creatura tormentata che fa la fame in una soffitta e, lottando per la sopravvivenza, applica il proprio genio a un'impresa solitaria. Le scrittrici donne, però, avevano sempre cercato di conciliare l'attività creativa con la vita quotidiana. «Quanto più interessante sarebbe stato se avessi potuto dire che avevo sempre aspirato a fare la scrittrice, ma una simile idea non mi era mai passata per la testa» avrebbe confessato in seguito Agatha.

La Christie ha sempre ammesso che era stata una fortuna, per lei, avere il tempo di scrivere un intero romanzo prima ancora di compiere vent'anni. Le cose andarono invece diversamente a una sua quasi esatta coetanea, la poetessa Ethel Carnie Holdsworth, la cosiddetta 'poetessa operaia'. Figlia di due operai di uno stabilimento tessile, dall'età di tredici anni Ethel cominciò a sua volta a lavorare a tempo pieno in un opificio. Pubblicò la prima poesia sul *Blackburn Times* a diciott'anni. «Riteniamo di aver trovato una nuova voce poetica» scrisse un critico. «Che cosa potrebbe realizzare una simile voce se avesse più tempo libero di quello che le consente il duro lavoro in fabbrica?»[9] Nel 1913, Ethel si mise a scrivere un romanzo, *Miss Nobody*, il primo pubblicato in Gran Bretagna da una donna della classe operaia. Se, come Ethel, Agatha avesse avuto bisogno di guadagnarsi da vivere, forse sarebbe rimasta anche lei una Miss Nobody, una signora nessuno.

Il Gezireh Palace compare, leggermente mascherato, in *Snow Upon the Desert*, e i suoi ospiti europei sono descritti un po' come le signore inglesi eccessivamente formali di *Camera con vista*. Due personaggi hanno qualche difficoltà a salire a bordo di un tram del Cairo:

«Spero che quell'uomo non abbia bestemmiato» disse la signorina King appena si fu accomodata sul sedile.

«Credo fosse solo una parola in arabo» replicò seria Melancy.

*Snow Upon the Desert* conteneva già molti dei motivi che avrebbero caratterizzato la narrativa della Christie: personaggi della buona borghesia che si ritrovano in una località giudicata 'esotica' dagli europei, un tocco leggero nelle descrizioni e nei dialoghi, un protagonista maschile dotato di notevole sex appeal. Anche il titolo segna l'inizio di una serie di citazioni azzeccate che l'avrebbe accompagnata per tutta la vita: in questo caso si tratta di una traduzione vittoriana delle *Quartine* di Omar Khayyām.

Ma il vero piacere che si ha, oggi, nel leggere il romanzo è immaginare la giovanissima Agatha che si immedesima con la protagonista mentre, in panciolle sul letto, pregusta di passare una giornata con il giovanotto del momento.

> Non si era mai sentita così felice. Si lasciò trasportare dall'onda delle aspettative in un placido mare azzurro sotto il cielo limpido. Assaporò il sublime momento dell'attesa, il dono più grande che gli dèi possano fare. Melancy giaceva profondamente felice sotto la zanzariera, guardando le piccole ombre danzare sul muro. Di lì a poco avrebbe tirato su la veneziana e contemplato il Nilo.[10]

La voce, qui, è quella di Mary Westmacott: lo pseudonimo che Agatha usava quando non scriveva gialli e che incontreremo più volte anche in seguito. È quando la sentiamo parlare con questa voce che comprendiamo meglio una romanziera molto più autobiografica di quanto non pensi la maggior parte dei lettori.

Tornata a Torquay dopo avere terminato il romanzo, Agatha compì il passo successivo nel suo viaggio verso la letteratura: cercò un aiuto professionale.

Clara le suggerì di consultare un loro vicino di casa, lo scrittore Eden Phillpotts, un uomo allegro, amico di Arnold Bennett, che ebbe un enorme successo commerciale alla sua epoca, anche se oggi è quasi completamente dimenticato. Non è dimenticata, però, la generosità che mostrò verso la sua giovane protetta.

Phillpotts vide del potenziale nel lavoro che gli fu presentato. «Alcune delle cose che hai scritto sono molto buone» le disse. «Hai una grande sensibilità per i dialoghi».

Incoraggiata, Agatha mandò *Snow Upon the Desert* a vari editori, ma il manoscritto tornò indietro, rifiutato. Il problema non erano né la caratterizzazione né il dialogo. Era la trama ridicola, dissero, in cui la protagonista diventava sorda. Phillpotts fece del suo meglio, presentandola al suo agente letterario. «Vediamo se è possibile pubblicarlo. Stampare, anche se in poche copie, è incoraggiante, lo so». Ma ancora una volta le dissero di no. Senza lasciarsi scoraggiare, Agatha mandò a Phillpotts un altro romanzo. Anche se lo apprezzò, lo scrittore era abbastanza acuto da capire che la ragazza non stava prendendo abbastanza sul serio l'idea di diventare una scrittrice.

«Stai facendo un ottimo lavoro» le scrisse, «e se la vita ti permettesse di avere sufficiente spazio per l'arte e tu fossi disposta ad affrontare una strada tutta in salita e a far di tutto per vincere la tua battaglia, sappi che hai il talento sufficiente… La vita, però, fa passare la voglia di arte a un sacco di gente».[11]

# 8
# Entra in scena Archibald

Mentre le suffragette piazzavano in giro bombe e i Balcani erano in fiamme, Clara mandò Agatha alle feste di tutte le case d'Inghilterra nella speranza che conoscesse 'l'uomo'. Agatha, che ormai aveva acquisito maggior fiducia in sé, imparò a fingere abilmente di essere assai più ricca di quanto non fosse. Una volta scese dal treno con in testa un tocco di velluto talmente elegante che il capostazione credette viaggiasse in compagnia di una cameriera personale, mentre il suo budget era ben lungi dal poterle consentire un simile lusso.

Una persona che la conobbe a quell'epoca ha descritto il suo fascino venato di riserbo: «Alta, molto carina, colori scandinavi e una bella carnagione. Una quieta timidezza le aleggiava sempre intorno».[1] In ogni caso, era assai attraente. Nell'autobiografia menziona ben nove proposte di matrimonio e due veri e propri fidanzamenti. È allegramente prosaica quando parla dei suoi corteggiatori e descrive il motivo di uno dei suoi rifiuti. «In primo luogo ci conosciamo solo da una decina di giorni. [...] Mi sembra stupido chiedere in matrimonio una ragazza senza sapere quello che si fa».

Clara sorvegliava con cura ogni piega che prendevano gli avvenimenti. Era ancora molto legata al modello di matrimonio che era stato anche il suo, secondo il quale uomini e donne dovevano comportarsi in maniera diversa. Riteneva uno dei corteggiatori di Agatha molto papabile, benché fosse di quindici anni più vecchio e avesse avuto parecchie relazioni in quanto «condivideva il convincimento generale che gli uomini dovessero correre la cavallina prima del matrimonio». O anche dopo.

Nel 1944 Agatha avrebbe attribuito le idee della generazione di sua madre alla formidabile Lady Tressilian di *Towards Zero* (*Verso l'ora zero*): «Gli uomini fanno le loro scappatelle, ma non si permettono di buttare all'aria il matrimonio».[2] Ma Agatha e le sue coetanee speravano che il matrimonio fosse per loro qualcosa di diverso, di più umano, dove si desse più importanza alla complicità che alla gerarchia. E dove ci si *divertisse* di più.

Anche in altre delle iniziali storie inedite si trovano ulteriori riflessioni sul matrimonio. Oltre a racconti, Agatha scrisse drammi che avevano al centro un'analisi della relazione coniugale. In *Eugenia and Eugenics*, per esempio, critica apertamente il matrimonio. La protagonista ritiene che uomini e donne debbano avere uguale accesso al divorzio, mentre la sua cameriera la pensa in maniera più pratica: «Secondo me, signora, essendo così difficile accalappiare gli uomini, è sbagliato chiedere loro troppo».[3]

I potenziali mariti appartenevano alla buona borghesia. Agatha, invece, pareva nutrire uno snobismo al contrario verso l'aristocrazia. I titolati non erano *persone di buonsenso*: una volta fece dire a un suo personaggio che l'aristocratico era intrepido e fedele, ma «straordinariamente sciocco».[4] Diversamente da colleghe come Dorothy L. Sayers e Margery Allingham, che amavano i ricconi di nobile stirpe, spesso assegnava all'aristocratico il ruolo del cattivo. Il losco Lord Edgware di *Se morisse mio marito* ha «uno strano sguardo guardingo», mentre un duca ha una faccia «debole, ma ostinata» e ricorda «un giovane, allampanato commesso di merceria».[5]

L'alta borghesia, per lei, era l'ideale. Il colonnello Arbuthnot dà un'efficace definizione della cerchia sociale di Agatha in *Assassinio sull'Orient Express*:

> Disse, piuttosto imbarazzato: «Quanto alla signorina Debenham, non c'è assolutamente ragione di sospettare di lei. È una *pukka sahib*».
> E se ne andò senza aggiungere altro.
> «Che cosa vuol dire *pukka sahib*?» domandò il dottor Constantine, vivamente interessato.
> «Vuol dire che il padre e i fratelli della signorina Debenham sono stati alla stessa scuola del colonnello Arbuthnot» spiegò Poirot.[6]

Nel 1912 era in corso il nono di una serie di corteggiamenti abbastanza discontinui, e stavolta Agatha fu davvero conquistata da un ufficiale dell'esercito di nome Reggie Lucy. Ma alla fine entrò nella sala da ballo in cui conobbe il decimo corteggiatore, l'uomo che sembrava promettere un matrimonio fatto di complicità e solidarietà, di valori condivisi e avventura.

Archibald Christie aveva ventitré anni e il ballo si teneva a Ugbrooke House, nel Devonshire, il 12 ottobre 1912. Agatha era ormai un'affascinante ventiduenne. Un'amica le aveva fatto sapere che Christie era un buon ballerino, e qualcuno li presentò.

Fisicamente, Archibald era quasi una sua immagine speculare, «un giovanotto alto e biondo». Solo quando ho esaminato la fotografia nei Christie Archives ho notato, di lui, un particolare cruciale che non avevo rilevato in nessun'altra fonte consultata in precedenza: era straordinariamente sexy.

Inoltre, particolare eccitante, era un pilota. Aveva preso il brevetto quattro mesi prima su un biplano Bristol, un apparecchio che pareva stare in aria per miracolo. L'anno prima, Agatha aveva volato lei stessa su un aereo e le era piaciuto molto. Con il permesso, abbastanza coraggioso in verità, di sua madre, aveva pagato cinque sterline e provato in cambio cinque minuti di ebbrezza.

Archie condivideva quelle sensazioni. Agatha fu subito attratta da quel giovane «con i capelli ricci, quasi crespi, un naso interessante leggermente all'insù e un'aria disinvolta ed estremamente sicura». Girava anche in motocicletta.

La timida, assennata Agatha perse la testa. Archie la attraeva non solo perché era bello e sicuro. Si dimostrava indecifrabile in un modo che risultava al tempo stesso intrigante e attraente.

Il suo superiore lo definiva «un soggetto bravo, quadrato, molto popolare, uno dei migliori membri di un piccolo corpo d'élite».[7] Era nato il 30 settembre 1889 a Peshawar, nel Bengala, che allora apparteneva all'India e oggi fa parte del Pakistan. Suo padre, Archibald Christie senior, aveva lavorato nell'Indian Civil Service, secondo alcune fonti come avvocato patrocinante, secondo altre come giudice. Sua madre, Ellen Ruth Coates, detta Peg, apparteneva a una famiglia di dodici figli di Galway, in Irlanda. Peg era presumibilmente andata in India nella speranza di migliorare la propria condizione e conoscere e sposare un uomo.

A sette anni, però, Archie era stato colpito da una tragedia. La famiglia era ritornata in Inghilterra e Archibald Christie senior era stato rinchiuso in manicomio.

I registri del Brookwood Mental Institution dicono che la causa della sua «alienazione mentale» era «l'alcol». Quattro anni dopo, in un altro istituto, lo Holloway Sanatorium, morì di «paralisi generale».[8]

La storia fu modificata dalla famiglia, che diffuse la versione secondo cui Archibald sarebbe caduto da cavallo e avrebbe «battuto la testa causando un'irreparabile lesione cerebrale». La gente all'epoca non si rendeva conto che la causa della condizione morbosa di Christie era non già l'alcol, bensì la sifilide non curata. Qualcuno, però, cominciò ad accorgersi che quella strana condizione morbosa riguardava più gli uomini delle donne e che, quando le donne ne erano a loro volta colpite, di solito erano prostitute. Così, la «paralisi generale» alla fine fu associata sia all'alcol sia alla frequentazione delle prostitute. Sarebbe stata sicuramente una causa di profonda vergogna per la moglie. Per giunta, anche il fratello di Archie sarebbe stato colpito da una malattia mentale.

Con simili scheletri nell'armadio, non c'è da stupirsi se Archie dava l'impressione di essere molto poco loquace. Agli occhi della giovane donna borghese di Torquay risultava incredibilmente attraente. Era diverso da tutti gli uomini che aveva conosciuto nelle sale da ballo fino ad allora: le appariva a un tempo più virile e più pratico. Proveniva da una classe sociale più bassa: la sua famiglia lavorava, quella di lei no. Avevano «reazioni diametralmente opposte» e lei subiva «l'antico fascino dello 'sconosciuto'».

La morte del padre di Archie aveva lasciato Peg vedova con due figli a carico in un Paese in cui viveva da soli quattro anni. Non c'è da meravigliarsi se presto si risposò. Il suo secondo marito, William Hemsley, insegnava al Clifton College di Bristol. Quando la conobbe, Agatha nutrì una certa diffidenza nei confronti di Peg, che, pur essendo simpatica, mostrò verso di lei «un'espansività fin troppo eccessiva», propria della sua origine irlandese. Data la precarietà della sua vita, non sorprende che Peg cercasse di ingraziarsi le persone con le moine.

Archie aveva studiato al Clifton College di Bristol dove insegnava il patrigno. Era una scuola privata, ma non certo Eton. Il Clifton mirava ad avviare i ragazzi del ceto medio a una carriera di scienziati o di 'costruttori dell'impero'. Dopo il collegio, Archie si iscrisse alla Royal Military Academy di Woolwich, poi passò tre anni nella Royal Field Artillery. Nel luglio del 1912 pagò settantacinque sterline per un corso di pilota d'aereo, e un mese dopo conseguì il brevetto.[9] Contava di arruolarsi nell'appena nato Royal Flying Corps.

Poiché era di stanza in una caserma vicino a Exeter, aveva partecipato per puro caso al ballo dove aveva conosciuto Agatha. Nel taccuino, scritto a mano, in cui riassunse gli avvenimenti salienti della sua vita, quella era la prima uscita mondana che menzionava: tutto il resto aveva a che fare con l'esercito e l'addestramento.

Mentre abbiamo un resoconto della prima impressione che Archie fece ad Agatha, i concisi ricordi di lui non accennano minimamente né a lei, né alle visite che egli cominciò a fare, in motocicletta, ad Ashfield. Quelle visite divertirono molto Clara. Era evidente che cosa stava accadendo: il nuovo corteggiatore era innamorato cotto, al punto da avere un aspetto «da agnellino malato». Archie non segnò niente nel suo taccuino nemmeno quando, il 31 dicembre 1912, Agatha lo invitò di nuovo al South Devon Hunt Ball.[10] Ma il 4 gennaio 1913, il diario di Archie riprende vita, come fa solo nelle occasioni più importanti, e ci dice che «è andato ad Ashfield Torquay e a un concerto al Pavilion».[11]

Era il Grand Wagner Concert al Torquay Pavilion Theatre, uno stravagante palazzo a più cupole sul lungomare. Si esibì Madame Blanche Marchesi («la famosa primadonna del Covent Garden») con l'orchestra comunale.[12] Seduta al buio accanto ad Archie, Agatha cominciò in quel momento ad associare (come avrebbe continuato a fare per tutta la vita) Wagner a un'emozione profonda che la toccava nelle più intime corde, giacché «già sapeva» che cosa stava per succedere.

Ad Ashfield, dopo il concerto, Archie non riuscì a trattenersi.

> Mi parlò con voce disperata. Disse che entro due giorni sarebbe partito, diretto alla piana di Salisbury, per iniziare il corso di addestramento. «Devi sposarmi... devi assolutamente sposarmi» soggiunse poi, in tono appassionato.

Ma c'era un problema non da poco. Dopotutto, Agatha era fidanzata con un altro.

Scrisse a Reggie, le cui sorelle erano sue buone amiche. Reggie era gentile, rispettabile e adeguato sotto ogni profilo, e sarebbe stato la scelta più assennata. Non era un'incognita e, sposandolo, Agatha avrebbe forse addirittura superato in prestigio Madge nel ruolo di castellana della villa dei Lucy, la sontuosissima Charlecote House, nel Warwickshire.

Ma Agatha ruppe il fidanzamento senza pensarci due volte.

Lo fece benché né i Miller né i Christie fossero entusiasti del nuovo fidanzamento. La madre di Archie, Peg, riteneva il figlio troppo giovane, e anche Clara era turbata, per quanto convinta che «*nessun uomo* sarebbe andato abbastanza bene» per Agatha. Ma Archie non ascoltò ragioni. La sua determinazione ad avere quella ragazza era per lui assoluta, irresistibile. Secondo Agatha, era sempre «tutto teso a perseguire i suoi personali obiettivi». Ed era assolutamente elettrizzante che al momento il suo obiettivo fosse lei. Nell'aprile del 1913 egli coronò anche il suo sogno di diventare un Flying Officer.[13]

Tuttavia, Archie e Agatha erano due caratteri assai diversi e sapevano pochissimo l'uno dell'altra. Avrebbero vissuto molti alti e bassi prima di avvicinarsi anche solo di poco al matrimonio. Uno dei bassi fu un ulteriore disastro finanziario. Nel giugno del 1914, la Claflin di New York fallì, rendendo la situazione finanziaria dei Miller più traballante che mai. Archie aveva una piccola rendita sua, Agatha ne aveva una molto maggiore, ma a quel punto le entrate di Clara erano assai incerte. Come avrebbero fatto a cavarsela?

Infine, in agosto, accadde qualcosa di altrettanto inimmaginabile del fallimento della ditta di famiglia. Scoppiò la Prima guerra mondiale.

## PARTE TERZA

# Crocerossina in tempo di guerra

*1914-1918*

# 9
# Il municipio di Torquay

Nell'estate del 1914, Agatha credeva di sapere che cosa le riservava il futuro. Finalmente era davvero innamorata. Come sua sorella, si sarebbe sposata e avrebbe avuto dei bambini.

Non immaginava certo che l'imminente conflitto avrebbe sconvolto la sua vita e fatto di lei una scrittrice.

I suoi amici, a Torquay, erano indifferenti a ciò che succedeva nell'Europa continentale. «Non erano che chiacchiere di politicanti, dicerie...» spiega la Christie. «E poi, una mattina, si seppe che l'incredibile *era realmente accaduto*».

Agatha constatò presto quali gravi ripercussioni avesse la guerra sulla sua vita. Archie aveva trascorso l'estate alla base del Royal Flying Corps di Netheravon, nel Wiltshire. Situato in una squallida pianura nei pressi di Salisbury, vicino a Stonehenge. Il centro di addestramento era un'orribile «fila di capanne consumate dalle intemperie su una collina battuta dal vento».[1] Da lì, scrisse ad Agatha lettere da innamorato disperato: «Non c'è niente che vada bene. La mia unica ambizione, adesso, è di stare sempre con te... nient'altro conta».[2]

Forse avrebbe dovuto concentrarsi di più sull'addestramento. L'avvicinarsi della guerra rendeva l'RFC qualcosa di più serio di un corpo composto da semplici ragazzi che si divertivano a pilotare aerei; a ogni modo, almeno nelle lettere, Archie diceva che fare il pilota era un enorme spasso. Spiegò ad Agatha di essere in possesso di un revolver: «Solo per farti piacere... potrei sparare a un grasso tedesco se ne vedessi uno, cosa che credo improbabile».[3] Eseguiva acrobazie aeree alla pericolosa quota di trecento metri dal suolo, salvo ripensarci quando un suo collega rimase ucciso: «Il biplano Cody è molto instabile» ammise. «È brutto leggere di questi incidenti e ancor più brutto vederli, ma presto torni a sentirti sicuro di te».[4]

Archie non le disse ciò che rivela il suo diario di volo: frequenti contrattempi, come «il motore che funziona in maniera irregolare», un «brutto atterraggio» e «gli occhiali che si incollano alla faccia».[5] Ma un'intera generazione della cosiddetta «classe degli ufficiali» aveva segreti come quelli. In generale, Archie tenne fede al suo motto di stringere i denti: «Avrai tanto coraggio, vero, angelo? Sarà molto dura, per te, startene lì a casa a non fare niente, e temo tu abbia anche problemi di soldi, ma se terremo duro, tutto andrà a finire bene».[6]

Ogni tanto, però, passava notti molto tristi in cui rifletteva se non fosse il caso di rompere il fidanzamento. «Il motivo per cui sono stato male, la scorsa settimana, è che ho pensato sarebbe meglio, per te, se non ci vedessimo più. [...] Mi sono chiesto che cosa sarebbe meglio per te, e anche che cosa ne sarebbe di me se ci lasciassimo».[7]

Un aviatore di bell'aspetto doveva avere un'aura irresistibile ed è così, come uomo pieno di fascino, che è dipinto di solito Archie Christie. Finora, però, non ci si è mai soffermati a riflettere sul fatto che come pilota non era certo un asso. Sosteneva di «amare follemente il volo»,[8] ma quando la Germania invase la Polonia, lui non era più un pilota. La sinusite gli dava problemi quando era in quota, c'era penuria di apparecchi e le note sul suo stato di servizio dicevano che non era un granché: era in grado di far volare «macchine sicure», ma non quelle pericolose o difficili da pilotare.[9]

Così gli furono affidati altri compiti. Diventò responsabile prima dei trasporti e poi dell'equipaggiamento, in particolare del rifornimento di pezzi di ricambio.[10] Fu in quel ruolo che si preparò a prestare servizio in Francia. Se ne era deluso, fu l'ennesima cosa di cui non parlò.

Non sorprende affatto che la sua troppo breve carriera di pilota abbia gettato un'ombra sul suo contributo allo sforzo bellico. La leggenda dei piloti della Grande Guerra, i 'cavalieri dell'aria', ha catturato la nostra immaginazione a scapito di tutti coloro che stavano dietro le quinte. I prodi piloti hanno fatto la parte degli eroi in una guerra che in realtà fu soprattutto un enorme massacro.[11]

Fu dunque così, usando la macchina da scrivere e il telefono, che Archie si tenne pronto a combattere. «Aspettare è assai duro» ammise, «ma è tutto pronto».[12] Fu mobilitato il 2 agosto, due giorni prima che la Gran Bretagna dichiarasse guerra alla Germania. Poco prima era andato a Salisbury per una breve licenza. Agatha, che si trovava a Torquay, ricevette un telegramma con cui lui le diceva di andare subito laggiù per dirgli addio.

Agatha partì, portandosi dietro la madre. Le due donne avevano con sé una banconota da cinque sterline e i controllori si rifiutarono di dare loro il resto. «I nostri nomi furono debitamente trascritti dal personale ferroviario in tutto il sud dell'Inghilterra» racconta la Christie con accenti tragicomici. «I treni erano in ritardo e fummo costrette a cambiare parecchie volte».

Alla fine i due fidanzati riuscirono a vedersi per appena mezz'ora in un albergo di Salisbury. Furono momenti carichi di tensione: «Era sicuro, come del resto l'intero Flying Corps, che sarebbe stato ucciso e che non mi avrebbe mai più rivisto». In seguito, in un romanzo autobiografico, la Christie descrisse l'aspetto e il comportamento di Archie: «Molto nervoso e ciarliero, con gli occhi spiritati». Un Archie che diceva: «Nessuno sa niente di questa nuova guerra: è una di quelle guerre in cui *si potrebbe anche non tornare*».[13] Quando andò a letto, quella sera, Agatha pianse «senza riuscire a fermarsi».

Il 5 agosto 1914, Archie partì per Southampton, dove sarebbe salpato per la Francia. Le diede una sua fotografia in uniforme in cui appariva straordinariamente bello, lo sguardo perso nella contemplazione di un orizzonte lontano.

«Non gli succeda alcun male, gli angeli veglino su di lui» scrisse Agatha sul retro della foto, a matita. «Sarò con lui nella cattiva sorte, e lo salverò e lo porterò alla gloria».[14]

A Torquay, impaurita e con molto tempo libero, Agatha sentì il disperato bisogno di fare qualcosa e si offrì volontaria come crocerossina. Tra l'ottobre 1914 e il dicembre 1916, la sua tessera rosa dimostra che fece tremilaquattrocento ore di lavoro ospedaliero non retribuito come volontaria della Croce Rossa (Voluntary Aid Detachment o VAD).

Nel municipio di Torquay, che era diventato un ospedale ausiliario con cinquanta letti, iniziò una vita nuova e più seria. Percorreva in discesa la ripida collina di Ashfield e si sorbiva una spiacevole scarpinata dopo il turno serale. Ma la vera sfida era il lavoro, perché Agatha dovette cominciare dal gradino più basso di donna delle pulizie.

Scrisse della sua esperienza, prima nell'ospedale da campo allestito in municipio, poi in un ospedale vero, il Torbay, dove prestò servizio molte volte. Ne fa un resoconto umoristico nella sua autobiografia, descrive i medesimi eventi nel romanzo autobiografico *Giant's Bread* (*Il pane del gigante*) e, sempre con accenti ironici, ne parla nel thriller *The Secret Adversary* (*Avversario segreto*), dove la protagonista inizia, come lei, la propria vita ospedaliera lavando seicentoquarantotto piatti al giorno e servendo alle caposala i pasti, per poi essere promossa infermiera nelle corsie vere e proprie.

Affrontando l'argomento con animo sereno, Agatha riesce quasi a far apparire divertenti gli orrori cui assiste in ospedale, ma l'apparenza inganna.

Prima che le fosse permesso di usare il suo limitato addestramento nella Croce Rossa con i pazienti in carne e ossa, le affidarono il compito di pulire i pavimenti delle corsie. Fu un discreto shock, per lei. Come le altre volontarie sparse per tutta la Gran Bretagna, aprì all'improvviso gli occhi alla realtà del lavoro. Lo si vede bene ne *Il pane del gigante*:

> Ora capisco e compatisco la servitù. Tutti pensano sempre che le persone di servizio siano ingorde. Ed ecco che noi, qui, ci comportiamo nello stesso modo. Poco è mancato che mi mettessi a piangere quando le uova strapazzate non sono bastate per tutte, ieri sera.[15]

Una volta promossa infermiera, Agatha trovò sconvolgenti alcuni aspetti del lavoro. Come le altre VAD, scoprì che un piccolo corso di addestramento da volontaria non era una vera preparazione.

Quando assistette per la prima volta a un'operazione chirurgica, per poco non svenne. Cominciò a «tremare tutta» alla vista del ventre aperto del paziente. Dovette portare una gamba amputata nell'inceneritore dell'ospedale per bruciarla. Le fu affidato un paziente che morì di tetano dopo tre giorni in cui lo aveva assistito personalmente.[16] Anche se le condizioni non erano certo terribili come quelle degli ospedali da campo delle Fiandre, tutti gli ospedali della costa meridionale dell'Inghilterra registravano un forte aumento di pazienti dopo una battaglia, quando il numero di feriti superava le risorse necessarie a curarli.

Ma vi erano anche aspetti del mestiere di infermiera che Agatha apprezzava, come il senso di cameratismo e la competenza. Se avesse continuato ad addestrarsi nel modo giusto, pensò, sarebbe diventata «molto brava nel suo lavoro».[17]

Quanto fu comune, la sua esperienza? Le sue dichiarazioni a proposito del lavoro di crocerossina sono simili a quelle di molte altre VAD. Innanzitutto, vi era un forte impegno da parte delle giovani donne. «Mi sentivo molto coinvolta e volevo fare la mia parte» ha detto in un'intervista.[18] Nello stesso periodo, l'infermiera Vera Brittain, in un altro ospedale, scoprì che «a quei tempi ogni compito, dal fasciare una brutta ferita al ripulire la tela cerata di un letto, aveva per noi un'aura di sacralità».[19] Come Agatha, la Brittain dovette abituarsi a bendare arti feriti, come «una gamba cancrenosa, viscida verde e scarlatta, con l'osso in bella vista».[20]

Ma i ricordi di Agatha riguardano soprattutto i personaggi dell'ospedale, in particolare le infermiere professioniste che davano ordini alle VAD. Come dice la storica Christine Hallett: «La tensione tra infermiere professioniste diplomate e VAD è uno degli argomenti che più di frequente emergono dagli scritti delle donne in tempo di guerra». Le VAD osservavano da vicino le infermiere diplomate, «spesso disprezzandole per l'attenzione eccessiva che riservavano alle regole e alla disciplina dell'ospedale».[21] Le norme, per esempio, dicevano che Agatha non poteva porgere direttamente uno strumento al dottore. La scrittrice si ricorda di essere stata redarguita per averci provato:

> Infermiera, è incredibile come ha cercato di mettersi in mostra. Ma ci pensa, porgere un forcipe direttamente al dottore!

Avrebbe dovuto allungare lo strumento a un'infermiera di grado superiore, la quale lo avrebbe passato al dottore, un po' come nei rituali di un'antica corte. In realtà, il problema era che le infermiere professioniste, le quali avevano condotto strenue lotte perché la loro posizione fosse riconosciuta, temevano che avrebbero perso quel poco che avevano conquistato se le volontarie fossero state trattate come loro pari. Dopotutto, molte VAD, compresa Agatha, non erano nemmeno mai andate a scuola.[22]

Inoltre, donne come lei non erano per niente abituate a farsi dire cosa fare, non solo dalle infermiere professioniste, ma nemmeno dai dottori con cui, fuori dall'ospedale, avevano avuto fino ad allora rapporti alla pari. Agatha dice che imparò a fare «l'appendiasciugamani umano, attendendo in atteggiamento umile che il dottore si lavasse le mani, le asciugasse e poi lasciasse cadere sprezzantemente l'asciugamani sul pavimento, senza preoccuparsi di restituirmelo».

Era una mancanza di rispetto, trattare così le persone. L'esperienza di Agatha, di una giovane benestante che entrava all'improvviso nel mondo del lavoro, aiuta a capire perchè la Grande Guerra abbia segnato l'inizio della fine di una società basata sul rispetto di certi ruoli. La scrittrice fa esprimere il concetto all'infermiera di un suo romanzo che si lamenta del disprezzo con cui i medici trattano le crocerossine: «Quello che temo è che, in seguito, non riusciremo a toglierci queste abitudini... Io non mi sentirò mai più la stessa con i dottori».[23] Pure Agatha serbò risentimento per essere stata trattata con sufficienza e, nei suoi romanzi, i medici sarebbero diventati «statisticamente la professione più omicida».[24]

Quanto ai pazienti, invece, il suo ruolo le dette la possibilità di esercitare un potere sugli uomini. Inermi e sofferenti per le ferite, avevano bisogno di lei. Non dava loro retta quando cercavano di ingannarla affermando che il dottore aveva ordinato loro di bere vino o che avevano bisogno di fare una capatina in un negozio che era, guarda caso, attiguo a un pub. Quando aiutava gli analfabeti a scrivere alle loro famiglie, Agatha diventava lo scrivano, e decideva quali parole usare.

Se non fosse stato per la guerra, avrebbe sicuramente trascorso gli anni dal 1914 al 1918 da donna sposata responsabile di una casa e madre di famiglia. Invece, così, ebbe modo di osservare del tutto inaspettatamente il mondo del lavoro, in cui si impegnò con successo.

A partire dal 1917 cominciò perfino a guadagnare qualche soldo: sedici sterline l'anno.[25] Fu la guerra, e soltanto la guerra, a rendere la cosa accettabile. «È opinione generale e forse, in particolare, del ceto medio che guadagnare soldi con un lavoro sia deplorevole per le donne sposate» scriveva l'autrice di un libro del 1915.[26] Agatha era cresciuta con questa mentalità. Ma il suo servizio in ospedale la fece entrare nel mercato del lavoro dalla porta di servizio.

La famiglia di Agatha non capiva perché pretendessero di farla lavorare la domenica: «Dovrebbero organizzarsi in maniera da lasciarti libero almeno quel giorno». Ma c'era un lavoro ancora più importante che lei e le altre crocerossine compivano: quello di vedere i traumi di cui soffrivano gli ospiti dei reparti, di elaborarli in cuor loro e di non darne testimonianza al mondo esterno.

Sappiamo molto di più dagli uomini che prestavano servizio nell'esercito e da cui ci si aspettava una più pronta e diretta cronaca dell'orrore. Un soldato, Thomas Baker, provò a parlare della guerra ai civili. «Impossibile» disse, «spiegare loro com'era realmente… la gente pareva non rendersi conto di che cosa terribile sia la guerra. Non si può far capire quanto sia orrenda una situazione in cui si vive come animali».[27]

Anche le infermiere avevano il problema di spiegare l'incomprensibile, ma per loro la difficoltà era un'altra. Almeno, per i soldati, c'era un nome per il disturbo da cui alcuni di loro erano colpiti: lo shock da bombardamento. Per le crocerossine il disagio non aveva un nome, e questo significò un accumulo di tensione che avrebbe insidiato in futuro la loro salute mentale.

Credo che fare l'infermiera sia stato vitale anche per l'Agatha scrittrice. Le diede la volontà e la capacità di nascondere i propri sentimenti e tornare a casa, ad Ashfield, senza dire alla madre che aveva incenerito arti, asciugato laghi di sangue e, cosa scioccante per una signorina, visto corpi maschili nudi e sporchi. Il fatto di mantenere un contegno è un'esigenza che i personaggi dei suoi romanzi sentono sempre in maniera molto forte.

Alla fine Agatha prese la decisione, fondamentale per il suo futuro, di abbandonare le corsie e fare invece tirocinio nella farmacia dell'ospedale. Questo le permise di occuparsi di problemi interessanti e di avere orari migliori.

«Pian piano» avrebbe poi scritto, «riuscii ad apprendere le nozioni fondamentali, imparai a orizzontarmi e, dopo l'esplosione della caffettiera avvenuta durante il tentativo di ripetere l'esperimento di Marsh con l'arsenico, potei dire a buon diritto di aver compiuto molta strada». Le toccò pure fronteggiare colleghi inquietanti. Un farmacista di Torquay le permise di fare un ulteriore tirocinio. Il «signor P», come lo chiama lei, per sbaglio aggiunse alle supposte che aveva preparato una dose eccessiva di una certa sostanza curativa. Era impensabile dirgli in faccia che aveva sbagliato la dose, ma Agatha non poteva nemmeno lasciare che le supposte fossero usate. Così le buttò in terra e le calpestò, per poi dire che era capitato per disgrazia.

> «Non importa, ragazzina, non se la prenda» disse, dandomi qualche colpetto affettuoso sulle spalle. Era un gesto che gli piaceva molto, questo, che a volte variava con qualche gomitata o qualche sporadico tentativo di accarezzarmi le guance.

Gli alleati di Agatha contro le infermiere troppo ligie ai regolamenti e i dottori boriosi erano le altre volontarie, che diventarono sue amiche. A dimostrazione di quanto si rendessero conto di differenziarsi rispetto all'educazione che avevano ricevuto in famiglia decisero di darsi l'epiteto di «donne strane».

Tutti, in ospedale, avevano un disperato bisogno di ridere, perché, come spiega Agatha, «non amavano parlare della guerra».[28] Così, lei e le altre «donne strane» diedero vita a una divertente rivista satirica, che comprendeva ritratti ad acquerello di tutte loro, compresa la stessa Agatha (capelli tirati su, giacca bianca) e pubblicità di «moda ospedaliera», come un grembiulone «con una fantasia avveniristica». Dalle colonne della rivista Agatha osò suggerire alle infermiere di opporsi alla maleducazione dei capi maschi: «Vi consigliamo (per quanto questo possa essere contro natura) di far valere un po' di più le vostre ragioni».[29]

Agatha visse perlopiù in mezzo a donne fin quasi ai trent'anni. Ad Ashfield, lei e sua madre avevano solo due domestiche donne. Anche zia-nonnina era andata ad abitare con loro. Aveva allacciato grandi amicizie femminili anche in ospedale.

«Donne sorprendenti», così inizia una poesia della rivista, intitolata *Sogno di una donna strana*: «A una a una si levano, passando pian piano davanti ai miei occhi stupiti».[30] La persona di maggiore spicco del gruppo era un'altra farmacista preparatrice, Eileen Morris, «assai brutta», ma «con un cervello notevole». Agatha la definì «la prima persona di mia conoscenza con cui potessi discutere di *idee*». Eileen viveva con un suo fratello insegnante e cinque zie nubili e non sembrava avere amicizie maschili. Durante la guerra fece circa novemila ore di lavoro come farmacista e assistente di laboratorio.[31]

Una compagnia femminile intelligente non fu, però, l'unica fortuna che ad Agatha capitò nel dispensario. Il lavoro le stimolò la fantasia sui possibili usi del veleno. La sua rivista comprendeva la voce «Notizie dalle corti di giustizia», che riguardava l'indagine sulla morte di un paziente. Tra i testimoni vi erano l'infermiera e le farmaciste. E la morte misteriosa era avvenuta «all'improvviso, subito dopo che il paziente aveva ingerito una dose di medicinale».[32]

Si sospettava fosse stato il veleno.

Fu nel corso del suo lavoro con i farmaci del dispensario che Agatha ebbe per la prima volta l'idea di scrivere un romanzo poliziesco.

# 10
# Amore e morte

Agatha era una donna eccezionale, ma nei quattro anni in cui rimase lontano da Archie rientrò in una tipologia fin troppo comune: quella della giovane innamorata separata dalla guerra dal suo giovane innamorato.

Nella sua corrispondenza Archie, un uomo che aveva forti sentimenti ma era restio a esprimerli, rivela ben poco delle esperienze vissute in Francia. Agatha conservò gelosamente le sue lettere, che nella loro semplicità e nella sicurezza dell'affetto rappresentano una toccante testimonianza dell'amore in tempi di morte.

Il 13 agosto 1914, Archie e i suoi commilitoni sbarcarono dalla loro nave trasporto a Boulogne e passarono la notte «sul molo».[1] Nel frattempo, due piloti della squadriglia che avevano viaggiato via aria precipitarono, rimanendo uccisi prima ancora di atterrare.

In agosto e settembre, Archie girò da una località all'altra della Francia nordorientale. Partecipò alla ritirata dopo la sconfitta degli inglesi a Le Cateau, che registrò il 20% di vittime. L'esercito britannico, alla fine, diede inizio alla guerra di trincea.

La RFC installò il quartier generale all'aerodromo di Saint-Omer, nell'entroterra di Calais. Archie arrivò il 12 ottobre e il 19 era già stato menzionato nei dispacci per il coraggio nel sopportare «grande tensione... quasi ogni ora del giorno e della notte».[2] In seguito la sua squadriglia si trasferì a Hinges, un villaggio che verrà interamente ricostruito dopo la guerra a causa dei danni subiti.

Il comandante era l'energico e burbero Hugh Trenchard, l'uomo a cui spesso è stato attribuito il merito di essere stato il padre della futura Royal Air Force. Erano tempi duri. L'RFC aveva sessantacinque aeroplani, usati soprattutto per spiare dove fossero localizzate le truppe nemiche. I Flying Corps, dice lo storico dell'aviazione Patrick Bishop, dovevano per così dire «sollevare il coperchio del campo di battaglia e permettere ai comandanti di intuire le intenzioni del nemico».[3] Con l'avanzare della guerra, però, si dovettero fronteggiare anche gli aerei ostili a mano a mano che entrambi gli schieramenti diventavano più abili nel maneggiare le mitragliatrici in volo. Gli inglesi avevano apparecchi e addestramento peggiori e stavano perdendo quattro volte gli aerei dei tedeschi. Arrivavano in Francia piloti con sempre meno ore di volo. A un nuovo arrivato nella base di Archie fu chiesto quante ore di volo avesse fatto.

> «Quattordici».
> «Quattordici?! È assolutamente vergognoso mandare all'estero piloti con così poca esperienza. Non hai una sola possibilità di... Altre cinquanta ore e potresti anche pilotare decentemente, ma quattordici! Dio mio, è omicidio!»[4]

Il lavoro di Archie comprendeva anche compiti come organizzare il collaudo di una lampada di segnalazione per verificare se fosse un articolo da ordinare per i piloti.[5] E gli sforzi che fece per mantenere in quota i piloti a bordo dei loro inaffidabili aeroplani furono assai apprezzati dai colleghi. In novembre fu promosso capitano.

Nel dicembre del 1914, fu un giovanotto più maturo quello che tornò in licenza a Londra per incontrare la fidanzata. In uno dei gialli della Christie degli anni Venti, l'arma del delitto è «un pugnale fatto col metallo di un aereo», un souvenir portato a casa a sua madre da un pilota. Sembra un particolare tratto dalla vita, qualcosa che Archie avrebbe potuto regalare ad Agatha.[6] Anche se le portava doni, però, Agatha lo trovò poco comunicativo e fu ferita dal suo «buonumore, per non dire allegria». Lui le fece un regalo di Natale che sembrava avere acquistato senza starci tanto a pensare, un *nécessaire* che non le piacque per niente. Era un oggetto troppo frivolo, stonato, costoso. Il fidanzamento sembrava dovesse essere annullato. L'ethos dell'RFC era che gli ufficiali non si sposassero. «Ne fai sposare uno ed è fatta, ti sei lasciato dietro una giovane vedova e magari un bambino in arrivo» diceva. «No, è egoistico e sbagliato».

Il diario di Archie ci informa svogliatamente che la sua prima licenza era iniziata il 21 dicembre e continua: «Il 24 a Bristol e dopo a Torquay. Il 26 ritorno a Londra. Il 30 andato al primo Wing Headquarters».[7]

Ma questa secca annotazione nasconde una notizia assolutamente clamorosa. La sera del 23 dicembre, dopo aver portato Agatha dalla propria madre a Bristol, Archie cambiò idea e insistette perché si sposassero subito.

Stanca e confusa, Agatha acconsentì. Come scrisse in un brano di un suo romanzo autobiografico: «Molte ragazze stavano facendo la stessa cosa, rinunciavano a tutto e sposavano l'uomo del quale erano innamorate, per quanto povero potesse essere. [...] E dietro questo modo di pensare si celava la paura segreta che non si affrontava mai per esaminarla fino in fondo. Tutt'al più si diceva, in tono di sfida: 'E, *qualsiasi* cosa possa accadere, *un po'* di felicità l'avremo avuta'».[8]

Nessun ostacolo burocratico fu troppo grande da superare per Archie, ottimo organizzatore. La vigilia di Natale doveva essere il giorno del suo matrimonio. Cercarono dunque di procurarsi in fretta una licenza speciale. Il locale ufficio di stato civile li informò che per la licenza di matrimonio normale occorrevano due settimane di tempo – che Archie non aveva – oppure era possibile ottenere una licenza speciale che costava parecchio. Il tempo incalzava.

Solo quando un altro impiegato dell'ufficio, più disposto ad aiutarli del precedente, rientrò dall'intervallo delle undici, si trovò una soluzione. Archie poteva dichiarare di vivere a casa del patrigno, a Bristol («Lei avrà parte dei suoi effetti personali qui, no?» suggerì l'impiegato), e il fatto che fosse residente a Bristol avrebbe permesso di ottenere la licenza e celebrare il matrimonio quello stesso pomeriggio. Nel 1915, sarebbe stato confermato ufficialmente che i soldati potevano sposarsi dando come recapito l'indirizzo di un genitore, e anche che una donna poteva registrare le proprie nozze all'ufficio di stato civile da sola, se il suo fidanzato era all'estero. Questo avrebbe reso più facili e meno costose le nozze ai molti militari che volevano sposarsi in fretta durante una licenza.[9]

Il vicario della Emmanuel Church di Bristol era disponibile, e così Agatha Mary Clarissa Miller, di ventiquattro anni, convolò a rapide nozze di guerra con Archibald Christie, di venticinque. «Nessuna sposa si era mai preoccupata meno del suo aspetto» avrebbe scritto nella sua autobiografia la Christie. «Indossavo un normalissimo abito a giacca e la gonna». Non aveva avuto nemmeno il tempo di lavarsi le mani.

La madre di Archie, Peg, reagì alla notizia con una crisi isterica e si chiuse al buio in una stanza. Sentendosi sgraditi ospiti a Bristol, gli sposini partirono la sera stessa per Torquay, arrivando al Grand Hotel a mezzanotte, e trascorsero il giorno di Natale con Clara. Ma anche la famiglia di Agatha era dispiaciuta della segretezza e della precipitosità di quelle nozze.

«Avevamo arrecato dispiacere a tutti quelli a cui volevamo bene» dice Agatha nella sua autobiografia. «Non credo che Archie se ne rendesse conto e, comunque, penso che non gliene sarebbe importato». Archie aveva in mente un'unica cosa: uscì e tornò con in mano il *nécessaire* che le aveva donato in precedenza e che non le era piaciuto. Stavolta lei lo accolse con un bel grazie. La faccenda del *nécessaire* indesiderato avrebbe finito per simboleggiare lo squilibrio di potere all'interno del loro matrimonio. Lui era quello che prendeva l'iniziativa, lei quella che diceva di sì.

Ma non acceleriamo i tempi. Quando si sposò, Agatha trovò bella, felice e basata sulla complicità la sua nuova vita di donna coniugata, proprio come si addiceva a una coppia moderna. La serenità fu guastata solo dal fatto che il marito dovette tornare quasi subito in guerra. Per Capodanno, lei scrisse una poesiola intitolata «L'alfabeto A.A. del 1915» dove «A.A» era un riferimento alle iniziali del loro nome:

A sta per Angelo di natura (?) e battezzata
e pur per Archibald, che l'ha impalmata.[10]

Agatha coinvolse Archie nel mondo giocoso e creativo delle «donne strane». La poesiola racconta di una piacevole passeggiata in campagna, ma, disseminati qui e là, vi sono riferimenti agli scarponi nelle trincee, agli «unni», ai magazzini di pezzi di ricambio per aerei di cui si occupava Archie in Francia e all'incertezza del futuro. Era il consueto espediente della Christie, che cercava sempre di trovare un motivo per sorridere anche nelle situazioni più difficili.

Archie ricambiava questo modo scherzoso e giocoso di amare? Sicuramente ci provò. Ci è pervenuto un appunto del luglio 1916, inviato dal suo magazzino in Francia e scritto a matita su un pezzo di carta con il timbro rosso SEGRETO. Commuove immaginarlo mentre distoglie l'attenzione dal registro degli ordini per pensare alla giovane donna tanto originale e passionale che lo amava in Inghilterra, e per cercare di adeguarsi al suo livello.

«Un'indole benevola e affettuosa» esordì in un riassunto scherzoso del carattere della moglie:

> Amante degli animali, fatta eccezione per vermi e maggiolini. Amante degli esseri umani, fatta eccezione (per principio) per i mariti. Per indole pigra, ma capace di trovare e conservare grande energia. Sana di membra e di occhi, un po' di affanno quando si arrampica. Abbonda in intelligenza e gusto artistico. Anticonformista e curiosa di tutto. Bella faccia, soprattutto i capelli; bel personale e pelle magnifica. Sa bene come ottenere qualcosa con le moine. Ribelle, ma una volta conquistata è una moglie dolce e affettuosa.[11]

Negli appunti, Archie mostra di avere capito bene la vera personalità di Agatha, ma è significativo che la chiami «Miss A.M.C. Miller», come se fosse ancora nubile. «Ribelle», ma non ancora «conquistata». Entrambi si rendevano conto che il loro matrimonio non era una cosa concreta e reale. Come poteva, del resto? Era consistito in una serie di incontri appassionati, durante i quali erano rimasti in uno stato di sospensione che non li aveva certo fatti maturare.

Indubbia era, però, la loro compatibilità sessuale. Le ragazze come Agatha erano tenute totalmente all'oscuro del sesso.[12] Agatha sapeva di una ragazza che era stata ingravidata dal padre di un'altra ragazza, ma in genere alle donne del suo ceto non si parlava di sesso.

Questo rende ancora più insolito il fatto che, per tutta la vita, Agatha abbia avuto un rapporto del tutto disinvolto con il piacere sessuale. Il sesso, per lei, non fu mai motivo di vergogna o senso di colpa. «La passione è qualcosa di scontato» dice, parlando di un buon matrimonio, mentre la tenerezza e il rispetto sono fiori più rari, che hanno maggior bisogno di essere coltivati. «Una riflessione su Miss Marple illustra molto bene l'atteggiamento della Christie» osserva Gillian Gill. «La parola 'sesso' non aveva mai significato molto per Miss Marple quando era giovane, ma era qualcosa di ben presente – non che se ne parlasse molto –, qualcosa che si era praticato più allora che al giorno d'oggi».[13]

Il senso di vergogna associato al sesso dai membri della generazione della Christie cominciò a diminuire dal 1918 in poi, con la pubblicazione di *Amore e matrimonio* di Marie C. Stopes. La Stopes sosteneva che il sesso (purché all'interno del matrimonio) era qualcosa di naturale e perfino piacevole. Il suo matrimonio era finito quando lei e il marito avevano scoperto di non poterlo consumare, e a quel punto Marie si era imbarcata nell'impresa di educare la gente al sesso. Aveva fatto una fatica enorme a trovare un editore. «Vi sono troppo pochi uomini per tutte le donne che aspirano a sposarsi, e credo che un libro del genere scoraggerebbe quei pochi» disse uno degli editori, rifiutando il manoscritto.[14]

Marie Stopes voleva che le donne si godessero il sesso, ma la lezione più importante che impartì con il suo libro fu che gli uomini dovevano essere teneri. Se un uomo «si immedesima nel ruolo del corteggiatore tenero» spiega, «la donna ne sarà così profondamente emozionata da ricambiare con passione».[15] Pare che Archie abbia dato le dovute prove di tenerezza e che Agatha di buon grado abbia mostrato la sua passione. «Sei stata molto cara, l'anno scorso, nell'affidarti coraggiosamente a me» le scrisse in una lettera in occasione del primo anniversario.[16]

Ma la Stopes ha lasciato anche un'altra eredità più negativa. Come metodo di contraccezione suggeriva una spugna imbevuta di olio d'oliva, e credeva che il controllo delle nascite fosse importante per migliorare la 'purezza' della razza. Era meglio che le famiglie con una tara come la sifilide o la pazzia non si riproducessero. Così anche la contraccezione aveva implicazioni inquietanti e l'eugenetica cominciò a diventare un'ossessione per la società britannica. Queste preoccupazioni per il carattere ereditario delle malattie avrebbero notevolmente condizionato Archie e Agatha, che avevano entrambi, in famiglia, parenti affetti dalla cosiddetta 'alienazione mentale'.

Nei successivi tre anni e mezzo, il signore e la signora Christie sarebbero stati insieme solo durante le brevi licenze di lui. Quando, verso la fine del 1918, riuscirono finalmente a convivere, Agatha rimase incinta. Dalla tempistica parrebbe di dover dedurre che, grazie all'olio d'oliva o all'astinenza, abbiano accuratamente evitato la gravidanza finché il conflitto li tenne lontani. «Maledetta guerra che mi costringe a stare qui» si lamentò Archie, dalla Francia.[17]

Dopo una delle licenze, tornò in Francia con un senso

di stanchezza e solitudine. «Caro Angelo» esordì in un'altra lettera dalla scrittura evanescente, «il viaggio in treno è andato normalmente e me ne sono rimasto nel mio angolo con la testa intontita». Aveva attraversato la Manica su un'imbarcazione scortata da due cacciatorpedinieri, e a Boulogne era stato prelevato da un'auto e riportato alla base, dove si era sentito «stanco come un micino. [...] Avrei tanto voluto trovare qui una tua lettera, stasera».[18]

Nel 1916 diventò maggiore e gli aumentarono la paga a settecento sterline. L'anno dopo fu promosso tenente colonnello, con la responsabilità di un intero magazzino.[19] Gli toccò anche il compito di punire chi infrangeva le regole. «Ho condannato un uomo a ventotto giorni di punizione in cui è stato legato a un albero ed è stato sottoposto ad altri provvedimenti disciplinari, perché si rifiutava di lavorare». Anche se Archie era nelle retrovie, la vita non era facile. «Ieri sera sono rimasto incollato al telefono fino alle undici... Ti amo per come sei e ti amo per il tuo carattere. Per me non c'è nessun'altra come te».[20]

Questo tipo di linguaggio ci fa capire che il matrimonio di Agatha era assai diverso da quello dei suoi genitori. Archie non nutriva per lei un amore idealizzato. No, l'amava «per com'era», «per il suo carattere». «Per me non c'è nessun'altra come te» aveva concluso nel suo messaggio. Era una fortuna. «Quando due si amavano, erano felici» riflette una delle eroine più autobiografiche della Christie. «Le unioni infelici, e naturalmente sapeva che ce n'erano, dipendevano dalla mancanza d'amore».[21]

Ma questi alti standard di vita e di amore avrebbero anche reso impossibile ad Agatha di fingere all'occorrenza, alla maniera vittoriana, di non vedere un tradimento.

A quell'eventualità, però, non pensava affatto. Per niente.

# 11
# Entra in scena Poirot

Mentre Archie, in Francia, scriveva in fretta le sue lettere tra una telefonata e l'altra, Agatha, in ospedale, cercava a sua volta di ricavarsi il tempo di scrivere tra un'incombenza e l'altra.

Nel lavoro al dispensario i momenti di furia si alternavano ai momenti di quiete. Una volta che aveva preparato una medicina secondo la prescrizione, Agatha doveva aspettare che arrivasse l'ordine successivo. Un giorno approfittò di quei tempi morti per scrivere una poesia.

*Nel dispensario* mostra che trovava ispirazione nell'ambiente che la circondava, per quanto banale fosse. Era un dono che aveva in comune con alcuni degli scrittori più popolari del Ventesimo secolo. «Non voglio trascendere la normalità» scrisse Philip Larkin. «Amo la normalità. Le cose di tutti i giorni sono belle, per me».[1] Per Agatha, anche le fiale dei medicinali potevano ispirare sentimenti romantici:

Là in alto, chiusi bene a chiave,
i poteri che fan vivere o morire
boccette d'un verde o un blu soave
con una scritta rossa da atterrire.
Sotto i loro esili colli che si cela?
Un romanzo d'amore incontrastato

o d'amore e morte una miscela?
E chissà Amor, se non qui, dov'è scappato.[2]

I taccuini che Agatha usava per studiare per l'esame di assistente farmacista, mentre continuava a sopravvivere con i soldi della famiglia, mostrano che negli intervalli tra un impegno e l'altro si dilettava con giochi di parole. «Archibald Christie» scrisse a matita sul retro di un taccuino, accanto al proprio nome, poi cancellò le lettere comuni all'uno e all'altro nome per vedere fino a che punto corrispondessero. Se si volta il taccuino per guardare la facciata anteriore, però, si legge una lista di veleni: «Alcaloide ricavato dalla belladonna... Idrobromuro di ioscina... Alcaloide ricavato dal giusquiamo...»[3]

Quando Agatha cominciò a pensare di scrivere un secondo romanzo, era ovvio quale sarebbe stato il tema: un avvelenamento. Fu l'inizio di una carriera di esperta di prodotti tossici. Dei sessantasei polizieschi che avrebbe scritto, quarantuno sarebbero stati incentrati su un omicidio, un tentato omicidio o un suicidio commessi con il veleno.[4] Se si esaminano le diciassette pagine dell'eccellente grafico elaborato dalla storica Kathryn Harkup sui mezzi per procurare la morte che vengono utilizzati nei romanzi della Christie, si vede che «caduta da una rupe», «folgorazione» e «sgozzamento» rappresentano le eccezioni in mezzo a una serie di avvelenamenti provocati da stricnina, arsenico, morfina e atropina. Il cianuro sarebbe diventato il suo prediletto: Agatha lo avrebbe usato per far fuori non meno di diciotto personaggi in dieci romanzi e quattro racconti.[5]

Cominciò dunque a creare un personaggio femminile che era, come lei, la farmacista di un dispensario: la giovane e bella Cynthia, che sarebbe comparsa nel romanzo *The Mysterious Affair at Styles* (*Poirot a Styles Court*) del 1921.

Forse l'unica sorpresa, nella decisione di scrivere un giallo, fu che ci avesse messo tanto a prenderla. Aveva divorato classici del poliziesco come le storie di Sherlock Holmes di Arthur Conan Doyle, *Il caso Leavenworth* di Anna Katharine Green e *Il mistero della camera gialla* di Gaston Leroux. Erano libri di cui aveva parlato con sua sorella Madge, e avevano discusso della possibilità che pure lei scrivesse qualcosa di simile:

> «Non so se ci riuscirai» mi rispose. «Anch'io ci ho pensato, ma mi sono scoraggiata di fronte alle difficoltà».
> «Vorrei provarci lo stesso».
> «Be', scommetto che non ci riuscirai» disse Madge.
> La cosa rimase lì, senza che i termini della scommessa venissero stabiliti con precisione. Ma in quel momento presi la decisione di scrivere un racconto poliziesco. Non mi misi subito all'opera, ma il seme era stato gettato. L'idea si era depositata nel fondo della testa... Sapevo che un giorno avrei scritto un romanzo poliziesco.[6]

Nel 1916, tutto era maturo perché la Christie procedesse alla creazione di qualcosa di sorprendente: un primo poliziesco davvero eccellente, leggero come una piuma e tuttavia così ben costruito da costituire una lettura avvincente ancora oggi, un secolo dopo.

Come mai *Poirot a Styles Court* è una lettura così piacevole?[7] Tanto per cominciare, Agatha scrive di un mondo che conosce bene. I personaggi sono familiari: amici e domestici che vivono in una casa di campagna, Styles Court, in cui il tè è servito in giardino. Ci sono molti corteggiamenti, e i personaggi dei 'piani alti' vivono di rendita.

Tuttavia i residenti di Styles Court sono stati costretti a adattarsi alla vita in tempo di guerra, a lavorare personalmente in giardino e (questo sarà un indizio importante) a riciclare la carta. Il capitano Hastings, il narratore, è tornato dal fronte con un'invalidità. Un personaggio lavora in ospedale, e il caso sarà risolto da un rifugiato belga.

Ma la villa del romanzo non è solo l'ombra di quel che era un tempo in termini di agiatezza: è qualcosa di peggio. È un luogo moralmente corrotto. Nessuno è come appare. L'anziana signora a capo della famiglia è un'attaccabrighe. I giovani sposati sono adulteri e perfino il narratore, Hastings, pensa a flirtare quando in realtà dovrebbe tornare a combattere.

Pur dipingendolo a tinte fosche, Agatha crea un mondo romanzesco che ha molto in comune con il suo. Anche il delitto parla direttamente della sua personale situazione familiare. La vittima, la signora Inglethorp, è una matriarca, una donna potente di una certa età, che può ricordare zia-nonnina o anche Clara, alla quale il libro è dedicato. È, questa, una differenza notevole tra Agatha e il suo principale modello, Sir Arthur Conan Doyle. Fin dall'inizio, la Christie mette al centro del palcoscenico la vita delle donne.

*Poirot a Styles Court* racconta di una lotta mortale tra la signora Inglethorp e la sua dama di compagnia Evelyn. Gli uomini della casa sono piuttosto inetti e lo stesso si potrebbe dire dei membri della famiglia di Agatha, che aveva visto il suo pigro padre e il suo inutile fratello buttare a mare la fortuna di famiglia, mentre sua madre e sua sorella le avevano dato stabilità e forza. I libri della

Christie, in cui le donne si vedevano riflesse, si sarebbero rivolti a un importante mercato di lettori del periodo fra le due guerre.

Ma *Poirot a Styles Court* getta una luce inquietante anche su ciò che restava della famiglia Miller ad Ashfield. Quasi tutti, e in particolare le donne, passano la vita a fingere di essere ciò che non sono: simpatici, docili, coscienziosi. Invece il lato d'ombra dei personaggi femminili, come avrebbe detto Jung, era forte, ad Ashfield. Il romanzo dimostra che Agatha osservava la sua famiglia prevalentemente femminile e vi vedeva degli aspetti oscuri. Intuiamo che, benché amasse sua madre, aveva anche paura della sua brama di potere e della sua possessività.

Sotto un certo profilo, Clara aveva ostacolato la maturazione di Agatha, impedendole di crescere davvero. Agatha era ormai adulta e coniugata e, facendo la crocerossina, aveva avuto un'esperienza del mondo che Clara non poteva nemmeno immaginarsi. Eppure era ancora lì ad Ashfield, a fare praticamente la stessa vita che aveva fatto nei venticinque anni precedenti.

Come Styles Court, Ashfield era diventata un luogo dove la vita ristagnava. In un riassunto romanzesco della propria vita, Agatha vede il lato più oscuro dell'amore di sua madre: era, dice, «affettuosa in un modo che la rendeva pericolosa».[8]

Vi erano poi, nella storia recente della Gran Bretagna, motivi che rendevano l'avvelenamento il *topos* ideale da cui far partire la carriera di giallista di Agatha.

La generazione di zia-nonnina aveva creduto vi fosse stata un'epidemia di avvelenamenti, nella società vittoriana. Il Diciannovesimo secolo fu un'epoca in cui si apprezzava la vita domestica molto più di quanto non lo si fosse fatto prima. E il veleno si prestava alla bisogna in quanto era un'arma che si poteva maneggiare solo all'interno di una famiglia. Poteva essere somministrato da un dottore, una domestica, un parente, insomma qualcuno di cui ci si fidava.

Il genere poliziesco aveva cominciato ad avere successo quando la rivoluzione industriale aveva cambiato la vita di molti britannici, portandoli dalle campagne in città. Il miglioramento del tenore di vita, naturalmente, era una cosa positiva, ma la pausa nell'eterna lotta contro la natura insinuò nell'animo vittoriano nuove paure e nevrosi specificamente moderne. Una persona dell'Ottocento poteva permettersi di preoccuparsi meno di morire di fame o malattia del suo antenato dell'epoca georgiana, ma c'era spazio per altri timori meno tangibili.

Un tempo si conoscevano tutte le persone che vivevano nel proprio villaggio. Nel periodo vittoriano, invece, c'erano molte più probabilità di vivere in città con un estraneo come vicino di casa. Un tempo una donna avrebbe sposato la persona che le era stata presentata dai genitori. Ma che cosa sapeva, in realtà, una donna del proprio marito, della propria cameriera o del proprio dottore? Il nuovo genere letterario tirava queste paure fuori dalla nicchia mentale in cui erano annidate, le risvegliava e alla fine mostrava che potevano essere vinte dall'intervento di quell'invenzione ottocentesca che era il detective. L'omicida era arrestato, veniva ristabilito l'ordine e chi si era sentito turbato poteva di nuovo dormire sonni tranquilli.

Agatha decise che, come Conan Doyle, aveva bisogno di un 'suo' detective, ma ribaltò completamente l'immagine dell'eroico Sherlock.

Hercule Poirot, che con la sua testa a uovo e i baffi a manubrio entrava per la prima volta in scena in *Poirot a Styles Court*, doveva rappresentare una novità: un detective che era pericolosamente facile sottovalutare.

La scelta di un belga fu ispirata dal numero crescente di profughi belgi che avevano cominciato a comparire a Torquay al tempo della guerra. In quei tempi, oltre un milione di belgi erano fuggiti dal loro Paese dilaniato dal conflitto, dove, come disse il poeta Rupert Brooke, «venivano uccisi tre civili per ogni soldato». Brooke descrisse la gente che aveva visto fuggire da Anversa con tutti i suoi beni ammassati su carrozzine per bambini: «Due file interminabili di persone, con i vecchi piangenti e le donne pallide e con le facce tirate».[9] Circa duecentocinquantamila belgi si rifugiarono in Gran Bretagna in quel periodo.

Scegliendo un uomo di origine straniera e per giunta profugo, Agatha crea il detective perfetto per un'epoca in cui il pubblico non ne può più di soldati ed eroici uomini d'azione. Fisicamente, Poirot dà così poco nell'occhio che non si può pensare rubi la scena a chicchessia.

Come succederebbe a una donna, Poirot non può contare sulla forza muscolare per risolvere i problemi, perché ne è privo. È costretto, piuttosto, a usare il cervello. «Non c'è bisogno di sforzo *fisico*, basta pensare» spiega.[10] C'è anche un lato ironico nel suo nome, che ovviamente rimanda a Ercole, il classico eroe tutto muscoli, ma che nella forma 'Hercule' fa pensare piuttosto a qualcuno di piccolo, ricercato e teatrale come lui.

Agatha avrebbe mostrato che Poirot era diverso da Holmes anche nel modo in cui lavorava. In *Uno studio in rosso*, la prima avventura di Sherlock Holmes, il grande investigatore ci appare riverso bocconi in terra, intento a raccogliere «un mucchietto di polvere grigia».[11] È cenere di sigaro, e dalla sua enciclopedica conoscenza dei vari tipi di cenere prodotti dai vari tipi di sigaro egli deduce quale marca l'assassino fumasse.

Agatha fa una voluta parodia della scena quando introduce Poirot. Diversamente da Holmes, il belga si rifiuta decisamente di mettersi «in ginocchio, magari sull'erba umida» per esaminare una scena del crimine, e si guarda bene dal raccogliere cenere di sigaretta quando non distingue un tipo dall'altro.[12] Poirot non si china a «raccogliere indizi». Preferisce usare il cervello.

Tanto intelligente quanto fisicamente goffo, brillante nonostante le apparenze, Poirot incontra i gusti di molti lettori, ma da quelli che si ritengono goffi è letteralmente adorato. Come Sherlock Holmes, è un eccentrico e un solitario. Ma diversamente da Holmes, con la sua *ennui* e la sua dipendenza dalla cocaina, è perfettamente soddisfatto di sé. È pieno di *joie de vivre.* Potremmo figurarcelo come un membro onorario del circolo delle «donne strane».

Quando gli permise di sfruttare i suoi talenti nella sua prima storia poliziesca, Agatha non immaginava certo che avrebbe convissuto con lui per i successivi sessant'anni.

# 12
# Il Moorland Hotel

Nei giorni in cui non era di turno in ospedale, Agatha proseguì la stesura del suo libro. Scriveva ciascun capitolo a mano prima di batterlo a macchina. Usava tre dita di ciascuna mano, dicendo per scherzo, ma con fierezza, che «la maggior parte delle dattilografe dilettanti ne usavano solo due».[1]

Nonostante questo, quando fu a metà romanzo, perse l'ispirazione. «Ero eccitata e compiaciuta della mia nuova fatica, ma anche molto stanca e spesso irritata» avrebbe ricordato nell'autobiografia.

Fu Clara a suggerirle di prendersi una vacanza a Dartmoor nel Devon e dedicarsi a finire la storia. Agatha partì in treno, poi prese una corriera. Rimase per due settimane nell'isolato Moorland Hotel di Dartmoor, sola ma non triste, indaffarata com'era a scrivere. Nella pubblicità, l'albergo si autodefiniva «il posto ideale per la vostra salute».[2]

Soggiornare da sola in un hotel ideale per la salute non è una scelta comune, per una ragazza di venticinque anni che si concede una vacanza. Ma Agatha era perfettamente a suo agio: «Il motivo per cui cominciai a scrivere... era di evitare di dover parlare con la gente».[3]

L'edificio di pietra grigia sorge ancora oggi ai confini della brughiera, in una piacevole località da cui ci si può avventurare per la landa di color marrone verdastro, magari salendo fino alle Haytor Rocks, a mezz'ora di distanza. Nello stesso 1916 il mentore di Agatha, Eden Phillpotts, intinse la penna nell'inchiostro rosso per descrivere lo scenario: «La natura selvaggia leva la testa in cime di granito o si sviluppa in grandi colli scoscesi che si estendono fino all'orizzonte».[4] Ma Agatha avrebbe ignorato tutto ciò, scrivendo come una matta ogni mattina. Durante una passeggiata pomeridiana, immaginava la scena successiva del libro.

Così, a poco a poco, la storia prese forma.

In seguito, la Christie avrebbe affermato di aver avuto successo quasi per caso. «Personalmente non avevo alcuna ambizione» proclamò. Ma simili dichiarazioni rientrano nel rigoroso codice che le signore dell'era edoardiana dovevano seguire quando parlavano. Le azioni smentiscono le sue parole e lì, al Moorland Hotel, Agatha si prese molto sul serio. Per tutta la vita avrebbe continuato a fare, ogni tanto, dei ritiri completamente dedicati alla scrittura. Erano momenti memorabili e intensi, momenti in cui si sentiva vicina a Dio.

Alla fine avrebbe stabilito, per i suoi romanzi, una lunghezza canonica di sessantamila parole. *Poirot a Styles Court* non aveva ancora quella struttura: era più lungo (settantaquattromila parole) ed era meno ricco di indizi.

Nemmeno nel suo ritiro letterario Agatha riuscì a finire del tutto il lavoro. In origine la storia terminava in tribunale, con Poirot che spiegava tutto al banco dei testimoni. Il guaio era che ai testimoni una cosa del genere non era affatto permessa. Col tempo, Agatha avrebbe imparato a consultare dei professionisti: «Chiedi a qualsiasi avvocato e lui ti dirà ciò che puoi o non puoi fare».[5] Alla fine riscrisse il finale su consiglio di un editore, creando la prima di una delle sue famose 'scene da stanza chiusa' dove tutto viene rivelato.

Quali furono gli sviluppi della storia che la scrittrice rifinì durante le passeggiate nella brughiera? In questo libro, ogni tanto vi porterò dietro le quinte per rivelarvi alcuni caratteristici 'espedienti da Christie'.

Un classico espediente da Christie, e ce n'è un brillante esempio in *Poirot a Styles Court*, è di nascondere un oggetto lasciandolo in piena vista. Poirot, un maniaco dell'ordine, nota che i soprammobili sulla mensola del caminetto non sono disposti in fila come li aveva messi lui. È perché l'assassino ha nascosto un documento cruciale arrotolandolo fino a farne un rotolino per accendere il fuoco e lo ha messo, piuttosto maldestramente, in un vasetto sopra la mensola del caminetto. Questo seminare indizi è doppiamente affascinante, perché è anche una citazione che Agatha fa di un testo classico del genere poliziesco. Il concetto è infatti mutuato da una delle sue detective story preferite, *Il caso Leavenworth* (1878), dove l'investigatore di Anna Katharine Green scopre una lettera di vitale importanza «strappata per il lungo in strisce e trasformata in rotolini per accendere il fuoco». La Green, a sua volta – come in una sorta di passaggio del testimone tra autori – rendeva omaggio a Edgar Allan Poe, secondo il quale «il sistema migliore per nascondere un documento è di cambiargli aspetto e poi lasciarlo in bella vista».[6]

*Poirot a Styles Court* contiene anche un altro meraviglioso espediente da Christie, 'la coppia segreta'. Sono due persone che sembrano detestarsi profondamente, ma in realtà si amano. All'insaputa di tutti, il marito della ricca signora Inglethorp e la dama di compagnia di quest'ultima, Evelyn, sono due adulteri assassini.

Non ci accorgiamo della loro relazione perché Hastings, il narratore attraverso i cui occhi li vediamo, li trova così poco attraenti che non può concepirli come qualcuno che pratichi del sesso. Guarda la vigorosa dama di compagnia vestita di tweed, «di corpo solida e quadrata», con un paio di stivali ai piedi, e vede una persona che è quasi impossibile considerare una donna. E quando osserva Alfred Inglethorp, complice di Evelyn nel delitto, Agatha inganna due volte il lettore, attribuendogli un aspetto scialbo, da «pesce fuor d'acqua» e che parla in «tono mellifluo». Gli conferisce perfino quel chiaro segno di equivocità che negli anni Dieci era considerata la barba. E noi pensiamo: no, sarebbe troppo facile, l'assassino non può assolutamente essere lui.[7]

In *Poirot a Styles Court*, non sono solo Alfred ed Evelyn a fingere di essere ciò che non sono. Praticamente tutti i personaggi portano una maschera. Dopotutto, Agatha conosceva bene la finzione: *fingeva* di essere sposata, *fingeva* che il lavoro in ospedale non fosse orribile. Così, nel suo mondo letterario molti assassini cercano di passare per normali.

Alla fine terminò *Poirot a Styles Court* o, almeno, lo terminò meglio che poteva. «Avrebbe potuto essere molto meglio, lo so» avrebbe detto in seguito, «ma io sapevo di aver esaurito le mie capacità di intervento e quindi dovetti lasciarlo com'era».

Inviò il dattiloscritto all'editore Hodder & Stoughton, che lo «rifiutò seccamente, senza indorare la pillola».

Pareva che la faccenda fosse finita lì, perché Agatha provò a inviare il romanzo ad altri editori, con riscontri altrettanto negativi. Poi, però, fu sopraffatta dagli eventi. Successe una cosa molto più importante di un progetto letterario con poche probabilità di successo, portato avanti per il puro gusto di farlo.

Cominciò la vita vera, perché Archie tornò dalla guerra.

PARTE QUARTA

# La giovane scrittrice brillante

*Anni Venti*

# 13
# Entra in scena Londra

Quando, nel 1918, si avvicinò la fine del conflitto, Archie fu assegnato a Londra. Doveva dare consigli tecnici a quella che era diventata la Royal Air Force dalla sede del nuovo ministero dell'Aeronautica, a Covent Garden. Era stato menzionato cinque volte nei dispacci, e la *London Gazette* presto annunciò che il tenente colonnello Christie sarebbe stato decorato con il Distinguished Service Order. Tornava a casa da eroe.

Nel settembre del 1918, Agatha lo raggiunse a Londra. Benché fossero sposati da quasi quattro anni, non avevano mai convissuto. In pratica, era quello l'inizio della loro vita coniugale.

In un primo tempo alloggiarono in un appartamento modesto, due stanze di un edificio nel quartiere di St John's Wood. Il numero 5 di Northwick Terrace aveva visto tempi migliori. In origine dimora di tredici persone, nel 1918 era stato suddiviso in più appartamenti. Quello di Agatha e Archie, arredato con mobili abbastanza miseri, veniva offerto corredato di una certa signora Woods, che viveva in cantina ed era la persona di servizio della giovane coppia.

Agatha si iscrisse a un corso di dattilografia e contabilità, nel caso in cui, viste le loro finanze tutt'altro che floride, ci fosse stato il rischio che la giovane sposa dovesse mettersi a lavorare. Ma Agatha si consacrò con più ardore che mai al ruolo di casalinga.

Quando la Grande Guerra finì, quasi tutta la Gran Bretagna avrebbe voluto riportare indietro l'orologio e far tornare le donne dalla fabbrica al focolare. Ma bisognava cercare di capire come sarebbero stati, in pratica, questi agognati focolari.[1] Il *Times* pubblicò perfino annunci che pubblicizzavano corsi di «economia domestica» per donne sposate che, come Agatha, non avevano ancora avuto la possibilità di vivere con il marito.[2] Rendere il numero 5 di Northwick Terrace quel luogo «degno degli eroi» che il Primo ministro Lloyd George aveva promesso sarebbe stata la casa dei reduci era adesso il principale compito di Agatha. Dopotutto, i Christie erano fortunati: il 30% degli uomini della generazione di Archie aveva perso la vita.

Agatha scoprì che fare la casalinga le piaceva. Innanzitutto aveva, a Londra, qualche amicizia che le permetteva di trascorrere del tempo in compagnia. A causa della penuria di alloggi, le ci volle un sacco di energia per arredare Northwick Terrace e i due successivi appartamenti londinesi in cui si trasferì con Archie; e nella sua autobiografia ha versato fiumi d'inchiostro sull'argomento. Quando si legge dei suoi problemi con i letti pieni di protuberanze e del pescivendolo che cerca di imbrogliarla, sembra quasi che occuparsi di un bilocale fosse impegnativo quanto gestire Ashfield, e questo nonostante il fatto che fosse aiutata non solo dalla signora Woods, ma anche da Bartlett, l'ex attendente di Archie.

Agatha non era l'unica donna della classe media che faceva fatica a riappropriarsi dei dolci agi della propria gioventù edoardiana. Una delle sue doti più ammirevoli, però, era il senso pratico. Perseverava in un compito finché non riusciva a svolgerlo nella maniera migliore. A un certo punto fantasticò addirittura di diventare lei stessa una cameriera: «Sono sicura che sarei stata perfettamente all'altezza». Forse avrebbe trovato il mestiere più difficile del previsto, dato che il lavoro necessario alla gestione di una casa era pressoché invisibile agli occhi di una persona della classe media. La vita da domestica su cui aveva fantasticato avrebbe trovato la sua espressione letteraria nella formidabile Lucy Eyelesbarrow di *Istantanea di un delitto*, che coniuga l'economia domestica con l'indagine poliziesca.

È evidente che alla nuova vita di Agatha mancava quello che era il cardine di Ashfield: la cuoca fissa. Poiché, durante la guerra, anche i ricchi dovettero abituarsi a farne a meno, la visione che si aveva della cucina cominciò a cambiare.

Nel suo minuscolo cucinotto, Agatha prese a fare esperimenti, cominciando da piatti leggeri e gustosi come il soufflé di formaggio, mentre la signora Woods continuava a preparare il resto. La storica Nicola Humble spiega che «la gastronomia veniva adesso presentata come un'attività ricreativa per persone d'alto rango», qualcosa di «troppo interessante per essere lasciato ai domestici, se mai ce ne fossero stati».[3] Perfino Virginia Woolf, notoriamente priva di qualsiasi senso pratico, frequentò un corso di cucina, durante il quale fu così maldestra da infilare la fede nel forno assieme al budino di sugna.[4]

Il successivo cambiamento radicale per i Christie giunse con l'armistizio, in novembre. Agatha vide le donne di Londra scatenarsi in «un'orgia di gioia selvaggia e quasi brutale». Tutto quel bere e ballare la lasciò sconcertata. Anche un'altra donna, Elizabeth Plunkett, trovò strana la fine del conflitto. «Sembravamo prosciugati di ogni sentimento. Non provavamo niente. Riprendemmo in mano la nostra vita o almeno ci provammo... Stavamo seduti al tavolo con espressione assente».[5]

Il disorientamento crebbe quando Archie all'improvviso rivelò alla moglie che meditava di lasciare l'impiego stabile alla RAF. Preferiva cercare un lavoro meglio pagato nella City, ma non le disse niente finché non ebbe deciso e l'annuncio inatteso lasciò Agatha esterrefatta. Come quando l'aveva corteggiata con assoluta determinazione dopo il loro primo ballo, così, adesso, Archie rivelava un carattere talmente risoluto da sembrare quasi spietato.

Poiché molte società della City erano pronte ad aiutare i giovani ufficiali congedati dall'esercito, Archie non tardò a trovare lavoro. Era una compagnia di servizi finanziari, la Imperial and Foreign Investment Corporation. Il suo capo era ebreo, e sia Agatha sia Archie lo chiamavano con gli epiteti che nella Gran Bretagna degli anni Venti sembravano normali agli ebrei, come «ciccione» e «facciagialla». Il signor «Goldstein», come lo chiamava lei senza essersi nemmeno premurata di controllare il vero cognome, pagava profumatamente.

Le entrate annue dei Christie comprendevano la pensione dell'esercito di cinquanta sterline, altre cinquanta sterline come rendita di investimenti personali, la rendita di cento sterline ereditata da Agatha e il nuovo stipendio di Archie, che ammontava a cinquecento sterline. Settecento sterline l'anno erano il doppio della somma guadagnata nello stesso periodo da un capostazione o da un funzionario statale di mezz'età. Nonostante questo, la coppia si sentiva al verde. Del resto, tutti a quel tempo avevano quella sensazione: nel 1920, per esempio, l'abbigliamento costava il triplo che nel 1914.[6]

Descrivendo la Gran Bretagna degli anni Venti, George Orwell osservò che mille sterline l'anno erano la cifra che occorreva per vivere da gentleman. Vivere sperando di mantenere il ruolo di gentleman con quattrocento sterline l'anno era difficile:

> Far parte di questa classe quando ti trovavi al livello delle 400 sterline annue era una bizzarra faccenda, perché significava che la tua nobiltà era puramente teorica. Vivevi, per così dire, contemporaneamente su due piani. In teoria, sapevi tutto riguardo ai domestici e al modo di dar loro la mancia, ma in pratica avevi un solo cameriere, al massimo due, fissi in casa. In teoria, sapevi portare i tuoi abiti e ordinare un pranzo, ma in pratica non potevi mai permetterti di andare da un sarto di nome o di recarti in un ristorante alla moda.[7]

Agatha e Archie erano appena sopra questo livello di borghesia 'risicato', e furono quindi costretti a diventare esperti nel mantenere le apparenze. Quando, in un romanzo, i personaggi di Agatha dovevano conservare la facciata, lei poteva ben usare l'esperienza personale per descriverli.

Nel dicembre del 1918 si tennero le elezioni, le prime in cui a donne di un certo ceto e grado di istruzione fu concessa facoltà di voto. Molti storici ritengono fosse un modo di rendere grazie al lavoro che le donne avevano svolto durante la guerra, ma nemmeno una come Agatha, che aveva prestato servizio in ospedale, ottenne di votare, in quanto non era in possesso dei requisiti necessari: non aveva più di trent'anni, non era proprietaria di una casa e non aveva una laurea. In realtà, allargare il suffragio ad alcune donne non aveva niente a che fare con la gratitudine. Semmai, come spiega la storica Janet Howarth, fu la conseguenza dell'ampliamento della definizione di 'cittadinanza'. Se le donne avevano contribuito allo sforzo bellico, dovevano essere cittadine. Si cominciò allora a considerare requisito per il suffragio la cittadinanza anziché l'appartenenza al sesso maschile.[8] Ma non si poteva concedere a troppe donne la qualifica di cittadine, altrimenti – orrore! – ci sarebbero state più elettrici che elettori.

In sostanza, dunque, Agatha non era cittadina a tutti gli effetti, e la politica e i politici ufficiali non avevano molto da offrirle. Le donne come lei furono trascurate dal Partito Laburista che in realtà era interessato solo ai lavoratori maschi. Perfino i conservatori avrebbero avuto più parlamentari donne.[9] Tutto ciò aiuta a spiegare perché Agatha non si interessò mai di politica, anche se per nascita avrebbe votato quasi sicuramente per i conservatori.

La vita a Londra, però, era senza dubbio entusiasmante. Agatha e Archie volevano essere «compagni di gioco», oltre che coniugi. Volevano viaggiare e godersi il tempo libero. Pensavano di avere figli, ma non li ritenevano indispensabili. «La vita coniugale per loro era gioco: vi partecipavano con entusiasmo» dice Agatha della giovane coppia del suo romanzo autobiografico *Ritratto incompiuto.*[10]

Gli anni Venti erano dietro l'angolo, eppure la cosa che spesso manca, nell'immagine che oggi abbiamo di quel decennio, è l'ombra della guerra. Negli anni Venti, per esempio, sarebbe enormemente aumentato il numero di suicidi. Un altro fenomeno, di cui avrebbe parlato di frequente Agatha nei suoi libri, fu che molti avrebbero smesso di andare in chiesa e avrebbero aderito allo spiritismo, attraverso cui speravano di mettersi in comunicazione con i propri cari perduti tra il 1914 e il 1918.[11]

Visto che la guerra era terminata, i Christie dovevano godersi la vita ma a volte pareva incredibilmente difficile farlo. Benché Agatha facesse del suo meglio per preparare buoni piatti, Archie non apprezzava i suoi sforzi, e trovava la carne «scipita» e i soufflé indigesti. Lo stress aveva avuto conseguenze negative sul suo stomaco. Soffriva di dispepsia di origine nervosa, una forma di cattiva digestione senza cause evidenti, e Agatha spiegò che spesso, la sera, «non gli riusciva di mangiare niente». E lei si sentiva «piuttosto sola» nella sua nuova esistenza.

Eppure, il tono brioso della sua autobiografia dimostra che Agatha si sforzò in tutti i modi di essere felice. E presto ci sarebbe stato un altro motivo per considerare il suo matrimonio un successo strepitoso.

# 14
# Entra in scena Rosalind

I Christie erano andati a trovare Clara a Torquay, quando Agatha ebbe un attacco di nausea che attribuì a «disturbi intestinali». Le ci volle un po' per capire che cosa significassero quei sintomi, ma fu molto felice quando si rese conto di essere incinta.

Aveva sempre voluto diventare madre: il suo più ardente desiderio era di essere «circondata da bambini».[1] Pensava, come Poirot, che il suo destino fosse quello: «Sposarsi e avere dei bambini» dice il detective a una signora, «è la sorte comune di tante donne. Soltanto una donna su cento, anzi su mille, può farsi un nome e una posizione come lei».[2]

Ma Agatha non era preparata alle nausee mattutine che la perseguitarono per tutta la durata della gravidanza. Era spaventata dall'imminente prova e sapeva di poter morire di parto. Era un'epoca in cui la maggior parte della gente aveva conosciuto personalmente donne che non erano sopravvissute alla prova.

Anche la reazione di Archie fu ambivalente. Agatha disse che lui si dimostrò «inaspettatamente gentile», considerato che in genere non sopportava di sentir parlare di gente che non stava bene. Quando venne il momento, Agatha si ritirò ad Ashfield per partorire con l'aiuto di una levatrice professionista e, naturalmente, di Clara.

Nel suo romanzo più autobiografico, il sentimento più forte della protagonista resta, anche dopo il matrimonio, l'amore per la madre. È molto felice quando va a farle visita nella casa della sua infanzia:

> Amava la sensazione di rientrare nella vita di un tempo. Sentirsi sommergere da quella lieta marea di sentimenti rassicuranti: la certezza di essere amata, di essere all'altezza della situazione.[3]

Anche Archie si recò ad Ashfield, ma Clara e la levatrice professionista avevano già preso tutte le disposizioni del caso. Quando, il 5 agosto 1919, nacque finalmente Rosalind, la prima reazione di Agatha non fu la classica gioia, ma un senso di sollievo: «Non ho più nausea. Che meraviglia!»

Fin dall'inizio, Agatha pensò a Rosalind non tanto come a un'estensione di se stessa, quanto come a una creatura ben distinta. La neonata, per lei, aveva già una sua personalità, «allegra e determinata». Anziché considerare la figlia la cosa più importante del mondo, come aveva fatto Clara con lei, Agatha ebbe un atteggiamento diverso. La osservava con rispetto, da una certa distanza. E per tutta la vita non avrebbe mai considerato la maternità con occhi convenzionali.

Zia-nonnina non era ad Ashfield ad assistere al lieto evento, perché era morta appena tre mesi prima. Quell'anno di grandi cambiamenti avrebbe visto morire anche un'altra persona, in dicembre: Polly, la nonna materna della Christie. La vecchia generazione stava scomparendo mentre arrivava la nuova, lasciando a Clara il compito di fungere da raccordo tra l'una e l'altra. Clara, su cui Agatha poteva sempre contare.

Pochissimo tempo dopo il parto, Agatha lasciò Ashfield, affidando la bambina alle cure della propria madre. La levatrice fu tenuta per altri quindici giorni, e Agatha tornò a Londra.

Vista con gli occhi di oggi, gli occhi di chi tende a stabilire con i figli un legame genitoriale basato sull'empatia, la decisione di piantare in asso una bambina di pochi giorni sembra strana. Dal punto di vista degli anni Venti, invece, era assai più normale. Sia Agatha sia Archie erano incerti nel loro nuovo ruolo di genitori, «timidi e innervositi, come due bambini timorosi di non essere graditi».

Nella sua autobiografia, Agatha non parla molto della nascita di Rosalind e dedica molto più spazio all'assunzione della bambinaia, mentre nel romanzo autobiografico *Ritratto incompiuto* descrive quali difficoltà abbia la protagonista nel venire a patti con il suo nuovo ruolo. Ora «stava proprio giocando a fare la giovane madre. Ma non si sentiva affatto una moglie o una madre. Si sentiva una ragazzina tornata a casa dopo una festa, ancora emozionata e stanchissima».[4]

Nelle vesti della scrittrice, Agatha avrebbe indagato anche sul caso di madri che nutrivano sentimenti di rancore e avversione per i figli, o che desideravano fare loro del male. «Molte madri non amano i figli» avrebbe scritto in *The Moving Finger* (*Il terrore viene per posta*). Non che lei detestasse i bambini. Semplicemente non si sentiva obbligata a trattarli secondo i canoni stucchevoli prescritti dalla società. Quando una musicista di sua conoscenza smise di suonare per dare la precedenza alla maternità, dicendo: «Non m'importa rinunciare: trovo più interessante fare un bambino», Agatha reputò la cosa «straordinaria».[5]

Lo scopo di quel ritorno così precipitoso a Londra era cercare un appartamento più grande, una bambinaia fissa e una cameriera. Lo stipendio di Archie non era tale da permettere l'acquisto regolare di nuovi vestiti, ma entrambi pensavano di aver bisogno di due persone di servizio.

Il nuovo appartamento in cui alla fine si stabilirono con Rosalind era all'interno di Addison Mansions, un gigantesco palazzo di sei piani in mattoni a vista rossi costruito negli anni Ottanta dell'Ottocento vicino alle sale dell'Olympia Exhibition Hall. Agatha per arredare la casa scelse i mobili da Heal's. Archie era al lavoro, e con Lucy la cameriera e Jessie la bambinaia, la famiglia era al completo. «Non siamo mai stati così felici» ricorda la scrittrice.

Ma fu anche un periodo in cui l'equilibrio di potere, nelle relazioni, mutò. Agatha si godeva l'autonomia che Archie le concedeva in casa, ma, a quel punto, aveva anche bisogno di imparare a dirigere i domestici. Oltre al fatto che si rifiutarono di lavorare per lei varie bambinaie, perché erano abituate a case molto più lussuose, ad Agatha mancava l'autorevolezza di una Miss Marple, quel modo di rivolgersi al personale di servizio che metterebbe a disagio un *liberal*, «il naturale tono di comando della persona avvezza a dare ordini».[6] Alla generazione di Agatha non veniva naturale esprimersi con quella voce così imperiosa.

Veniamo così alla *vexata quaestio* di che cosa abbia significato il servizio domestico nella vita e nei romanzi della Christie. La risposta è che, negli anni Venti, lei e le persone come lei stavano cercando appunto di capirlo. Nessuno aveva più i servitori di una volta: lo status della servitù era diventato ambivalente. «Entriamo a parlare con la brava Dorcas» dice distratto Hastings in *Poirot a Styles Court*. «Dalla cuffietta bianca sfuggiva qualche ciocca di capelli grigi. Era il ritratto della perfetta cameriera dei bei tempi andati».[7] Viene spesso citato, questo brano, come esempio di atteggiamento classista. Tuttavia, è chiaro che i personaggi di Agatha non sempre sono portavoce delle sue idee. Hastings non 'vede' realmente Dorcas e Agatha la nasconde deliberatamente, mostrandocela soltanto attraverso lo sguardo del capitano.

Tuttavia questa giustificazione non regge nell'autobiografia, dove Agatha tratta i domestici come numeri da music-hall, descrivendo i lati più curiosi e irritanti del loro carattere in maniera da divertire il lettore. Era fin troppo facile, per le signore che assumevano il personale di servizio, fare le martiri. In un articolo del 1920 si elencavano le loro lamentele: «Servizio fatto svogliatamente ed eseguito male, pretese economiche superiori a quelle che possono essere soddisfatte, princìpi elementari di ordine e pulizia violati. E tuttavia si deve far finta di niente e attenersi a regole severe per timore che la ragazza si licenzi. È una tirannide».[8] Agatha rispecchiava in pieno le ansie del ceto medio nel suo atteggiamento verso il personale domestico. Oggi questi discorsi urtano la nostra sensibilità, ma allora erano l'espressione di preoccupazioni vitali per donne come lei.

All'inizio, tornando dal lavoro, Archie sembrava felice di trascorrere la sera con moglie e figlia, ma con il passare del tempo iniziò a sentire la mancanza degli stimoli e del cameratismo della vita militare, manifestando il desiderio di uscire di casa, e nei weekend cominciò a giocare a golf. Gli uomini come lui erano, secondo le parole di Siegfried Sassoon, «per sempre lontani da tutti tranne che dagli altri soldati».[9] Nel 1920 un giornalista provò a descrivere in poche parole quella generazione: «C'era qualcosa che non andava... qualcosa che era cambiato, in loro. Erano soggetti a umori strani, a improvvisi accessi di rabbia seguiti da attacchi di profonda depressione che si alternavano a un furioso desiderio di piaceri».[10]

Archie «non nominava mai la guerra» ci spiega Agatha, «la sua unica idea era quella di dimenticarla». «Impassibile» lo definisce, uno che accettava tutto «senza stupirsi». Anche il suo omologo romanzesco, il Dermot di *Ritratto incompiuto*, è così: «Quando, rompendo ogni riserbo, diceva qualcosa», sua moglie «ne faceva tesoro, ne serbava il ricordo. Era talmente chiaro il fatto che gli riuscisse difficile da farle apprezzare più che mai quelle rare espressioni d'affetto».[11]

«Non c'era nessuna ragione perché, come nelle fiabe, non dovessimo vivere felici e contenti per sempre» a Addison Mansions, ricorda Agatha. Ma una ragione c'era, e grande, seduta al centro del salotto.

«Ho voglia di cambiamenti» disse Archie.

# 15
# La Missione dell'Impero Britannico

In effetti, si prospettavano dei cambiamenti, e di notevole portata.

Poco dopo la nascita di Rosalind, nel 1919, quando stava per compiere ventinove anni, Agatha ricevette, incredula, una lettera del famoso editore John Lane, che la invitava a fargli visita in ufficio.

Aveva ormai rinunciato a ogni speranza di diventare una romanziera e si era quasi completamente dimenticata di *Poirot a Styles Court*, dopo che il romanzo era stato rifiutato da ben sei editori. Aveva cambiato vita, imboccando il sentiero sempre più stretto della moglie e della madre. Accettava il destino. Non sarebbe mai diventata un'eroina, la Lady Agatha delle sue fantasie infantili. Innanzitutto stava invecchiando. «Rendi la protagonista un po' più giovane» le aveva consigliato Eden Phillpotts. «A trentun anni è troppo vecchia, non credi?»[1]

Ma a quel punto le giunse per posta l'inatteso invito all'avventura. Difficile che il signor Lane l'avesse invitata a recarsi nel suo ufficio per rifiutarle il romanzo, no? Elettrizzata, Agatha si accinse a scoprirlo.

Nato, come lei, nel Devon, Lane aveva sessantacinque anni. Seduto ad aspettare la futura autrice nel suo ufficio tutto tappezzato di quadri, sembrava un vecchio capitano di lungo corso, «con la sua barbetta grigia e gli occhi azzurri dallo sguardo furbo».[2] Lane aveva particolare fiuto per i nuovi scrittori, che costavano poco e avevano contribuito a rendere sempre più florida la sua casa editrice, la Bodley Head.[3]

«Agatha è un nome insolito che si imprime nella memoria della gente» rifletté con la potenziale nuova autrice. Sapeva che, quanto al romanzo della signora Christie, aveva il coltello dalla parte del manico. Aveva incaricato alcuni suoi collaboratori di esaminare il manoscritto, e uno dei pareri era stato che *Styles* avrebbe con tutta probabilità «avuto successo di vendite», perché «la storia era avvincente». Un secondo lettore disse che, sebbene non sapesse l'identità dell'autore, qualcosa nel tipo di scrittura gli faceva «sospettare si trattasse di una donna».[4] In ogni caso, entrambi i lettori convenivano che la scena finale dell'aula di tribunale non fosse affatto plausibile e andasse rivista.

Tenendo astutamente conto di quel difetto e dell'inesperienza di Agatha, John Lane decise di sfruttare la situazione a proprio vantaggio. Invitando la giovane donna ad accomodarsi, si dilungò a spiegare che era necessaria una revisione del testo e mise le mani avanti: pubblicando una novellina avrebbe guadagnato molto poco.

Per convincerla non servivano quelle tattiche. Agatha era già al settimo cielo. Quando vide Lane tirare fuori il contratto dal cassetto della scrivania, non lo lesse nemmeno con la cura che avrebbe meritato: «Il mio libro sarebbe stato pubblicato. [...] Avrei firmato qualsiasi cosa».

Agatha stava imboccando, con goffaggine da dilettante, la strada del professionismo. Essendo una di quelle donne che Virginia Woolf definiva «figlie di uomini colti», apparteneva al gruppo sociale da cui meno ci si aspettava che pensasse al denaro. Firmare quel contratto l'avrebbe introdotta in un mondo meno borghese. Fu per esempio l'unica, delle quattro principali scrittrici dell'età dell'oro della narrativa poliziesca – oltre a lei Dorothy L. Sayers, Margery Allingham e Ngaio Marsh –, a mettere al mondo un figlio all'interno del matrimonio. Agatha fece quel primo passo con entusiasmo, ma alla cieca, senza rendersi conto di dove l'avrebbe portata.

Un agente letterario, se mai lo avesse avuto, le avrebbe consigliato di non firmare. Il contratto di Lane assegnava all'esordiente percentuali davvero misere. Lusingandola, Lane parlò già al primo incontro del romanzo successivo, ma le tese, quatto quatto, una trappola: il contratto che le fece firmare la costringeva a pubblicare con lui cinque libri.

Nonostante l'accordo economicamente svantaggioso, Archie portò Agatha a festeggiare allo Hammersmith Palais, un locale così grande da poter accogliere seimila ballerini. Non veniva servita nessuna bevanda più forte del tè, ma Agatha trovò lo stesso la situazione inebriante. Sarebbe stata pubblicata! Per giunta, quando uscì, *Poirot a Styles Court* ebbe un notevole risultato.

Nel frattempo, la neoscrittrice cominciò a lavorare a un seguito.[5] Avendo assaporato quel primo successo, i due inquilini di Addison Mansions non si accontentarono più, come prima, del solito trantran. In un altro libro degli anni Venti, Agatha avrebbe descritto le noiosissime donne che parlavano per ore solo di «loro stesse e dei loro bambini e della difficoltà di procurarsi latte buono... Quanto erano *stupide*!»[6] Intanto, l'esordiente capì che quel lavoro le piaceva molto. Nemmeno doversi occupare della sua bambina di due anni la scoraggiava dallo scrivere gialli, disse nell'intervista concessa a un quotidiano. «Una volta che si abbraccia il crimine è difficile rinunciarvi. So che non potrei mai farlo».[7]

L'intervista, in cui sminuiva il ruolo di madre ed esaltava quello di autrice, fu importante. Come lo fu il fatto che l'avessero intervistata: stava diventando qualcuno. Gli anni Venti videro nascere la moderna cultura della celebrità, in cui il pubblico cercava distrazione nella narrativa commerciale e negli articoli di giornale incentrati su personaggi famosi.[8] Agatha stava stringendo un patto con la stampa che si sarebbe rivelato magnifico e terribile.

Archie era fiero della sua brillante moglie ed era molto interessato ai soldi che avevano cominciato ad arrivarle. Ma non si può fare a meno di sospettare che l'inatteso successo di Agatha lo abbia reso ancora più scontento della *sua* situazione. Fino a quando non gli venne offerta un'eccezionale occasione di uscire dalla routine.

Nel 1924 si stava progettando una gigantesca esposizione, a Wembley, per promuovere il commercio e mostrare al mondo i prodotti dell'Impero Britannico. Se da un lato gli inglesi cominciavano a pensare di ritirarsi dal governo di Paesi come l'India, dall'altro cercavano nuovi modi – come l'esposizione – di mantenere vivo l'impero. Il direttore del progetto era un insegnante della scuola di Archie, un certo maggiore Ernest Belcher, al quale era stato affidato l'incarico di mettere in piedi una missione che avrebbe girato il mondo per raccogliere fondi per l'esposizione. Belcher invitò Archie a seguirlo nel ruolo di consulente finanziario.

Il maggiore Belcher, uno scapolo egocentrico di una ventina d'anni più vecchio di Archie e Agatha, era un personaggio un po' comico. Durante la guerra aveva ricoperto l'incarico di ispettore al rifornimento nazionale di patate. Agatha era maliziosa riguardo ai suoi successi professionali. A proposito delle patate, disse: «Non ne abbiamo mai avute. Non so se questo sia dovuto al fatto che si occupava del rifornimento Belcher, ma non mi stupirei se così fosse».

All'inizio, però, Belcher si presentò come un tipo abbastanza innocuo. E i Christie decisero non solo che Archie dovesse accettare il lavoro, ma anche che Agatha sarebbe andata con lui, mentre Rosalind sarebbe rimasta con zia Madge. Era un rischio, perché Archie avrebbe dovuto lasciare l'impiego, ma la prospettiva era troppo bella: avrebbero circumnavigato l'intero globo come facevano gli aristocratici del passato con il loro Grand Tour, a un prezzo d'occasione. Quell'avventura era un po' nello spirito del grande boom dei viaggi seguito alla guerra: molte navi, infatti, erano state riconvertite in transatlantici. La classe media britannica cominciava a vedere i *dominions* come mete non tanto di lavoro, quanto di vacanze.[9] Agatha aveva sempre amato viaggiare. «La vita di chi viaggia ha la qualità del sogno... si è se stessi, ma si è anche diversi». Ad Archie non piaceva per niente essere l'uomo che era diventato a Addison Mansions e pensava che forse avrebbe trovato in quel modo una versione più soddisfacente di sé.

Il giorno in cui la missione partì da Londra era anche quello in cui uscì il secondo libro di Agatha, *Avversario segreto*. La partenza fu considerata abbastanza importante da meritare una foto sul *Times* in cui Agatha appariva carica di mazzi di fiori, come una celebrità. Ma poiché era ancora una scrittrice quasi esordiente, misero la didascalia sbagliata, definendola «figlia del consulente della missione per l'agricoltura, un commerciante di patate di nome F. Hiam».[10]

La rotta li portò, attraverso Madera, in Sudafrica, poi in Australia e infine in Nuova Zelanda. I Christie programmarono quindi una vacanza alle Hawaii, prima di ricongiungersi con la missione in Canada. Seguivano le orme dell'allora principe di Galles, che aveva fatto un'analoga circumnavigazione un paio d'anni prima per cercare di mantenere vivo il legame dei *dominions* con la Gran Bretagna. Ma la missione di Belcher parve abbastanza donchisciottesca anche a chi vi era più strettamente coinvolto. Durante il viaggio, Agatha scrisse a casa: «Abbiamo insegnato al direttore di macchina, al cui tavolo sediamo, a brindare al 'Successo della missione'. Lui ha brindato e poi ha mormorato: 'Anche se non ho ancora ben capito che razza di missione sia. Dicono non sia religiosa'».[11]

La nave che li portò in Sudafrica era la *Kildonan Castle*, che diventa la *Kilmorden Castle* ne *The Man in the Brown Suit* (*L'uomo vestito di marrone*), il romanzo la cui protagonista salpa in direzione di quel Paese.[12] Come avrebbe fatto per tutta la vita, Agatha trasformava ogni esperienza in materia di scrittura. Passava il tempo soprattutto con gli espatriati britannici e li osservava di nascosto, trovando dappertutto situazioni che suscitavano il sorriso, spunti comici, questioni da ridimensionare. Le offrì l'occasione di fare una risata anche la coltivazione di ananas: aveva creduto che crescessero con grazia sui rami di un albero, e rimase stupita quando scoprì che crescevano nei campi come i cavoli.

Per tutta la vita avrebbe descritto l'Impero Britannico con accenti scherzosi, guardandosi bene dall'idea di fargli da grancassa. Quel viaggio fu l'occasione di visitarlo, e di farlo divertendosi.

Dalle fotografie del viaggio appare chiaro che in effetti

si divertivano molto: Agatha che si appoggia al parapetto della nave, che nuota in piscina, che posa per il fotografo con una tavola da surf (una nuova prodezza sportiva per la ragazza che aveva sempre amato nuotare), che sta sdraiata su una spiaggia sudafricana. Ora fa surf con una collana di perle al collo e una cuffia da bagno decorata con petali, ora ha una ghirlanda di fiori intorno al collo, ora (alle Hawaii) esce da un bungalow nascosto in mezzo a un boschetto di banani.

Tuttavia la missione, prolungandosi nei mesi, riusciva sempre più sfiancante. Come fossero una versione in scala minore dei reali, Belcher e i suoi incontravano delegati e ammiravano frutteti: «Una lunga giornata sfibrante... ricevimenti offerti dalle autorità locali, ispezioni delle fabbriche, pranzi e cene con i vari discorsi ufficiali ecc». Belcher si stava rivelando un vero tiranno, ed era sempre meno simpatico. «Il Pazzo è stato peggio che mai, stamattina» scrive Agatha. «Se ne sta nella sua stanza buia come una caverna primordiale, a mangiare pane e latte e ringhiare contro tutti».[13]

Vi era un altro, rilevante aspetto negativo nel viaggio: l'assenza di Rosalind, lasciata alle cure della zia. Clara aveva sostenuto con tutte le forze la decisione di Agatha di accompagnare il marito, temendo che Archie, lasciato solo, avrebbe ceduto alle tentazioni: «Ricordati, se non stai vicino a tuo marito, se lo lasci solo per troppo tempo, *finirai per perderlo*». Tuttavia Madge, che aveva dovuto accogliere Rosalind e la sua bambinaia nella propria casa, era meno entusiasta. Per giunta, poco prima della partenza il fratello Monty era tornato a casa dall'Africa malato, e aveva bisogno del sostegno delle sorelle. Ma Agatha aveva deciso di partire lo stesso.

Oggi uno psicologo direbbe probabilmente che non

si può lasciare ad altri per nove mesi un bambino di due anni senza procurargli una paura dell'abbandono che gli durerà tutta la vita. A ogni modo, Agatha voleva essere diversa da Clara, e lasciare a Rosalind lo spazio per crescere. Riassumendo la sua filosofia riguardo all'educazione di un figlio, sosteneva che «è consentito assumerci per un periodo la responsabilità della sua crescita, dopo di che ci lascia e sboccia alla propria vita libera». Così Rosalind rimase un po' misteriosa per lei. Archie amava sua figlia in una maniera più semplice e diretta che gratificava entrambi: «Si capivano meglio di quanto ci capissimo Rosalind e io» ammetteva Agatha.

Nonostante questo, si sentì sicuramente combattuta nei confronti della figlia. «Ti penso tanto, bambina mia» scrisse in una lettera che voleva le fosse letta ad alta voce. Come confessò a sua madre, si sentiva in colpa. «Sto malissimo al pensiero di essere lontana a divertirmi».[14]

Era lo stesso senso di colpa che provava quando Rosalind la interrompeva mentre scriveva e la bambinaia gridava: «Non dobbiamo disturbare la mamma, sai, tesoro?» Agatha fu insolitamente franca nel confessare il proprio risentimento per il fatto di dover badare alla bambina. «Bisognava conversare con Rosalind e giocare con lei, o sincerarsi che fosse opportunamente occupata a giocare con qualcun altro».

Provò a mettere da parte il suo senso di colpa quando iniziò la parte di viaggio dedicata alla vacanza: un intero, fortunato mese senza Belcher, a Honolulu. Il surf fu magnifico, «uno dei piaceri fisici più totali che abbia mai provato», ma le onde erano particolarmente forti e pericolose, e i due coniugi quasi si ustionarono per il sole.

Nell'ultima parte del giro, in Canada, il divertimento finì del tutto, come il denaro. Agatha si ridusse a portare in tavola, a cena, un po' di estratto di carne sciolto in acqua calda. Archie aveva la sinusite, mentre lei accusava un forte dolore a una spalla, una neurite forse causata dal troppo surf. Non «vedeva l'ora di tornare a casa».[15] Finalmente, a nove mesi dalla partenza, erano sulla nave per tornare a casa. Due anni dopo, l'Esposizione di Londra avrebbe attirato ventisette milioni di visitatori, lasciando come eredità durevole lo stadio di Wembley.

Mentre era in viaggio, leggendo i ritagli dei giornali che le erano stati inviati, Agatha ebbe la conferma che il suo secondo libro, *Avversario segreto,* era stato un successo. Le arrivarono, per esempio, soldi dalla vendita dei diritti per l'edizione svedese. E nell'autunno del 1922, prima ancora del suo ritorno in patria, partì il progetto della pubblicazione a puntate del terzo romanzo, *The Murder on the Links* (*Aiuto, Poirot!*).

Ora che aveva tre libri all'attivo, Agatha ripensò con sentimenti ambivalenti al suo primo incontro con John Lane, che all'epoca aveva trovato elettrizzante.

Lane l'aveva fissata con i suoi occhi azzurri e furbi. Quello sguardo avrebbe forse dovuto farle capire che era un uomo che «sapeva fare i propri interessi». L'editore non immaginava certo che, al suo ritorno a Londra, la nuova, promettente autrice della Bodley Head meditava di sottrarsi dalle sue grinfie.

# 16
# I thriller

Benché sembri la più inglese delle scrittrici, Agatha Christie ebbe fin dall'inizio un successo internazionale. *Poirot a Styles Court,* per esempio, fu pubblicato in America nell'ottobre del 1920, ancor prima che uscisse in Gran Bretagna.

Il motivo era che nel Regno Unito la storia uscì a puntate sul *Times,* anche se in un'edizione speciale del quotidiano che era letta soprattutto dagli inglesi all'estero. Poiché la pubblicazione fu spalmata su cinque mesi, il romanzo comparve in un unico volume solo il 21 gennaio del 1921. Prima di diventare una romanziera, dunque, Agatha fu una scrittrice per riviste.

Inoltre, era un'autrice più versatile di quanto non si sia voluto riconoscere e si sarebbe cimentata in altri generi, oltre che nel giallo. Ma la sua carriera nel poliziesco era iniziata molto brillantemente. La tanto attesa edizione in un unico volume di *Poirot a Styles Court* ebbe ottime recensioni. Il *Sunday Times* lo trovò «molto ben congegnato» e il *Times* «brillante».[1] Il *Times Literary Supplement* fece un'unica critica: «È quasi troppo ingegnoso». Tutta fiera, Agatha ritagliò la recensione e la conservò.[2]

Una critica interessante arrivò dal *Pharmaceutical Journal,* che lodò l'«ottima conoscenza» che Agatha dimostrava nel parlare di veleni.[3] Si stava configurando una serie di regole canoniche per le *detective story*, tra cui l'idea che l'autore dovesse giocare lealmente con il lettore, dandogli la possibilità di indovinare l'identità del colpevole. Veleni misteriosi sconosciuti alla scienza erano considerati espedienti sleali, e Agatha li avrebbe abilmente evitati per tutta la durata della sua carriera. Solo in uno degli ultimi romanzi, *The Mirror Crack'd from Side to Side* (*Assassinio allo specchio*), avrebbe fatto ricorso a un immaginario sonnifero chiamato Calmo.[4]

Il grande successo di pubblico di *Poirot a Styles Court* garantì molti più profitti all'editore che all'autrice. Più passava il tempo, più Agatha aveva il sospetto che John Lane giocasse a carte coperte. Diventò buona amica del nipote di lui, Allen. «Solevo dire, di punto in bianco: 'Allen, non è forse un anno intero che non ricevo royalties da voi?'» avrebbe ricordato in seguito. «'Mi chiedevo se te ne saresti accorta' rispondeva lui».[5]

Nell'autobiografia, Agatha racconta che *Poirot a Styles Court* le aveva fruttato così pochi proventi da indurla a decidere di smettere di scrivere. Che cosa le fece cambiare idea? Che cosa la spinse a scrivere un secondo libro che l'avrebbe consacrata nella carriera di scrittrice, invece di fermarsi allo stadio di dilettante fortunata?

La spiegazione che fornisce nell'autobiografia è il grave peggioramento della situazione ad Ashfield. Nel 1919, quando zia-nonnina era morta, la piccola rendita da lei percepita era venuta meno. Stava diventando troppo costoso mantenere la grande, vetusta dimora. La si sarebbe dovuta vendere.

Agatha, però, era troppo affezionata ad Ashfield e al suo giardino e le si spezzava il cuore alla sola idea di venderla. «Significa tutto, per me». Così il pragmatico Archie aveva proposto alla moglie una soluzione pragmatica. Perché, le aveva detto, non scriveva un altro libro che le fruttasse i soldi necessari a salvare la casa di sua madre?

Questa, però, è una versione di fantasia, conforme all'antica idea che la donna debba scrivere per soldi solo in caso di stretta necessità oppure per aiutare la famiglia. È smentita da prove risalenti al 1920. Prima ancora che fosse stato pubblicato *Poirot a Styles Court*, Agatha scrisse alla Bodley Head per avvertire che aveva «già quasi finito un secondo romanzo».[6] Non vedeva l'ora di impegnarsi seriamente a diventare una scrittrice professionista.

Confermò di essere già una professionista in un'intervista che rilasciò nel 1922. «Il delitto è come una droga» disse a un giornalista. «Una volta che si diventa autori di polizieschi... inevitabilmente se ne scrivono degli altri: il pubblico se li aspetta!» Aveva un pubblico, aveva un prodotto, era spinta a produrre.[7]

Se si esaminano i titoli da lei pubblicati nel corso degli anni Venti, è evidente che c'era una strategia dietro il suo crescente successo. Nel decennio 1921-1931 scrisse dodici libri, ma solo cinque erano classiche storie poliziesche. Un sesto era di poesie, uno era un romanzo che oggi definiremmo *mainstream* e cinque erano quelli che lei chiamava «thriller». Faceva esperimenti con il genere per capire che cosa vendesse di più. «Meglio riconoscere che si è dei professionisti, dei lavoratori seri e onesti, che hanno imparato le tecniche proprie del mestiere e se ne servono per esprimere la loro creatività, imbrigliandola nella forma più opportuna».

L'idea che la Christie aveva di se stessa, di brava giallista che scriveva per il mercato, la escludeva dall'empireo dei grandi scrittori del periodo fra le due guerre, come il gruppo di scrittori pubblicati da Bloomsbury: Thomas Stearns Eliot, Edward Morgan Forster, James Joyce, Wystan Hugh Auden, David Herbert Richards Lawrence, George Orwell, Evelyn Waugh. Negli anni Venti, gli scrittori d'*avant-garde* del movimento modernista guardavano con diffidenza alla diffusione delle varie espressioni della cultura di massa, come la scrittura giornalistica.[8] Annunciando un piano di difesa della 'cultura alta', iniziarono quella che sarebbe stata chiamata la *Battle of the Brows*, 'Battaglia delle Culture'.

Il 1922, l'anno in cui T.S. Eliot pubblicò *La terra desolata*, James Joyce l'*Ulisse* e Agatha Christie il suo thriller *Avversario segreto*, è la data che più si presta a segnare l'inizio del modernismo letterario. Il termine sarebbe stato usato per la prima volta in un libro del 1927.[9]

Ma che cos'è, esattamente, il modernismo? Il personaggio di Leonard, in *Murder at the Vicarage* (*La morte nel villaggio*), pensava di saperlo. Le poesie «senza maiuscole» dice Leonard con una buona dose di disprezzo, sono «l'essenza del modernismo».[10]

In sostanza, il modernismo era una letteratura sperimentale, diversa da ciò che c'era stato prima. E non piaceva a tutti. Autori come Agatha, che usavano la narrazione tradizionale, si contrapposero alla 'cultura alta', autodefinendosi con aria di sfida esponenti della 'cultura medio-bassa'.

La 'Battaglia delle Culture' scatenò forti emozioni. Se si vuole sapere fino a che punto la cultura alta ritenesse la cultura media di seconda categoria e disgustosamente commerciale, converrà lasciare la parola a Virginia Woolf: «Se un uomo, una donna, un cane, un gatto o un verme mezzo schiacciato osasse definirmi 'cultura media', prenderei la penna e lo pugnalerei a morte» scrisse.[11] Sferrò questo duro attacco in una lettera destinata al direttore del *New Statesman*.

Tuttavia, le cose non sono mai semplici come appaiono. La famosa lettera in realtà non fu mai spedita. Forse la Woolf si fece qualche scrupolo per via delle cose che scriveva ogni tanto per *Vogue* e *Good Housekeeping*, o forse provava sincera solidarietà verso le altre scrittrici professioniste, che erano perlopiù di cultura media come la Christie. Come osserva la storica della letteratura Maroula Joannou, la lettera forse non fu mai inviata perché Virginia Woolf si rendeva perfettamente conto delle «contraddizioni della sua posizione».[12]

Ed ecco un altro possibile sviluppo della storia. E se cultura media e modernismo fossero stati in realtà la stessa cosa? Se fosse stata data una definizione più inclusiva del modernismo, magari vi sarebbero rientrate anche opere che non colpivano, come *l'Ulisse*, per la loro scioccante novità. E in effetti, troviamo critici letterari come Alison Light che sfatano il mito secondo cui modernismo sarebbe automaticamente sinonimo di 'cultura alta'. La Light ipotizza che Agatha Christie sia in realtà una modernista non riconosciuta.

Forse questo emerge soprattutto dai libri degli anni Venti che la scrittrice chiamava «i miei thriller». Molto meno conosciuti delle *detective story*, sono un misto di impertinenza e di fascino, forse poco plausibili ma pieni di ritmo. Ammiccano a temi modernisti come il simbolismo, e abbozzano personaggi e luoghi con tocco assai leggero.

Queste storie segnano l'ingresso nella narrativa della Christie dei due personaggi di Tommy e Tuppence, un ex soldato e un'ex infermiera d'ospedale, che apparivano per la prima volta in *Avversario segreto*. Agatha li definisce «una coppia essenzialmente moderna». Caduta in disgrazia, ma piena di speranza nel futuro, l'intrepida coppia è stata appena congedata dal servizio prestato in tempo di guerra e, disperatamente a corto di denaro, decide di mettere su un'agenzia investigativa. Tommy è uno Sherlock Holmes dei poveri, con le tasche così vuote da non potersi quasi permettere di comprare tè e focaccine. Lui e Tuppence pagano alla romana quando vanno al Lyons Corner House, ben lieti di ignorare la regola secondo cui è l'uomo a dover pagare il conto.[13] Rappresentanti della categoria 'giovani brillanti ma squattrinati', aspirano a una versione Anni Ruggenti dell'edonismo: mangiare «aragosta *à l'américain*, pollo Newberg e pesche melba», essere in rapporti amichevoli con il capocameriere del Ritz, fare un giro con la nuova Rolls-Royce. E chi ci ricordano un ex soldato sposato con un'ex infermiera, se non Archie e Agatha?

Ma dopo l'escursione nel suo primo thriller, Agatha torna ancora una volta alla classica detective story, continuando con il filone di *Poirot a Styles Court* e di alcuni racconti successivi. Ripropone l'investigatore belga in *Aiuto, Poirot!* ma già intuisce che il capitano Hastings è un personaggio noioso, e decide di liberarsene. «Se era destino che io e Poirot non dovessimo più separarci, nei suoi confronti il discorso cambiava».

Il capitano Hastings è ben presente alla mente del pubblico odierno per l'unico motivo che compare spesso negli adattamenti televisivi delle storie di Poirot trasmessi negli anni Ottanta e Novanta. Agatha fece fatica a inventarsi trame in cui Hastings fosse fisicamente presente come testimone e narratore di una serie di avvenimenti che occupassero lo spazio di un intero libro.[14] E in ogni caso era un personaggio piuttosto scipito. Così Agatha concluse *Aiuto, Poirot!* facendolo sposare e spedendolo in Argentina.

Se alla Bodley Head erano contenti della nuova scrittrice, lei era un po' meno contenta di loro. A mano a mano che gli anni Venti scorrevano, la Christie non poteva più ignorare quanto valesse dal punto di vista commerciale. Dopotutto, era ormai una star. Nel 1923, al centro della pagina del *Daily Mail* dove venivano messe le immagini, comparve una lusinghiera fotografia dai contorni sfumati di lei con Rosalind, e intorno, in posizione di minor risalto, furono pubblicate le foto di un'attrice, della candidata conservatrice della cittadina di Berwick e del principe di Galles.[15]

Nelle lettere che scrisse al suo editore usando qualche volta Archie come segretario, Agatha cominciò a fare alcune rimostranze: sui refusi, sul conteggio delle vendite, sempre promesso ma mai inviato, sulla grafica di copertina «rozza e dilettantesca».[16]

Nonostante la crescente professionalità, continuò a pensare che scrivere non fosse un vero lavoro. Quando un ispettore del fisco le chiese quanto guadagnava, rimase stupita. «Non avevo mai considerato i miei libri come una vera e propria fonte di reddito» disse. Ma l'erario la pensava diversamente. Fu l'inizio di una relazione molto difficile tra Agatha e il fisco. Scossa dalla constatazione di non avere conservato le fatture dei pagamenti, tornò nell'agenzia letteraria Hughes Massie, a cui anni prima l'aveva presentata Eden Phillpotts, e stavolta un agente di nome Edmund Cork accettò di rappresentarla.

Il nuovo agente di Agatha, un uomo estremamente riservato, con l'accento da inglese raffinato e una lieve balbuzie, l'avrebbe aiutata a risolvere il problema di essere una professionista il cui status professionale non veniva riconosciuto. Decise subito di procurarle qualcosa di meglio del contratto capestro con la Bodley Head.

In seguito si divertì a raccontare la storia di quanto era successo. Andò da Lane con la proposta di far avere ad Agatha un anticipo di duecentocinquanta sterline per ogni libro, ma l'editore replicò che non era abituato a «sentirsi apostrofare così da un agente e lo mandò via».[17] Il 27 gennaio 1924, quindi, Agatha firmò un contratto con un'altra casa editrice, la William Collins, Sons & Co, guidata all'epoca da Godfrey Collins. Fu il primo dei tanti contratti che da allora in poi sarebbero stati negoziati per Agatha da Cork.

Tuttavia, fuggire dalla Bodley Head si sarebbe rivelato più difficile del previsto, dato che la situazione era degenerata. Il vecchio editore cominciò a cavillare sui termini del contratto, secondo il quale lei doveva fornire alla Bodley Head sei romanzi. Discussero se *Poirot Investigates* (*Hercule Poirot indaga*), un'antologia di racconti, andasse considerato uno dei sei, ma Agatha replicò che aveva offerto alla Bodley, come terzo libro, un romanzo non poliziesco intitolato *Vision*, che era stato rifiutato. Peggio per loro, disse: quel volume contava come uno dei sei dovuti.[18]

La discussione sull'antologia di racconti conferma che i romanzi non erano l'unico filo conduttore della sua carriera. Negli anni Venti, Agatha lavorò molto anche per i giornali, che le chiedevano racconti.[19] Nel 1921 il settimanale illustrato *The Sketch* gliene commissionò alcuni di Poirot che avrebbero potuto anche trasformarsi in un'antologia. Riviste come *Grand Magazine*, *Flynn's Weekly*, *Royal Magazine*, *Novel Magazine* e *Story-Teller* cominciarono a chiederle del materiale.

Inoltre, *Evening News* le offrì la somma decisamente iperbolica di cinquecento sterline per il diritto di pubblicare a puntate il suo nuovo thriller, *L'uomo vestito di mar-*

*rone*. Agatha era incredula; le riviste, soprattutto quelle americane, avrebbero sempre rappresentato un'enorme percentuale delle entrate, per una persona che avrebbe provato sempre un certo disagio a dichiararsi una romanziera. Questo è stato uno dei motivi per cui non è stata presa sul serio come di solito vogliono essere presi sul serio i romanzieri.

Agatha usò le cinquecento sterline per concedersi ciò che negli anni Venti era un lusso: una piccola Morris Cowley. Per una ragazza che fino ad allora aveva percorso solo le distanze che poteva coprire a piedi con scarpe a tacco alto, un'automobile era qualcosa di meravigliosamente moderno. Riuscì anche a dare il suo contributo alla gestione di Ashfield e a pubblicare a proprie spese un libro di poesie. Cominciava a comportarsi come una che sapeva il fatto suo. Alcuni hanno ipotizzato che ad Archie questo non piacesse.[20] Non vi sono prove che così fosse davvero, anzi, Agatha si premurò sempre di precisare che il marito l'aveva sempre appoggiata, ma, anche se fosse stato taciuto, un certo risentimento non avrebbe stupito.

Un'altra scrittrice, Daphne du Maurier, era convinta che il risentimento caratterizzasse i compagni delle donne di successo: «Sono le persone come me, che hanno una carriera propria, ad aver mandato letteralmente a farsi fottere la relazione tra uomini e donne. Le donne devono essere dolci, miti e dipendenti».[21] Agatha era convinta che lei e Archie fossero come la sua coppia di investigatori, Tuppence e Tommy. Quando, al ritorno dal giro attorno al mondo, lui non trovò lavoro, cadde in depressione. La situazione tra loro peggiorò al punto che i coniugi discussero se non fosse il caso di vivere separati. Agatha si rifiutò di andare sia ad Ashfield sia ad

Abney. Voleva assolutamente restare a Londra e continuare a lavorare.

Quando, nel gennaio del 1924, firmò il nuovo contratto con la Collins, doveva ancora alla Bodley Head l'ultimo romanzo. *The Secret of Chimneys* (*Il segreto di Chimneys*), un altro thriller, fu pubblicato subito dopo lo spumeggiante *L'inimitabile Jeeves*, di P.G. Wodehouse e, come quello, è ambientato in una casa di campagna.

Oltre a contenere parecchi 'espedienti da Christie', il romanzo ha per protagonista una delle briose, energiche giovani donne che rappresentano le eroine più simpatiche della scrittrice. Negli anni Venti, la Donna Nuova della prima giovinezza di Agatha cede il passo alla Giovane Brillante. Comunque la si chiami, la Christie si diverte con questo personaggio. Ne *Il segreto di Chimneys*, l'affascinante Virginia Revel è figlia di un pari d'Inghilterra e ha un guardaroba incredibilmente sobrio di abiti sportivi poco femminili, tipici dell'epoca. Vale la pena leggere il romanzo anche per vedere come viene descritta la residenza di campagna. Diversamente da colleghe come Dorothy L. Sayers e Margery Allingham, con i loro detective aristocratici, Agatha non ha mai preso molto sul serio i nobili e l'alta borghesia. Prendiamo il brano in cui si parla per la prima volta della casa che dà il titolo al libro. Ci aspetteremmo che Agatha crei un'atmosfera fatta di antichi mattoni a vista, torrette e vetrate istoriate, mentre se ne guarda bene, e si limita a dire che nella residenza vi sono un quadro di Holbein, un vecchio 'nascondiglio del prete' come quelli realizzati ai tempi di Elisabetta I e un passaggio segreto. Tutte le altre cose della casa non sono importanti; «Credo che me le abbiano fatte vedere una volta» dice Virginia, «ma in questo momento non me le ricordo».[22] È una soluzione efficace a un problema che aveva la Christie: «Non mi piace descrivere persone e luoghi» ammise una volta. «Desidero impostare tutto sui dialoghi».[23]

Ne *Il segreto di Chimneys*, un altro espediente da Christie è quello di usare l'abbigliamento per costringerci a fare delle supposizioni su una data persona. Quando Virginia conosce il protagonista, lo scarta con un distratto snobismo che non le gioverà. Anthony si è presentato come un ex militare spiantato, e in un primo tempo Virginia lo giudica solo «il più piacevole esemplare della specie dei disoccupati che finora avesse visto a Londra».[24] Maturerà come persona quando apprenderà chi è lui veramente.

La sfortunata verità è che saltare a conclusioni su una persona giudicandola dall'abbigliamento fa parte della natura umana. Quando Frankie Derwent, un'altra delle allegre protagoniste della Christie, dice che «nessuno guarda uno chauffeur come una *persona*», dice una cosa che ancora una volta è vera: vediamo l'uniforme, non l'individuo.[25] Era ancora più vero negli anni Venti, quando si poteva più di oggi dedurre la classe di appartenenza dall'abbigliamento di una persona.

Ma vi è un'ultima cosa, nel *Segreto di Chimneys*, che il lettore moderno trova ancora più inquietante. Poiché si tende a pensare ad Agatha Christie come a una scrittrice senza tempo, a volte ci si stupisce di scoprire che la politica, nei suoi romanzi, non sempre è invecchiata bene. I cattivi dei thriller degli anni Venti sono tipici di quel decennio: vaghe cospirazioni globali, a volte comuniste, altre criminali. Un'altra caratteristica di quel mondo è che sia il punto di vista dell'autrice sia quello dei personaggi sono intrisi di un disgustoso antisemitismo. Ne *Il segreto di Chimneys*, per esempio, Herman Isaacstein ha «un inconfondibile marchio esotico. I suoi grandi occhi neri, in contrasto col pallore del viso, erano impenetrabili come quelli di un cobra. Aveva il naso aquilino e la mandibola quadrata, forte». È uno stereotipo dei più triti, quasi identico a quello cui ricorre Dorothy L. Sayers per descrivere un finanziere ebreo in un suo romanzo del 1923, *Peter Wimsey e il cadavere sconosciuto*: «Aveva dei lineamenti grossolani e molto marcati, occhi sporgenti e scuri, e un lungo naso adunco che gli sfiorava quasi il mento carnoso».[26]

Dell'antisemitismo, Agatha non si sarebbe del tutto liberata, ma forse cambiò leggermente atteggiamento dopo che, negli anni Trenta, conobbe un archeologo tedesco che era membro del partito nazista. Come racconta nell'autobiografia, qualcuno accennò agli ebrei, e improvvisamente «il suo volto mutò, assumendo un'espressione che non avevo mai visto sul viso di nessuno. 'Non capite' disse. 'Forse i nostri ebrei sono diversi dai vostri, ma il fatto è che sono un pericolo. Dovrebbero essere eliminati, è l'unico rimedio'. [...] Ci sono cose nella vita di cui, dopo un primo momento di incredulità, siamo costretti a prendere atto con infinita tristezza». Nonostante questo, non corrisponde a verità quello che sostiene il critico Robert Barnard, cioè che da quel momento in poi «questi sgradevoli accenni razzisti cessarono del tutto» nei romanzi di Agatha.[27] Il pregiudizio verso gli ebrei sarebbe rimasto.

Con il passare degli anni Venti, però, la scrittrice avrebbe ridotto il numero di thriller. Ormai era nota soprattutto come autrice di detective story. Anche perché, subito dopo *Il segreto di Chimneys*, pubblicò quello che da tutti è giudicato il suo capolavoro: *The Murder of Roger Ackroyd* (*L'assassinio di Roger Ackroyd*).

Quest'ultimo romanzo, però, uscì in quello che si sarebbe rivelato l'anno più difficile della sua vita: il 1926.

# PARTE QUINTA

*1926*

# 17
# Sunningdale

Il nuovo numero dello *Sketch* proponeva ai lettori alcune foto della famosa scrittrice Agatha Christie nell'ambiente di casa. Nel suo pittoresco soggiorno ingombro di roba, alle pareti erano appesi piatti di porcellana,[1] mentre una giraffa di legno comprata in Africa e altri ninnoli si affollavano su un tavolino.

All'inizio del 1926, i Christie si erano trasferiti nella nuova casa di Sunningdale, nel Berkshire. Era un appartamento molto più grande di Addison Mansions, e occupava il piano superiore di una villa degli anni Novanta dell'Ottocento, con un ampio vialetto ghiaioso di accesso. Rappresentava l'ambiente perfetto per la romanziera della 'fascia culturale media' come se la immaginavano, in tutta la gloria della sua casa, pure questa 'media', gli abbonati allo *Sketch*.

La scrittrice di successo aveva ormai trentasei anni e li dimostrava tutti. Da adolescente aveva tanto atteso che le venisse un florido petto da donna e certo all'epoca non immaginava che si sarebbe ritrovata a trentasei anni con «un grosso seno femminile ben sviluppato». Purtroppo, anche la moda era cambiata e tutte le donne «andavano in giro esibendo un seno piatto come un'asse». Nelle foto, Agatha appare matronale, imponente, con un'aria da signora dell'epoca edoardiana.

Chiunque leggesse lo *Sketch* deve aver pensato che la vita della signora Christie procedesse a gonfie vele. Quell'anno aveva pubblicato un nuovo romanzo e due antologie di racconti, Rosalind stava crescendo bene e Archie aveva trovato infine lavoro all'Austral Trust Ltd., nella City, oltre ad avere assunto responsabilità importanti come quella di dirigere un'industria della gomma.

La crescente ricchezza spiega perché i Christie si fossero trasferiti da Londra in campagna. Sunningdale non era molto distante da Londra e facilitava ad Archie il pendolarismo con la City. Allora come oggi era un posto che non dava troppo nell'occhio, ma dove era possibile vivere molto piacevolmente. Oggi, appena si esce dalla stazione ferroviaria, si vedono un supermercato Waitrose, dei cartelli che pubblicizzano la consulenza finanziaria dell'Ascot Wealth Management, e uno showroom della Rolls-Royce. Archie aveva optato per Sunningdale anche perché era vicino al campo di golf, lo sport a cui si dedicava con passione ormai da qualche tempo. Stando alle notizie di una guida del 1924, la quinta buca di quel campo dava «una incommensurabile soddisfazione quando la palla, dopo essersi librata in alto, piombava giù».[2] Sunningdale si trovava nel Berkshire, poco oltre il confine con il vicino Surrey. La posizione di quel confine tra le due contee avrebbe rivestito un'importanza inaspettata.

Sunningdale, però, si rivelò più adatto ad Archie che ad Agatha. Anche se il golf non le dispiaceva, non la appassionava; inoltre, le riuscì difficile farsi delle amicizie. Era diventata l'ennesima 'vedova del golf', e non aveva niente di buono da dire né dei circoli dove lo si giocava né della stessa Sunningdale: «Persone straricche... mobili e quadri orribili, brutte facce e mentalità ottusa».[3] Nel racconto di Agatha *Il mistero di Sunningdale*, è al settimo tee del campo di golf che la vittima viene trovata pugnalata a morte.

Agatha non poteva accettare gli inviti a cena, perché Archie era troppo stanco per uscire la sera. Le persone della City, pensa un personaggio della Christie, sono come topi sulla ruota: «Per quanto ricco tu sia, prendi pur sempre il treno delle 9,17».[4] D'altra parte, i Christie non avevano nemmeno abbastanza soldi per entrare nello 'smart set' locale, benché ormai Agatha potesse osservarlo da vicino. E questo era importante, perché le signore con molto tempo libero di Sunningdale erano, di fatto, sue lettrici. Secondo un libro del 1928, i membri dello 'smart set'

> fanno qualche partita di tennis, ballano molto, hanno il cane più alla moda del momento... Queste persone leggono un sacco di romanzi, e i quotidiani li degnano appena di un'occhiata: il loro interesse per la politica interna è limitato in genere all'idea che gli operai siano molto cattivi, i soldi siano molto buoni e i comfort materiali siano di fondamentale importanza.[5]

Archie sembrò non accorgersi che sua moglie non si trovava così bene a Sunningdale. Pian piano, in maniera impercettibile, i due compagni di gioco Tommy e Tuppence si stavano allontanando sempre più l'uno dall'altra. Durante la settimana Archie era assente e nel tempo libero era stanco. L'unica cosa che Agatha avrebbe voluto sarebbe stata l'intimità di cui avevano goduto nei primi tempi del matrimonio:

> Il loro desiderio di camminare a braccetto
> nel bene, nel male e sotto ogni aspetto.[6]

Archie, invece, nei weekend non aveva nessuna voglia di camminare o parlare: voleva solo giocare a golf. C'era naturalmente Rosalind, ma Rosalind era un amatissimo mistero. Aveva preso da suo padre, e crescendo era sempre più fredda, pragmatica e riservata.

Per stornare un attimo l'attenzione dalla coppia di Sunningdale ed esaminare il contesto, bisogna dire che un'ondata di imprevisto scontento colpiva anche molte altre coppie britanniche. A un decennio di distanza, si avvertiva ancora l'ombra della Grande Guerra, e la gente cominciava a parlarne in un modo che in precedenza non era parso possibile. Furono pubblicati memoir sul tempo della guerra. I registri delle indennità pagate alle infermiere colleghe di Agatha dimostravano che per tutto quel periodo erano state presentate richieste di aiuto per fronteggiare disturbi psichici come la condizione chiamata, negli anni Venti, 'nevrastenia', un termine tecnico che i medici preferivano a 'trauma psichico da bombardamento'.[7] Era calato un silenzio di tomba sul conflitto del 1914-18, e subito dopo la sua fine era esplosa la voglia di assaporare la vita. Ma non si sarebbe potuto rimandare per sempre il momento della verità.

Se non altro, Agatha andava abbastanza d'accordo con sua suocera, che adesso viveva a Dorking, a un'ora di macchina da loro. Inoltre, Madge le faceva regolarmente visita. Rosalind trovava «zia Punkie» (il soprannome di Madge) speciale: «Più spiritosa di mia madre. Era spassosissima. Peccato fosse sepolta viva a Manchester».[8] Anche Agatha sospettava che Madge trovasse frustrante la propria vita. «Le sorelle sono molto strane, e lo sanno benissimo! Ma credo siano infelici, ad Abney».[9]

A quel punto, però, alla brillante Madge era stato concesso almeno un certo successo personale. Senza troppo sforzo apparente, aveva scritto una commedia che avevano messo in scena in un teatro del West End.

Certo, Madge era stata fin dall'inizio una scrittrice, pubblicata, da adolescente, su riviste. Agatha si era chiesta se sua sorella avrebbe magari proseguito in quella carriera se non si fosse sposata. Ebbene, avevano davanti la risposta: a quarantacinque anni, Madge aveva scritto la commedia *The Claimant*, catturando l'attenzione di un produttore teatrale.

Può sembrare strano che uno scrittore esordiente arrivi a essere rappresentato nel West End. Ma il produttore di Madge aveva registrato un successo con la drammaturga Clarence Dane e forse cercava di replicarlo. Madge, però, preferì adottare lo pseudonimo M.F. Watts, che suonava maschile. Pensava che il produttore avrebbe potuto «in cuor suo chiedersi se fossi stata davvero io (o qualche ignoto uomo) a scrivere la commedia». Ma scoprì che le piaceva molto esprimere il suo parere durante le prove: «Ti dà un gran senso di potere... È curioso, ma tutti danno importanza alla mia opinione». Agatha osservò forse tutto questo con una punta di gelosia. Quando l'indaffarata Madge andava a passare la domenica a Sunningdale, era così stanca che «si assopiva in continuazione».[10]

Ma la commedia ebbe un tiepido successo. Forse Agatha pensò di poter fare di meglio e senza dubbio ci provò. Negli ultimi anni, una delle principali rivalutazioni della sua opera letteraria ha riguardato il suo talento non solo di romanziera, ma anche di drammaturga. Benché le sue commedie degli anni Venti non vengano quasi mai messe in scena, lo storico del teatro Julius Green osserva che dalla produzione teatrale della Christie si può dedurre meglio rispetto alla produzione narrativa quali fossero i suoi sentimenti, e questo in particolare riguardo al matrimonio.

Sappiamo già che Agatha apprezzava la relazione di coppia basata sul cameratismo, che era assai diversa da quella dei suoi genitori. «Penso che il matrimonio, almeno come io lo immagino, sia la più folle delle avventure» dice la protagonista del *Segreto di Chimneys*.[11] Parla del matrimonio come di un gioco di squadra, un po' come Tommy Beresford, che lo definisce «uno sport eccellente».

Tuttavia, due commedie che Agatha scrisse in quel periodo, *Ten Years* e *The Lie*, mostrano donne scontente di un matrimonio iniziato a suo tempo all'insegna della complicità e poi degenerato. *Ten Years* parla di una coppia sposata che accetta di ripensare la propria relazione dopo un decennio di convivenza, una pietra miliare che Agatha e Archie avevano raggiunto nel 1924. Sul palcoscenico, la moglie vorrebbe di più. «Noi donne in passato eravamo schiave ed eravamo tenute a sacrificarci come fosse naturale farlo» dice, «ma ora siamo libere di vivere la nostra vita». «Sono ancora giovane... voglio romanticismo, passione, fuoco, le cose che avevamo una volta... Voglio vivere, vivere la mia vita, non la tua».[12] Parla come una donna – come Agatha stava cominciando a essere – il cui marito sembra non dialogare più con lei. Perché era questo che le stava capitando.

*The Lie* tratta il medesimo argomento: un matrimonio in cui la fiamma dell'amore è morta. Agatha avrebbe scritto parecchio sul matrimonio e i suoi problemi, sia nella sua narrativa sia nell'autobiografia. Ma queste opere sono state scritte anni dopo. Viene da pensare che, a partire dagli anni Venti, i suoi drammi inediti siano dispacci dal fronte di un matrimonio che si stava raffreddando.[13]

Nel frattempo, la vita fu complicata da un altro parente di Agatha. Ad Archie, i Miller devono essere sembrati una fonte di continui drammi. Poco prima della Grande Guerra, Monty aveva buttato via un sacco di soldi nell'inutile tentativo di costruire un battello che pensava di usare per gestire un servizio di traghetto sul Lago Vittoria. Poi aveva prestato servizio nel Transport Corps dell'Africa orientale, ma essendo rimasto ferito e avendo usato la morfina per lenire il dolore, era diventato morfinomane. Quando, nel 1922, era tornato in Inghilterra, versava in cattive condizioni.

Andò a vivere ad Ashfield con Clara, accompagnato dal suo servitore nero Shebani, che dev'essersela passata molto male a Torquay. «Che cosa vuoi che ne sappia, lui, di pulizie!» esclama una donna di servizio in *The Sittaford Mystery* (*Un messaggio dagli spiriti*) parlando di un domestico, «un tipaccio nero».[14] Per noia e stupidità, Monty si divertiva a sparare colpi di pistola dalla finestra della sua camera da letto: «C'era una vecchia zitella rincitrullita che scendeva lungo il viale dondolando il posteriore. Non ho potuto resistere. Le ho sparato dietro un paio di colpi. Dovevi vedere come correva!» Com'era inevitabile, qualcuno chiamò la polizia e il bel Monty li convinse che non c'era motivo di preoccuparsi: lui era solo un vecchio cacciatore del Kenya che si manteneva in esercizio sparando ai conigli.

Nell'autobiografia, Agatha fa passare Monty, con la sua droga e la sua pistola, per un tipo divertente, ma in realtà dev'essere stato un peso tremendo per la famiglia. Tra tutte e due, Agatha e Madge raccolsero ottocento sterline per risparmiare alla madre l'obbligo di ospitarlo ad Ashfield. In parte, il problema di Monty dev'essere stato un complesso di inferiorità: capiva che la gente lo confrontava con le sue intelligenti e capaci sorelle. «Come mai è stata data maggiore intelligenza al sesso femminile… e a me così poca fiducia in me stesso?» scrisse in un suo appunto.[15]

Le sorelle gli pagarono una casa dove stare, «una villetta in granito» a Dartmoor.[16] Era un posto isolato e tranquillo. Monty comprò una motocicletta per scorrazzare in giro, poi evidentemente decise che non gli piaceva, oppure qualcuno gli impedì di scorrazzare, perché presto la mise in vendita.[17]

Forse, il fatto che Monty vendesse la moto era collegato al nocciolo della questione: gli oppiacei che gli erano stati somministrati in Africa e dai quali era diventato dipendente. Come disse Agatha: «Avrebbe trovato difficile liberarsene». Monty era convinto di sapere, come le sorelle, scrivere. In uno dei suoi racconti incompiuti, gli avvenimenti assumono una connotazione autobiografica quando un servitore africano offre a un europeo malato una tazza di caffè fumante e due piccole compresse marroni. «Chiesi che cos'erano. 'Oppio fare bene' fu la risposta».[18]

Agatha è sorprendentemente schietta e priva di pudore nel dire quello che pensa della tossicodipendenza del fratello, ma negli anni Venti le droghe erano ampiamente disponibili e non procuravano lo stigma di cui oggi è fatto oggetto chi ne abusa. Durante la Grande Guerra, per esempio, un chimico pubblicò sul *Times* un annuncio in cui diceva che fogli di gelatina contenenti morfina e cocaina avrebbero costituito un magnifico dono per «gli amici al fronte».[19] La legge che regolava la vendita di morfina, cocaina ed eroina fu resa più severa nel 1920, ma fino ad allora chiunque avrebbe potuto acquistare queste sostanze, siringa compresa, da Harrods.

In effetti, i drogati compaiono spesso nella narrativa

di Agatha. In *Death in the Clouds* (*Delitto in cielo*) del 1935, Lady Horbury tiene la cocaina nel nécessaire; l'uso di droga viene scoperto in *Murder in Mesopotamia* (*Non c'è più scampo*) nel 1936; Poirot affronta gli spacciatori in *The Labours of Hercules* (*Le fatiche di Hercule*) nel 1947. Un soldato morfinomane svolge il ruolo di comparsa nel romanzo autobiografico della Christie *Il pane del gigante*: «La morfina... vi è stata assuefazione» dice sua moglie. «Lotteremo insieme contro la droga».[20]

Agatha e Madge cominciarono a cercare la governante giusta per aiutare il fratello a combattere la dipendenza. Trovarono la vedova di un medico morfinomane che sapeva come gestire persone come Monty.

Nel suo isolato villino, Monty produsse piccoli, penosi frammenti letterari, poesie orribili e racconti incompiuti. Spesso scriveva in preda ai fumi della droga: «Sorpresa lieve inquietudine leggero residuo di dolore ancora il cuore ancora oh ancora sorde selvagge brame». Ma sembrava anche che volesse liberarsi della tossicodipendenza: «C'è qualcosa di sbagliato, qui, di così sbagliato che va cambiato e domani comincerò a cambiarlo».

Alla fine, però, il piano per tenere Monty al sicuro a Dartmoor fallì. Lui sognava di costruire un nuovo, splendido battello, ma sotto sotto sapeva che non ci sarebbe mai riuscito. «Totale tristezza, totale disperazione» scrisse. «Dico, ehi, di bordo! e poi un ultimo addio».[21] Nel 1929 sarebbe andato a vivere nel sud della Francia, dove il 20 settembre di quello stesso anno sarebbe morto.

Dopo il funerale, toccò ad Agatha il compito di vendere la villetta e gli effetti personali del fratello. Fu toccante che, data la passione del loro padre per lo sport, il cartello con l'elenco dei beni di Monty da mettere in vendita terminasse con «borsa da cricket di pelle».[22]

Un sabato di maggio del 1897, quando Monty aveva sedici anni, il *Torquay Times* aveva dato notizia di una partita di cricket nel campo a poca distanza dal mare. Agatha, che allora aveva sei anni, forse si trovava, come spesso accadeva, sotto la quercia dove aiutava il padre a segnare il punteggio. Durante quella partita Monty, pieno di vita e promesse, aveva «fatto di tutto per risparmiare alla sua squadra una sconfitta».[23]

Alla fine, però, era stato sconfitto dalla morfina. E a Sunningdale, come presto si sarebbe appreso, la vita avrebbe rischiato di sconfiggere anche sua sorella Agatha.

# 18
# Il mistero di Styles

Mentre Monty soffriva, Agatha lavorava. Nell'estate del 1926 scrisse quello che si sarebbe rivelato, almeno fino a quel momento, il suo più grande successo. Il sesto romanzo, *L'assassinio di Roger Ackroyd*, non è solo uno dei suoi migliori romanzi in assoluto, ma è anche uno dei più grandi polizieschi di tutti i tempi.

Dedicò molte cure al libro, nel quale Poirot si trasferisce in un villaggio inglese per trascorrere un periodo di tranquillità e dedicarsi alla coltivazione delle zucche. Un personaggio notevole è la sorella del medico locale, Caroline Sheppard, una perspicace zitella che, sempre protesa ad ascoltare quanto succede nel villaggio, anticipa il personaggio di Miss Marple.

È noto che *L'assassinio di Roger Ackroyd* fa cadere il lettore nel più straordinario dei tranelli. La storia è raccontata da un narratore così poco credibile che alla fine, con un brillante colpo di scena, risulta essere lui stesso l'assassino. E questo solleva la domanda: è giusto che l'autore faccia una cosa del genere?

L'interrogativo ha senso solo se si crede nelle regole che pian piano si erano delineate nel poliziesco e che sarebbero state codificate solo nel 1929. Fu lo scrittore e teologo Ronald Knox a decretare, a quell'epoca, che «l'amico stupido del detective, il Watson di turno, non deve nascondere nessuno dei pensieri che gli passano per la testa». Nell'*Assassinio di Roger Ackroyd* il dottor Sheppard, il 'Watson' della storia, non dice al lettore tutto quello che sa e i suoi silenzi seminati con sapienza creano una falsa impressione. Questo espediente da Christie, ovvero l'omissione di piccoli particolari molto importanti da parte di qualcuno di cui abbiamo finito per fidarci, sarebbe stato usato più volte dalla scrittrice. Se non equivale propriamente a una violazione delle regole, sicuramente significa manipolarle ai propri fini.

Si è molto parlato dello scandalo che *L'assassinio di Roger Ackroyd* provocò. In una recensione il romanzo era definito «infelice, rozza caduta di stile di una scrittrice che avevamo finito per ammirare».[1] Ma Agatha era convinta di essere stata assolutamente leale nel suo gioco: «Vi è, nel romanzo, una mancanza di spiegazioni, ma nessuna falsa dichiarazione».[2] La scrittrice Dorothy L. Sayers si disse d'accordo con lei, osservando: «Sta al lettore sospettare di *tutti*».[3] La maggior parte dei lettori approvò la Christie. Il *Daily Mail* lo giudicò «uno dei polizieschi più avvincenti e meglio scritti che abbiamo mai letto».[4] L'unico difetto, semmai, di quell'inganno perfettamente congegnato fu di far crescere ancora di più la già crescente fama di 'furba' della Christie, un aspetto che alla fine le si ritorse contro.

Forse Agatha si impegnò al massimo in quel romanzo perché era il suo primo con il nuovo editore, William Collins. Collins ne fece un successo e la Christie lo ricompensò con inossidabile fedeltà. In mezzo a tutta quell'eccitazione, i Christie decisero di traslocare, stavolta non in un appartamento, bensì in un'intera casa, a Sunningdale. Era un edificio abbastanza triste, con graticci di legno e camini alti e quando, nel giugno del

1926, i Christie lo presero in affitto, gli diedero un nuovo nome: The Styles.

Ci vuole un certo sangue freddo per chiamare la propria casa con il nome di una scena del crimine, anche se un crimine letterario, e questo accrebbe il senso di minaccia che avrebbe finito per incombere sulla residenza. La casa era rimasta sul mercato a lungo, nonostante fosse stata definita dalla pubblicità «particolarmente attraente», con le sue dodici camere da letto, i tre bagni e «l'eccellente spazio per il garage e la stanza dello chauffeur». I proprietari alla fine avevano deciso di metterla all'asta.[5]

Nella sua autobiografia, la Christie non resistette alla tentazione di descriverla a tinte fosche, preparandoci a cose brutte. Oggi la costruzione fa capolino da dietro un'alta siepe di agrifoglio. Una casa sfortunata, la definì Agatha, i cui abitanti sempre, «in qualche modo, finivano per provare dolore. Il primo aveva perso tutti i suoi averi, il secondo sua moglie». Altre voci dicevano che una donna fosse stata assassinata in fondo al giardino. All'interno, la casa era inutilmente lussuosa, «una sorta di suite del Savoy in stile milionario, trasferita in campagna», la definì la stessa Agatha. I suoi conoscenti, a Sunningdale, sostennero che la scrittrice non era riuscita ad ambientarsi bene. Ricordavano di averle sentito dire: «Non posso soffrire quella casa. Mi dà ai nervi. Il viale d'ingresso dà una sensazione di orrenda solitudine».[6]

Quando i due coniugi Christie vi si trasferirono, però, The Styles dovette apparire loro come un nuovo, audace inizio, adatto a restituire vigore alla loro relazione coniugale. Assunsero altro personale di servizio – quattro persone in tutto – più una nuova, importante impiegata. A volte Agatha si rivolgeva a una copisteria per avere copie ben dattiloscritte del suo lavoro, ma a quel punto decise di assumere una persona fissa che la aiutasse sia nel ruolo di segretaria sia in quello di governante di Rosalind.

Charlotte Fisher era una donna alta e magra, con un'aria che incuteva soggezione, ma «un cordiale sfavillio negli occhi». Divennero amiche. Agatha chiamava la signorina Fisher Carlotta, nome che fu poi abbreviato in Carlo. A sua volta, Agatha diventò Missus (una storpiatura di *mistress*), e con questa parola la scrittrice si firmò sempre nelle dediche dei vari libri che le donò al momento della pubblicazione e che Carlo conservò per tutta la vita. Particolare importante, Carlo fu anche una sorta di seconda madre per Rosalind, che la definì «molto più di una segretaria», aggiungendo: «Dubito che mia madre sarebbe riuscita a gestire tutto senza di lei».[7] Quando Archie era troppo stanco per uscire, la sera, Carlo e Agatha uscivano senza di lui per andare ad Ascot a lezione di charleston.[8]

La brava, simpatica Charlotte Fisher era una delle cosiddette 'donne in eccedenza'. Nata nel 1895, era, con la sorella Mary, figlia di un pastore di Edimburgo. Era una delle ragazze che si sarebbero con tutta probabilità sposate se la guerra non avesse ucciso tanti potenziali mariti. Aveva fatto in precedenza la bambinaia, ma non a tempo pieno come con Rosalind. Più diventava intima dei Christie, più il suo status crebbe, senza però diventare quello di una parente. Era forse risentita del fatto di essere 'nella' famiglia, ma non 'della' famiglia?

In ogni caso, era la discrezione personificata. Forse non le sfuggiva che *L'assassinio di Roger Ackroyd* non sarebbe stato l'enorme successo che fu senza il suo contributo di segretaria che batteva a macchina sotto dettatura. «In ricordo di virgole, due punti e punti fermi!» scrisse Agatha sul frontespizio della copia che le donò.

La grammatica e la punteggiatura non erano mai state il forte di Agatha, ma con l'aiuto di Carlo migliorarono decisamente.[9]

In ogni caso, il lavoro avrebbe imposto a Carlo una dose di coraggio maggiore del previsto, perché nell'estate del 1926, poco dopo il trasferimento a Styles, Agatha si ammalò.

Il problema era iniziato il 5 aprile 1926, quando Clara Miller era morta di bronchite all'età di settantadue anni, mentre si trovava a casa di Madge. Agatha fu chiamata al suo capezzale, ma arrivò troppo tardi. La forza del suo affetto era così grande che le capitò di provare una sensazione di gelo mentre Clara passava a miglior vita. «Avevo avvertito un improvviso senso di *freddo*, una specie di brivido gelato... e avevo pensato: *La mamma è morta*».

Per lei, che era sempre rimasta profondamente legata alla madre, fu devastante, ma il suo dolore fu accresciuto dalla mancanza di appoggio che avvertì nel matrimonio: Archie non le fu di alcun conforto e sostegno.

All'epoca in cui sua suocera morì, Archie era all'estero per lavoro e non si disturbò neppure a tornare per il funerale. Preferiva sempre evitare le situazioni difficili in cui le persone esprimevano il loro dolore. Agatha aveva sempre saputo che il marito nutriva «un'avversione profonda» nei confronti «delle malattie, della morte e delle disgrazie in genere». Al suo ritorno, per esorcizzare il forte disagio, in un primo tempo egli «assunse un'aria allegra». Nessuna reazione avrebbe potuto essere meno empatica, per una donna che stava affrontando il primo vero dolore della sua vita adulta, dopo avere perso il padre a undici anni.

Carlo faceva ormai parte della famiglia al punto che il cagnolino di Agatha, Peter, dormiva sul suo letto. Alla segretaria apparve evidente che Archie stesse deludendo le aspettative della moglie. In parte era una questione di carattere, ma in parte, come per tanti civili e militari sopravvissuti alla guerra, era la conseguenza del fatto che Archie «non sopportava le lacrime e la depressione».

Ormai Styles non poteva più funzionare senza la signorina Fisher. «Ho cercato di far andare avanti la casa decentemente per amor tuo» avrebbe detto in seguito a Rosalind, rievocando quel difficile periodo.[10] Poi, però, anche la sua presenza rassicurante venne meno: suo padre, in Scozia, si ammalò, e lei dovette andare ad assisterlo.

Agatha decise che aveva bisogno di staccarsi per un breve periodo sia dal marito sia da quella casa solitaria. Decise di andare con Rosalind ad Ashfield per sgomberare la casa. Sarebbe stato un lavoro sia pratico sia, in un certo senso, spirituale. Ashfield era piena di cianfrusaglie che andavano eliminate. E Agatha non poteva piangere sua madre senza tornare nella sua casa.

Nell'autobiografico *Ritratto incompiuto*, Agatha inventa una conversazione simile a quella che doveva avere avuto in quel frangente con Archie, quando gli aveva comunicato i suoi piani. Nel romanzo, lei è Celia e Archie è Dermot, un uomo così insensibile da pensare che la moglie possa divertirsi a liberare dagli oggetti inutili la casa della madre appena deceduta.

> Dermot era così deludente in certi casi! Si ostinava a ignorare il significato dello stress emotivo. Scartava, davanti a una cosa del genere, come un cavallo impaurito.
>
> Celia, per una volta in collera, scattò: «Ne parli come se si trattasse di una vacanza!»
>
> Lui replicò, distogliendo lo sguardo:

«Be', lo sarà, in un certo senso».

[...]

Com'era freddo, il mondo, senza sua madre... [11]

Durante le sei settimane estive trascorse ad Ashfield con Rosalind come unica compagnia, Agatha cominciò a sentirsi male: «Non credo di essermi resa conto che, per la prima volta in vita mia, ero davvero malata». Il bisogno di dare ordine alla casa diventò compulsivo e irrazionale: per dieci ore al giorno Agatha tirava fuori dai bauli oggetti dimenticati in stanze in cui colava l'acqua dai buchi nel tetto. Definì la sua voglia continua di piangere e le sue amnesie «l'inizio di un esaurimento nervoso», un esaurimento che si sarebbe manifestato tragicamente nei mesi successivi a quell'orribile 1926.

In precedenza dotata di ottima salute, cominciò a soffrire di insonnia. Quando chiese a un farmacista un sonnifero, a un certo punto la conversazione finì sul tema del suicidio. Pare che Agatha sostenne che non si sarebbe mai suicidata in modo violento finché fosse stato disponibile il veleno.[12] Parole casuali, frammenti di conversazione, indizi utili a capire il suo stato d'animo: tutto sarebbe diventato importante alla luce di ciò che sarebbe accaduto.

Gli storici hanno setacciato con cura il capitolo dell'autobiografia della Christie dove si parla dell'anno 1926, per cercare di capire che cosa successe quell'estate.

E qui veniamo al nocciolo della questione: possiamo credere ad Agatha? Che cosa significavano, in realtà, le sue parole? Andavano prese alla lettera? Janet Morgan, la prima biografa ufficiale della scrittrice, ha avuto accesso ad alcune lettere di Carlo che furono molto probabilmente distrutte dopo che lei le ebbe lette.

Quello che la Morgan dice del loro contenuto, dunque (peraltro non citandole letteralmente) ci permette di intravedere un'importante fonte che è andata perduta. Morgan rileva una mancanza di corrispondenza, nella cronologia dell'intero anno, tra il resoconto di Agatha e quello di Carlo.[13] Sulla questione si è concentrata l'attenzione dei critici, perché molti hanno continuato a essere convinti che la scrittrice non fosse affatto malata, ma fingesse di esserlo. In ogni caso, la cronologia di molte parti dell'autobiografia è palesemente sbagliata. Simili dettagli non erano importanti, per Agatha. Quello che contava, per lei, era la verità degli affetti. E in ogni caso non le andava di ricordare quel periodo, anzi aveva fatto di tutto per dimenticarlo.

Era ormai abbastanza famosa perché della sua malattia parlassero i giornali. Un cronista di gossip scrisse in agosto che la romanziera non stava bene. Egli pensava che scrivere rappresentasse «una terribile tensione per i nervi», in particolar modo per una donna. «Non mi sono stupito di apprendere... che Agatha Christie, che scrive racconti polizieschi meglio della maggior parte degli uomini, ha avuto un esaurimento nervoso».[14]

Egli credeva anche (a torto) che la Christie fosse andata sui Pirenei per un periodo di riposo. Era vero che Archie e Agatha avevano programmato di recarsi all'estero, ma quando lui andò a trovarla ad Ashfield, alla fine risultò che non aveva prenotato i biglietti. Come mai? Difficile a dirsi. Archie appariva diverso. Per Agatha, era terribilmente simile al Bandito dei suoi incubi infantili, e l'orrore l'afferrava «quando, seduta al tavolo del tè, guardavo una persona cara e mi accorgevo che al posto suo *c'era un estraneo*».

Chiese ad Archie cosa c'era che non andava. Alla fine, con riluttanza, lui sputò il rospo.

Colse sua moglie alla sprovvista confessandole che era innamorato di un'altra, una donna di nome Nancy Neele. E che voleva il divorzio.

Per aggiungere al danno la beffa, Agatha conosceva bene Nancy, un'amica del maggiore Belcher. Nel 1925, quando c'era stata l'Esposizione di Londra, le due donne avevano fatto entrambe parte di una commissione volta a creare un'area destinata ai bambini.[15] Nancy faceva la dattilografa all'Imperial Continental Gas Association. Era un'eccellente golfista e, quando aveva giocato al circolo di Sunningdale, aveva soggiornato anche a Styles.

Era una donna briosa, loquace e, particolare forse cruciale per un uomo di mezz'età, giovane. Nata nel 1899, aveva quasi dieci anni meno di Agatha. La sua famiglia viveva vicino a Rickmansworth e suo padre era stato ingegnere elettrico capo della Great Central Railway. Nancy aveva un bel personale, folti riccioli neri, sopracciglia pronunciate e – fatalmente – un volto più bello di quello di Agatha, almeno secondo i canoni del tempo. Quando, come avrebbero fatto in seguito, i giornali cominciarono a interessarsi a lei, la definirono «intelligente», «bella» e «popolare», una «ragazza franca, aperta, sportiva».[16]

La combinazione tra fascino di Nancy e dolore di Agatha per la perdita della madre era stata così forte che Archie non aveva potuto resistervi.

A posteriori, Agatha capì che cos'era avvenuto. Lui del resto l'aveva avvertita: «Non contare su di me se le cose vanno male. Quando qualcosa va storto è meglio lasciarmi perdere. Mi dà fastidio la gente malata, infelice o ansiosa». Archie lo aveva confermato anche in un'altra delle sue lettere che ci sono pervenute: «Non sopporto di pensare che tu sia malata o infelice». All'epoca in cui aveva scritto queste parole, il discorso voleva probabilmente essere gentile, ma a posteriori lo si può interpretare in un altro modo.[17]

Un amico saggio avrebbe forse messo in guardia Agatha, spiegandole che quando un uomo ti dice che non puoi contare su di lui, non c'è motivo di non credergli e di non lasciarlo. «Le persone cattive sono quelle che non vogliono o non possono crescere» osserva Agatha.[18] «Un uomo che è un bambino» dice uno dei suoi personaggi, «è la cosa più terribile del mondo».[19] Archie, affetto da una pecca fatale come la mancanza di empatia, era un uomo rimasto bambino.

Ma fino ad allora Agatha lo aveva creduto migliore. Fu il tradimento del marito idealizzato a trasformarla in una scrittrice davvero gotica. Gotica non nel senso che iniziò a descrivere sedute spiritiche o entità soprannaturali, ma nel senso che cominciò a raccontare come il male potesse entrare, e di fatto entrasse, nella più serena delle case, rendendo insicuro anche il luogo apparentemente più innocuo.[20] Da quel momento in poi, i suoi romanzi avrebbero decisamente affrontato sentimenti cupi e inquietanti, e ritratto le tenebre che si celano nel cuore delle persone anche più normali e rispettabili. Persone come suo marito.

Quando parla di quel periodo nella sua autobiografia, la Christie si premura di descrivere le buone qualità di Archie, ma, citando due o tre frasi micidiali da lui pronunciate, dà complessivamente l'idea che egli fosse una persona molto sgradevole. Non c'è da stupirsene, giacché Agatha sapeva abilmente, con un numero minimo di pennellate, descrivere due lati diametralmente opposti di un singolo personaggio. Lo faceva sempre, con i suoi assassini. Nell'autobiografia, definisce Archie l'assassino della sua felicità.

Così, Archie è stato generalmente consegnato alla storia come *villain*. Sarebbe interessante conoscere la sua opinione su quella eccezionale moglie con cui non gli riuscì di venire a patti. Ma non la sapremo mai.

Sul momento, però, Agatha rifiutò di accettare che il suo matrimonio fosse finito. Semplicemente, negò la realtà dei fatti. Era convinta che alla fine Archie sarebbe tornato a casa per via dell'asso che lei aveva nella manica: Rosalind. Sapeva che Archie amava sua figlia. Impossibile che Nancy pretendesse da lui che abbandonasse la figlia.

Così, quando giunse l'autunno, Agatha e Rosalind tornarono a Styles, e anche Carlo si ricongiunse con loro dopo aver assistito suo padre. Era una situazione di stallo. Archie pernottava alcune sere la settimana al circolo del golf, in città. Secondo Carlo, Archie era spesso fisicamente presente a Styles, ma era assente in spirito. Agatha disse agli amici che la sua vita stava diventando insopportabile. «Se non lascio Sunningdale, Sunningdale sarà la mia fine» la sentirono dire.[21]

Venerdì 3 dicembre 1926, il sole sorse alle sette e quarantasette. Un fronte temporalesco si stava avvicinando all'Inghilterra proveniente dall'Islanda. Si prevedeva una gelata e le previsioni erano di «forte perturbazione».[22] Archie prese il treno per andare al lavoro e annunciò che sarebbe stato via per il weekend. Agatha portò Rosalind fuori, a prendere il tè, poi tornò a casa per cena.

Carlo aveva metà giornata libera e andò a Londra, a ballare. Doveva essere una serata piacevole, dopo tutta la tensione accumulata.

Ma quando tornò, a tarda sera di quella giornata invernale, scoprì che Agatha era scomparsa.

# 19
# La scomparsa

La settimana che era terminata venerdì 3 dicembre con la misteriosa scomparsa di Agatha era stata fitta di impegni. Il lunedì la romanziera era andata con sua cognata Nan a fare shopping. Tra gli acquisti c'era una camicia da notte di raso bianco, un indumento che aveva detto le sarebbe servito per il weekend.[1] Meditava di trascorrere qualche giorno nello Yorkshire. Considerava quel piccolo viaggio l'occasione per dare una svolta alla sua vita. Forse sperava che Archie andasse con lei.

Prese parecchie altre decisioni che appaiono irrazionali, a meno che non si considerasse una sposa che si preparava a un nuovo inizio. Mercoledì andò di nuovo a Londra con un'amica di Sunningdale, la signora Joyce da Silva, a cui confidò che sperava di affittare Styles e prendere alloggio a Londra per passare più tempo con il marito.[2] Nella sua testa, il suo matrimonio era tutt'altro che finito.

La notte di mercoledì Agatha la passò al suo club di Londra. Mentre tornava a Sunningdale, però, Joyce si disse preoccupata per lei. Da mesi Agatha non stava bene. Poco tempo prima Joyce l'aveva vista con un'aria così stravolta che le aveva consigliato di mettersi subito a letto. Era convinta che il «cervello brillante» della sua amica fosse stato «spinto ai limiti della sopportazione umana per soddisfare la continua domanda di nuove trame avvincenti da parte del pubblico».[3] Joyce non era l'unica a credere che le donne intelligenti costringessero in qualche modo l'organismo a uno sforzo eccessivo. Secondo un medico, per esempio, il dolore era avvertito in maniera più acuta dalle donne che «facevano un duro lavoro intellettuale» rispetto a «quelle meno intelligenti che si guadagnano da vivere con il lavoro manuale».[4]

Il giovedì, Agatha era andata dal suo agente. Edmund Cork non aveva notato «niente di particolare nel suo modo di fare», ma era ansioso di avere notizie del romanzo, ancora incompiuto, che doveva essere pubblicato dopo *L'assassinio di Roger Ackroyd*.[5] «Stavano facendo pressione su di lei perché lo terminasse» disse una persona vicina ad Agatha, «e volevano anche sapere qualcosa dei due racconti che doveva scrivere».[6]

Sarebbe stato già un carico di lavoro enorme per una persona in buona salute, cosa che in quel momento Agatha non era. Il suo successo stava diventando un fenomeno incontrollato. Le pervenivano richieste sempre più impegnative in un momento in cui avrebbe dovuto prendersi una pausa per piangere sua madre e prendere coscienza del fallimento del suo matrimonio.

Aveva buttato giù metà del nuovo romanzo, *The Mystery of the Blue Train* (*Il mistero del Treno Azzurro*), ma a un certo punto si era incagliata. «Non ha scritto una sola parola» dichiarò sua suocera Peg, a cui lei aveva confidato di essere «preoccupata perché non riusciva a completare l'opera commissionatale».[7] Agatha continuava a credere di dover rispettare i patti e consegnare il lavoro. Come comprese Joyce, «era chiaro che reprimeva i propri sentimenti pur di non causare preoccupazione a nessuno».[8]

Giovedì pomeriggio, la Christie ritornò a Sunningdale, e quella sera lei e Carlo andarono come sempre al corso di danza. Poi arrivò venerdì 3 dicembre, il giorno in cui accadde tutto.

Quella mattina, niente a Styles pareva insolito, anche se la cuoca e la cameriera ricordarono, in seguito, che Agatha era «in uno stato di agitazione».[9] Archie prese come al solito il treno delle nove e un quarto. Nel pomeriggio Agatha montò sulla sua piccola, amata Morris e portò Rosalind a far visita a Peg, vicino a Dorking, a circa un'ora di macchina da Styles.

Mentre prendevano il tè, però, Peg si accorse che qualcosa non andava. Agatha all'inizio era allegra e parlò di nuovo di andare nello Yorkshire. Peg a un certo punto notò che la nuora non portava la fede al dito e le chiese dove l'avesse messa. Per tutta risposta, Agatha «sedette immobile per qualche minuto con lo sguardo perso nel vuoto, poi, scoppiando in una risata isterica, si girò dall'altra parte». Quando Agatha e Rosalind se ne andarono, Peg le guardò allontanarsi in macchina nel vialetto «agitando la mano in segno di saluto».[10] Peg non badò, lì per lì, al significato di quel gesto.

È venuto il momento di conoscere la versione della stessa Agatha. Durante il viaggio fino alla casa di Peg, quel pomeriggio, la Christie aveva attraversato le colline del Surrey e il bel paesaggio di Newlands Corner. «Mi trovavo in quel momento in uno stato d'animo di grande scoraggiamento». Accarezzò l'idea del suicidio: «Volevo solo che la mia vita finisse». Passando da Newlands Corner vide una cava e all'improvviso, dice, «ebbi l'impulso di buttarmici dentro con la macchina. Tuttavia, essendoci mia figlia a bordo, scartai subito l'idea».[11]

Riportò a casa Rosalind verso le sei. Carlo, che era fuori a ballare, era abbastanza preoccupata per l'umore di

Agatha da telefonare per sentire se stesse bene. Agatha non trovava il coraggio di dirle a voce alta che qualcosa non andava, ma, com'era suo tipico, le scrisse una lettera. Mangiò da sola, perché Archie non era tornato a casa. Secondo il personale domestico di Styles, fu nel corso di quella sera triste e solitaria che Agatha scoprì, per telefono o attraverso un messaggio, dov'era il marito e cosa stava facendo. «Suo marito stava passando il weekend con degli amici» le dissero.[12] Seppe da qualcuno, o lo intuì da sola, chi erano questi 'amici'.

Giunse infine a una decisione. Forse comprese che stavolta Archie non sarebbe più tornato e uscì perché non sopportava di restare un minuto di più in quella casa. C'erano tre persone a Styles, quel venerdì: la cuoca, la cameriera Lilly e il marito della cuoca. Carlo sarebbe dovuta arrivare più tardi. Dunque c'erano tre persone qualificate e, in quel momento, meno pericolose di Agatha, che potevano badare a Rosalind. Agatha sentì l'impulso di scappare.

Ma scappare dove? Avrebbe potuto decidere lungo la strada. Magari sarebbe andata davvero nello Yorkshire. O forse, come aveva pensato in precedenza, l'avrebbe fatta finita. Nell'uno o nell'altro caso, le era chiaro che «non poteva più andare avanti così».[13]

Indossava una sottana grigia di maglia di lana, una camicetta verde, un cardigan e «un cappellino di velours». Mise in valigia un'accozzaglia abbastanza irrazionale di cose, tra le quali un abito, un pullover e due paia di scarpe nere. Prese anche una pelliccia e una valigetta che conteneva documenti come la patente.[14] Aveva una cospicua somma in contanti – sessanta sterline – che aveva ritirato dalla banca dopo aver covato, in precedenza, altri pensieri di fuga. Aveva accarezzato l'idea di volare con Rosalind in Sudafrica, un posto che amava e dov'era stata felice. Alla fine prese con sé una fotografia della figlia dove aveva segnato il suo soprannome, «Teddy».

Dopo cena i domestici la videro «salire nella camera da letto della figlia, baciare la bambina e scendere in sala», dove baciò anche il cane Peter, prima di uscire e montare in macchina.[15]

Alle nove e tre quarti, si allontanò nel buio.

Non si seppe allora e non si sa nemmeno oggi dove sia andata di preciso.

Quando Carlo tornò, la sera tardi, vide che Agatha e la sua Morris erano scomparse, e che la cuoca e la cameriera erano preoccupate e confuse.

Poi scoprirono che Agatha le aveva lasciato una lettera sconvolgente. Il suo contenuto rimane ignoto, ma nei giorni seguenti filtrarono varie notizie su quanto era scritto in quel foglio. Secondo qualcuno, nella lettera Agatha avrebbe scritto: «Stasera non tornerò a casa. Telefonerò appena avrò raggiunto il posto dove sono diretta».[16] Dal punto di vista pratico, pregava Carlo di disdire l'impegno preso per trascorrere il weekend in un albergo della città di Beverley, nello Yorkshire. Le frasi più inquietanti, però, erano quelle che denunciavano il bisogno di «fuggire di qui» e di «lasciare la casa», perché quanto stava succedendo «non era giusto».[17] Secondo un'altra voce, Agatha avrebbe anche scritto: «Mi scoppia la testa».[18]

La lettera alla segretaria sarebbe stata di importanza cruciale per il caso della scrittrice scomparsa. Sarebbe stata letta, a quel punto, in due modi diversi: Carlo riteneva che dal testo si capisse che Agatha soffriva, ma sarebbe ritornata a casa appena fosse stata meglio; Archie era preoccupato soprattutto che la moglie lo accusasse di essere un marito infedele. A queste letture se ne sarebbe aggiunta, a tempo debito, un'altra: quella del sovrintendente della polizia Kenward, che dal tono della missiva ritenne lecito arguire che la Christie fosse morta o perché suicidatasi o perché uccisa dal marito. Quanto successe in seguito dipese dalle diverse interpretazioni delle sue parole.

Quella sera, Carlo non poté fare altro. La mattina dopo, di Agatha non c'era ancora traccia. Come richiesto dalla lettera, la segretaria mandò un telegramma al Beverley Hotel, cancellando la prenotazione a nome Christie.[19] Pare che a Rosalind sia stato detto, come si faceva spesso, che la mamma si era assentata per scrivere un libro.

Poi, però, a Carlo fu tolto il controllo della situazione. Il telefono di Styles squillò. Era la polizia. La Morris di Agatha, vuota e danneggiata in un apparente incidente, era stata rinvenuta a Albury Down, una ripida collina poco sotto Newlands Corner, sulla strada che attraversava le colline del Surrey.

Nella macchina abbandonata c'erano vari indizi: la patente di Agatha, che aveva permesso alla polizia di rintracciare il suo indirizzo, la pelliccia, la valigia e anche la borsa portadocumenti.

Sembra proprio la scena di una detective story. E una delle ipotesi che la polizia e i giornalisti fecero a quel punto, ovvero che si fosse verificato un crimine, era perfettamente plausibile. Dopotutto, Agatha era una giallista. La vita si stava confondendo con l'arte.

Alla polizia, Carlo disse di ritenere che la Christie fosse andata ad Ashfield, dove si rifugiava sempre quando aveva un problema. Ma la polizia di Torquay, mandata a controllare la casa, non trovò alcun indizio: «Ci sono foglie sulla porta, tutte le finestre sono chiuse e non si rinvengono tracce di orme né nel vialetto né nei viottoli del giardino».[20]

Era l'unico posto in cui Agatha si sarebbe potuta rifugiare. Se non era ad Ashfield, dove poteva essere?

È ora di rivelare che cosa successe, in realtà, sul pendio erboso a poca distanza da Newlands Corner. In seguito, Agatha si sentì costretta a dare la sua versione della storia, ma ciò che disse sembrava purtroppo ricalcare in pieno una delle trame dei suoi romanzi, in cui l'«amnesia» si sarebbe presentata molte volte.

Sappiamo, però, che negli scritti autobiografici ha sempre avuto questa impostazione romanzesca. Ciò non significa che stesse mentendo.

«Ho guidato senza meta tutta la notte» spiega.

> Avevo in testa la vaga idea di farla finita. Ho guidato in maniera meccanica lungo strade che conoscevo... Credo poi di essere uscita a Maidenhead, dove sono andata al fiume. Ho pensato di buttarmici, ma poi mi sono detta che so nuotare troppo bene per affogare. Allora sono tornata in auto verso Londra e infine mi sono diretta a Sunningdale. Da lì ho raggiunto Newlands Corner.[21]

Per tutta la durata di quello stressante 1926, Agatha aveva preso l'abitudine di vagare in macchina senza meta quando aveva bisogno di calmarsi. Nei giorni immediatamente successivi alla morte di Clara, per esempio, era capitato che Peter, il cane, venisse investito da una macchina. Agatha, «impazzita di dolore», non sapeva nemmeno «che strada avesse fatto per tornare a casa... aveva guidato per miglia e miglia in preda a una grande agitazione, senza nemmeno rendersi conto di dove stesse andando».[22]

Dovunque sia andata quel venerdì notte, finì sulla strada per Dorking che aveva preso in precedenza per andare a trovare sua suocera.

Era al volante di una piccola vettura che era assai comune, dato che la metà di tutte le auto che percorrevano le strade inglesi erano Morris. Ma le macchine degli anni Venti non erano molto affidabili. Se provi a guidarne una oggi, ti rendi conto di quanto fossero rumorose e procedessero a scatti, e le varie manopole e leve richiedevano un'incredibile forza fisica.

Nel buio che precedeva di poco l'alba, da qualche parte vicino a Newlands Corner, la macchina si fermò e lei non riuscì a farla ripartire. In effetti, ammise la Christie, «non avrebbe mai saputo avviare il motore con la manovella se si fosse fermato».[23]

Una cosa pare certa: era rimasta in macchina tutta la notte. In seguito, un testimone disse di avere aiutato una donna a riavviare un'auto in panne vicino a Newlands Corner, alle sei e venti di sabato mattina. Ernest Cross, un contadino, disse al *Daily Mail* di essersi imbattuto in una donna «estremamente agitata... che gemeva e si portava le mani alla testa e batteva i denti per il freddo». Le aveva chiesto se poteva aiutarla, e lei aveva risposto: «Oh, sì, la prego, sia così gentile da rimetterla in moto». A lui era parso strano che fosse fuori a quell'ora, per giunta vestita in maniera inadatta al freddo. Ma era riuscito a far ripartire la macchina e aveva guardato la donna allontanarsi al volante.

Altri quotidiani, però, raccontarono una storia diversa.

Una testata locale, il *Surrey Advertiser*, insinuò che Cross fosse una pigra invenzione dei quotidiani nazionali, perché i suoi inviati non erano riusciti a rintracciarlo. I giornali locali erano invece convinti che l'uomo che aveva trovato la donna e la sua macchina sul sentiero fosse in realtà Edward McAllister, un operaio delle vicine cave di ghiaia. «Sarebbe così gentile da rimettermi in moto la macchina?» gli avrebbe chiesto lei nella versione di McAllister, e lui sarebbe riuscito a riaccendere il motore. Anche McAllister disse che la donna aveva un modo di fare «un po' strano», che lui aveva attribuito «alla preoccupazione per l'auto in panne». Secondo l'*Advertiser*, «la polizia aveva creduto alla sua storia, secondo cui la donna che McAllister aveva aiutato sarebbe stata la signora Christie».[24]

Forse la macchina rimase in panne due volte. Chiunque l'abbia fatta ripartire, Agatha non si spinse molto in là. Poco dopo le sei di sabato 4 dicembre 1926, fece un tentativo poco convinto di uccidersi.

Era ancora buio. Una cartina degli anni Venti mostra la strada che scende da Newlands Corner, oggi la veloce A25, allora una via assai più stretta e pericolosa, perché scendeva ripidamente. Alla sua destra correva il cosiddetto Water Lane, uno scivoloso viottolo di pietre che arrivava al villaggio di Albury, e poco più giù, a una curva della strada, c'era un vecchio sito di estrazione del gesso, la cava che Agatha aveva visto in precedenza.

La scrittrice era stanca e profondamente angosciata. Pur avendo freddo, non aveva pensato di indossare la pelliccia. Alla fine cercò di attuare un piano confuso che stava meditando da ventiquattr'ore.

> Quando raggiunsi un punto della strada che pensavo fosse vicino alla cava vista nel pomeriggio, uscii di stra-

da, dirigendo l'auto verso di essa. Staccai le mani dal volante e lasciai che la macchina precipitasse. Fui sbalzata contro il volante e sbattei con la testa contro qualcosa.[25]

Quando Agatha diresse la macchina verso il pendio su cui si apriva l'ingresso della cava, la vettura rotolò giù e fu trovata, in seguito, conficcata in una siepe, con le ruote anteriori «oltre il bordo della cava di gesso». Se non fosse stato per la siepe, «la macchina sarebbe precipitata nel vuoto, fracassandosi».[26]

Quando seppe che cos'era successo, Peg pensò che sua nuora avesse «deciso di farla finita».[27] Ma non era un piano ben architettato e ben organizzato. Non è decisa a farla finita nemmeno la protagonista del romanzo autobiografico *Ritratto incompiuto*, che vaga di notte sotto la pioggia:

*Doveva* ricordare il suo nome...
Incespicò, vicino a un fossato.
Il fossato era pieno d'acqua.
Si poteva morire annegati, nell'acqua.
Annegarsi era senz'altro meglio che impiccarsi. Se ti sdraiavi nell'acqua...
Oh, com'era fredda! No, non poteva, non poteva...[28]

A quanto pare, sia la Celia del romanzo sia l'Agatha della vita vera si resero conto, anche se in maniera traumatica, che qualunque cosa fosse successa, valeva la pena vivere.

A quel punto, però, c'era un altro problema. Come poteva, Agatha, sopportare la vergogna di aver tentato, anche se per un breve istante, di uccidersi? Sì, il suicidio era un peccato, come aveva potentemente espresso Midge, la protagonista di *The Hollow* (*Poirot e la salma*): «Ecco che cos'era la disperazione: una cosa fredda, infinitamente fredda e vuota. Midge non lo aveva mai capito prima. Aveva pensato che la disperazione fosse passione e violenza. Ma non era così. La disperazione era buio, gelo, solitudine: qualcosa che esclude dal calore dei contatti umani».[29]

Una persona molto vicina ad Agatha dice che quella notte la scrittrice si abbandonò «alla più nera disperazione» e questo fu, per lei, motivo di bruciante senso di colpa.[30] Il suicidio era sbagliato dal punto di vista legale – nel 1926 era un reato – ed era sbagliato dal punto di vista morale, perché la disperazione era un peccato. D'altra parte, Agatha non poteva nemmeno continuare a vivere come aveva fatto fino ad allora. Era ora di diventare una persona nuova.

Nell'autobiografia fa capire che a trattenerla dall'orlo del precipizio fu il ricordo di una voce femminile. La voce di un'insegnante che una volta le aveva detto che l'essenza del cristianesimo era sconfiggere la disperazione. «Quelle poche parole mi erano rimaste dentro [...] e mi sarebbero tornate in mente per darmi speranza in un momento in cui ero in preda alla disperazione».

Così Agatha, confusa e angosciata, ma viva, vide una possibilità di salvarsi. Scese dalla macchina. Ferita alla testa e al petto dall'urto, camminò per la campagna in pieno inverno come in sogno. Doveva rinascere, si disse. «Fino a quel momento ero stata la signora Christie» spiega.[31] Ormai, invece, non lo era più. Si era scrollata di dosso il passato come la pelle di un serpente al momento della muta. Solo rinnovandosi sarebbe potuta sopravvivere.

Abbandonò la macchina. I fanali erano ancora accesi, la cloche era in folle, la patente, la pelliccia e gli effetti personali erano sul sedile. Ma lei si allontanò senza portarsi dietro niente della vecchia vita.

Fu, quella, l'azione che lasciò tutti i familiari, gli amici e anche la polizia assolutamente sconcertati.

Alle sette di mattina di sabato 4 dicembre, era ancora buio sulle colline del Surrey. Un mandriano che stava andando al lavoro vide qualcosa di strano: «Gli abbaglianti di una macchina finita contro un cespuglio». Proseguì in gran fretta, senza indagare ulteriormente. Alle otto anche un ragazzo di quindici anni di nome Jack Best, con ghette ai piedi e berretto in testa, vide la macchina abbandonata e andò a denunciare il fatto alla polizia di Guildford.[32]

Quando arrivò, la polizia trovò la macchina in una posizione da cui si capiva che «era accaduto qualcosa di insolito».[33] L'uomo che gestiva il chiosco del tè per i turisti, a Newlands Corner, aiutò a estrarre il veicolo dal cespuglio e a riportarlo sulla carreggiata.[34]

Al commissariato di Guilford, il sovrintendente William Kenward, della polizia del Surrey, scattò in azione. «Avviai immediatamente delle indagini» dice nel verbale ufficiale, «e scoprii che, verso le dieci della sera precedente, la signora aveva lasciato la sua casa di Sunningdale ed era salita in macchina in circostanze abbastanza inusuali».[35]

Kenwood, un omone corpulento con il viso pieno e due baffi sottili, era un funzionario di polizia gioviale e pieno di buona volontà. Aveva il cuore tenero e compassionevole, come dimostrava il fatto che comprava il granturco da dare ai piccioni al commissariato di Guilford, e che aveva istituito un fondo per le vedove e i loro bambini.[36] Aveva, però, una controproducente propensione al dramma e, per carattere, una certa inclinazione al machismo. Era stato, per esempio, esaltato dai colleghi per avere affrontato «un pazzo armato» fingendo di essere un dottore e togliendogli di mano il revolver.[37] Dopo il ritrovamento della macchina, ipotizzò che fosse avvenuto un «fattaccio» e ritenne suo dovere, «dal punto di vista umano, cercare la signora Christie, che forse stava vagando per la campagna con la mente sconvolta a causa dell'esaurimento nervoso».[38] Da un lato, complimenti a Kenward. Dall'altro, l'ostinata convinzione che la vicenda avesse avuto un esito drammatico lo avrebbe indotto a trascurare indizi essenziali.

Kenward presto scoprì che gli amici di Agatha erano abbastanza orientati verso la sua ipotesi che fosse successo qualcosa di terribile. «La mia opinione è che Agatha si sia messa a vagare nella notte... per un attacco di depressione» disse sua suocera Peg.[39]

È incredibile che le persone che sembravano più preoccupate per la scomparsa di Agatha non fossero i suoi parenti di sangue. La suocera Peg, l'amica Joyce da Silva e la segretaria Carlo erano quelle che apparivano più in pensiero. Agatha aveva in qualche modo messo insieme una sua seconda famiglia, una famiglia legata da affinità elettive anziché dal sangue. Era un'importante capacità di creare legami affettivi che aveva sviluppato fin dall'epoca delle Donne Strane dell'ospedale di Torquay.

La polizia deve aver pensato che le prove più importanti le potesse fornire il marito della signora Christie, ma lui, quel sabato mattina, a casa non c'era. Dove si trovava?

Dovettero far tornare Archie dalla misteriosa località in cui aveva programmato di passare il weekend. Si trattava dello Hurtmore Cottage, a Godalming. Non era lontano da Newlands Corner, un fatto che avrebbe indotto la polizia a ipotizzare potesse essere proprio quella la meta di Agatha, quando aveva vagato in macchina nel cuore della notte.

Archie era andato allo Hurtmore Cottage per stare con una coppia di amici, Sam e Madge James. Erano qualcosa di più di vecchi amici: Madge James era anche l'amica del cuore di Nancy Neele (avevano fatto la stessa scuola di dattilografia) e il quarto membro del quartetto era proprio Nancy. Era una notizia esplosiva. Se fosse venuta fuori, avrebbe conferito una connotazione completamente nuova alla scomparsa di Agatha. Dal canto suo, Archie non voleva che la polizia sapesse che era un adultero.

A quel punto, però, entrava in gioco la geografia. Styles si trovava nel Berkshire, il che significava che il compito di interrogare i suoi abitanti sarebbe toccato alla polizia del Berkshire, al comando del sovrintendente Charles Goddard. Kenward, che era responsabile di Newlands Corner come scena del potenziale crimine, apparteneva invece alla polizia del Surrey. Le comunicazioni tra i due comandi erano scarse; e, chiaramente, tutte le persone coinvolte nella vicenda nutrivano grande rispetto per Archie. Se fosse risultato essere un omicidio, lui sarebbe stato, ovviamente, il primo sospetto. Tuttavia era un gentiluomo e un eroe di guerra. La polizia sapeva di dover procedere con i piedi di piombo.

Dato il rispetto che ad Archie era riservato a livello sociale, la notizia della sua relazione con Nancy fu tenuta segreta per qualche tempo. Ma in seguito, il cronista di nera Ritchie Calder avrebbe affermato che i domestici dei signori James avevano confidato che con il party del venerdì sera allo Hurtmore Cottage si era inteso festeggiare «il fidanzamento del colonnello Christie con la signorina Neele».[40]

Secondo alcune versioni, venerdì sera Carlo avrebbe telefonato allo Hurtmore Cottage per dire ad Archie che sua moglie era scomparsa, mentre secondo altre l'avrebbe fatto il sabato mattina. In ogni caso, data la situazione il marito doveva assolutamente tornare a casa. A Styles, sulla consolle dell'atrio, trovò una lettera di Agatha in busta sigillata.[41] La lesse e poi, provocando in seguito una ridda di ipotesi, la bruciò nel camino.

Probabilmente non lo avrebbe fatto se avesse capito l'importanza che avrebbe avuto quella lettera come prova dello stato d'animo di sua moglie. Né si rese conto che il suo adulterio sarebbe diventato presto di pubblico dominio.

# 20
# Lo Harrogate Hydropathic Hotel

New York, 2008. Hannah Upp, una giovane insegnante, sparì all'improvviso dalla vita della sua famiglia e dei suoi amici.

Sapevano che non era morta, perché un giorno fu vista curiosare tra i banchi di un Apple Store. Se ne andò dal negozio prima che qualcuno le potesse rivolgere la parola. Fu infine identificata dopo essere stata ripescata in mare non lontano dalla Statua della Libertà. Era viva e in discrete condizioni di salute, ma non aveva alcun ricordo delle precedenti tre settimane.

Le sue prime parole furono: «Come mai sono bagnata?»

Molti, però, fecero fatica a credere che non fosse stata una messa in scena. Quando la donna ritrovò la memoria, provò una terribile vergogna per gli articoli e i servizi dei media sulla sua disavventura. I giornalisti avevano scritto che probabilmente aveva simulato l'amnesia. Dissero che aveva fatto sprecare alla polizia un sacco di risorse, che aveva fatto preoccupare la gente senza motivo e che si era presa gioco dell'affetto della sua famiglia.

Gli psichiatri, invece, ritenevano che fosse vittima di un disturbo chiamato 'fuga dissociativa'. Uno psichiatra disse al *New Yorker* che la fuga dissociativa era stata poco studiata perché «fa molta paura. Il pensiero di perdere il senso del sé ci terrorizza».[1] Nella fuga dissociativa, una condizione psichica causata da un trauma o dallo stress, ci si dimentica letteralmente la propria identità. A volte la memoria ritorna, altre no.

Per molto tempo le persone che hanno indagato sulla scomparsa di Agatha hanno formulato due distinte ipotesi. La prima è che, nei giorni successivi all'incidente automobilistico, la scrittrice abbia sofferto di fuga dissociativa, come Hannah Upp. L'altra è che abbia simulato tutto.

Mentre oggi gli psichiatri sono perlopiù d'accordo sulla definizione di fuga dissociativa, il linguaggio disponibile negli anni Venti per definire la sanità mentale era assai impreciso, e questo non aiutava. Le espressioni «esaurimento nervoso» e «amnesia» (quest'ultima forse più vicina a quella che oggi è chiamata fuga dissociativa) erano state coniate dopo tutte le indagini compiute per assistere i soldati traumatizzati dalla Grande Guerra.

Ma si trattava di una terminologia rozza. E in effetti, né l'«amnesia» né la «fuga dissociativa» sono in grado di descrivere tutta la gamma di sintomi che Agatha denunciò: forte astenia, dolori muscolari, insonnia, senso di impotenza, tendenza a evitare le interazioni con altre persone, difficoltà a concentrarsi, perdita di appetito e pensieri suicidari. È probabile si trattasse di depressione, a cui si aggiunse probabilmente una tendenza alla fuga dissociativa.

Nel caso di Agatha, quindi, definire l'episodio una semplice «amnesia» non corrisponde alla realtà, ovvero alla reale condizione in cui lei si trovava. Una sola cosa si può dire con certezza: sabato 4 dicembre 1926, e per alcuni dei giorni seguenti, Agatha ebbe inquietanti sintomi di malattia mentale, provocati dal trauma della morte della madre e della fine del suo matrimonio. Insomma, la sua condizione era qualcosa di *più* della mera «amnesia». Era una cosa ancora più sconcertante e sconvolgente, come vedere all'improvviso messi in crisi il proprio tipo di vita e il proprio senso del sé.

I medici non hanno studiato molto l'amnesia, un po' perché è rara e un po' perché è difficile da trattare. Negli anni Settanta, però, il fenomeno diventò d'attualità perché crebbero le persone che lamentavano di avere represso il ricordo di abusi sessuali subiti nell'infanzia. Quando alcuni di questi casi furono analizzati e cominciarono ad accumularsi, l'amnesia fu presa maggiormente sul serio.[2]

Questo naturalmente succedeva quando alle vittime si credeva. La perdita della memoria è sempre stata accompagnata dal dubbio, il dubbio dell'amnesico su quanto realmente accaduto e il dubbio del mondo circostante che si interroga sulla veridicità del racconto.

Come nel caso di Hannah Upp, le affermazioni di Agatha sulla sua famosa scomparsa sono state messe in discussione e alla sua storia molti, fin dall'inizio, non credettero. Il motivo dello scetticismo era dovuto in larga parte al suo essere donna. Se oggi è ancora frequente che il racconto di una donna venga messo in dubbio, negli anni Venti era molto peggio. Agatha aveva almeno il grande vantaggio della classe sociale: alcuni le avrebbero creduto per il semplice fatto che apparteneva a un ceto alto. Ma aveva anche un doppio svantaggio: il fatto di essere una donna che lavorava e la natura della professione, entrambe cose che compromettevano la sua credibilità.

Inoltre, come vedremo, la faccenda fu notevolmente aggravata dalla sua fama. Dopo la clamorosa scomparsa, la Christie fu spietatamente processata dai media, che arrivarono a una conclusione assai diversa dalla mia a proposito del motivo per cui aveva abbandonato la sua casa: era una persona gelosa, manipolatrice e avida di attenzioni, che aveva cercato di incastrare il marito addossandogli la responsabilità del suo omicidio.

La più grande ingiustizia che Agatha Christie si trovò a subire non era che suo marito l'avesse tradita mentre lei era in lutto per la madre, e non era nemmeno la sofferenza emotiva. La grande ingiustizia fu che i quotidiani nazionali la misero alla gogna per la sua malattia, accusandola pubblicamente di aver simulato tutto e inducendo il pubblico a sospettare che fosse in malafede e mentisse.

Sfortunatamente, molti suoi biografi, in particolare quelli di sesso maschile, hanno aderito a questa interpretazione con la stessa forza con cui vi hanno aderito i poliziotti e i giornalisti che all'epoca parlarono tanto dell'avvenimento. «Come dicono chiaramente i fatti, ha architettato tutto in maniera da far sospettare di uxoricidio il marito» dice uno di quei giornalisti.[3]

E così l'ingiustizia è stata perpetuata.

È ora di prendere posizione, ascoltando quello che dice Agatha, capire che ebbe una serie di disturbi definiti troppo genericamente «amnesia» e, particolare forse più importante di tutti, crederle quando dice che soffre.

Agatha ci dice che la mattina di sabato 4 dicembre, mentre la polizia si dava da fare intorno alla sua auto abbandonata, lei, per usare il linguaggio un po' troppo generico dell'epoca, «perse la memoria».

Con l'aiuto di uno psicoterapeuta, in seguito sarebbe riuscita a ricostruire i propri movimenti. «Ricordo di essere arrivata a una grande stazione ferroviaria e di essermi stupita di apprendere che era quella di Waterloo» avrebbe ricordato in seguito.[4]

Molte altre persone erano ansiose di capire dove fosse stata. Secondo alcuni giornalisti investigativi del *Daily Mail* che seguirono le sue tracce, era molto più probabile fosse arrivata alla stazione di Clandon, a poco meno di cinque chilometri da Newlands Corner. Aveva con sé solo la borsetta, sessanta sterline in contanti e la fotografia di Rosalind. Da Clandon c'erano treni che partivano per Waterloo alle 6:42, 7:22, 7:52, 8:22 e 8:56, ed è probabile sia stato con quel mezzo che Agatha arrivò a Londra.[5]

Quando finalmente parlò dell'esperienza vissuta, la Christie ricorse al linguaggio che conosceva meglio: quello dei suoi romanzi, in cui l'«amnesia» è spesso un punto focale della trama. Ciò significa che quando parla non può non farci tornare in mente Tuppence Beresford mentre indaga. Questo conferisce un senso di irrealtà alla storia quando descrive il suo arrivo a Waterloo. «È strano» dice, «che le autorità ferroviarie del posto non mi ricordino, dato che ero coperta di fango e avevo in viso macchie di sangue causate da un taglio alla mano».[6]

Benché fino a poche ore prima avesse avuto impulsi suicidari, a quel punto si dissociò dalla depressione. Quei pensieri erano appartenuti a qualcun altro. Ora doveva ripulirsi. Probabilmente prese un taxi per un grande magazzino, secondo alcuni Harrods, secondo altri Whiteleys. Per una donna come lei, che aveva in borsetta sessanta sterline (più di duemila sterline di oggi), un grande magazzino era un posto caldo e accogliente. Pare abbia comprato una borsa dell'acqua calda. Secondo alcuni avrebbe perso un anello, mentre secondo altri ne avrebbe lasciato uno da far sistemare,[7] e avrebbe poi provveduto in un secondo tempo a recuperarlo.

A Londra fece anche un'altra cosa: imbucò una lettera indirizzata al fratello di Archie, Campbell Christie. Era sempre stata affezionata a Campbell, il quale l'aveva spesso aiutata nel suo lavoro. La lettera risulta imbucata nel distretto SW1 di Londra, in cui c'è anche Harrods, e fu mandata all'ufficio smistamento, per essere timbrata, alle 09:45 di quella mattina.[8]

Come poteva, una donna che aveva perso la memoria, scrivere una lettera? Questo farebbe a pugni con la versione della cosiddetta amnesia. Ma Agatha era in realtà in uno stato di fuga dissociativa e agiva in maniera irrazionale. La sera prima, quando aveva scritto a Carlo e Archie, è possibile che abbia scritto anche una lettera per Campbell completa di indirizzo e francobollo e che l'abbia infilata nella borsa per portarla alla posta. Nella lettera spiegava a Campbell che sarebbe stata via da casa per un po' e avrebbe soggiornato in una stazione termale dello Yorkshire. Era il piano di riserva. Se non si fosse suicidata, avrebbe ovviamente voluto far sapere alla famiglia dov'era. Se si era ritrovata quella lettera nella borsetta, le sarebbe parso naturale imbucarla.

Mentre si lavava nella toilette del grande magazzino, si difese da ulteriori sofferenze inventandosi una nuova identità, l'identità di una donna completamente diversa. «Ora nella mia testa ero diventata la signora Teresa Neele, e venivo dal Sudafrica» dice.[9] Da dove spuntava quella donna che aveva lo stesso cognome dell'amante di Archie e proveniva da un Paese in cui lei, Agatha, e Archie erano stati felici? Questi particolari contribuivano, insieme, a creare un personaggio che la scrittrice riteneva di poter interpretare. «Non puoi decidere il tuo destino, ma puoi fare quello che vuoi dei personaggi che crei» avrebbe detto la Christie anni dopo.[10] Così creò, per se stessa, un nuovo personaggio, interpretando il quale poteva fare tutto quello che voleva. E quello che voleva più di tutto era fuggire dalla vita insostenibile della signora Christie.

Dopo essersi ripulita e rinfrancata nel grande magazzino, Teresa Neele andò a King's Cross e comprò un biglietto per il centro termale di Harrogate. I famosi Royal Baths della città erano la perfezione assoluta in termini di terapia termale. In seguito, Agatha non avrebbe trovato niente di strano nella scelta di quella meta: «L'incidente automobilistico mi aveva provocato una nevrite e già anni prima avevo pensato di andare a Harrogate per curarmi quel disturbo».[11] Aveva contratto la nevrite alle spalle dopo avere fatto surf durante il «Grand Tour», e l'acqua calda le dava sollievo dal dolore.

L'autodiagnosi di nevrite è significativa. Negli anni Venti era ritenuta una dolorosa infiammazione dei nervi con un'origine fisica o biologica. Tuttavia vi era una condizione simile, la «nevrastenia», che considerava lo stesso tipo di dolore conseguenza di una sofferenza emotiva. Era difficile distinguere tra nevrite e nevrastenia, e il trattamento per l'una e l'altra era un periodo di riposo in un centro termale.[12] Vi erano, però, anche importanti distinzioni di classe tra i due termini. Era più probabile che le persone del ceto medio dichiarassero di avere la nevrite (biologica) che la nevrastenia (psichica). Il fatto che abbia scelto il primo termine significa che Agatha riconosceva la scala del problema, ma usava il codice sociale atto a tenerla lontana dai territori della follia.[13]

Comunque fosse, andare in un centro termale rappresentava una scelta razionale e le azioni di Agatha avevano una logica, ancorché *sui generis*. La scrittrice riteneva di rappresentare un pericolo per Rosalind, e che il riposo fosse essenziale. Che cos'aveva detto, Joyce? Che «il dottore le aveva raccomandato di riposarsi, e le cose si sarebbero sistemate da sole».[14]

Nella giornata d'inverno, il sole doveva essere tramontato quando il treno arrivò a Harrogate. Agatha prese il taxi per andare in un albergo scelto, pare, a caso: lo Hydropathic.[15]

Lo Hydropathic, o «Hydro», come lo chiamava la gente del posto, era un edificio di tre piani con un portico di pietra color fuliggine. Lo stabilimento, piuttosto imponente, era stato rilevato dalla Harrogate Hydropathic Company nel 1878. Oggi si chiama Swan. All'epoca aveva parcheggio per ventisei auto, due ettari di giardino e una sala da ballo. I Royal Baths erano a breve distanza, come lo erano altri eleganti alberghi come il Majestic.[16]

Senza dubbio le finestre dell'Hydro vividamente illuminate dalla luce elettrica conferivano un po' di calore alla sera di dicembre, e gli ospiti andavano e venivano. Come il grande magazzino, l'Hydro era un posto in cui Agatha si sentiva al sicuro. Le era sempre piaciuto l'anonimato degli alberghi, dove aveva spesso soggiornato, da sola, per scrivere.

Si presentò in hotel senza valigia, ma spiegò che era appena arrivata dal Sudafrica e aveva lasciato il bagaglio da alcuni amici. Diede il nome di Teresa Neele, di Cape Town, e firmò il registro con la sua solita calligrafia.[17]

Il cognome, naturalmente, fa capire che in qualche modo voleva identificarsi con Nancy Neele. E il nome? Era stato forse scelto in onore di Santa Teresa d'Avila, la santa letterata che Agatha ammirava? O era un perverso anagramma di *teaser* ossia 'adescatrice' che solo i più accaniti segugi avrebbero potuto riconoscere?[18] Non lo sappiamo. Ma Agatha, che aveva la passione dei cruciverba, aveva un cervello capace di escogitare soluzioni fantasiose.

W. Taylor, il direttore dell'albergo, affermò in seguito che alla sua nuova ospite era stata assegnata una «bella stanza del primo piano, dotata di acqua corrente calda e fredda». La signora Neele non batté ciglio davanti al prezzo di sette ghinee la settimana («non aveva mai dato l'impressione di essere a corto di denaro»).[19] Quelle sessanta sterline le stavano tornando utili.

Provvedeva a servire la camera di Agatha una giovane e bella cameriera dai capelli alla maschietta di nome Rosie Asher. Rosie osservò con particolare attenzione la nuova ospite e notò che la signora Neele non aveva praticamente niente con sé: solo «un pettine, una borsa dell'acqua calda nuova di zecca e la foto di un bambino, sopra cui era scritto 'Teddy'».[20]

In seguito, la stessa Agatha avrebbe ricordato di essersi chiesta perché avesse dei lividi. Ma la signora Neele era ansiosa di dare alla sua vita un ordine preciso. Così scese a cena in sala e prese perfino parte alle danze serali. Conversando con gli altri ospiti, fece capire che nella sua vita si era verificata una tragedia. Disse che «la sua bambina era morta e lei era venuta a Harrogate per riprendersi dallo shock». Gli ospiti, che erano chiamati anche «pazienti», accolsero all'interno del loro gruppo quella signora sola. «Ho ballato con la signora Christie, la sera in cui arrivò» avrebbe detto in seguito uno di loro. «Balla il charleston, ma mica tanto bene».[21]

Agatha ballò, male, con la gonna con cui aveva passato la notte. Era chiaro che avrebbe dovuto adottare l'abbigliamento giusto per il suo nuovo personaggio. Appena si fu riposata, all'apertura dei negozi andò a comprare dei vestiti.[22] Quella era una cosa che non era cambiata.

Come l'Agatha Christie figlia di Frederick Miller, la signora Teresa Neele, la cui vita era iniziata in un grande magazzino, amava fare compere.

Nel frattempo, nel Surrey, Kenward passò il weekend a setacciare la campagna vicino alla macchina di Agatha, coadiuvato da altri sette o otto poliziotti e da alcuni civili offertisi volontari.[23] Fu una ricerca infruttuosa, ed egli pensò di dovere ampliare le indagini.

La polizia diramò un comunicato in cui denunciava la scomparsa di una persona, e la stampa lo intercettò immediatamente. I quotidiani del lunedì mattina riportavano tutti i dettagli. Mancava dalla sua casa di Sunningdale la signora «Agatha Mary Clarissa Christie, moglie del colonnello Christie, di 35 anni [in realtà ne aveva trentasei], altezza un metro e settanta, capelli ramati tagliati corti, occhi grigi, carnagione chiara, corporatura robusta».[24]

Nella descrizione si diceva anche che la donna non portava la fede, lasciata a casa. Chi sapeva della crisi coniugale considerò quel particolare un segno inquietante del turbamento mentale della scrittrice. Altri, invece, lo presero per un simbolo – altrettanto inquietante – della sua modernità.[25]

La stampa, a quel punto, dipinse Archie come un eroe tragico. «Qui a Sunningdale» scrisse il *Daily Mail*, «tutti parlano del mistero della scomparsa della signora Christie… L'ansia per la sorte di questa donna brillante è pari solo alla solidarietà che proviamo per la commovente figura del colonnello Christie».[26]

Ma Kenward cominciava a nutrire dei sospetti sul colonnello. Avendo letto la lettera di Agatha a Carlo, era convinto vi fosse il rischio che la scrittrice si fosse suicidata o che, anche se non osò mai dirlo a voce alta, fosse stata assassinata. Sentiva la necessità non solo di trovarla, ma anche di assicurarsi che non fosse stata vittima di una «azione criminale». In un'intervista esclusiva al *Surrey Advertiser*, fece cupi accenni al fatto che quella ipotesi gli era stata «suggerita molto apertamente da persone a lei vicine, compresi alcuni dei suoi stessi parenti».[27] Vale la pena dire che invece Carlo, la quale aveva letto la stessa lettera consegnata al sovrintendente, «non credeva» che Agatha fosse morta.[28]

Intanto anche il sovrintendente Goddard del Berkshire, le cui forze di polizia avevano provveduto a interrogare la servitù della Christie, era convinto che la scrittrice fosse viva. Ed era anche meno interessato di Kenward a parlare con i giornalisti. Il cronista di nera Ritchie Calder seguì la ricerca della donna scomparsa. Socialista senza nessuna simpatia per la *crème* cui appartenevano i Christie, non era un testimone obiettivo, ma, ricordando in seguito gli eventi, disse di avere avuto la netta sensazione che i due distinti comandi di polizia non avrebbero mai potuto convergere su niente. «La polizia del Berkshire e la polizia del Surrey non si rivolgevano praticamente la parola» disse.[29]

Stava diventando sempre più frustrante il fatto che Archie avesse distrutto la lettera lasciatagli da Agatha e che fosse stranamente abbottonato sul suo contenuto. Glissava, dicendo che il messaggio «riguardava questioni squisitamente personali» e non poteva quindi parlarne.[30] Da un lato si cautelava, dall'altro cercava di proteggere Nancy, il cui buon nome sarebbe stato macchiato se fosse stata trascinata nello scandalo.

Kenward, nel Surrey, proseguì nella sua missione di trovare un cadavere. Decise di dragare uno stagno vicino a Newlands Corner, che aveva il nome sfortunatamente melodrammatico di «Silent Pool», 'pozza silenziosa'. L'idea del dragaggio fece venire l'acquolina in bocca ai giornalisti. Quello del *Daily Sketch* non riuscì a dissimulare la propria eccitazione: «La tradizione vuole che questo laghetto eserciti un irresistibile fascino su tutti coloro che vi si avvicinano. Proprio com'è accaduto con la signora Christie».[31]

La stampa era eccitata all'inverosimile. Il *Daily Mail* inviò sul posto un poliziotto in pensione perché fornisse un suo giudizio da esperto. Anche se, sfortunatamente, l'improvvisato cronista si dimostrò poco brillante nelle procedure di polizia, colpì nel segno quando scrisse: «La signora Christie, scientemente o involontariamente, nella vita reale si sta rivelando la protagonista di un mistero che supera tutti i suoi più ingegnosi romanzi».[32]

Nel frattempo, a Harrogate, Agatha stava conducendo la sua vita nel limbo. Rosie Asher, la cameriera addetta alla pulizia delle stanze, notò che la domenica, mentre Kenward setacciava i colli, Agatha «dormì fino alle dieci, fece colazione a letto e poi uscì».[33]

Lunedì mattina, Rosie notò che Agatha si era «fatta portare il quotidiano di Londra assieme alla colazione a letto». Era difficile ignorare la storia della scomparsa di Agatha Christie, che ormai era diventata una notizia internazionale,[34] ma Agatha continuò lo stesso a far finta di niente. Cominciò a procurarsi un nuovo guardaroba. Più tardi, quello stesso lunedì, dopo un giro per negozi, le furono recapitati dei pacchi in camera: «Un cappello, un cappotto, un paio di scarpe da sera, libri, giornali, matite, frutta e alcuni accessori da toletta».

La gente, in albergo, notò che la signorina Neele aveva

spesso in mano un libro. Era stata alla libreria WHSmith di Parliament Street, dove Miss Cowie, la libraia, aveva capito dalla sua scelta «che aveva una predilezione per i romanzi sensazionalistici e i gialli».[35]

Quella sera, Agatha scese a cena con un abito da sera adeguato all'occasione e un «costoso foulard».[36] Il personale dell'albergo avrebbe riferito che in salotto e in sala da ballo «si era fatta molti amici». Giocò a biliardo e cantò per il piacere degli altri ospiti».[37] La signorina Corbett, direttrice degli eventi dell'Hydro, si accorse che la signora Neele aveva ancora l'etichetta con il prezzo – settantacinque scellini – attaccata al nuovo foulard. «È questo che vale?» chiese uno degli ospiti. «No, valgo molto di più» fu la risposta di Agatha.[38]

Il giorno dopo, arrivò un altro pacchetto. Agatha aveva chiesto che l'anello acquistato al grande magazzino di Londra le fosse recapitato all'Hydro. Secondo alcuni resoconti, si trattava di un anello di brillanti. Martedì 7 dicembre, il gioiello giunse debitamente in albergo.[39] Infilarselo al dito fu forse, per lei, come chiudere un'ultima falla nella sua identità di moglie nuova e migliore.

Martedì 7 dicembre, la posta in gioco aumentò, nella caccia ad Agatha Christie. Il *Daily News* offrì una ricompensa di cento sterline a chiunque avesse fornito un'informazione utile a ritrovare la scrittrice.[40]

Ma poiché non era stato ancora rinvenuto alcun cadavere, bisognava che sulla stampa facesse capolino un'altra ipotesi: forse Agatha aveva perso la memoria. L'unica spiegazione che poteva dare, disse Archie a un giornalista, era che sua moglie «fosse stata colpita da amnesia».[41] Anche Joyce da Silva era sicura che fosse «un caso di grave esaurimento nervoso, un'amnesia o qualcosa del genere».[42]

Il giorno dopo, mercoledì 8 dicembre, il *Daily Mail* adottò l'ipotesi 'amnesia' e la sviluppò. «In questi casi, è la mente inconscia ad assumere il controllo» spiegava uno dei giornalisti, «e quando questa mente inconscia è addestrata dalle facoltà creative dell'artista a inventarsi misteriose scomparse in opere letterarie, può anche architettare con grande ingegnosità scomparse vere».[43]

Parecchi uomini della generazione di Archie, già soldati nella Grande Guerra, ritenevano che l'amnesia fosse una reazione plausibile a un trauma. Nel capitolo sullo shock nervoso del suo libro sulla medicina di guerra, il dottor Wilfred Harris dà una definizione dell'amnesia che descrive alla perfezione lo stato d'animo che Agatha avrebbe detto in seguito di avere avuto in quel frangente. Può capitare, spiega Harris, che il paziente «abbia una perdita totale della memoria e che tutti gli avvenimenti della sua vita precedente il trauma gli riescano estranei. Non ricorda più né il proprio nome né la propria occupazione o indirizzo».[44] Quando alla fine si seppero i particolari dell'incidente automobilistico di Agatha, si sottolineò che la scrittrice aveva battuto la testa. Lo si sottolineò perché, negli anni Venti, si pensava che l'amnesia fosse spesso provocata da una commozione cerebrale o da un colpo ricevuto in testa durante un bombardamento.[45]

All'Hydro, però, la gente cominciò a sospettare la vera identità della presunta signora Neele. Dopotutto, martedì 7 dicembre era apparsa una foto di Agatha sulla prima pagina del *Daily Express*, e la somiglianza non poteva sfuggire a nessuno.

«Quattro giorni dopo il suo arrivo qui in albergo» avrebbe detto in seguito il signor Taylor, direttore dell'albergo, «mia moglie mi disse: 'Credo che quella signora sia Agatha Christie!'».[46] Taylor replicò che era un discorso «assurdo», ma lei non era l'unica ad avere avuto quell'impressione. «Alcuni membri del personale di servizio avevano notato che c'era una straordinaria somiglianza tra la signora Neele e le foto dei giornali» spiegò la signora Taylor. «Ordinai loro di tenere la bocca chiusa».[47] Le stazioni termali di Harrogate si mantenevano grazie a un pubblico di ricconi malati o annoiati, tutte persone che si aspettavano si parlasse di loro quando gradivano la pubblicità e si tacesse quando non la gradivano.

Ma la verità era destinata, alla fine, a venire a galla. La signorina Corbett, a cui erano affidati gli eventi di intrattenimento, avrebbe ammesso in seguito: «Lo dicevamo tutti, che era Agatha Christie».[48]

Dev'essere stato ancora più difficile, per il personale alberghiero, obbedire all'ordine di tacere quando, mercoledì 8 dicembre, si lesse sul giornale che Kenward aveva organizzato una ulteriore ricerca nel Surrey.

La *Westminster Gazette* scrisse che vi avevano partecipato non meno di trecento poliziotti e agenti speciali. «Lande coperte di una fitta vegetazione erano state setacciate da uomini armati di lunghi bastoni che, a una decina di metri l'uno dall'altro... si davano una voce in mezzo alla gelida nebbia delle colline, mentre sopra di loro si udiva il rombo degli aerei in ricognizione».[49]

A quel punto, Kenward era pressoché sicuro di stare cercando un cadavere. «La polizia si dice convinta che la signora Christie sarà ritrovata non lontano dal punto in cui è stata rinvenuta la sua macchina» riferì il *Telegraph*.[50]

Con tutta probabilità, Kenward aveva letto *The Dissapearance of Mr Davenheim* (*La sparizione del signor Davenheim*), in cui l'ispettore Japp, Poirot e l'io narrante riflettono sui possibili significati di una scomparsa: «Capiterà forse che qualcuno perda la memoria, ma certamente ci sarà sempre chi lo riconoscerà» dice il narratore. «Inoltre, i corpi non si possono far sparire nel nulla, presto o tardi saltano fuori nascosti in un luogo solitario o in un baule. Il delitto viene scoperto».[51]

Sulla stampa apparvero foto di Kenward, ritto in posizione di comando, mentre dirigeva legioni di cercatori.[52] Persistendo nel suo eroico setacciamento di lande nebbiose e desolate del Surrey, egli pareva convinto che in effetti il «delitto, prima o poi, sarebbe stato scoperto».

Kenward, però, avrebbe fatto meglio a impiegare il suo tempo indagando su un nuovo indizio emerso martedì 7 dicembre, mentre lui era indaffarato a perlustrare Newlands Corner.

Alla fine si seppe che il fratello di Archie, Campbell, aveva ricevuto la terza lettera scritta da Agatha prima di sparire, da lei impostata nel centro di Londra il sabato precedente. Campbell l'aveva ricevuta e letta, ma non ci aveva badato finché non aveva saputo della scomparsa della cognata.

Quando si rese conto che la lettera poteva essere una prova importante, la cercò ma non la trovò più, anche se aveva conservato la busta. Dovette fare affidamento sulla memoria per comunicarne il contenuto. Il *Daily Mail* riferì che Campbell ricordava di avere letto che Agatha «sarebbe andata in un centro termale dello Yorkshire per stare in compagnia di amici e riprendersi».[53]

Alla luce di quel nuovo dato, si potrebbe pensare che la ricerca della polizia venne a quel punto indirizzata verso lo Yorkshire, ma Kenward reagì come fanno molti investigatori quando si trovano davanti a una tessera che non si incastra con gli altri pezzi del rompicapo che hanno in testa. Mettendo in ordine i pensieri, fece del suo meglio per escludere il contenuto della lettera. Dopotutto, quel pezzo di carta non dimostrava necessariamente che sabato 4 dicembre Agatha fosse ancora viva. Forse non aveva impostato lei la missiva e forse aveva «disposto» che qualcun altro la spedisse al posto suo.[54]

La polizia fece un frettoloso tentativo di estendere le ricerche allo Yorkshire, ma, come scrisse il *Times*, la squadra di Guildford di Kenward aveva verificato che «la signora Christie non era in quella contea».[55] Così la ricerca continuò a livello locale, giacché Kenward era convinto che la lettera inviata a Campbell Christie fosse una specie di finta escogitata da una donna abituata a mentire.

In fondo, la ricerca si stava rivelando persino divertente. Due piloti si erano offerti di esplorare il territorio e avevano sorvolato «varie volte il punto in cui era stata trovata la macchina».[56] La polizia aveva a sua disposizione tutti i ritrovati della tecnica: «La vasta rete telefonica e centinaia di automobili, cui si aggiungerà adesso l'attrezzatura da immersione».[57]

Fu un reporter del *Daily Chronicle*, ansioso di raccontare quello che prometteva di essere il servizio della settimana se non addirittura dell'anno, a condurre una ricerca accuratissima di tutti gli alberghi di Harrogate. Passò un'intera giornata a controllare, ma non ebbe fortuna e non trovò niente.

Intanto, però, il sovrintendente Goddard, della polizia del Berkshire, seguiva un altro filone di indagine. I suoi agenti avevano interrogato la cameriera di Agatha, Lilly, che aveva riferito le parole della padrona: «Vado via per il weekend, probabilmente per prima cosa a Londra».[58] Poi la lettera ricevuta da Campbell Christie, dove si menzionava lo Yorkshire, confermò saldamente Goddard nell'idea che Agatha fosse ancora viva. Il sovrintendente pensava che un'ampia campagna pubblicitaria che avesse fatto uso delle foto della persona scomparsa e fosse stata volta al ritrovamento di una persona viva fosse meglio della ricerca di un cadavere limitata alle colline del Surrey.

I due differenti metodi d'indagine si posero l'uno in concorrenza con l'altro, e questo non aiutò. «Se l'una o l'altra contea chiamasse un ispettore capo di Scotland Yard, l'intera indagine rientrerebbe sotto l'unica direzione di un uomo abituato per esperienza a risolvere i problemi più intricati» protestò il *Daily Express*.[59] In effetti, Archie aveva chiesto che fosse consultata Scotland Yard. Ma i commissariati locali, ognuno dei quali era assetato di gloria, non lo ritennero necessario.

Nella sua ricerca della persona scomparsa, Goddard chiese la collaborazione della stampa. Nell'edizione del giovedì, il *Daily Mail* incluse un'immagine «con fotomontaggio» di Agatha, approntata da un disegnatore in base alle informazioni della polizia del Surrey e di Carlo. Agatha appariva con indosso il cardigan che aveva il giorno in cui era scomparsa. La foto sul quotidiano era solo un inizio: la stessa immagine sarebbe apparsa sui manifesti segnaletici.[60]

Nello Yorkshire, intanto, anche la polizia di Harrogate cominciò a perlustrare gli alberghi, senza successo. Ma scoprì che una donna ignota, dell'età di Agatha e dai modi «molto strani», aveva visitato i Royal Baths.[61]

Erano stati i Royal Baths, costruiti nel 1897, a far diventare Harrogate «uno dei principali centri termali europei». Oltre al bagno turco e al bagno di vapore russo, lo stabilimento offriva massaggi praticati da «massaggiatori di provata esperienza».[62] Agatha dice che andò «regolarmente» ai Royal di Harrogate per curarsi la famosa nevrite causata dal surf.[63] La polizia forse non si accorse di lei, ma la rete delle indagini si stava facendo sempre più fitta. Agli agenti fu ordinato di «sorvegliare attentamente la biglietteria dello stabilimento, nel caso che la donna fosse tornata».[64]

Intanto, la Christie era ignara del fatto che la polizia la stesse cercando. Ora la vita le piaceva molto di più di pochi giorni prima. «Nel ruolo della signora Neele ero assai felice e soddisfatta» avrebbe detto in seguito.[65]

Prendendosi cura di sé, si stava trasformando in una donna nuova. A poco a poco stava diventando una giovane donna assennata, distinta ed elegante, che somigliava molto più a Nancy Neele che all'Agatha Christie di prima.

A un certo punto, Archie si sarebbe sicuramente ravveduto e sarebbe tornato da lei.

Tuttavia, la vita vera presto ritornò con forza nel campo visivo della scrittrice. Secondo Rosie Asher, giovedì 9 dicembre Agatha era «molto allegra e vivace».[66] Ma quello fu un brutto giorno, forse il peggiore di tutti, sia per Agatha sia per Archie.

Sul quotidiano, Agatha doveva aver letto della ricerca che stavano facendo della signora Christie, e almeno inconsciamente aveva cominciato a capire l'entità di ciò che aveva fatto e a prevedere la vergogna di cui si sarebbe coperta se avesse dichiarato la sua vera identità.

Decise invece di entrare sempre più nel personaggio di Teresa Neele. Più tardi, quel giovedì, mise sul *Times* un annuncio che diceva: «AMICI e PARENTI di TERESA NEELE, già residente in Sudafrica, siete pregati di METTERVI IN CONTATTO. Scrivete a Casella R.702».[67]

Sembrava una velata richiesta d'aiuto al marito. Archie

conosceva abbastanza Agatha da capire quale panico le avrebbe procurato l'attenzione della stampa. «Sono sicuro che non ritornerà finché non si sarà acquietato tutto il trambusto» disse. «Chi conosce la sua natura timida e riservata sa che tornerà quando tutto si sarà sistemato».[68]

Ma il peggio fu che, quello stesso giorno, comparve per la prima volta sui giornali la vera Nancy Neele.

Nancy aveva battuto in ritirata, cercando protezione a casa dei genitori, a Rickmansworth. Ma la *Westminster Gazette* riportò che quando il colonnello Christie aveva trascorso il weekend con i signori James, era presente anche una certa «signorina Nield [sic], una giovane donna amica di famiglia». Era un gran colpo di scena che nella storia entrasse all'improvviso una «giovane donna». L'inviato speciale del quotidiano spiegò inoltre che la polizia aveva interrogato i domestici di Styles per sapere come andava il matrimonio dei Christie. «A quanto mi è parso di capire» diceva il cronista, «non è attendibile la voce secondo cui ci sarebbe stato 'un alterco' tra i coniugi al tavolo della prima colazione», il giorno in cui Agatha era scomparsa.[69] Ma, leggendo l'articolo, si aveva proprio l'impressione opposta.

Fu una svolta terribile, per Agatha. Ora che era stato fatto il nome di Nancy, lei sarebbe risultata ufficialmente la moglie abbandonata, la tipica moglie lasciata dal marito per «una giovane amica».

Così insistette ancora di più nel suo personaggio. «Allo Harrogate» avrebbe ricordato in seguito, «leggevo ogni giorno della scomparsa della signora Christie... Ritenevo si fosse comportata stupidamente».[70] Un ospite dell'albergo ricordò di averla sentita dire: «La signora Christie è una donna molto sfuggente e non m'interessa parlare di lei».[71] Sempre secondo questo testimone,

Agatha aveva cominciato a dare segni di un misterioso disturbo mentale. «Si premeva la mano contro la fronte e diceva: 'È nella mia testa. Non riesco a ricordare'».[72]

Il fatto che sui giornali fosse comparso il nome di Nancy sconvolse anche Archie. Era ciò che più temeva, perché, oltre alla vergogna, l'adulterio avrebbe rappresentato, per lui, un ottimo movente per un uxoricidio. Se per esempio nel Silent Pool fosse stato rinvenuto un cadavere, osservò il cronista Ritchie Calder, «non ho dubbi che, per come ragiona la polizia, il colonnello Christie verrebbe arrestato».[73]

Archie ne era sicuramente convinto e lo disse a un collega d'ufficio, nella City. I due si videro in ascensore. «Era agitatissimo» testimoniò il collega, «e mi confidò che la polizia lo aveva seguito in Broad Street... 'Pensano che abbia assassinato mia moglie' disse».[74]

Quel giovedì sera, Archie fu convocato al commissariato per essere interrogato, e da quel momento in poi un agente cominciò a sorvegliarlo giorno e notte davanti alla residenza di Styles. Archie dichiarò che il poliziotto era lì «su sua richiesta, per impedire ai giornalisti di tormentarlo».[75]

Ma in realtà l'agente era stato messo a guardia di Styles per impedire ad Archie, principale sospetto, di dileguarsi.

Si arrivò così a venerdì 10 dicembre, ormai a una manciata di giorni dalla fine dell'anno. Lo Spirito del Natale fece capolino sulla prima pagina del *Daily Mail.* Era passata una settimana da quando Agatha aveva lasciato Styles. Quel venerdì mattina, in albergo, parve abbastanza «strana per qualche minuto... poi scese presto e si recò a Leeds per un po' di compere».[76]

Nel frattempo Archie, stressato e terrorizzato («la tensione dovuta all'incertezza è terribile») aveva commesso un errore madornale. La sera prima aveva rilasciato una malaugurata intervista al *Daily Mail.* Forse nella speranza di distogliere l'attenzione dalla «signorina Nield», buttò là l'ipotesi che sua moglie fosse scomparsa *di sua volontà.*

«Mia moglie» disse al cronista, «aveva già parlato della possibilità di scomparire... la possibilità di architettare una fuga le frullava in testa da qualche tempo, forse per motivi di lavoro. Personalmente, credo sia proprio quello che è successo».

Archie era passato dalla teoria dell'amnesia a quella della scomparsa volontaria. Come Carlo, non aveva mai creduto neanche per un attimo all'ipotesi del suicidio. E adesso si difendeva dall'accusa di essere stato un cattivo marito:

> È assolutamente falsa l'ipotesi che ci sia stato qualcosa di simile a un litigio o un battibecco tra me e mia moglie venerdì mattina... È davvero deprecabile che si facciano pettegolezzi su questa faccenda... Mia moglie non ha mai trovato niente da ridire su nessuno dei miei amici.

I lettori avranno sicuramente pensato che le sue proteste erano davvero troppo veementi.

Poi si diffuse a parlare di come Agatha avrebbe potuto attuare il suo piano. «Con tutta probabilità, ha messo segretamente da parte una somma considerevole» disse, facendola passare per una donna gretta e truffaldina. «È sempre stata molto abile... nell'ottenere tutto quello che voleva».[77]

La lunga intervista fu riassunta, in modo molto negativo per Agatha, sull'Atlantic Edition del *Mail.* «Oggi il colonnello Christie mi ha detto che sua moglie, autrice di romanzi polizieschi, aveva parlato con lui della possibilità di architettare una fuga» diceva il testo.[78] E i quotidiani stranieri riassunsero ulteriormente l'articolo. Il 12 dicembre, il *Baltimore Sun* titolò allegramente un trafiletto: «La polizia ritiene che la romanziera scomparsa si stia nascondendo. L'ipotesi più accreditata è che abbia organizzato lei stessa la propria scomparsa».[79]

Così, stupidamente, Archie diede ai lettori tutte le munizioni di cui avevano bisogno per accreditare l'idea che Agatha avesse architettato il piano di una scomparsa volontaria.

Se fosse stato vero, però, il motivo sarebbe stato la vendetta di una moglie tradita e Archie non poteva ammettere di averla tradita. «Sono uscito di casa il venerdì per passare il weekend con degli amici» dichiarò Christie all'*Evening News.* Il cronista smaniava dal desiderio di sapere chi fossero gli amici, ma Archie si rifiutò di dirglielo: «Non voglio che siano trascinati in questa faccenda».[80] Spesso si è data alla polizia la colpa di non essere riuscita a trovare più celermente la Christie, ma Archie, con le sue dichiarazioni scaltre, tra l'altro fatte con un tono di convincente autorevolezza, rappresentò un grosso ostacolo sulla via del ritrovamento.

Non fu, però, abbastanza abile da difendersi in maniera coerente. «Non bisogna dimenticare che siamo sposati da parecchi anni e, come accade anche ad altre coppie sposate, ciascuno faceva in certa misura la propria vita» disse nel corso di un'altra intervista pubblicata sabato 11 dicembre. Lui, spiegò, era assorbito dal mondo degli affari, mentre la moglie «aveva il suo lavoro di scrittrice».[81]

Aveva dato il colpo di grazia al loro matrimonio. I lettori si fecero un'idea completamente negativa di Agatha: una moglie fredda, inadeguata, negligente e troppo presa dal lavoro.

Sabato mattina, il giorno in cui andarono in stampa le dichiarazioni inquietanti di Archie, Rosie Asher, la cameriera dell'Hydropathic, ebbe l'impressione che la signora Neele fosse «agitata mentre leggeva il quotidiano».[82]

Lo stesso giorno, il *Telegraph* usciva con la pubblicità dell'imminente pubblicazione a puntate di *Aiuto, Poirot!*, l'ultimo romanzo di «Agatha Christie, la scrittrice scomparsa».[83] Erano naturalmente parole dell'editore, non di Agatha, ma se qualche lettore pensava che l'autrice avesse voluto lucrare sulla fama equivoca procuratale dalla scomparsa, non lo si poteva biasimare.

Agatha, evidentemente, non ne poté più di leggere i giornali, perché domenica 12 dicembre non se ne portò in camera nessuno.

Lo stesso giorno, la polizia del Surrey organizzò quella che sarebbe stata chiamata la «Grande Caccia» al cadavere nelle belle colline del Surrey, «una delle ricerche più imponenti e meglio coordinate della storia della polizia».[84] Secondo il *Times*, si presentarono duemila volontari per coadiuvare gli agenti e «le strade erano bloccate dal traffico... Le auto parcheggiate coprivano l'intera area in cui era stata trovata la macchina abbandonata».[85]

Kenward ci aveva preso un po' troppo gusto. «Ho risolto molti casi importanti, ma questo è il mistero più sconcertante che mi sia mai trovato ad affrontare» confidò al *Daily Mail*.[86]

Era una giornata molto umida, nel Surrey. «La campagna immersa nella nebbia è stata perlustrata da migliaia di uomini e donne a piedi e da decine e decine di persone a cavallo» scrisse un reporter abbastanza esaltato del *Daily Mail.* «Sono stati utilizzati sei segugi. [...] Anche le donne, come gli uomini, hanno setacciato accuratamente la zona. Rialzandosi subito quando cadevano all'improvviso in una buca poco visibile, e senza curarsi dei graffi provocati da spine che si conficcavano nei guanti e nelle calze, hanno risolutamente esplorato il terreno».[87]

Com'era inevitabile, anche gli altri giallisti furono indotti a interessarsi al mistero. Tra coloro che perlustrarono la zona, quella domenica, c'era Dorothy L. Sayers. Sir Arthur Conan Doyle, che da tempo si interessava di spiritismo, diede a una medium un guanto di Agatha. La medium, che ignorava di chi fosse il guanto, disse subito della sua proprietaria: «Non è morta come molti credono. È viva e credo che avrete notizie di lei mercoledì prossimo». Conan Doyle trasmise la buona notizia ad Archie.[88]

Dalla giornata di ricerca, però, non emerse alcun indizio. Kenward pensò di non avere perlustrato abbastanza bene e meditò di indire un'altra caccia.

Nel frattempo, teste più lucide della sua avevano dubitato per tutto il tempo che si sarebbe trovata Agatha Christie sulle colline del Surrey. Kenward stava giocandosi la fiducia dei reporter, il tono dei cui articoli cambiò. A quel punto i giornali cominciarono a interessarsi maggiormente all'«ipotesi della scomparsa volontaria». Le tre lettere, in particolare quella inviata a Campbell Christie, e il fatto che la scrittrice avesse preparato la valigia e detto alla domestica che sarebbe stata fuori per il weekend, parevano indicare l'esistenza di un piano.

Tuttavia, la gente continuava a cercare nel posto sbagliato. «Circola ora negli ambienti ufficiali la ferma convinzione che la Christie si trovi a Londra, travestita da uomo».[89]

Domenica 12 dicembre, centinaia, forse migliaia di poliziotti e volontari avevano preso parte alla «Grande Caccia». Quel giorno, sulle colline del Surrey, si creò il ricordo comune di una grande operazione motivata dalla curiosità, ma anche dalla generosità d'animo. Molte speranze furono infrante quando la ricerca non diede frutti. Lo sforzo comune e la delusione sarebbero entrati a far parte della memoria popolare britannica. E la delusione spesso si trasforma di colpo in rabbia.

Il *Daily Mail* chiese a un altro autore di polizieschi, Edgar Wallace, un parere sulla vicenda. L'11 dicembre il suo articolo fece vibrare altre note negative nei confronti di Agatha. La scomparsa era probabilmente volontaria, disse:

> È un tipico caso di rappresaglia psicologica verso qualcuno che l'ha ferita. Detto in parole povere, la sua prima intenzione sembra essere stata quella di fare un dispetto a una persona che sarebbe stata angosciata dalla sua scomparsa. [...] È impossibile perdere la memoria e trovare la strada che porta a una meta precisa.[90]

Wilfred Harris, l'esperto di traumi del tempo di guerra, conosceva benissimo quel tipo di reazione alla perdita di memoria. «L'amnesia» aveva scritto, «spesso è scambiata erroneamente per simulazione».[91]

Kenward, invece, continuò a non credere alla scomparsa programmata e riteneva l'ipotesi «crudele».[92] Era tutt'altro che cinico, e i familiari e gli amici di Agatha lo avevano convinto di come la scrittrice, essendo molto timida, mai avrebbe inscenato una «recita».[93] In assenza di un'altra spiegazione convincente, però, l'idea acquisì sempre più credito.

Martedì 14 dicembre, il *Daily Mail* uscì con un editoriale. Se Agatha era davvero viva, disse il giornalista, «evidentemente era pronta a infliggere grande angoscia ai suoi parenti e a fare spendere ai contribuenti una montagna di soldi in ricerche» per attuare la sua «crudele beffa».[94]

Da allora, si è continuato a fare imperterriti questo ragionamento. Molti autori sono stati inclini a pensare che Agatha si fosse eclissata apposta. Una di loro è Gwen Robyns, la cui biografia della scrittrice, uscita nel 1978, la famiglia Christie si è rifiutata di autorizzare. Anche un altro biografo, Jared Cade, che pubblicò nel 1998 *Agatha Christie and the Eleven Missing Days* (*Agatha Christie e il mistero della sua scomparsa*), riteneva che Agatha «avesse inscenato la propria scomparsa».[95] «Era stata mossa dal bisogno di vendetta» osservò Richard Hack in un'altra biografia non autorizzata uscita nel 2009. Quanto al desiderio di Agatha di far soffrire Archie, «il suo piano riuscì a meraviglia».[96]

Da quel momento in poi, l'idea si diffuse dalle biografie rispettabili piene di note a piè di pagina a tutta la cultura popolare, sia letteraria sia cinematografica. Gli autori più indulgenti ritennero la Christie una donna cui era stato fatto un torto e che per questo aveva un comprensibile desiderio di vendetta, mentre i più severi, in particolare il film *Il segreto di Agatha Christie* (1979), la presentavano come una donna decisa a uccidere Nancy Neele.

Naturalmente, la realtà e la narrativa sono cose diverse, ma, come abbiamo spesso constatato, molti si rifiutano di capire la differenza.

All'insaputa di Kenward nel suo Surrey, le cose nello Yorkshire si avvicinavano sempre più in fretta allo scioglimento finale. La domenica sera, due uomini si recarono al commissariato di Harrogate per riferire che sospettavano che la signora Christie soggiornasse nell'albergo dove lavoravano.

Bob Tappin e Bob Leeming erano due musicisti del complesso di nome The Happy Hydro Boys, al suono della cui musica Agatha aveva ballato. Un altro membro della band, Albert Whiteley, spiegò perché avevano impiegato tanto a farsi avanti. «Il capo del gruppo» spiegò, «non voleva saperne, perché se poi fosse risultato che ci eravamo sbagliati, avrebbe perso il lavoro».[97]

Quando seppe che era stata fatta una soffiata alla polizia, Rosie Asher non si stupì. Da tempo aveva capito chi era in realtà la signora Neele, ma, disse, «ficcare il naso in quella questione andava oltre il mio lavoro. Mi sono solo limitata a fare il mio dovere».[98] Lunedì 13 dicembre, la polizia locale andò all'Hydropathic Hotel.

La paura di perdere il posto e il rispetto dimostrato per la privacy dei clienti paganti spiega perché, dopo tanti giorni, il personale dell'albergo permise che continuasse ad aleggiare il mistero. Solo martedì 14 dicembre Carlo e Archie vennero finalmente informati del fatto che, con tutta probabilità, Agatha era stata ritrovata.

Kenward non era affatto interessato a ciò che i suoi colleghi dello Yorkshire avevano da dire, perché era troppo indaffarato. Lunedì 13 dicembre, ottanta membri dell'Aldershot Motor Cycling Club gli avevano offerto i loro servigi. Era inoltre impegnato a «mappare l'intera area dividendola in sezioni e prendendo nota di tutti gli stagni e i burroni».[99] Gli erano stati offerti dei sommozzatori e «duemila pullman» per trasportare in giro i poliziotti.[100]

Nel momento stesso in cui succedeva tutto questo,

però, uscì l'edizione pomeridiana dell'*Evening Standard*. Pubblicato alle 14:30 di martedì 14 dicembre, dava notizia di un altro sviluppo significativo.

Lo sviluppo era avvenuto, come suggerivano da tempo le prove, a Harrogate.

# 21
# La ricomparsa

Martedì 14 dicembre, agendo su informazioni del commissariato di Harrogate, la polizia del Surrey suonò alla porta di Styles. Gli agenti dissero a Carlo che da più parti si aveva il forte sospetto che Agatha fosse viva e in buona salute e soggiornasse all'Hydropathic Hotel.

Erano passati undici movimentati giorni da quando la scrittrice aveva lasciato casa.

Carlo telefonò ad Archie in ufficio. Lui ascoltò la storia che lei gli raccontò con dovizia di particolari e disse che tutto faceva pensare che la persona descritta fosse proprio sua moglie. Sarebbe andato nello Yorkshire a verificare. Carlo non poteva, perché doveva badare a Rosalind.

Il mistero sarebbe stato finalmente risolto?

Archie prese il treno delle 13:40 da King's Cross e arrivò dopo il tramonto a Harrogate. I giornalisti scrissero che aveva un'aria «molto ansiosa» quando scese sulla banchina.[1] Seguì le tracce della moglie fino all'Hydropathic Hotel, dove il direttore Taylor gli mostrò il registro degli ospiti. A quel punto, Archie si sentì molto più sicuro: benché Agatha avesse firmato sotto falso nome, la calligrafia era senza dubbio la sua.[2]

La direzione dell'albergo dovette sentirsi assediata dai circa venticinque giornalisti che scorrazzavano per l'atrio e per le scale, ma, secondo il piano della polizia, Archie doveva posare gli occhi sulla donna sospetta senza metterla in allarme. Volevano evitare di «spaventare» una persona che poteva essere in precarie condizioni mentali. Inoltre, non era una donna qualsiasi, ma una celebrità e un'artista. È davvero affascinante vedere come la polizia procedesse con i Christie con i piedi di piombo, temendo di fare la mossa sbagliata.

Anche se Archie doveva avere i nervi tesi come unale corde di un violino, il *Times* scrisse che l'incontro era stato gestito con la massima discrezione. «In compagnia dell'ispettore MacDowell», Archie «si sedette nella hall». La gente andava e veniva, il moderno e stravagante ascensore saliva e scendeva, scaricando ospiti che andavano a cena. Aspettarono mezz'ora. Poi, finalmente, scese la signora «che si riteneva fosse la donna scomparsa».[3]

Indossava «un bell'abito color malva e aveva al collo una collana di perle che aveva comprato a Harrogate». I reporter furono colpiti dai suoi «bei capelli biondi».[4]

Ma Archie avrebbe riconosciuto sua moglie in quella bella donna più in forma di come fosse mai apparsa negli ultimi anni? Che cosa le avrebbe detto? E che cos'avrebbe fatto, lei?

Secondo la versione del direttore dell'albergo, Archie lanciò un'occhiata al poliziotto che aspettava con lui nella hall e gli diede il segnale convenuto: «Appena la vide uscire dall'ascensore, fece un cenno all'agente».[5]

Con quel cenno, Archie cessò di essere un sospetto uxoricida. La sua presunta vittima era viva.

Gli agenti di polizia intercettarono Agatha e indicarono col dito suo marito. Dal punto di vista della stampa, fu un incontro assai deludente per mancanza di pathos. Una fonte parla di «un saluto affettuoso» tra i due, mentre un'altra osserva: «La signora Christie non batté ciglio vedendo il marito ed entrò in silenzio nella hall». Qualcuno disse addirittura che «la signora Christie trovò che il marito aveva un'aria nervosa».[6]

Con incredibile sangue freddo, i Christie si diressero in sala da pranzo per cenare, facendo finta che non fosse successo niente di straordinario. Date le regole vigenti nella buona società ospitata all'Hydro, tutti seguirono la consueta routine come se niente fosse.

Ma era chiaro che Agatha stava ancora vivendo una sorta di vita immaginaria: presentò Archie ai suoi conoscenti, in albergo, come suo fratello, anziché come suo marito.[7] «Mi si avvicinò dicendo: 'Le presento mio fratello, che è venuto a trovarmi facendomi una sorpresa'» racconta uno degli ospiti. «Lui era molto più imbarazzato di lei».[8] Nella testa di Agatha era ancora pienamente attivo il meccanismo che le permetteva di funzionare come se tutto fosse normale. Se si fosse comportata come se tutto fosse stato normale, dovette pensare, la vita vera si sarebbe adeguata a quella della sua fantasia.

Funzionò. Anche se imbarazzato, Archie stette al gioco.

Benché gli ospiti non capissero bene che cos'era successo, il personale dell'albergo tirò un sospiro di sollievo. La signora Taylor, moglie del direttore, era «felice che tutto si fosse messo per il verso giusto», perché lei si era «assunta una bella responsabilità a non informare la polizia».[9]

Archie, però, non poteva tenere a bada a lungo il mondo esterno, che attendeva con il fiato sospeso fuori dell'ambiente ovattato della sala da pranzo illuminata dell'Hydro. Che fare, con tutti quei cronisti?

Su consiglio della polizia, parlò con uno dei tanti giornalisti in attesa, il quale passò l'informazione a tutti gli altri. Disse:

> Sì, è mia moglie. Accusa una completa amnesia e credo non sappia nemmeno chi è... Spero di portarla a Londra, domani, a farla visitare da un dottore.[10]

Se anche nutriva dei dubbi sulla natura della condizione mentale di Agatha, con quella dichiarazione prese una decisione irrevocabile. Che Agatha avesse perso o meno la memoria, quella era ormai la versione ufficiale dei Christie, dalla quale non si sarebbero mai discostati.

Così, il giorno dopo, tutti lessero sui vari giornali che il mistero era stato risolto.

«Grazie al cielo!» pare abbia esclamato Carlo apprendendo che Agatha era sana e salva. «Magnifico. Sentivo che doveva essere così. Non riuscivo a credere a nient'altro».

Il sovrintendente Goddard ora aveva un motivo plausibile per ridere di Kenward. Andava ai manifesti segnaletici, disse, «il merito del ritrovamento della signora Christie». Come Carlo, aveva «sempre creduto che fosse viva e che sarebbe stata trovata se si fosse esteso molto il raggio della ricerca».

Kenward fu lasciato a leccarsi le ferite. Tenne una concione con il cronista di nera del *Daily Mail*, affermando di avere adottato semplicemente «il punto di vista dettato dal buonsenso».[11] Conan Doyle, invece, fu felice perché i fatti avevano dimostrato che la medium aveva ragione, e concluse che il caso Christie era «un eccellente esempio dell'uso della psicometria come aiuto per il detective».[12]

Archie aveva promesso di portare Agatha a Londra, ma era chiaro che non era una soluzione pratica, data l'immensa folla di giornalisti pronti ad assediarli. Avevano bisogno di un posto più vicino al sicuro dagli assalti.

Venne in loro aiuto la sorella di Agatha: Abney Hall avrebbe rappresentato un rifugio, e Madge e suo marito James andarono a Harrogate a prenderli.

La mattina di mercoledì 15 dicembre, poco prima delle 9:00, il bus dell'Hydro si fermò davanti al portone per portare gli ospiti alla stazione, e due figure uscirono dall'hotel per salire a bordo. La folla di fotografi che aspettava ansiosamente di scattare istantanee «sollevò speranzosa un'intera batteria di macchine fotografiche».[13]

Ma Archie era troppo furbo per passare dalla porta principale. In quel preciso istante, lui e Agatha uscirono quatti quatti da una portafinestra su un fianco dell'edificio, dov'era in attesa un'altra macchina. Sfortunatamente, un fotografo del *Daily Mail* aveva immaginato che potessero tentare la fuga da altre uscite e stava in agguato proprio lì per scattare la prima, sospirata foto. Rinnovato il guardaroba con le recenti spese folli, Agatha apparve vestita molto elegantemente con abiti all'ultima moda, «una *mise* beige con un cappello dello stesso colore». L'abbigliamento raffinato le si ritorse contro. Cominciava infatti a diffondersi l'idea che, se alla fine non era stata assassinata, doveva almeno pentirsi di aver deluso tante persone, e certo non doveva mostrarsi in pubblico così elegante.

L'auto in attesa portò Agatha, Madge e i loro mariti alla stazione ferroviaria. Nello scompartimento riservato di prima classe, tirarono giù le tendine, ma non prima che i reporter notassero un'altra cosa inappropriata:

Agatha aveva «un gran sorriso sulle labbra».[14] Aveva un ottimo aspetto e si stava divertendo, due cose ugualmente disdicevoli. La Christie aveva fatto preoccupare la gente: bisognava che adesso pagasse per questo.

Lungo tutto il tragitto fino a Londra, meta dichiarata di Archie, la folla si era assiepata nella speranza di vedere quella donna sfuggente, e sulla banchina di King's Cross si erano radunate cinquecento persone. Ma quando il treno proveniente da Leeds finalmente si fermò, il macchinista gridò: «Non è a bordo!», deludendo tutti.[15]

In realtà, i quattro l'avevano fatta in barba a molti loro inseguitori cambiando treno a Leeds, dov'erano saliti su un altro treno per Manchester, diretti ad Abney Hall. La notizia raggiunse Manchester prima del treno e i giornalisti si radunarono sulla banchina per vedere «il lungo soprabito di ottimo taglio che indossava la scrittrice».[16] Ma quando si avvicinarono troppo, premendo contro i quattro fin quasi a soffocarli, scoppiò una baruffa. Archie afferrò un cronista «per le spalle e lo scaraventò qualche metro più in là», gridando: «Non si deve parlare con la signora, che è malata!»[17]

Agatha e Madge corsero alla macchina che aspettava per portarli ad Abney. Quando finalmente l'auto superò il cancello della villa, James Watts uscì di corsa dalla casa e chiuse il cancello con il lucchetto. Abney Hall era ormai sotto assedio.

Il pomeriggio seguente, il cancello fu aperto per far entrare due medici, che rilasciarono poi una dichiarazione alla stampa. «Dopo un'attenta visita» si erano «convinti che la signora Christie soffrisse di un'amnesia senza alcun dubbio autentica».[18]

Sarebbe stato, però, molto più eccitante se Agatha *non* avesse perso la memoria e fosse scomparsa di propria volontà. I giornali a quel punto interrogarono altri specialisti la cui opinione si conciliava maggiormente con l'umore ormai scettico del pubblico. Il *New York Times* ne trovò uno disposto a dichiarare che una persona colpita da amnesia «non può comportarsi in maniera normale, né mescolarsi con gli altri senza destare il sospetto di una malattia mentale».[19]

A quel punto, l'opinione pubblica si rivoltò decisamente contro Agatha. Il *Daily Mail* pubblicò la lettera di una «donna comune», che chiedeva se sarebbe mai stata condotta una ricerca così accurata per qualcun altro. Quelle straordinarie operazioni di setacciamento del territorio sarebbero state effettuate se per esempio «fossi scomparsa io» e «nel caso non fossero state effettuate per me, perché per lei sì e per me no?»[20]

Il giorno dopo, un'altra persona scrisse al *Daily Mail* lamentando «l'ingiustificata mobilitazione della polizia di due contee per la scomparsa della signora Christie».[21] E presto anche un terzo lettore scrisse al quotidiano, introducendo un tema che sarebbe diventato presto ricorrente: quello del costo della mobilitazione. La signora Christie era «disposta a pagare le spese sostenute dalla comunità?» si domandò questo terzo lettore. «Molti di noi vorrebbero sapere come si concilia, la diagnosi di amnesia, con il fatto che la signora abbia soggiornato in un albergo, pagato i vari conti, ballato, cantato e giocato a biliardo».[22]

Questa idea della spesa sostenuta dai contribuenti si diffuse su entrambe le sponde dell'Atlantico. Il *Washington Post* sostenne che il conto delle ricerche andasse pagato dall'addetto stampa di Agatha.[23] Si diffuse, insistente, la voce che ai contribuenti del Surrey sarebbe stata fatta pagare una tassa extra per coprire le spese del setacciamento del territorio, e Kenward dovette rassicurare i reporter dicendo che era «un'assoluta idiozia».[24] Un commento assai velenoso giunse da uno scrittore di minor successo, Coulson Kernahan. «La romanziera» scrisse, «farebbe bene a dichiarare pubblicamente che, in futuro, nessun suo romanzo apparirà più con il suo nome. Questo impedirebbe ad altri di 'scomparire' per farsi pubblicità».[25]

In parte, questa animosità nasceva dal momento storico. Il boom economico del dopoguerra era finito ed era passato solo un mese dallo sciopero generale. Vi era, comprensibilmente, risentimento sociale nei confronti di una donna privilegiata e del trattamento di favore di cui aveva goduto.

La questione finì addirittura in Parlamento, alla Camera dei Comuni. Un deputato laburista chiese quanto fosse costata, allo Stato, la ricerca della scrittrice, e domandò «chi avrebbe risarcito le migliaia di volontari che erano stati artatamente fuorviati dalla crudele beffa».[26] La risposta ufficiale di un imbarazzato ministero dell'Interno fu una somma troppo irrisoria per essere plausibile: dodici sterline e dieci scellini.[27] Ma la spesa includeva anche un vero e proprio diluvio di pubblicità negativa per Agatha.

In pratica, tutte le persone coinvolte nella vicenda avrebbero pagato un prezzo. La madre di Nancy trovò sgradevole che il nome di sua figlia fosse stato «trascinato nel fango», ma la famiglia Neele si attenne alla versione (falsa) secondo cui Nancy e Archie erano solo amici.[28] Il signor Neele tuonò, indignato: «Non so proprio immaginarmi perché la signora Christie abbia usato il nome della mia famiglia come copertura. Non c'è il benché minimo motivo di associare Nancy alla sua scomparsa».[29]

I Neele ritennero opportuno che la figlia stessa sparisse per un po' dalla circolazione. Le fu fatta fare una crociera intorno al mondo, da cui sarebbe tornata per ricongiungersi col suo nuovo amore una volta placatasi la tempesta.

Ad Abney Hall i cronisti, rimasti fuori dal cancello, erano assetati di sangue. Archie dovette dar loro in pasto qualcosa. Il 16 dicembre uscì da Abney per fare una dichiarazione. I giornalisti notarono la sua espressione «tesa» e anche il fatto che portava ciabatte di tela ai piedi.[30] Li pregò di andarsene e di «chiudere con quell'argomento». La diagnosi medica, disse, «dimostra che non si è trattato di un'operazione pubblicitaria volta a vendere libri».[31]

All'interno della residenza, Agatha attraversava un periodo doloroso, perché era stata costretta ad affrontare la realtà che aveva fatto di tutto per eludere. «Ora sa chi sono io e si è resa anche conto che la signora Watts è sua sorella...» spiegò Archie. «Non ricorda ancora, però, di avere una figlia».

Agatha impiegò parecchio tempo a tornare nel ruolo di madre. Quando le fu mostrata una foto di Rosalind, «domandò chi fosse quella bambina. 'Com'è, e quanti anni ha?' chiese».[32]

Carlo portò Rosalind ad Abney Hall. Benché all'epoca avesse solo sette anni, la bambina avrebbe avuto un ricordo indelebile del ricongiungimento con sua madre. Particolare sconvolgente, Agatha «non ricordava niente di quello che avevamo fatto insieme e nemmeno le favole che mi raccontava».[33] Che orribile esperienza, per un bambino. Rosalind, a cui sarebbe toccato per tutta la vita sentirsi interrogare sugli avvenimenti del 1926, imparò a eludere con abilità le domande.

Ma quello di cui in genere non ci si rende conto è che l'«amnesia», per quanto brutta, non era la peggiore delle potenziali soluzioni mediche del mistero. Era una diagnosi più prudente di quella che negli anni Venti era ancora chiamata «alienazione mentale». L'alienazione mentale avrebbe avuto terribili implicazioni per Rosalind in un decennio in cui l'ereditarietà, e addirittura l'eugenetica, era presa terribilmente sul serio. «Io sono il figlio di mio padre. Chi mi sposerebbe, sapendolo?» dice il figlio di un assassino in *Aiuto, Poirot!* «È vero, siete figlio di vostro padre» riconosce Poirot, «e Hastings potrebbe anche dirvi che credo nell'ereditarietà...» Una madre pazza avrebbe rovinato la vita a Rosalind e le avrebbe reso difficile sposarsi, specie considerato che sua nonna era morta di «paralisi generale dell'alienato».

Uno dei medici che avevano visitato Agatha era uno specialista dell'Università di Manchester, il dottor Donald Elms Core. Autore di un libro sui disturbi nervosi, Core aveva dato, sul *Lancet,* vari contributi agli importanti dibattiti del tempo di guerra sulla natura dello shock da bombardamento. Nel suo libro, prendeva atto del terrore che molti pazienti provavano quando scoprivano che nessuna causa fisica giustificava il loro dolore: «Matura in loro la paura di stare diventando pazzi».[34]

Tra le prescrizioni terapeutiche che Core diede ad Agatha c'erano l'assunzione, per un breve periodo, di sonniferi e il soggiorno in un ambiente lontano da quello familiare. (Era esattamente la cura che Agatha si era assegnata da sola, almeno per undici giorni.) Dopo di ciò, ci sarebbe stato il duro lavoro della psicoterapia e dell'ipnosi, volto ad analizzare le cause del «terrore» che aveva causato una simile condizione di sofferenza.

Ma prima di tutto bisognava che Agatha fosse disposta

a curarsi, mentre si trovava in uno stato di grave abbattimento. Appena si vide portar via la vita di sogno che stava conducendo nel ruolo della signora Neele, si lasciò riafferrare in pieno dalla depressione. «Molte delle mie ansie e preoccupazioni, e delle mie tendenze morbose, tornarono».[35] La disapprovazione generale di cui era stata oggetto le peggiorò. «Avevo sempre detestato essere sulla bocca di tutti» disse, e adesso aveva un tal carico di cattiva fama che ancora una volta pensò al suicidio: «Non potevo quasi sopportare di continuare a vivere».

Quando i medici le raccomandarono una cura psichiatrica, oppose resistenza. Ma Madge insistette.

Oltre ad avere il vantaggio di leggere la corrispondenza tra Carlo e Rosalind, che oggi si ritiene sia stata distrutta, la biografa Janet Morgan ebbe contatti con Rosalind, che aveva assistito a quegli avvenimenti. E Rosalind affermò che, spinta da Madge, sua madre alla fine accettò di sottoporsi a una terapia psichiatrica intesa a «ripristinare i ricordi perduti» o, per dirla in altro modo, accettò di cercare la sua sofferenza psichica. Lasciando Abney Hall, Agatha andò con Carlo e Rosalind a Londra, dove «affittò un appartamento in Kensington High Street, da cui andava in Harley Street per la terapia».[36] È assai probabile che si recasse nello studio di William Brown. All'epoca, in Harley Street c'erano solo sette psichiatri, tra cui lui. Esperto in medicina di guerra e shock da bombardamento, Brown era particolarmente noto per il suo lavoro sui casi di amnesia. Trattava anche molti pazienti che avevano vissuto una condizione di fuga dissociativa.

Come sempre, dobbiamo rivolgerci alla narrativa per capire che cosa la Christie abbia vissuto. Nel 1930, quando uscì il romanzo *Il pane del gigante*, Agatha usò lo pseudonimo di Mary Westmacott, perché non voleva che si facessero le inevitabili congetture davanti a una storia che trattava il tema dell'amnesia.

Nel romanzo, un personaggio di nome Vernon ha un incidente automobilistico, perde la memoria e la ritrova sottoponendosi a varie sedute di ipnosi con un medico, «un uomo alto di statura, con occhi che sembravano vedere il centro stesso del tuo essere e leggervi cose che tu stesso ignoravi». Vernon esplora dolorosamente il suo passato perduto, proprio come deve avere fatto Agatha:

> Vernon gridò: «Dobbiamo proprio tornarci su ancora e ancora? È stato tutto così orribile! Non voglio pensarci più!»
> E allora il dottore spiegò, con gravità e cortesia, in modo quanto mai persuasivo. Tutto questo era accaduto proprio a causa del desiderio di non pensarci più. Adesso la verità doveva essere affrontata, discussa a fondo.[37]

Ciò corrisponde anche a quello che sostiene William Brown nel suo libro sulla terapia delle amnesie. Egli sottoponeva a ipnosi i pazienti, poi chiedeva loro che cos'era successo. Era convinto che una persona che aveva perso la memoria tendesse ad ammalarsi proprio perché cercava di tenere sotto controllo l'amnesia. Sosteneva quindi che il paziente doveva «affrontare francamente e onestamente il ricordo spiacevole, in maniera da neutralizzarlo». Inoltre credeva nella terapia del colloquio: attraverso il dialogo con un interlocutore, il paziente matura «una visione obiettiva del percorso passato della sua vita psicologica. Impara a capirsi meglio... È la conoscenza che ci libera». Il fatto che Agatha cercasse una simile terapia era abbastanza rivoluzionario, giacché era un tipo di cura che all'epoca non si praticava comunemente. Certo, il lavoro di Freud era conosciuto nella comunità medica britannica già da prima che lo shock da bombardamento lo rendesse doppiamente rilevante, ed è vero che i libri sull'argomento stavano avendo molto successo. L'importante *Outwitting Our Nerves* di Josephine Jackson e Helen Salisbury, ebbe per esempio sette edizioni prima della Seconda guerra mondiale.[38]

Il lavoro di Freud, però, era ancora controverso, in Gran Bretagna. I medici, per esempio, non erano d'accordo su che cosa fossero il subconscio e l'inconscio; e sottoporsi a una terapia psicanalitica era ancora fonte di vergogna. Per esempio a molti ex soldati traumatizzati dai bombardamenti non fu offerta una cura psicoterapeutica finché non si rivelarono inutili tutte le altre strade, tra cui rimproverarli aspramente per la loro debolezza o bollarli con il marchio di lavativi. La malattia mentale comportava ancora un terribile stigma sociale.

Rivolgersi a uno psichiatra di Harley Street, però, indicava che, come le convenzioni volevano, Agatha faceva una scelta da ricca. Bisognava avere soldi e anche buone conoscenze per finire nell'elenco dei pazienti di un dottore con studio in quella strada.[39] La terapia cui fu sottoposta somigliava molto a quella destinata a curare i soldati che in tempo di guerra avevano subìto uno shock nervoso. Nel suo libro *Nerve Injuries and Shock*, Wilfred Harris sosteneva che i pazienti traumatizzati sotto ipnosi «potevano ricordare perfettamente tutti i fatti della loro vita che nello stato di veglia avevano dimenticato».[40] Questo riporta all'affermazione che avrebbe fatto Agatha due anni dopo, nel corso di un'intervista:

> I ricordi furono ripescati pian piano dalla mia mente inconscia. Prima di tutto rammentai i giorni della mia infanzia e pensai a parenti e amici com'erano da bambini. Poi, gradualmente, ricordai episodi successivi e ancora successivi della mia esistenza.[41]

Si riteneva, però, che il processo comportasse dei rischi. Come affermava il dottor Harris, l'ipnosi a volte aveva un effetto opposto a quello desiderato, e scatenava addirittura la follia: «I casi peggiori sfociano in nevrastenia, epilessia e alienazione».[42] Era una brutta prospettiva per Agatha e Rosalind, con la loro storia familiare. E ad Agatha sarebbe ben potuto capitare di accusare di nuovo il problema, la avvertì il dottor Brown: i pazienti introversi «potevano sempre ricadere nel loro disturbo originario».[43]

In ogni caso, la terapia di Agatha non durò molto. Come le aveva suggerito il dottor Core, il 22 gennaio 1927 la scrittrice partì per un viaggio alle Canarie atto a restituirle vigore. Durante la vacanza, però, contro il consiglio del medico riprese a scrivere. Questo perché, per lei, il lavoro era una maledizione, ma anche un sollievo. Giustificò il bisogno di scrivere dicendo che aveva paura di rimanere senza soldi, in quanto forse avrebbe dovuto mantenere da sola Rosalind. Ma è anche possibile che abbia trovato un certo conforto nel mondo immaginario della narrativa.

Di ritorno dal sole delle Canarie, si trasferì a Chelsea con Rosalind e Carlo, mentre Archie, rimasto a Styles, mise la casa in vendita. Potrà sembrare incredibile, ma Agatha non aveva ancora del tutto abbandonato l'idea di poter tornare con lui. Successivamente, in quello stesso 1927, si incontrò ancora una volta con Archie e gli chiese di rimanere con lei per amore di Rosalind, dicendo che «la bambina gli voleva molto bene e la sua assenza l'aveva lasciata molto perplessa». Gli riferì anche che cosa pensava la piccola «con la spietata sincerità dei bambini»: «So che papà *mi* vuole bene e che vorrebbe stare con me. Forse sei *tu* che non gli piaci tanto».

Ma Archie aveva ormai deciso. Nonostante la forzata lontananza di Nancy, mandata in crociera dai genitori, i due erano intenzionati a sposarsi. Alla fine, nel 1928, Agatha capì che doveva rassegnarsi al divorzio.

A quel punto le conseguenze della sua scomparsa si fecero sentire nel più crudele dei modi. Nell'accordo di divorzio, Agatha intendeva assicurarsi l'affidamento di Rosalind, ma la sua reputazione era stata troppo macchiata. Forse la più dannosa di tutte le accuse sulle quali i media avevano insistito fu che fosse una cattiva madre. La scrittrice doveva dire qualcosa per difendersi e per assicurarsi che, nell'accordo di divorzio, la bambina fosse affidata a lei. «Mi faccio prendere dal panico quando si tratta di Rosy, e questo mi fa infuriare, perché non sono proprio il tipo di madre piena di paure, e tuttavia è più forte di me» avrebbe detto in seguito.[44]

Così, in febbraio, quando era imminente l'udienza, si sentì costretta a prendere posizione. Querelò il *London Express* per averla descritta in un articolo come una donna che aveva giocato «uno stupido tiro alla polizia».[45]

Nel corso di un'intervista al *Daily Mail* concessa il 16 febbraio, fece anche la dichiarazione pubblica più lunga della sua vita a proposito della sua scomparsa. Ogni parola di quel colloquio dev'essere stata dolorosa. «Molti pensano ancora che io abbia pianificato la mia scomparsa» disse.

> In realtà, successe questo. Quella sera uscii di casa in uno stato di enorme tensione nervosa, con in cuore l'idea di compiere un gesto disperato...[46]

Dopo essere stata costretta a rivelare cose molto personali, come la malattia e i pensieri suicidari, aveva bisogno adesso di negoziare il divorzio. Archie voleva che fosse lei a chiederlo, un'iniziativa resa possibile da una recente modifica del codice civile.

Negli anni Venti c'erano molte mogli insoddisfatte, perché parecchi dei matrimoni affrettati del tempo di guerra andavano a finire male. Considerato che il tasso di divorzio era il quadruplo di quello del 1913, si cercò di facilitare le separazioni. Il Matrimonial Causes Act del 1923 consentì per la prima volta alle donne di ottenere il divorzio per adulterio del marito, mentre fino ad allora esse avevano dovuto sopportare senza ribellarsi di essere tradite. Nel 1923, il 39% dei divorzi fu chiesto dalle donne. Nel 1925, la percentuale era salita al 63%.[47]

Archie voleva che Agatha esercitasse il suo diritto al divorzio, ma non voleva che Nancy fosse trascinata in tribunale. Così Agatha, sia pur con riluttanza, accettò di avviare una nuova pratica degli anni Venti chiamata «divorzio collusivo» o «divorzio lampo di Brighton». Archie avrebbe dovuto presentare in tribunale false prove, fornite da complici, del fatto che aveva commesso adulterio con «una donna ignota». L'allora fatiscente cittadina di Brighton era specializzata nel fornire le «prove» necessarie al divorzio collusivo ed era per questo che il «divorzio lampo» aveva preso il suo nome. In realtà, però, Archie andò al Grosvenor Hotel, vicino a Victoria Station, dove pagò un impiegato di studio legale e una cameriera perché dicessero di averlo visto a letto con una donna.[48]

La causa fu dibattuta il 20 aprile 1928 e Agatha dovette farsi forza per parteciparvi. Il giudice capì che era tutto falso, trovando «difficile credere che un vero gentiluomo come il colonnello Christie avrebbe mai fatto niente di così sordido»,[49] ma funzionò. Agatha ottenne che le fosse affidata Rosalind e che le spese del tribunale fossero pagate dal marito. Non aveva che da aspettare sei mesi perché la pratica di divorzio fosse inoltrata. In quel periodo, nel luglio del 1928, il Representation of the People Act concesse a tutte le donne il diritto di voto, non solo a quelle con più di trent'anni, che possedevano una casa e un titolo di studio. L'emancipazione stava lentamente arrivando non solo per Agatha, ma per tutte le donne.

Se si deve credere a Celia, l'alter ego letterario di *Ritratto incompiuto*, Agatha fu disgustata dal divorzio collusivo proposto dal marito, in cui si «concertavano le cose in segreto». «Se amassi un uomo» dice il personaggio, «andrei con lui a costo di mettermi contro tutti. Potrei anche togliere un uomo a sua moglie... però lo farei *alla luce del sole*! Non me ne starei nascosta, lasciando qualcun altro a togliere le castagne dal fuoco, per non compromettere me stessa».[50] Agatha era stata trascinata in una situazione in cui «le castagne nel fuoco» erano una messa in scena prezzolata. Per giunta, aveva giurato il falso. Per ottenere il divorzio collusivo, aveva dovuto dichiarare: «Non vi è alcun accordo fraudolento o connivenza tra me e mio marito».[51]

Gli anni Venti si erano rivelati orrendi e, sul finire del decennio, avevano lasciato la giovane, brillante autrice più vecchia e più triste. Nella scatola in cui conservava gelosamente le lettere d'amore di Archie, Agatha infilò anche alcuni versi copiati a mano dal Salmo 55:

Se fosse stato un nemico a oltraggiarmi,
lo avrei potuto sopportare...
Ma proprio tu, altro me stesso,

mio confidente e mio familiare,
con cui vissi in dolce intimità...[52]

Subito dopo il divorzio, Agatha deve aver visto solo il buio davanti a sé. Come confermano molte testimonianze, dopo quell'esperienza ebbe sempre più paura di aprirsi sia nei rapporti personali sia in quelli con la stampa. Come ha scritto qualcuno che la conosceva bene, «si mostrò sempre più sfuggente» e cercò di «sottrarsi a domande indiscrete e costruirsi una corazza interiore».[53]

Ma quello che l'editore di Agatha notò subito, anche se lei lì per lì non se ne rese conto, fu che la cattiva fama dovuta alla sparizione aveva prodotto un buon risultato economico.

La scomparsa di Agatha ebbe l'effetto che ebbe a causa del contesto degli anni Venti, in cui nacque un nuovo tipo di celebrità mediatica. La Christie non fu l'unica a diventare una «star della letteratura»: le fecero per esempio compagnia J.B. Priestley e Arnold Bennett.[54] La sparizione fu un fatto accidentale e profondamente sgradevole, ma sarebbe diventato pure un elemento importante del suo incredibile successo.

I fan della scrittrice a volte osservano che la sua scomparsa non fu sicuramente una pantomima, perché lei «non aveva nessun bisogno di pubblicità», dato che i suoi libri vendevano già bene.[55] È vero. Eppure, gli effetti della sparizione e della riapparizione furono impressionanti.

*L'Assassinio di Roger Ackroyd*, uscito nel 1926, fu stampato all'inizio in cinquemilacinquecento copie, di cui quattromila furono vendute entro un anno: un ottimo risultato, ma non eccezionale. Invece nel 1927, subito dopo la scomparsa, una modesta antologia di racconti,

*The Big Four* (*Poirot e i quattro*), ebbe una prima tiratura di ottomilacinquecento copie. Nel 1928, *Il mistero del Treno Azzurro*, che Agatha definì «senz'altro il libro più brutto che abbia mai scritto», vendette settemila copie. *The Seven Dials Mystery* (*I sette quadranti*), uno dei suoi thriller più noiosi, nel 1929 vendette ottomila copie. Nel 1930, la scrittrice avrebbe firmato un nuovo contratto per sei libri con Collins. Il messaggio era chiaro: non era solo la qualità, ma anche la fama a far vendere.[56]

Questo avrebbe provocato una terribile tensione, in lei, tra vita e lavoro. Non poteva parlare della relazione tra vita e lavoro, perché sarebbe stato troppo umiliante. Non aveva una spiegazione da dare per il suo successo, a parte il forte impegno e la fortuna, che sminuiva il merito. D'altra parte, come avrebbe mai potuto disvelare l'intimo intreccio tra ambizione, successo, fama e dolore?

Il dolore, però, si sarebbe attenuato col tempo. La malattia mentale del 1926 l'aveva quasi spezzata, ma alla fine l'aveva anche fatta maturare.

Secondo un amico, i fatti del 1926 la colpirono così in profondità da «lasciare tracce in tutte le sue opere. E la resero anche la gran donna che diventò».[57]

PARTE SESTA

# Il ‘periodo plutocratico’

*Anni Trenta*

# 22
# Mesopotamia

Il divorzio passò in giudicato il 29 ottobre 1928. Appena una settimana dopo, in un ufficio di stato civile di Londra, Archie sposò Nancy Neele. Per Agatha fu un'altra umiliazione pubblica. Una foto in cui Nancy aveva uno sguardo apprensivo, ma appariva fastidiosamente bella, finì sulla prima pagina del *Daily Express.* Nel 1930 sarebbe nato il figlio della coppia, Beau.

Agatha si risparmiò di leggere la notizia delle nozze del suo ex marito lasciando il Paese. Il suo matrimonio era finito, il primo atto della sua vita era concluso. Perfino lei aveva finalmente cominciato a capire che in una fine si nasconde un nuovo inizio. «Sono stanca» scrisse, «del passato

> che mi si aggrappa alle dita
> e che toglie dolcezza alla vita
> me lo staccherò con una coltellata
> sarò me stessa, finalmente rinata.[1]

Nell'autunno del 1928, Agatha aveva mandato Rosalind in un convitto a Bexhill. Aveva comprato nel quartiere di Chelsea una casa di cui si prendeva cura la fedele Carlo, e adesso aveva tutto il tempo, fino alle vacanze di Natale, di abbandonarsi alla sua passione per i viaggi. Un soggiorno all'estero le avrebbe permesso di conseguire vari obiettivi: garantirsi la privacy, rimettersi in sesto e cercare nuova ispirazione.

Aveva pensato di andare nelle Indie Occidentali, ma, come amava raccontare, aveva cambiato idea dopo un incontro casuale avuto, a un party, con un ufficiale marittimo e sua moglie, i quali erano appena tornati, assolutamente conquistati, da Baghdad. Le avevano parlato del viaggio in treno attraverso l'Europa, della stessa Baghdad, delle meravigliose scoperte archeologiche che erano state fatte nell'antica città di Ur. La mattina dopo, Agatha aveva annullato il biglietto e comprato quello nuovo. Cinque giorni dopo, partì per il Vicino Oriente. Sarebbe andata a vedere Ur di persona e avrebbe viaggiato sul mitico Orient Express.

La storia di quel viaggio costituisce una delle parti più interessanti e affascinanti dell'autobiografia di Agatha. La scrittrice la presenta come una reinvenzione spontanea di sé. «Ora stavo andandomene *per conto mio.* Dovevo scoprire che persona ero». Con il senso della libertà, germogliò in lei anche un senso di fiducia. «Non mi sarei messa mai più alla mercé di qualcun altro».

Tra le cose da cui si era emancipata tra il 1926 e il 1928 c'era la preoccupazione per il peso: «Pesavo abbastanza, oltre settanta chili». Le foto degli anni Venti mostrano un'Agatha che cerca di adeguarsi al modello di bellezza delle cronache mondane: in posa sorridente accanto a un cane o un bambino, oppure in abito da sera sotto luci tenui, con aria ingenua da debuttante. A quarant'anni, invece, dovette costruirsi una nuova immagine pubblica.

Dopo il 1930, cominciò a optare per ritratti fotografici più semplici, dai contrasti netti. Il fotografo Lenare, per esempio, la ritrasse in atteggiamento più autorevole, da scrittrice affermata. Non più un'ingenua, Agatha stava acquisendo una presenza fisica imponente. Dal punto di vista estetico stava trasformando il suo personaggio in un'icona come la «duchessa della morte», una donna che, come dicevano i giornalisti, «con il delitto faceva più soldi di Lucrezia Borgia».

Anche nella vita privata si sentiva più nella sua pelle. «L'età biologica ha ben poco a che fare con la propria interiorità» scrisse.[2] Si dedicava attivamente al nuoto, alla buona tavola e al divertimento. Era consapevole, ormai, di essere divorziata, e gli uomini ora la guardavano in un altro modo rispetto a quando era sposata. Si stupì del numero di proposte indiscrete che le fecero e decise che, nel complesso, ne era lusingata.

Così, nell'autunno del 1928, dopo frenetici preparativi, la sua nuova vita iniziò alla stazione Victoria:

> Cara Victoria, porta sul mondo di là dall'Inghilterra, come adoro il tuo marciapiede delle partenze continentali! E come mi piacciono i treni, sempre! [...] Un treno – un grande, sbuffante, sollecito ma socievole treno, con la sua grande e ansimante locomotiva, che emette nubi di vapore e pare dire impaziente: «Devo andare, devo andare, devo andare» – è un amico![3]

L'Iraq pareva molto lontano come luogo di vacanza, ma stava diventando una meta di viaggio sempre più popolare. Dopo avere attraversato la Manica con il traghetto, i turisti britannici giunti a Parigi prendevano il treno prima per Istanbul, poi per Damasco.

Appena si sistemò nel suo scompartimento di seconda classe, Agatha scoprì che a una donna che viaggiava da sola non mancava mai l'occasione di fare nuove amicizie. Una missionaria tentò di venderle dei lassativi. A Istanbul, un affascinante ingegnere olandese la mise astutamente in guardia dai pericoli della città invitandola a passare la notte con lui. Agatha rifiutò.

Mentre il viaggio proseguiva in direzione Vicino Oriente, la Christie si godeva i panorami. Guardò estasiata un bel tramonto su un passo della catena montuosa del Tauro, e si sentì grata e felice di avere optato per quella meta. Arrivando stanca a Damasco, comprò un cassettone con intarsi di madreperla che avrebbe tenuto nella sua camera da letto per tutta la vita. Il viaggio – la rinascita – era cominciato bene.

Per dirigersi poi verso Ur, ossia per andare da Damasco a Baghdad, montò su un saltellante minibus del deserto a sei ruote. Gestito da ex membri del trasporto truppe dell'esercito britannico, il servizio di collegamento attraversava il deserto seguendo una fenditura che era stata praticata per guidare gli aeroplani a Baghdad dopo che i britannici avevano cacciato i turchi dall'Iraq, nel 1917.[4] Negli anni Venti, gli inglesi volevano mantenere il controllo dell'area, a seguito della decisione di Churchill di convertire i motori a carbone delle navi della Royal Navy in motori a petrolio e quindi di disporre di fonti di carburante. Non avendo le risorse per inviare un esercito regolare, la Gran Bretagna per esercitare il controllo del Paese si affidava alla minaccia del bombardamento aereo.

Il viaggio nel deserto durò tutto il giorno e tutta la sera. Il gruppo trascorse la notte in una fortezza nel deserto sorvegliata da guardie armate. La mattina dopo, alle sei, fu servita una magnifica colazione: tè e salsicce da consumare nell'aria frizzante. «Che cosa si può chiedere di più alla vita?» si domandò Agatha.

Occorre, però, distinguere tra realtà e fantasia, nel racconto che Agatha fa del suo primo viaggio in quello che i britannici avevano battezzato Medio Oriente. A quel punto della sua vita, la Christie non aveva niente a che vedere con l'archeologia, e non sarebbe mai stata realmente un'archeologa, nel senso che non fu mai pagata per esercitare quel mestiere. Tuttavia, quando, da vecchia, scrisse il suo magnifico resoconto dell'attraversamento del deserto, era diventata una persona che finanziava ricerche archeologiche e aveva un'influenza ai più alti livelli del settore.

Inoltre, benché Agatha affermi di avere deciso per puro caso di andare in Iraq, la scelta non fu così casuale come sembra. Fuggivano dai loro problemi cercando se stesse nell'antica Asia anche altre inglesi, famose o un po' meno famose di lei, come Gertrude Bell, Freya Stark e Katharine Woolley. L'amante della Bell era morto a Gallipoli, la Stark voleva fuggire dal matrimonio, il marito della Woolley si era suicidato. La decisione della Christie rientrava in un paradigma consolidato.

Agatha non meditava di restare a lungo a Baghdad, e meno che mai desiderava unirsi alle signore dell'ambiente coloniale, dedite solo alle chiacchiere. Classificatala come «terra di memsahib», usando il termine con cui si designavano le signore europee, proseguì subito per Ur. «Ur dei caldei», come la chiamavano allora, vicino all'attuale Nassiria, era il sito in cui era sorta un tempo l'omonima città sull'Eufrate. Lo scavo archeologico là condotto era diventato famoso quasi quanto la scoperta della mummia di Tutankhamon, sei anni prima. Negli anni Venti, gli inglesi si erano entusiasmati della scoperta, anche perché avevano sentito parlare di Ur nella Bibbia: era il presunto luogo di nascita di Abramo.

Nel romanzo della Christie *Assassinio sull'Orient Express*, il colonnello Arbuthnot pensa che la sua decisione di prendere la via di terra per tornare dall'India in Gran Bretagna non abbia bisogno di spiegazioni: ha voluto vedere Ur.[5]

Molti britannici erano convinti che i loro contemporanei del Vicino Oriente vivessero perlopiù ancora come ai tempi della Bibbia.[6] Questa visione fortemente romantica dell'Iraq spiega perché stessero governando così male il Paese. Quando, nel 1920, gli amministratori britannici avevano strappato l'Iraq all'Impero ottomano sconfitto, si erano sbalorditi nello scoprire che la popolazione locale non voleva nemmeno loro. E avevano posto fine alla rivolta scoppiata quasi subito nella popolazione imponendo un re, Faysal.

Dopo avere concluso il suo lungo viaggio in treno e macchina, Agatha finalmente giunse a Ur. Fu accolta calorosamente, perché la moglie del capo della spedizione, Katharine Woolley, di recente aveva letto e apprezzato *L'assassinio di Roger Ackroyd.* Così le fu concesso il grande onore non solo di un giro del sito archeologico, ma anche il permesso di soggiornarvi.

Ciò significava vivere nell'ostello della spedizione. Gli impianti destinati agli scavi in Iraq e Siria, che appartenevano a squadre di nazionalità diverse, erano di solito costruiti in fretta e con pochi soldi. C'erano stanze per cucinare, mangiare e studiare, nonché camere da letto spartane. Gli archeologi, che nelle loro giornate industriose cercavano di fare più scavi possibile prima di finire i soldi o prima che il tempo cambiasse, affascinarono Agatha; e altrettanto l'affascinarono le cene conviviali.

Il gigantesco tumulo studiato a Ur era un *tell*, una formazione costituita da antichi insediamenti accumulatisi l'uno sull'altro, che si levavano per diciotto metri sopra la piana circostante. Un archeologo definì la montagnola un «grande mostro» che «brulicava di antichità ed era gonfio di edifici sotterranei».[7] Era un sito in cui i tempi antichi apparivano assai vicini. Agatha avrebbe scritto nell'autobiografia:

> Mi innamorai di Ur, della sua bellezza di sera, della mole dello ziggurat che sfumava nella semioscurità e dell'oceano di sabbia dai teneri colori cangianti che andavano dal rosa all'albicocca, dall'azzurro al malva... I fantasmi del passato salivano ad afferrarmi.

Ma quello che Agatha realmente amava, dell'archeologia, era l'idea che le trasmetteva di un'antica vita quotidiana diversa dalla sua:

> Qui ebbe inizio la civiltà; e questo frammento di una ciotola di terracotta da me raccolto, a disegni neri puntinati a tratteggio incrociato, è quanto resta dell'antenata della tazza di Woolworth, nella quale proprio stamattina ho versato il mio tè...[8]

Queste due citazioni mostrano i due distinti atteggiamenti emotivi che Agatha aveva nei confronti dell'Iraq. Da un lato la visione romantica di un luogo esotico in cui sciogliere la tensione e magari maturare una passione. Questa idea romantica del Vicino Oriente fu ben simboleggiata dal bestseller di Edith Maude Hull, *Lo sceicco* (1919), un romanzo innovativo per la sua descrizione del desiderio femminile, ma profondamente arretrato nella sua rappresentazione degli arabi come un popolo lurido e degenerato. Il libro fece scandalo – ed ebbe molto successo – per le fantasie di sottomissione femminile che vi comparivano. Il personaggio di Lady Eileen (soprannominata «Bundle»), creato da Agatha ne *Il segreto di Chimneys*, dà una versione ironicamente condensata della sua trama: «Che noia l'amore nel deserto, con lui che la maltratta e via dicendo». Quando suo padre ammette di non sapere quale sia l'argomento dello *Sceicco*, la figlia gli lancia un'occhiata di «pietosa commiserazione».[9]

Dall'altro lato, però, fantasticando sulle antenate irachene della sua tazza di Woolworth, Agatha immaginò un'antichità piena di gente come lei.[10] Vedremo sempre di più, nei suoi scritti sull'Iraq, questo tentativo di colmare il divario tra Oriente e Occidente. Nella sua narrativa si rinviene spesso un atteggiamento di sufficienza nei confronti della retorica roboante dell'Impero Britannico. Ma cercare il terreno comune e le somiglianze tra iracheni ed europei, come fece lei, significava essere altrettanto miopi davanti all'evidente diversità che in tanti campi esisteva tra le due civiltà.

Coloro che ospitarono Agatha a Ur diventarono suoi buoni amici. Katharine Woolley, di due anni più grande di lei, da diciotto mesi viveva con Charles Leonard Woolley un matrimonio anticonformista. Suo marito era ufficialmente il capo della spedizione, ma Katharine aveva l'ultima parola nelle assunzioni, dirigeva una parte della squadra di operai e di fatto percepiva uno stipendio. Gli archeologi occidentali che invasero il Vicino Oriente nel Ventesimo secolo sono, di primo acchito, tutti maschi, ma gli storici cominciano oggi a notare che, sotto la superficie, si celava uno strato nascosto di lavoro professionale femminile. Alcune di queste archeologhe sono note, come Dorothy Garrod, la prima docente donna di

Oxbridge, che scavò a Monte Carmelo, in Palestina, con una squadra tutta femminile. In genere, però, le mogli o le assistenti perlustravano i siti, compilavano cataloghi, provvedevano alle fotografie e alle illustrazioni e fungevano da infermiere e segretarie, ma «non venivano menzionate nei rapporti sugli scavi».[11]

Charles Leonard Woolley, già dell'Ashmolean Museum di Oxford, era «un discreto tiranno, come tutti i capi spedizione di successo devono essere».[12] Aveva la comunicativa di un uomo di spettacolo quando si trattava di pubblicizzare le sue scoperte, il che era importante per raccogliere fondi. Era aiutato da un prezioso membro dello staff, Huja Hamoudi, che dirigeva gli operai locali. Questi ultimi, assai numerosi, procedevano negli scavi in una maniera che oggi sarebbe considerata troppo incauta, ma in quel modo portarono alla luce molti splendidi reperti che poterono essere mostrati agli sponsor e pubblicati sull'*Illustrated London News.*

Leonard Woolley aveva cominciato a lavorare a Ur nel 1922, ma era stato nella sua seconda stagione sul sito che era arrivata una giovane e attraente vedova di nome Katharine Keeling. Nata Katharine Menke da genitori tedeschi, aveva conosciuto il suo primo marito, Bertram Keeling, mentre lavorava come crocerossina e lo aveva sposato nel 1919. Sei mesi dopo, Keeling si era suicidato in Egitto ingerendo acido prussico.[13] Il fratello della Keeling era un archeologo dilettante che lavorava a Baghdad per la Turkish Petroleum Company, ed era stato probabilmente attraverso quel contatto che Katharine si era unita agli scavi di Woolley. Le aziende petrolifere e l'archeologia sarebbero state strettamente collegate per tutto il Ventesimo secolo. Negli anni Venti, per britannici, tedeschi e americani l'archeologia fu un pretesto per fare politica in una parte del mondo sulla quale avevano altre mire. Era molto più che l'attività eccentrica e generalmente innocua di cui abbiamo notizia in quasi tutti i resoconti biografici di Agatha Christie.

Oggi Katharine è però nota non per il suo lavoro archeologico, bensì perché Agatha si ispirò a lei per un personaggio inquietante e seducente del suo romanzo *Non c'è più scampo.* «Pericolosa» fu l'aggettivo con cui Gertrude Bell designò Katharine. «Strana e probabilmente crudele... ma davvero irresistibile» fu la definizione di Freya Stark. La gente aveva cominciato a trovare curioso che Katharine fosse nel deserto con la squadra di Woolley, composta di soli uomini. Il direttore del museo americano che contribuiva a finanziare la ricerca aveva fatto capire che Katharine non doveva essere invitata alla successiva stagione di scavi.

Woolley, però, non aveva voluto saperne di escluderla. «La signora Keeling si è sentita assai ferita al pensiero che si parlasse negativamente di lei» aveva replicato. «Forse questo è il prezzo che tutt'oggi pagano le donne quando collaborano al lavoro scientifico. Naturalmente è un atteggiamento sbagliato».[14] Egli aveva poi definito Katharine una persona di «quasi quarant'anni», che non aveva «la benché minima intenzione di risposarsi».[15]

Ma poiché il finanziamento degli scavi rischiava di essere sospeso, Woolley aveva deciso di risolvere il problema. Le si sarebbe sicuramente permesso di tornare se lui l'avesse sposata. E lui la sposò.

Da quel momento in poi, Katharine e i suoi modi imperiosi sarebbero diventati oggetto di pettegolezzi. «Calcolatrice, maligna ed egoista» la considera il biografo di Leonard Woolley, con «una sessualità deviata».[16] La stessa Agatha contribuì all'impressione che Katharine fosse più una diva che un'archeologa, definendola «capricciosa» e dotata della capacità di far innervosire la gente. Un'altra parola che usò Agatha fu *allumeuse*, una che si divertiva a stuzzicare i sensi dei maschi. In gran parte era solo misoginia unita a un'interpretazione melodrammatica delle cose, ma parte di questo fango rimase talmente attaccato alla Woolley da sminuire il suo non trascurabile lavoro di direttrice degli scavi.

In ogni caso, per Agatha gli archeologi erano altrettanto interessanti degli scavi. Ai suoi occhi Katharine e Leonard erano un esempio di matrimonio felice e molto poco convenzionale, rispetto agli standard di Sunningdale. Un archeologo disse che Katharine non era una donna «portata per il lato fisico del matrimonio». In effetti, nel 1928 Leonard consultò un avvocato, spiegando che sua moglie si era sempre rifiutata di consumare il matrimonio e lui voleva vedere se ventilare l'ipotesi di un divorzio avrebbe avuto il suo effetto. Negli ultimi anni si è ipotizzato che Katharine fosse intersessuale, ma niente lo suffraga, a parte il bisogno di spiegare il comportamento di una persona con una forte personalità che sembrava in qualche modo poco femminile. Inoltre, presto Katharine si sarebbe ammalata di sclerosi multipla, e questo fatto la fa apparire più vulnerabile che pericolosa. Quando, in seguito, Agatha fece un ritratto poco lusinghiero di lei nel suo libro, diversamente da quanto le accadeva di solito si sentì «nervosa al pensiero di una possibile reazione».[17]

Ma Katharine non disse nulla. Era chiaro che non aveva riconosciuto se stessa.

L'aspetto positivo fu che i Woolley rappresentarono per Agatha il modello di un nuovo tipo di matrimonio, basato integralmente sul lavoro e il cameratismo, una 'joint venture' del genere di quella che lei aveva esaltato nei libri in cui a indagare erano Tommy e Tuppence. Anche i Woolley avevano bisogno di lei, in quanto personaggio famoso che sosteneva i loro scavi. Tra l'altro, la stessa Katharine voleva diventare una romanziera e nel 1929 avrebbe pubblicato *Adventure Calls*, un romanzo su una spia donna che, in Iraq, si fa passare per un uomo.

Tutti e tre promisero di continuare a frequentarsi quando Agatha tornò a casa da Rosalind e Carlo per trascorrere il Natale in Inghilterra. E ci sarebbero stati molti altri viaggi nel Vicino Oriente.

# 23
# Entra in scena Max

Nella primavera del 1930, Agatha si unì ai Woolley in un secondo viaggio a Ur.

Durante quella seconda visita in Iraq, la scrittrice conobbe un membro della squadra che l'anno prima era stato assente per malattia. Si chiamava Max Mallowan. Era «assistente generale di campo» per un compenso di duecento sterline l'anno. Giovane laureato a Oxford, aveva il compito di tenere i registri, amministrare i salari e far fare tour del sito.[1] Amava il suo lavoro. Una volta, alla radio, parlò con la sua voce calma, tranquilla, che scandiva le parole, della scoperta del cimitero reale di Ur e dei suoi straordinari reperti d'oro:

> Fu un momento meraviglioso quello in cui entrammo in quelle grandi cripte dei morti e vedemmo l'intero pavimento d'oro, costituito dalle foglie dorate con cui erano state decorate le donne che erano state messe a morte all'epoca del re. Una scoperta meravigliosa.[2]

Dalle foto, Max Edgar Lucien Mallowan risulta essere un uomo basso e di bell'aspetto, con i baffi e i capelli bruni lisci.[3] I pantaloni larghi, caratteristici degli studenti di Oxford, lo fanno apparire ancora più basso di quanto non fosse. «Era un giovanotto bruno e snello, molto tranquillo» lo descrive Agatha nella sua biografia. «Parlava pochissimo, pur seguendo attentamente ciò che gli succedeva attorno». Agatha lo superava nettamente in altezza ed era di oltre dieci anni più vecchia. Le differenze tra loro erano innumerevoli.

Dopo che l'illustre ospite ebbe passato qualche giorno a Ur, Max ricevette dai suoi capi, i Woolley, l'ordine di accompagnarla a fare il giro degli altri siti archeologici iracheni.

Il tour culturale comportava viaggi in macchina lunghi, spesso difficili e a volte pericolosi. L'improbabile coppia – la famosa romanziera e l'archeologo principiante – dovette pernottare come consentivano le circostanze, ovvero con conoscenti, con estranei e, una volta, in un commissariato di polizia dove la scrittrice discusse di Shelley con i padroni di casa. Il racconto che Agatha fa del viaggio è più incentrato sull'Iraq antico che su quello moderno, anche se la scrittrice afferma che lei e Mallowan visitarono il centro spirituale sciita di Najaf scortati dalla polizia, in quanto, da europei, erano ospiti indesiderati.

Si divertirono parecchio. Un giorno nuotarono insieme in un lago desertico di un azzurro scintillante. Agatha, in mancanza del costume da bagno, si era infilata una sottoveste rosa e due paia di mutandoni. Dopo la nuotata, però, scoprirono che la macchina si era incagliata nella sabbia. Benché fossero bloccati nel deserto, senza la prospettiva che qualcuno venisse ad aiutarli e con una limitata riserva d'acqua, Agatha non perse la calma e, anzi, si fece un pisolino. Max a quel punto pensò che «doveva essere una donna straordinaria».[4]

La Christie temeva che il suo chaperon fosse stato costretto ad assumersi un compito ingrato. Mentre lui la trovava piacevolmente priva di pretese, lei gli diede un'occhiata più attenta. Max non era un fusto come Archie, ma era indiscutibilmente di bell'aspetto. Era più bello di lei, e di quattordici anni più giovane, ma in qualche modo sembrava il più vecchio dei due: era al comando della spedizione, si prendeva cura di lei e la guardava «con l'aria di uno studioso paziente alle prese con un bambino un po' sciocco ma non antipatico». Nelle foto degli anni Trenta, sorride meno di quanto non faccia lei. Nelle foto in cui appaiono insieme, invece, lei spesso ride.

Max era nato a Battersea il 6 maggio 1904, ma era molto più cosmopolita di quanto l'origine provinciale non facesse pensare. Da parte di padre era slavo (un nonno era vissuto in Siria) e suo padre Frederick, un operatore di borsa merci ateo, era nato vicino a Vienna. Sua madre Marguerite era francese, figlia di una cantante d'opera.

Marguerite «rimase una parigina per tutta la vita». Non era una fredda madre inglese:[5] passionale e dotata di una vena artistica, rimase sempre vicina al figlio. «Ora ti lascio, adorato figlio, ti voglio tanto bene, un bene immenso» scriveva al termine delle sue lettere.[6] Il forte affetto della madre lo aveva protetto dalla crudeltà del mondo, e Max era cresciuto sentendosi coccolato e apprezzato. I suoi genitori avevano litigi terribili, «scenate tremende e alterchi violentissimi».[7] L'oggetto del contendere era spesso la fedeltà o infedeltà di Frederick. Marguerite parlava in una lettera della gelosia che aveva provato quando era stata «tradita». «Il tuo comportamento» disse al marito, «mi deprime orribilmente, anche se faccio il possibile per apparire normale ai bambini».[8] Ricordando le liti furibonde dei genitori, Max provò sempre un senso di orrore davanti alle urla e ai litigi.

Quando nacque un altro figlio, la famiglia si trasferì

a Kensington. Max fece il suo primo scavo nel giardino posteriore della nuova casa, fotografando con cura i frammenti di vasi vittoriani che vi trovò. Nel 1918, a quattordici anni, fu mandato al Lancing College del Sussex, dove alle sei e mezzo del mattino i ragazzi venivano svegliati e portati a fare una doccia gelata. La scuola era così vicina alla costa meridionale che si udivano i colpi di cannone provenire dalla Francia durante la guerra. La domenica, dopo la funzione in cappella, venivano letti ad alta voce i nomi degli *Old Boys* rimasti uccisi quella settimana nel conflitto. In una fase successiva della vita, Max parlò della sua «solitudine e della fatica che faceva a conformarsi alle regole scolastiche».[9] Si sentiva accettato solo da sua madre. «Mia carissima, dolcissima mamma» scrisse in una lettera di otto pagine inviatale dal collegio, «continuo a pensare, in questo momento, a che cosa avrei fatto se fossi stato a casa... e mi chiedo anche che cosa stia facendo tu, mammina cara!»[10] Nel giovane uomo nominato chaperon di Agatha, c'era a un tempo qualcosa del cocco di mamma e qualcosa dell'outsider.

Rispetto al Lancing College, Max si trovò molto meglio al New College di Oxford, anche se il tempo dedicato agli amici, al gioco d'azzardo e alle cene gli fece ottenere un voto di laurea deludente. Parte dell'attrattiva del New College era costituita da Esmé Howard, un personaggio alla Sebastian Flyte di *Ritorno a Brideshead*, che aveva ascendenze aristocratiche, una fede cattolica ereditata dalla madre italiana e il linfoma di Hodgkin, di cui morì a soli venticinque anni. Perdere Esmé fu il primo grande dolore della vita di Max, un lutto che lo lasciò prostrato. Si era perfino convertito al cattolicesimo per compiacere l'amico. «Ti voleva tanto bene» cercò di consolarlo sua madre. Il fatto che Max avesse fatto la comunione, gli disse, aveva dato a Esmé «la più grande gioia delle sue ultime settimane sulla terra».[11] Le voci di un'attrazione omosessuale tra i due ragazzi, però, si basano unicamente sulla somiglianza tra la vita reale e la trama di *Ritorno a Brideshead.*

Max non incontrò difficoltà nella propria carriera di archeologo. Aveva detto a uno dei suoi docenti che voleva «andare in Oriente a cercarvi cose» e,[12] quando fu presentato al conservatore dell'Ashmolean Museum, scoprì che Leonard Woolley, i cui articoli aveva letto sull'*Illustrated London News*, aveva bisogno di un assistente. Fu subito chiamato per un colloquio al British Museum e fece buona impressione non solo a Leonard, ma anche a Katharine. Anzi, era convinto che la decisione di assumerlo fosse dovuta a lei, a cui era risultato simpatico. L'autunno successivo ai suoi esami finali era già in partenza per il Vicino Oriente. «Se si è nati sotto una buona stella, l'occasione arriva a chi sa afferrarla» concluse.

Pur essendo una persona piena di tatto, perfino lui fece fatica a trattare con Katharine. Doveva massaggiarla e applicarle sanguisughe quando le veniva mal di testa. «Era una donna cocciuta… ipersensibile… affascinante» disse. «Vivere con lei era come camminare su una corda tesa».[13] Max fece un lavoro abbastanza buono, sul sito, da essere invitato a tornarvi. Mentre si recava alla sua seconda stagione di scavi, passò da Venezia e decise che avrebbe trascorso la sua luna di miele lì. Data la sofferenza patita per i litigi dei genitori, era ben deciso ad avere un matrimonio felice, appena avesse trovato la donna giusta.

Confessò a un altro passeggero del treno di non avere ancora «frequentato una donna», ma di essere pronto a conoscerne una.[14] Proprio come Agatha, apprezzava sopra ogni cosa un ménage tranquillo senza scoppi di emotività. Agatha pensava fosse una persona meravigliosa. «Così quieto e piuttosto parco di parole, ma prodigo di fatti e le cose che fa sanno consolare e rassicurare come nient'altro» scrive in *La mia vita.*

Tutto ciò poteva far pensare che stesse per nascere una relazione tra loro, ma ad Agatha non passava neanche per l'anticamera del cervello. C'era la questione della differenza d'età, anche se, come ebbe modo di dire a Madge, Agatha apprezzava gli uomini più giovani: «Hanno una visione più positiva della vita, e pensano più in grande».[15]

Inoltre, lo conosceva da troppo poco tempo. E Max era un beniamino di Katharine, alla quale faceva molti piaceri, come lasciarle fare il bagno caldo per prima se ce n'era solo uno disponibile. «È buona politica assecondare la Regina» spiegò ad Agatha.[16]

Poi c'era la questione dell'indipendenza che Agatha aveva conquistato a caro prezzo. Le era già capitato di rifiutare molte offerte: la proposta di matrimonio di un suo vecchio ammiratore; un invito a una notte di piacere da parte di un italiano (si liberò di lui dicendogli che, in quanto inglese, era per natura frigida); una discussione con un amico dell'aeronautica sul tema se dovesse prendersi solo un amante, o parecchi. A quanto pareva, il mondo non poteva accettare la sua decisione di tenere fuori «tutti gli uomini».

Ma Max non era «tutti gli uomini». Quando lui, Agatha e i Woolley lasciarono l'Iraq per iniziare il lungo viaggio di ritorno, cattive notizie li attendevano ad Atene. Una pila di telegrammi rivelò che Rosalind aveva preso una brutta polmonite ed era stata portata dal convitto a casa di Madge. Diversamente da Archie, che non sopportava le malattie e le situazioni difficili, Max diede ottima prova di sé, mostrandosi all'altezza della situazione e offrendo ad Agatha ogni possibile aiuto per tornare in patria al più presto. Noleggiò una macchina costosa, le fasciò la caviglia quando lei se la distorse e addirittura chiese alla propria madre di prestarle dei soldi quando passarono da Parigi.

Una volta in Inghilterra, la scrittrice, che si sentiva in colpa, scoprì che Rosalind si era abbastanza ripresa, ma rimase molto turbata vedendo che era «debolissima e ridotta pelle e ossa».[17] La portò ad Ashfield e ricominciò a lavorare. Tuttavia, il rapporto che si era creato tra lei e Max non si interruppe. Lui le scrisse da Londra, suggerendole un giro del British Museum, dove in quel momento lavorava ai reperti rinvenuti a Ur. «Non può venire qui per un weekend, Max?» gli chiese lei. «Mi farebbe un immenso piacere vederla».[18]

La loro amicizia in Iraq era nata in circostanze che esulavano dalla vita quotidiana. Che effetto avrebbe loro fatto vedersi alla fredda luce di una giornata inglese?

Alla fine, Agatha si recò a Londra e Max accettò l'invito a fare la prima colazione nella casa di lei a Chelsea. All'inizio, racconta la Christie, «fui colta da una incomprensibile timidezza». «Notai un certo imbarazzo anche da parte sua, ma terminato il pasto che avevo preparato personalmente, eravamo entrambi molto più distesi».

Nell'aprile del 1930, Max andò per qualche giorno ad Ashfield. E fu lì, nella casa in cui Agatha era nata e aveva accolto Archie, partorito Rosalind e pianto sua madre, che avvenne un altro grande evento della sua vita.

L'ultima notte di permanenza nel Devon, Max bussò alla porta della sua camera da letto, entrò e le chiese di sposarlo.

# 24
# Credo che ti sposerò

«Tutto era avvenuto in modo tanto insidioso» ha scritto la Christie nell'autobiografia. «Se avessi considerato Max un possibile marito, sarei stata in guardia fin dal primo incontro e non avrei mai permesso che nascesse tra noi un rapporto come questo, così facile e così felice».

Quella notte, e le settimane successive, provò ancora una volta un turbamento profondo. «Ero una spettatrice molto calma e tranquilla che guardava dalla platea lo spettacolo della vita» scrisse a Max, ma lui l'aveva costretta a «vivere e sentire di nuovo emozioni».[1] Non era per niente sicura che fosse proprio ciò che voleva.

Max, invece, era assolutamente sicuro che lei avrebbe detto di sì: lo era stato fin dal momento in cui aveva bussato alla porta della sua camera da letto. «Sono convinto che tu sia una persona troppo vitale per restare in platea» le rispose.[2] «Sei l'uomo più disarmante che sia mai esistito!» replicò lei. «E credo che, alla fine, ti sposerò, perché prevedo che saprai sempre come prendermi!»[3]

Se un matrimonio doveva davvero esserci, cosa di cui Agatha non era affatto certa, c'era tutto il potenziale perché fosse assai diverso da quello che aveva voluto Archie, nel quale tutto ruotava intorno alla sua persona. Sarebbe stato un rapporto molto più alla pari, quel sodalizio empatico, un po' simile a una «joint venture», che Agatha aveva sempre sognato. «Stare con te è una forma di libertà...» scrisse a Max. «Non c'è nessun vincolo condizionante, nessuna prigionia o sensazione di essere 'legati': mai in vita mia avrei creduto che mi potesse succedere una cosa del genere».[4] In un'altra lettera sottolineò la differenza tra lui e Archie. «Sembra ti piaccia tutto di me, e questo è molto incoraggiante: con te, sento di non essere costretta a corrispondere a un certo ideale di donna».[5]

Negli anni Trenta, un matrimonio basato sulla complicità e lo spirito cameratesco non era più qualcosa di inusitato com'era stato quando Agatha e i suoi amici ne avevano parlato negli anni Dieci. Era come se anche il resto del mondo avesse assimilato l'idea di una relazione paritaria basata sull'amicizia.

Archie lasciava sua moglie a casa quando andava a giocare a golf, mentre Max voleva che Agatha leggesse il greco antico con lui e continuasse a fare viaggi avventurosi in sua compagnia. Aiutava il fatto che lei fosse una professionista autonoma e indipendente, e che l'uno rispettasse i successi dell'altra. Agatha trovava il lavoro di Max molto più interessante di quello di Archie nella City. Lei e Max si trovavano ai capi opposti della «battaglia delle culture», ma potevano trovare un terreno comune: «Io sono cultura bassa, lui è cultura alta, eppure siamo complementari».

Nonostante tutti quegli aspetti positivi, però, sembrava vi fosse un numero insuperabile di ostacoli tra Agatha, Max e l'altare.

Innanzitutto c'era la paura di Agatha di fallire di nuovo. No, si disse, alla fine non avrebbe sposato Max, e per un motivo molto semplice: il rischio. «Sono una terribile codarda e ho l'incontrollabile paura di venire ferita».[6]

Attribuì i propri sentimenti a un personaggio di *Non c'è più scampo*: «Molti uomini avrebbero voluto sposarmi, ma ho sempre rifiutato. Avevo riportato uno shock troppo forte, ed ero convinta di non potermi mai più fidare di nessuno».[7]

Il 1930 è un anno molto stimolante per i lettori della corrispondenza di Agatha, perché fu attraverso le continue lettere a Max che la scrittrice cercò di chiarire i propri sentimenti, esprimendo amore, ma anche dubbi. Scrisse da Ashfield, da Abney Hall, dagli altri posti in cui la condusse il lavoro. Nel frattempo, Max era a Londra, impiegato al British Museum, e viveva a Kensington con suo padre, il quale non sapeva niente del quasi fidanzamento segreto. Com'era tipico suo, Agatha scriveva le lettere con una calligrafia pressoché illeggibile e senza indicare quasi mai la data. Le missive di Max, invece, rivelano molte delle cose che la Christie trovava affascinanti in lui: erano precise, ordinate, sempre datate, sempre rassicuranti: «Devi prenderti grandissima cura di te finché non sarò io a farlo».[8] Ma nonostante la calma, Mallowan deve avere dubitato parecchio che il matrimonio avvenisse davvero. «Ho paura che tu ti lasci prendere troppo da dubbi e paure» le scrisse.[9]

Una delle cose che avevano in comune era la fede nell'aldilà. «Tu hai una conoscenza delle cose spirituali molto più *profonda* della mia» gli disse Agatha.[10] Ma a quel riguardo sorgeva un problema: la conversione di lui al cattolicesimo. Agatha trovò una soluzione. «Io posso convertirmi sul letto di morte e morire cattolica, così tu potrai piangermi nel dovuto modo» suggerì. «Oppure ci faremo seppellire, da eretici, su un colle della Grecia...»[11] Ma Max prese la decisione di abbandonare la fede cattolica, che non avrebbe riconosciuto il suo matrimonio con una divorziata. «Il mio amore per te» disse, «è la perfetta prosecuzione dell'amicizia con Esmé che credevo non avrei mai più avuto con nessuno, nella vita».[12]

Il sesso avrebbe potuto costituire un problema, ma non lo fu. «Agatha, non ti amo solo con i gloriosi occhi del cieco, ma ti vedo come sei e mi sei ancora più cara per questo» le disse lui.[13] Agatha non aveva problemi sotto il profilo sessuale e pensava che, nonostante la differenza d'età e di forma fisica, avrebbero avuto una buona relazione carnale. Era solo un po' preoccupata per il peso. «Sono forse (piccola Porcelletta) la tua taglia preferita? Di' che lo sono!»[14] «Cara, non solo sei la mia taglia preferita, ma lo sarai sempre, che ingrassi o dimagrisca» rispose lui con perfetto aplomb.[15] Aveva il meraviglioso dono di darle fiducia: «So che sei bellissima».[16]

Ma Agatha continuava ad avere dei dubbi. «*Non devi* risposarti» mi dissi. «*Non devi* essere così *stupida*». Poi Max non le scrisse per tre interi giorni. «Sei un *porco*» protestò lei. «Sei partito tre giorni fa e ancora neanche una parola da te! [...] No, non mi piaci, sono sempre le piccole cose che ti turbano e scoraggiano. [...] a te non importa niente».[17]

Pareva che fosse tutto finito. C'erano tante convenzioni violate, in quel caso: la giovane età di lui, la sua mancanza di soldi, i suoi genitori litigiosi. Max era della stessa generazione del nipote di Agatha, Jack. Quando parteciparono a un ballo, Agatha inorridì vedendo quanto apparisse più vecchia degli amici di Max. Poi, però, convennero entrambi che lui era vecchio nell'anima. «Tu dici che mi avvento sulle cose come una bambina» gli scrisse. «Capisco che, sotto certi profili, è così». «Come una bambina» concluse, «sento che il mondo fa paura».[18]

«Ricordo quell'estate come una delle più difficili della mia vita» disse in seguito Agatha, perché «tutti erano contrari all'idea del mio matrimonio». Quando Max era con lei, si sentiva a suo agio, ma quando lui se ne andava, le venivano i dubbi.

Forse la cosa più inquietante di tutte fu la «infelice lettera» che sua sorella Madge le inviò e per rispondere alla quale Agatha «impiegò molto tempo». Sua sorella era chiaramente in ansia, e Agatha non poteva restare indifferente alla sua preoccupazione. «Un'ondata di realismo mi assale» spiegò, «e mi dico: 'Idiota, non hai un briciolo di buonsenso? Che cosa diresti a qualcuno che stesse facendo quello che stai per fare tu?'».[19] Madge doveva essersi terribilmente preoccupata nell'apprendere che sua sorella meditava di sposarsi – evidentemente sotto l'effetto della delusione sentimentale del primo matrimonio – con un uomo tanto più giovane e tanto più povero di lei.

Molto tempo dopo, Max avrebbe rinfacciato ad Agatha di avere prestato ascolto agli ammonimenti della sorella. «Ti ricordi come A.P. [per «Auntie Punkie», zia Punkie, il soprannome di Madge] cercò di dissuaderci e quanto sia stato sciocco darle retta?»[20] In anni ancora successivi, Agatha sarebbe stata più franca nell'ammettere che cos'era accaduto: Madge l'aveva «supplicata di non sposare Max».[21]

Poi bisognava assumersi il compito di dare la notizia a Rosalind, cui Agatha non sapeva come far fronte. «Caro Max» gli scrisse a fine luglio, «Rosie l'ha INDOVINATO! Darà il suo consenso SE tu, in cambio, le comprerai due dozzine di lecca-lecca da Selfridges».[22] Max, da bravo aspirante patrigno, si tenne sull'abbondante comprandogliene ventisei («ne erano rimasti esattamente ventisei, in negozio») e suppose con un certo impaccio che la sua futura figliastra «si sarebbe abituata a poco a poco all'idea».[23] Così Rosalind diede la sua cauta approvazione. Nell'autobiografia della Christie, Rosalind strappa al lettore una risata con le sue preoccupazioni:

> «Quando sarai sposata con Max, dovrai dormire nel suo stesso letto, lo sai?»
> «Sì» risposi.
> «Già, pensavo che lo sapessi. Dopotutto sei già stata sposata con papà, ma credevo che te ne fossi dimenticata».

A noi lettori fa ridere, ma immagino che Rosalind, leggendo il brano, non abbia riso. La bambina aggiunse, sostenuta, che pensava «fosse abbastanza bello avere due coppie di genitori», e che la mamma sarebbe stata «molto meglio con Max». Ancora una volta, Agatha ritenne spiritosa l'osservazione, ma la povera Rosalind aveva dovuto elaborare da sola le sue considerazioni. Nel suo stile asciutto, la bambina faceva ogni sforzo per essere pragmatica e adulta.[24]

Quando poi Agatha sentì di avere preso in cuor suo la decisione di sposarsi – Max non tentennò mai – ci fu da sopportare il giudizio del mondo. In maggio, Max disse che bisognava trovare il coraggio di dirlo a Katharine Woolley, che, sospettavano entrambi, non l'avrebbe presa bene. Leonard espresse solo una «leggera sorpresa», mentre Katharine, pur approvando formalmente, fu più negativa, nel senso che tirò fuori il discorso inaspettato della carriera di Max, che ne avrebbe sofferto.[25] Pensava che Max dovesse «patire un poco» prima di ottenere lo scopo.[26]

In termini pratici, i Woolley avevano il potere di impedire che gli eventi si svolgessero nella maniera più agevole possibile. In quanto suo capo, Leonard tenne Max costantemente al lavoro per tutta l'estate, mentre lui avrebbe di gran lunga preferito stare con Agatha. «Spero che la tortura finirà domenica» le scrisse Max durante l'ultima galoppata per disegnare i reperti di Ur, galoppata che comportava ricopiare sulla carta oltre quattrocento oggetti.[27] «I due faranno di tutto per non renderci le cose facili» aggiunse. Il progetto era di sposarsi in settembre e poi andare in luna di miele, ma Leonard voleva che Max tornasse sul sito degli scavi, in Iraq, per il 26 ottobre.

Max non aveva, però, altra scelta che obbedire se ci teneva alla sua carriera, e di fatto il suo impegno nell'archeologia era una delle cose che Agatha ammirava di più in lui. Quando le parlò del suo lavoro al museo, il suo entusiasmo la contagiò. Stava pulendo il pettine d'argento di una donna sumera: «È una sensazione magnifica... Sono cinque anni che lavoro attivamente in campo archeologico, ma provo ancora lo stesso entusiasmo di un tempo».[28]

L'unica paura che Max avrebbe francamente ammesso con Agatha riguardava il denaro: «Forse non riuscirò a darti il benessere materiale che ritengo ti sia dovuto».[29] Con il suo stipendio non sarebbe certo stato in grado di assicurare ad Agatha il tenore di vita cui era abituata, e anche i suoi genitori avevano problemi economici. Ora che i due si erano separati, Marguerite spendeva e spandeva a più non posso. Disse a suo figlio di avere comprato «un vestito di lana e un abito, nonché due cappelli» su cui aveva messo gli occhi, e meditava di puntare un po' di soldi al baccarat per rimettere in sesto le finanze. Nel frattempo, però, confessò di «non essere in grado di pagare il padrone di casa».[30]

Durante quella difficile estate, Agatha si convinse a sposarsi e si ricredette molte volte. «A volte ho momenti di assoluto panico... Penso: 'No, no, non sposerò nessuno, mai più'», poi cambiava idea: «Ma è Max. Vuol dire stare con Max e averlo sempre accanto, e aggrapparmi a lui quando sono triste».[31] Carlo, tornata dall'annuale vacanza in crociera, adesso era al suo fianco e la rassicurava.

Nel frattempo, Max proseguiva con i suoi piani, che comprendevano i preparativi pignoli, come nel suo stile, per una luna di miele in Jugoslavia e Grecia: «Ho appena comprato una cartina particolareggiata del Peloponneso» la informò.[32] Prenotò un treno per Venezia, da dove sarebbero partiti per una crociera in nave lungo la costa dalmata. «Mi sto facendo fare un blazer bianco in previsione di un *séjour* caldo» le disse.[33] Era inteso che Agatha avrebbe pagato tutto, anche se lui si sarebbe accollato le spese di registrazione della cerimonia civile: «È giusto che tocchino a me» dichiarò.[34] Agatha trovò abbastanza comica la cosa e fece dire a uno dei suoi personaggi: «Se sposo una donna, pago io la licenza di matrimonio, capisce?»[35]

Con l'aiuto della scozzese Carlo, il matrimonio avrebbe avuto luogo in Scozia, per eludere l'assalto della stampa. Secondo la legge scozzese, Agatha doveva vivere a nord del confine con l'Inghilterra per due settimane, prima di potersi sposare. Si trasferì a Skye in agosto e passò il tempo a sdraiarsi «sull'erica e contemplare il mare».[36] Era accompagnata dalle persone della cerchia più intima, che soleva chiamare «Cani Fedeli»: Rosalind, Carlo e sua sorella Mary, mentre Max andò a trovare i genitori di Esmé. Madge espresse la sua disapprovazione standosene alla larga, a casa propria.

Nelle ultime settimane prima del matrimonio, la corrispondenza tra i due futuri sposi, che era stata fin da maggio assai fitta, aumentò ulteriormente, fino a diventare quotidiana. «Mi devi scrivere tutti i giorni» gli disse Agatha dal remoto Broadford Hotel di Skye. Era ancora preoccupata perché, con quella decisione, rischiava di perdere la tranquillità d'animo «in cambio di una grande felicità, ma anche di un possibile disastro».[37]

«Ti stai facendo prendere dal panico» replicò Max con fermezza. «Verrà il giorno in cui riderai di te stessa per avere ceduto a queste paure».[38]

Chiaramente agitata, Agatha compilò male il modulo del passaporto e, nonostante il ritmo forsennato delle lettere, dimenticò ripetutamente di comunicare a Max un particolare essenziale come il nome del suo albergo a Edimburgo.

Chissà che cos'avrebbe fatto se Max non le avesse scritto tutti i giorni. La busta dell'ultima missiva che lui le spedì a Skye prima che si trasferissero a Edimburgo per il matrimonio è stata aperta con uno strappo, come se la Christie fosse ansiosa di leggere il foglio all'interno.

La chiesa di St Cuthbert, all'ombra della grande rocca su cui sorge il castello di Edimburgo, fu scelta perché il padre di Carlo ne era il pastore associato. E lì finalmente, l'11 settembre 1930, «Max Edgar Lucien Mallowan, di trentun anni» e «Agatha Mary Clarissa Miller o Christie, di trentasette» si sposarono. Le testimoni erano Charlotte e Mary Fisher. Sposo e sposa avevano mentito sull'anno di nascita per rendere meno eclatante la differenza di età. Max disse ad Agatha che avrebbe dichiarato di essere nato «in qualunque anno tu voglia, non credo sia importante».[39] Nel passaporto lei si tolse un anno, dichiarando di essere nata nel 1891. Ma la loro speranza di mantenere segrete le nozze e la loro vera età fu vana.

La settimana dopo, il *Daily Express* riportò la notizia del matrimonio «romantico» e riservato, tra «il signor Mallowan, di ventotto anni, e la sua sposa, di trentanove».[40] Tuttavia il quotidiano, nella sua malignità, aveva sbagliato i conti: Max aveva aggiunto cinque anni alla sua età e aveva in realtà solo ventisei anni.

Finalmente, con un sospiro di sollievo, gli sposi partirono per Venezia e per cinque settimane di crociera lungo la costa dalmata. Tennero un diario comune del viaggio, scrivendo a pagine alternate. Max annotò che avevano mangiato una «succulenta aragosta» e contemplato «una grande vela strappata che si stagliava contro il cielo al tramonto nella laguna di Venezia». Agatha, invece, scrisse: «Triste tonfo del romanticismo: punta dalle cimici». Dopo Venezia, passarono il tempo a navigare, dormire e nuotare, una volta anche nudi, di notte. «La torcia ha forse tradito il nostro colpevole segreto?» si chiese Agatha quando qualcuno li individuò. Si divertirono molto a consumare «un delizioso riso pilaf in una luridissima gastronomia» e a fare «una magnifica passeggiata in un uliveto». Ma vi furono altre dolorose punture di cimici, e coniugare il viaggio con le visite nei siti fu assai faticoso. «È troppo giovane per me!» sospirò Agatha nel diario, dopo la giornata umida in cui Max, per vedere l'ennesimo sito archeologico, l'aveva costretta a viaggiare per quattordici ore a dorso di mulo, lasciandola «stanchissima e indolenzita».

Finalmente arrivarono in un bell'albergo di Atene e trovarono la vita cittadina «molto strana: non siamo più le stesse persone. Una *suite à deux lits* con bagno ci fa apparire timidi e civilizzati. Sparite le dolci follie degli ultimi quindici giorni». Ugualmente, uscirono per gustarsi «gamberetti e scampi».[41] I crostacei si rivelarono un terribile errore, perché Agatha ebbe i sintomi di un'intossicazione alimentare così grave che ebbe bisogno di cure mediche.

Passarono giorni prima che potesse anche solo consumare un semplice piatto di maccheroni, ma Max non aveva più tempo. Era atteso in Iraq. Combattuto tra il dovere verso Woolley e quello verso sua moglie, si sentì costretto a presentarsi a Baghdad per la data convenuta. Questo fu considerato un gesto orrendo dal dottore greco che aveva in cura Agatha: «Non vi è dubbio, dalla freddezza dei suoi modi, che ti considera un uomo brutale e disumano» disse lei al marito.[42]

Secondo i Woolley, era inappropriato che Agatha raggiungesse il marito a Ur, ma Max non faceva più completo assegnamento sui suoi dispotici capi, perché riteneva di avere ormai abbastanza esperienza per trovarsi un altro lavoro. «Comincio ad avere molta più fiducia che in passato nelle mie capacità» scrisse alla moglie. «L'archeologia è un gioco meraviglioso. Ne sono sempre più appassionato a ogni anno che passa e non so immaginare altra professione».[43]

A poco a poco, Agatha riprese abbastanza le forze da riuscire a viaggiare da sola. Dall'Inghilterra scrisse a Max: «Tutti dicono che ho un ottimo aspetto, che sono ringiovanita di dieci anni e che averti sposato mi fa bene». Era contenta di essere dimagrita durante la malattia. «Non è fantastico? Ho perso quasi sei chili. La vita coniugale mi ha fatto dimagrire!»

Prima di prendere il treno per il Devon, mandò un'ultima lettera al marito da Londra. «Mi sembra strano» scrisse, «trovarmi al Paddington Hotel

> e per la prima volta in tanti anni non avvertire, tornando in Inghilterra, una tremenda infelicità, la sensazio-

ne, sempre avuta in queste circostanze, di essere fuggita da una situazione andando a cercare il sole all'estero e di ritrovarmi, al ritorno, nelle stesse condizioni di prima, con tristi ricordi e tutte le cose che avrei voluto dimenticare. Stavolta, invece, non ho avvertito niente di tutto ciò. Mi sono solo detta: «Oh, Londra, piovosa come sempre, ma in fondo un bel posto simpatico». Caro Max, mi hai tolto un tal peso di dosso![44]

Prima del matrimonio, le loro lettere erano state prive di qualsiasi accenno al sesso, ma dopo le nozze fu chiaro che quel lato della vita coniugale era filato liscio. «Ora chiudi gli occhi, fingi di essere tra le mie braccia e immagina che io ti restituisca i baci» le avrebbe scritto Max dall'Iraq.[45]

«Tesoro mio, sai che cosa mi manca di più?» rispose lei. «Dormire con le tue braccia intorno al corpo».[46] In quel periodo Agatha era tutta indaffarata col lavoro, la famiglia e i preparativi per il Natale: viveva giorni sfibranti e andava «a letto così assonnata da non avere nemmeno la forza di fare pensieri sensuali. Oh, Max, come sarà bello essere di nuovo con te!»

La vigilia di Natale del 1930, gli scrisse una delle ultime lettere di un anno magico per entrambi. «Oggi è il giorno in cui mi sposai la prima volta» confessò.

È sempre stato un giorno triste per me, ma non quest'anno. Mi sento così felice, tranquilla e amata. Tu sia benedetto, amore, per tutto quello che mi hai dato e tutto quello che mi hai restituito.[47]

# 25
# Otto case

Negli anni Trenta, la vita di Agatha sembrò rallentare e ampliarsi fino a includere una serie di comparti collegati: Ashfield, la vita letteraria a Londra e i viaggi nel Vicino Oriente con Max.

Il lavoro stava andando bene. La scrittrice guadagnava molto ed era felice. Ma dove viveva? Non è facile dirlo. La gente spesso crede che, come Miss Marple, fosse legata a un particolare luogo. In realtà, era sempre in movimento e forse si sentiva più a casa che mai proprio in viaggio. I suoi libri riflettono tutto ciò. Un suo personaggio tipico può ben essere un inquilino, uno che è di passaggio. Questi agenti del cambiamento a volte sono ricchi, come le donne che affittano una grande casa in *The Sittaford Mystery* (*Un messaggio dagli spiriti*), altri no: Poirot si interessa per esempio a un appartamento molto economico nel racconto *The Adventure of the Cheap Flat* (*Un appartamento a buon mercato*).[1]

Oltre che viaggiare, Agatha amava molto trasferirsi in case nuove. Definì gli anni Trenta il suo «periodo plutocratico» e comprò numerosi immobili, lanciandosi nell'impresa di rendere ciascuno di essi confortevole. Creare un ambiente domestico era vitale, per lei, sia nella vita sia nell'arte. «Bisogna concentrarsi sulla casa, sul posto in cui la gente *vive*» disse una volta a proposito dei suoi romanzi.[2] Attribuisce, almeno in parte, il suo gusto per l'ambiente domestico alla ricca e indipendente Linnet di *Death on the Nile* (*Poirot sul Nilo*). La casa di Linnet «era *sua*». Lei «l'aveva vista, acquistata, ristrutturata e riarredata, spendendovi una montagna di soldi. Era il suo possedimento, il suo regno».[3]

Naturalmente, c'era anche un lato negativo in questo. Le case dei romanzi della Christie sono spesso tutt'altro che sicure. È infatti nell'ambiente domestico che compare una figura da incubo: il silenzioso, sinistro Bandito. Egli si introduce nello scenario di casa, «sedendosi al tavolo da tè» o «partecipando alla partita» e reca con sé «l'orribile sensazione della paura». L'esperienza personale di Agatha, del temporaneo disturbo mentale, aveva dimostrato quanto fosse facile passare dalla sicurezza al pericolo.

Un secolo e mezzo prima, storie emozionanti ambientate in castelli o magioni infestati dagli spiriti avevano caratterizzato il romanzo gotico, precursore del poliziesco. Agatha ebbe il merito di democratizzare il gotico, rendendolo appetibile al mercato di massa.[4] In *Avversario segreto*, per esempio, trasforma un appartamento londinese del tutto comune in un luogo di orrori. «A poco a poco» ci dice, «la magia della notte cominciò a suggestionarli. Si udivano improvvisi scricchiolii dei mobili, impercettibili fruscii delle tende».[5]

In una casa del ceto medio, come la definiva Agatha, potevano annidarsi «risentimenti profondi che covavano sotto la cenere e non sempre affioravano in superficie, ma esplodevano all'improvviso in atti di violenza».[6]

Chi comprava i gialli della Christie amava anche occuparsi della casa. Tra il 1920 e il 1945, videro la luce oltre una sessantina di nuove riviste rivolte alle lettrici del ceto medio, tra cui *Good Housekeeping* e *Woman and Home*.[7] La casa aveva rappresentato l'intero mondo per donne come Clara Miller, ma per la generazione di Agatha, la guerra e il relativo collasso del servizio domestico avevano reso necessario reinventare il luogo dove viveva la nuova classe borghese. Per il pubblico della Christie, le fondamenta della vita borghese tremavano, mutando volto e subendo profonde trasformazioni.

Questo spiega in parte perché Agatha si sia specializzata in un marchio di morte particolarmente legato alla casa: «omicidi di quieto interesse domestico», come lei stessa li definì una volta.[8] La critica Alison Light parla di un «addomesticamento delle armi del delitto» nei romanzi della Christie. I veleni che la scrittrice sceglie si trovano spesso all'interno delle case: l'arsenico usato per la salute degli animali domestici, il cianuro destinato alle api, la vernice per tingere un cappello. Utilizza anche, come armi del delitto, il pestello da cucina, lo spiedo della carne, la mazza da golf, il fermacarte, la racchetta da tennis e la palla di acciaio inserita nella testiera di un letto.[9]

L'interesse per la casa era un interesse femminile, che a sua volta ha fatto sì che il lavoro della Christie apparisse intrinsecamente inferiore. Lei stessa ne avrebbe convenuto. Dice infatti, nonostante il record di copie vendute negli anni Trenta: «Quando compilavo un modulo, alla voce 'Professione' non mi sarebbe mai venuto in mente di scrivere qualcosa di diverso dalla denominazione 'Casalinga'».

Uno dei motivi per cui restò sempre convinta di non essere una «scrittrice autentica», come diceva lei, era che non disponeva di uno studio tutto suo, destinato solo alla scrittura. Scriveva nei momenti lasciati liberi da quelle che considerava le cose più importanti della vita: fare spese, mangiare, rilassarsi. «Non so mai quando scrivi i tuoi libri, perché non te li ho mai visti scrivere» osservava un amico. Il suo ritirarsi in camera da letto o in strani angoli della casa era quanto mai lontano dall'idea convenzionale dell'autore che ha bisogno di spazi per esprimersi. Un «tavolino da lavabo con il ripiano di marmo, in camera da letto, era un ottimo posto per scrivere» dice, come lo era il «tavolo da pranzo tra un pasto e l'altro».

Tutto questo interesse per l'ambiente domestico contribuisce a spiegare perché, negli anni Trenta, la Christie acquistò compulsivamente case, arrivando a possederne otto. Erano acquisti relativamente a buon mercato, nella zona occidentale di Londra, per avere facile accesso alla stazione di Paddington e a Torquay, e perlopiù furono messe in affitto. Ma di solito Agatha teneva una delle case libera per uso personale.

All'epoca del suo secondo matrimonio, possedeva già un appartamento al 22 di Cresswell Place, dove aveva invitato Max per la prima colazione in occasione della rimpatriata post-Iraq. Cresswell faceva parte dell'eterogeneo agglomerato di scuderie e alloggi della servitù che in passato era sorto dietro una fila di dimore signorili. Oggi le ex scuderie sono un quartiere ricco, popolato di investitori in fondi speculativi che hanno la Porsche e l'istruttore di pilates. Negli anni Trenta, invece, le ex scuderie trasformate in pied-à-terre erano un trespolo da cui buttare un'occhiata a quello che all'epoca era ancora il quartiere artistico di Chelsea. I giornalisti le trovavano romantiche, il tipo di posto in cui poteva vivere una donna creativa e indipendente, con il loro colore che le faceva apparire «un albero primaverile radiosamente verde in mezzo ai tetti grigi».[10]

Dopo il secondo matrimonio, Agatha poteva permettersi di più, essendo salita nella scala sociale, e acquistò una casa al 47-48 di Campden Street a Kensington, vicino alla Central Line che prendeva Max per andare al British Museum. Era una casa rispettabile in una via rispettabile, anche se era un vicolo stretto con la metropolitana a un capo e una cisterna all'altro. Dopo la luna di miele, le lettere di Agatha a Max in Iraq dimostrano che le era rinato in cuore l'indomito spirito di arredatrice di case. In una sua missiva descrive per esempio «una giornata davvero elettrizzante e riprovevole: sono stata a una LIQUIDAZIONE e ho comprato una cassapanca di noce. [...] Ah, quanto mi è piaciuto [...] comprare cose di cui non ho bisogno!»[11]

La vita sociale londinese comprendeva incontri con il Detection Club al Café Royal. Aperto solo agli autori di narrativa poliziesca, il club aveva, come dice Dorothy L. Sayers, «lo scopo di farci andare a pranzo insieme e parlare in continuazione di lavoro».[12] Ma Agatha non era molto socievole. Diede il suo contributo ad alcune iniziative comuni del club, come un'antologia di racconti, ma presto decise che preferiva passare il suo tempo altrimenti. Ormai era lei a guadagnare il pane non solo per sé e Rosalind, ma anche per Max, e non intendeva svendersi. Inoltre, era rimasta scottata dalla collaborazione con una serie radiofonica della BBC a cui aveva aderito nel 1930, scrivendo storie con altri giallisti. Aveva trovato il progetto noioso e disorganizzato. Con molto più piacere aveva scoperto, lo stesso anno, che uno dei suoi lavori teatrali, *Black Coffee* (*Caffè nero*), sarebbe stato messo in scena. «Vorrei tu fossi qui a divertirti con me» scrisse a Max che si trovava in Iraq. «Sono nel bel mezzo delle prove, ho conosciuto la gente della radio e ho fatto un sacco di telefonate».[13]

Con riluttanza accettò di partecipare a una seconda serie radiofonica, ma era stata marchiata dalla BBC come «persona difficile». «Voglia spiegare per cortesia alla signora Mallowan le estreme difficoltà in cui ci ha messo negando la propria disponibilità» disse il produttore R.J. Ackerley a Carlo.[14] La volta successiva in cui Ackerley si mise in contatto con la scrittrice per farle una proposta, fu liquidato in fretta.

«Il nocciolo della questione è che detesto scrivere racconti brevi e che questi *non rendono...*» spiegò Agatha. «È molto più profittevole dedicare l'energia che occorre per ideare una serie a scrivere un paio di libri. Questo è quanto, mi dispiace».

Il produttore rimase abbastanza interdetto davanti a una risposta così categorica da parte di una donna. Nel tentativo di conquistarla alla causa radiofonica, Ackerley si profuse in complimenti: «Lei legge magnificamente e sono sicuro che sarà un enorme successo». Ma alle spalle la trattava con paternalismo, dicendo che era «tanto sorprendentemente bella quanto rompiballe». Nella sua qualità di produttore radiofonico, disse, la riteneva «piuttosto debole». D'altra parte, «chiunque sarebbe risultato debole se posto a confronto con la vitalità, la prepotenza e la sfrontatezza incredibili di quella donna tremenda che è Dorothy L. Sayers».[15] Per parte sua, la Sayers si lamentò con la Christie «delle enormi grane con la BBC», da cui la chiamavano «ogni due giorni» riguardo alla serie radiofonica a più voci. Aveva detto loro di «piantarla immediatamente e non continuare a scocciarla».[16] (Devo ammettere che l'idea di una Dorothy Sayers che risponde per le rime al signor Ackerley mi procura un riprovevole brivido di gioia).

Mentre Agatha portava avanti la propria carriera, Rosalind si ritrovò più in basso di quanto avrebbe voluto nella lista delle priorità materne. «Che cosa intendi fare?» protestò in una lettera. «Tornerai dall'America? Immagino tu sappia che mi devo presentare all'esame di musica».[17] Agatha poteva anche dirsi che la tranquilla Rosalind era in ottime mani, prima alla Caledonia School di Bexhill, poi alla Benenden School nel Kent, ma sua figlia non stava certo facendo faville. Il suo inglese era «discontinuo», la conoscenza della storia «insufficiente» e il suo francese «lacunoso». «Per tutto il tempo in cui è stata qui, ritengo abbia raggiunto solo la mediocrità» osservò la direttrice del convitto. «Mi dispiace che ci lasci prima di avere raggiunto un giusto livello del senso di responsabilità».[18]

Agatha aveva preso l'abitudine di passare una parte dell'anno con Max nel Vicino Oriente. Nel 1931 lui si trovò un nuovo capo, Reginald Campbell Thompson, che stava dirigendo gli scavi a Ninive, non lontano da Mosul, l'antica capitale dell'Impero assiro. Diversamente dai Woolley, Campbell Thompson accettò che Agatha seguisse il marito, purché lo facesse a proprie spese. Per parte sua, lei promise di non pubblicare niente che riguardasse il sito senza averne prima parlato con lui. Gli articoli erano importanti sia per chi li scriveva sia per la pubblicità che si faceva agli scavi.

Max e Agatha erano ormai una piccola impresa familiare. Nel 1930, lei si iscrisse a un corso di disegno per poter aiutare il marito nel riprodurre i reperti archeologici. «Ero molto timida... Avevo un complesso di inferiorità» ammise.[19] Ma avrebbe fatto qualunque cosa pur di compiacere Max. «Il tuo lavoro non mi sembrerà mai tedioso» lo rassicurò. «Ho disegnato un bellissimo vaso».[20] Dava sempre la precedenza al lavoro di lui, adattando il proprio al suo e non viceversa. Mentre nel 1933 era a Ninive, comprò un tavolo su cui finire il suo *Lord Edgware Dies* (*Se morisse mio marito*).

Aveva iniziato il romanzo nell'ottobre del 1931, quando era rimasta per qualche settimana da sola a Rodi, sulla rotta per Ninive. Le sue lettere rivelano che sentiva fisicamente la mancanza del marito: «Vorrei sdraiarmi prona al sole per farmi baciare da te su tutta la schiena».[21] L'appagamento sessuale la rendeva gelosa: «Appena ci si innamora di qualcuno, si diventa gelosi» ammise. «Ecco perché un cane va in giro ringhiando con l'osso in bocca. È convinto che gli altri cani glielo vogliano strappare. Ci sono altri cani a Mosul, tesoro? Forse, se ci sono, è meglio che tu non me lo dica!»[22]

Le sue lettere da Rodi fanno anche capire chiaramente che speravano di avere un bambino. Dall'analisi di tutta la documentazione viene da pensare che, quell'autunno, Agatha fosse incinta. Visitando una cattedrale, rivolse una preghiera a Giovanni Battista. «Forse non è la persona giusta da pregare per avere un figlio» rifletté, ma «dopo avere vissuto nel deserto nutrendosi di locuste, forse è più disposto degli altri a guardare con favore alla vita familiare».[23] Max era entusiasta all'idea di diventare padre, ma anche in ansia: «Amore, se avremo davvero un figlio sarà una grande gioia, ma se non l'avremo dovremo accettare anche quello con gioia… Preferirei mille volte rinunciare a un figlio che metterti a repentaglio, cara… Tu sei il mio amore e la mia prima figlia».[24]

Il 1931 fu anche un anno di delusioni: Agatha, ormai quarantunenne, ebbe un aborto. In seguito, pare che i due coniugi abbiano accettato l'idea che non sarebbero arrivati figli. In una lettera, lui accennò ad alcuni alberi che avevano seminato insieme: «I giovani virgulti che abbiamo piantato con le nostre mani. Quelli sono i nostri figli, i tuoi e i miei».[25]

Dopo il lutto dell'aborto, Agatha riprese in mano il suo romanzo autobiografico. La sua seconda incursione nella narrativa non di genere, *Ritratto incompiuto,* pubblicato nel 1934, la aiutò a rielaborare un pezzo di vita passata: il primo matrimonio e il suo fallimento, e l'esaurimento nervoso del 1926. Ormai poteva contemplare il passato da una posizione privilegiata.

Anche Max stava maturando. Convinse il British Museum a finanziare la sua primissima spedizione indipendente. Nel 1933, lo stesso anno in cui Agatha comprò quella che sarebbe stata la loro prossima casa, i due si prepararono a tornare in Iraq. La villa di tre piani, sontuosamente decorata con stucchi e fregi, rappresentò un altro deciso passo avanti nella scala sociale. Agatha ribattezzò il numero 58 di Sheffield Terrace, a Kensington, con il suo colore preferito, il verde, chiamandolo «Green Lodge».[26] In fondo alla strada c'era il parco di Holland House.

Agatha desiderò possedere quella casa appena la vide, anche per via del salone all'ultimo piano. Contrariamente a quanto aveva fatto in precedenza, decise che quello sarebbe stato il suo studio: «La mia decisione lasciò tutti sorpresi, perché non avevo mai espresso un desiderio del genere, ma poi dovettero convenire che era giunto il momento che la povera signora avesse una stanza tutta per sé». Al suo interno vi erano un pianoforte, un grande tavolo, una sedia imbottita con lo schienale rigido per scrivere bene a macchina e una poltrona comoda in cui riposarsi. Lì avrebbe scritto, almeno in parte, capolavori come *Assassinio sull'Orient Express, The ABC Murders* (*La serie infernale*) e *Poirot sul Nilo.*

Sorprende pensare che solo dopo dodici anni di carriera la Christie abbia pensato finalmente di riservarsi «una stanza tutta per sé», quella che Virginia Woolf considerava condizione indispensabile per una vita da scrittrice. Ma a quel punto, come osserva acutamente la storica Gillian Gill, «Agatha Christie non aveva bisogno di una stanza propria: era abituata ad avere case intere per sé. Era una di quelle donne, rare a trovarsi, che possono comprare più di una proprietà, utilizzando il denaro guadagnato con il lavoro, non ricevuto in eredità o elargito da mariti o amanti».[27]

Il primo scavo fatto da Max in autonomia fu ad Arpachiyah, in Iraq, e sarebbe costato duemila sterline. Scoprire la storia del finanziamento ci fa fare un viaggio interessante. Il British Museum diede una parte della cifra, la British School of Archaeology, in Iraq, sborsò seicento sterline e la squadra di supervisori si offrì parzialmente come volontaria.[28] Tuttavia avanzava una cifra che non era coperta da nessuno. «Spero che Mallowan resterà per qualche tempo a Londra, perché raccogliere un altro migliaio di sterline non sarà un'impresa facile» disse uno dei conservatori del British.[29] Max riuscì a ottenere cento sterline da Sir Charles Marston, noto per le sue donazioni all'archeologia, e altre cento da una certa Agatha Christie. Ma gli archivi del British Museum dimostrano che vi fu un'ingente somma – ben cinquecento sterline – donata da un finanziatore anonimo. Questo particolare donatore chiedeva che gli fossero restituiti i soldi nel caso fossero arrivati altri fondi (che non arrivarono).[30] Chi poteva essere, il misterioso benefattore, se non la moglie di Max? Agatha cominciò così quella che si sarebbe rivelata una lunga carriera di finanziatrice del lavoro archeologico del marito.

Max scoprì che sua moglie era preziosa anche per la pubblicità (e quindi il denaro) che procurava, con la sua fama, agli scavi da lui effettuati. «Una scrittrice partecipa a una grande avventura!» strillava una testata giornalistica. «Agatha Christie e un popolo scomparso: scavi in Iraq».[31] A Max piaceva lavorare «in modo importante, su scala adeguata» e, negli anni Trenta, l'ingente finanziamento permise di avere addirittura duecento operai sul sito.[32] Peccato però che lui e i suoi colleghi utilizzarono quello che oggi sarebbe considerato un metodo di scavo troppo distruttivo. Nei primi giorni ad Arpachiyah, per esempio, Max fece scavare un po' a caso ai suoi operai, per fare pratica. Durante uno scavo successivo effettuato nel 1976 risultò che il tumulo era «tutto pieno di strutture» che con quel metodo di scavo non erano state notate o erano state distrutte.[33]

Nel deserto, Agatha e Max conservarono le abitudini europee: si cambiavano d'abito per cena e facevano preparare ai cuochi del luogo piatti il più possibile europei. Tra gli oggetti portati ad Arpachiyah nel 1933 c'erano diciannove tovaglioli, e poi tovaglie, coppe lavadito e piatti fondi.[34] Nella lista della spesa di uno scavo successivo erano compresi tre bottiglie di gin, tre di Châteauneuf-du-Pape, due barattoli di burro danese, sei di curry, due di pâté-de-foie-gras e ventiquattro di manzo sotto sale.[35] Tutti i prodotti venivano portati sul sito con un camion che Max aveva fatto dipingere di color lavanda e che era chiamato Queen Mary.

Ma il primo scavo indipendente di Max in Iraq sarebbe stato anche l'ultimo. Al termine della stagione, si rivelò molto più difficile del previsto portare via i reperti dal Paese. Nell'autobiografia, Agatha dice soltanto che tornarono a casa «in preda all'esaltazione» ma la spedizione in realtà era finita con quello che sarebbe stato chiamato «lo scandalo di Arpachiyah».

L'Iraq era appena diventato indipendente e, dato il crescente nazionalismo, il governo decise di cambiare le regole riguardanti la suddivisione dei reperti archeologici. Negli scavi precedenti, si era diviso al 50% tra équipe straniere e museo nazionale iracheno. Quella divisione era gestita adesso dal direttore del museo, l'archeologo tedesco Julius Jordan, che, in uno sviluppo ulteriore della storia, risultò essere anche il capo del partito nazista iracheno. Ma a quel punto fu deciso che la maggior parte dei reperti dovesse restare in Iraq. A Max non fu concesso il previsto permesso di trasferirli in Inghilterra.

Scoppiò una controversia: Max e la comunità internazionale degli archeologi protestarono che in quel modo gli iracheni ostacolavano un'importante ricerca scientifica, mentre il Foreign Office britannico si ritrovò preso tra due fuochi. Gli archeologi sostenevano che le nuove regole erano state stabilite in base a uno spirito «di ottuso nazionalismo», mentre i diplomatici britannici ritenevano che gli archeologi avessero «un atteggiamento irritante e paternalistico per cui sembrava che concedessero, per motivi puramente altruistici, un beneficio al Paese in cui erano effettuati gli scavi».[36]

Alla fine, la questione fu messa ai voti all'interno del governo iracheno, dove una maggioranza risicata di un solo voto di differenza permise a Max di portare i reperti a casa. Max non vedeva l'ora di illustrare per iscritto le sue scoperte, un compito che, com'è noto, gli archeologi tendono a rimandare. Dal punto di vista del pubblico aveva un curriculum esemplare, in quanto aveva pubblicato molti pezzi divulgativi: negli anni Trenta aveva scritto parecchi articoli per l'*Illustrated London News*. Quando presentava la proposta alla redazione, teneva a sottolineare che, «nonostante la loro sensazionale eco», tutti i suoi fatti erano «dimostrati scientificamente».[37] Dal punto di vista dei colleghi archeologi, però, il suo stile colloquiale, forse influenzato da Agatha, non rendeva giustizia alla materia.

Lo «scandalo di Arpachiyah», che Max considerava solo un seccante inghippo burocratico, in realtà segnò la fine di un'epoca: da allora, gli archeologi occidentali non poterono più partire dall'assunto di potersi appropriare di tutti i reperti del Vicino Oriente che volevano. L'intera faccenda indusse Mallowan a decidere di non condurre più, almeno per qualche tempo, scavi in Iraq. Ma, se in quello fu deluso, ebbe una compensazione, perché, nel 1934, Agatha comprò la casa che lui aveva sempre sognato, una splendida dimora sul Tamigi in stile regina Anna, non troppo lontano da Londra. Winterbrook, alla periferia di Wallingford, nell'Oxfordshire, sarebbe sempre stata chiamata da Agatha «la casa di Max». Un amico la definì «un ambiente interno caldo, confortevole, ospitale, da classe alto-borghese, con tutti i comfort, le comodità, le gradevoli ceramiche e gli eleganti mobili che il benessere economico di Agatha aveva consentito di avere».[38]

Verso la fine degli anni Trenta, Max spostò l'oggetto delle sue ricerche in Siria. L'analisi del suo conto in banca dimostra che passava agli operai un compenso giornaliero, più un extra per le scoperte. Bisognava che la ricompensa per un buon reperto fosse concorrenziale rispetto ai prezzi dei reperti sul mercato nero, altrimenti gli operai sarebbero stati tentati di far uscire qualche oggetto dal sito e venderlo clandestinamente. Agatha contribuì a mantenere l'ordine, girando quatta quatta per il sito. Poiché non era un'archeologa e per giunta era una donna, non dava nell'occhio e così riferiva al marito se c'erano operai che dormivano o stavano con le mani in mano.[39]

Tom Stern, un archeologo tedesco, visitò la Siria nel 1999 per cercare di scoprire che cos'avevano pensato le persone vissute lì di Agatha Mallowan. Incontrò due degli ex operai di Max, che rammentavano «una donna bella e forte che sorvegliava gli operai. Ricordo il suo bastone da passeggio, con una estremità ripiegata: lei a volte la apriva e la trasformava in un sedile su cui si metteva a sedere». Era tutto vero.

L'atteggiamento di Agatha verso la popolazione del Vicino Oriente sarebbe cambiato nel corso del tempo. Se prima anche il personaggio positivo di un romanzo diceva «qualunque nome va bene per un *dago*»,[40] ossia il termine spregiativo usato per indicare persone di origine spagnola, italiana o portoghese, il suo atteggiamento divenne più aperto. Non le piaceva fare la figura dell'esigente e dell'altezzosa. Quando si attrezzava per una spedizione e cercava abiti che si adattassero al suo fisico corpulento, ironizzava su se stessa, dicendo che l'avevano mandata al reparto delle «mogli dei Costruttori dell'Impero».[41]

Ma, sia nelle opere sue sia in quelle di Max sull'argomento scavi, c'è sempre, sullo sfondo, un accenno a problemi con le maestranze e a conflitti con gli operai. «Sul sito abbiamo a che fare con una compagnia di canaglie mezze matte, e siamo costretti in continuazione a metterle in riga» ammise Max.[42] A un certo punto, due uomini rimasero uccisi a seguito del crollo di un tunnel nel corso di una ricerca per cui non erano state richieste le autorizzazioni. Agatha e Max furono costretti ad abbandonare un sito siriano, Tell Brak, a causa, dissero, di «pressioni e ricatti» da parte di lavoratori locali che volevano salari più alti.[43]

Nel frattempo, per Agatha essere la moglie di un archeologo sembrava più importante che essere una madre tradizionale. Dopo la scuola, Rosalind fu spedita in Francia. «Non so che cosa farò a Parigi, ma non posso non pensare che sia uno spaventoso spreco di denaro» scrisse la ragazza in una lettera alla madre.[44] In seguito fu mandata a Monaco di Baviera e si lamentò di sentirsi trascurata. «Di' alla mamma che è una carogna!» scrisse a Max. «Mi fa sentire infelice».[45] Agatha a volte nemmeno rispondeva alle sue lettere. «Per favore, mi puoi dire *quando* tornerai a casa?» protestò Rosalind a un certo punto. «Lo dici a Carlo e non a me... ho avuto un altro attacco di depressione».[46]

Dopo Monaco, nel 1937 venne, per Rosalind, il momento di debuttare in società, e Agatha se non altro riconobbe l'importanza di quel rito. «Che ti piaccia o no, credo che sarà un'esperienza interessante».[47] La ragazza fece il suo debutto con tutti i crismi a Londra, non in Egitto come era toccato a sua madre per risparmiare. Il vantaggio di avere una madre distratta, ma gran lavoratrice, era che era stata ripristinata la fortuna di famiglia dei Miller, andata perduta; lo svantaggio era che Agatha, essendo divorziata, non poteva presentare personalmente sua figlia a Buckingham Palace. Rosalind vi dovette essere condotta da un'amica.

Rosalind e la sua amica Susan North rifletterono sulla carriera da scegliere, ma riuscirono a farsi venire in mente solo quella di modelle. Agatha non approvava. Non sapendo che pesci pigliare, Rosalind raggiunse sua madre e Max in Siria e cominciò a disegnare i reperti, ma anche da questo nacquero delle tensioni. Rosalind, perfezionista, non era contenta dei propri disegni e voleva ricominciare da capo.

«Non valgono niente... li straccerò».
«Non sognarti nemmeno» le rispose Max.
«E invece sì».
Era l'inizio di un violento litigio in cui entrambi si scontrarono con rabbia, ma i disegni dei vasi dipinti furono salvati... nonostante Rosalind si ostinasse a dichiararsene insoddisfatta.

Rosalind era ormai abbastanza adulta da opporsi all'idea di essere usata come ispirazione per un personaggio. Quando Agatha scrisse *Come, Tell Me How You Live* (*Viaggiare è il mio peccato*), dovette promettere alla figlia, che detestava «la sola idea di quel libro (!) che in esso non si facesse nessun riferimento a lei».[48]

Agatha era ormai completamente diversa dalla persona distrutta che era stata nel 1926. Forse il taglio definitivo con il passato fu sancito dalla decisione sofferta di vendere la casa di famiglia, alla fine degli anni Trenta.

Negli ultimi quindici anni, Ashfield era stata il suo *buen retiro* di campagna. La cuoca Florence Potter era rimasta nella residenza, dopo la morte di Clara, e in occasione delle feste preparava pasti pantagruelici che comprendevano fino a diciassette portate, tra cui il famoso «porcospino di mela» (i cui aculei erano costituiti da mandorle).[49] Ma i visitatori trovavano la casa sempre più triste e «sinistra», con la sua pendola, le sue effigi di marmo e gli animali impagliati.[50]

Agatha prese la decisione di venderla nel 1938, quando comparve sul mercato immobiliare Greenway House, un'elegante villa georgiana dipinta di bianco, a Dartmouth. Un tempo di proprietà del deputato di Torquay e arroccata su un colle sopra un'ampia ansa del fiume Dart, era la «residenza ideale per degli yachtsman», con il riscaldamento centralizzato e diciassette vani tra camere da letto, spogliatoi, bagni, sala da biliardo, biblioteca.[51]

La rivista *Country Life* ne parlò come di «un potenziale hotel di prima classe». Nel 1938 la maggior parte della gente stava rinunciando alla casa di campagna come residenza privata,[52] ma non i Mallowan. La decisione di andare a visitare Greenway pareva quasi benedetta da Clara, perché una volta, in passato, Agatha era andata a vederla con sua madre.

> «Perché non la compri?» mi propose Max.
> Il fatto che fosse proprio lui a suggerirmelo mi lasciò senza fiato.
> «Sai bene quante preoccupazioni ti dà Ashfield, ormai».
> Certo che lo sapevo. Ashfield, la mia casa del cuore, era cambiata.

A impedire di vedere il mare dal giardino di Ashfield c'erano adesso una scuola media e una casa di cura, ma, a parte questo, il problema era che Max non aveva alcun legame affettivo con quella residenza. Così, per compiacerlo, Agatha, che aveva sempre voluto tenerla, cambiò idea e decise di venderla. Benché Ashfield le avesse fruttato un discreto gruzzolo, comprare Greenway e i suoi tredici ettari di terreno per 5.690 sterline non fu uno scherzo.[53] Agatha fece poi abbattere, sul retro, l'ala vittoriana della casa, pensando che la parte costruita prima, nel 1790, fosse «molto più bella». In seguito si pentì di non avere buttato giù anche altro, come «la vasta dispensa, le ampie caverne dove si facevano sguazzare i maiali, la legnaia, l'enorme retrocucina». Nel 1938, però, non aveva idea che un giorno avrebbe dovuto occuparsi di una simile, vasta residenza senza un aiuto domestico.

Nel 1939, nonostante la guerra fosse nell'aria, Agatha acquistò altri immobili a Londra, a Mayfair e St James, le zone più esclusive. Ma il meraviglioso decennio dei signori Mallowan stava per finire. Quell'anno lasciarono Beirut dopo quella che si sarebbe rivelata la loro ultima stagione di scavi. La tensione internazionale era tale da far sospettare alla coppia che non sarebbe ritornata a breve nel Vicino Oriente.

Agatha si appoggiò al parapetto della nave che stava salpando e guardò i monti azzurrini del Libano allontanarsi sempre più. Max le chiese a che cosa pensasse, mentre quasi un decennio di scrittura, viaggi e scavi in comune stava per finire.

«'Stavo pensando' infine gli rispondo 'che ci abbiamo vissuto molto felicemente...'»[54]

# 26
# L'età dell'oro

La felicità ispirò ad Agatha alcuni dei suoi capolavori. Il decennio che stava per concludersi nel 1939 era stata un'età dell'oro sia, in generale, per la narrativa poliziesca sia, in particolare, per lei. Sposando Max, aveva maturato una fiducia sempre più grande nelle proprie capacità professionali. Stava diventando l'abile, esigente scrittrice della maturità e i suoi editori, produttori e contatti d'affari furono costretti a prenderne atto. «Il mondo è molto crudele con le donne» fece dire a un personaggio di un suo romanzo. «Esse sono costrette a fare tutto quello che possono per sé stesse».[1]

Negli anni Venti, subito dopo essere 'scomparsa', aveva provato per la prima volta la sensazione di *dovere* continuare a lavorare, nonostante il dottore le avesse consigliato di riposarsi: «Non mi era rimasta altra fonte di denaro che il mio lavoro ed era quindi indispensabile che mi mettessi a scrivere un altro libro il più presto possibile».

In seguito avrebbe capito che quello era stato il momento in cui si era trasformata in una professionista, ed essere professioniste significava scrivere «anche quando non ne avevi voglia». Il libro che Agatha si era «costretta» a finire quando aveva l'esaurimento nervoso era stato pubblicato nel 1928 con il titolo *Il mistero del Treno Azzur-*

*ro.*[2] In quel periodo, Rosalind aveva cercato di attirare l'attenzione della madre ronzandole intorno mentre era seduta alla macchina da scrivere. «Sto qui buona, senza interromperti» diceva. Per questo, *Il mistero del Treno Azzurro* era diventato per Agatha un ricordo doloroso: «Credo sia il libro più brutto che abbia mai scritto».[3]

A causa della pubblicità dovuta ai fatti del 1926, però, il *Treno Azzurro* aveva venduto settemila copie, un risultato eccellente. Negli anni Trenta, le vendite della Christie calarono un poco, poi risalirono appena la Collins capì quale fosse il modo migliore di promuovere la sua giallista. Nel 1935, *Three Act Tragedy* (*Tragedia in tre atti*) vendette diecimila copie il primo anno, mentre nel 1942 *Five Little Pigs* (*Il ritratto di Elsa Greer*) ne vendette ventimila. E la tendenza non si sarebbe più invertita.[4]

Agatha ebbe la gradita impressione di un abbondante flusso di cassa, specie quando i suoi libri presero a uscire sulle riviste negli Stati Uniti. «I miei romanzi» spiega, «avevano cominciato a essere pubblicati a puntate sui giornali americani e i miei compensi, oltre a essere molto superiori a quelli che percepivo in Inghilterra, erano esenti da tasse». Quei guadagni erano considerati «un versamento in conto capitale», ma, in futuro, il problema delle tasse in America le si sarebbe ripresentato in una maniera decisamente fastidiosa.

Intanto cominciavano a prospettarsi altre fonti di reddito. Nel maggio del 1928, una versione teatrale de *L'Assassinio di Roger Ackroyd* fu messa in scena a Londra. Intitolato *Alibi*, e non adattato da lei per il palcoscenico, fu definito dall'*Observer* una nuova «pièce degli intrighi». Naturalmente il detective era Poirot, anche se Caroline, la zitella di mezz'età sorella del dottore protagonista del romanzo, diventava nel lavoro teatrale una ragazza sexy di nome Caryl.[5] Ma Agatha riteneva di poter fare di meglio, il che la indusse a scrivere una commedia, *Caffè nero*, che fu messa in scena nel 1930. L'esperienza delle due pièce le fece capire che Poirot non funzionava sul palcoscenico: era troppo esuberante e monopolizzava l'attenzione degli spettatori a scapito degli altri personaggi.[6]

Per quanto fosse sempre più interessata al teatro, non era a quello che Agatha riservava tutta la sua attenzione: era troppo impegnata. Negli anni Trenta, il decennio in cui scrisse più alacremente, sfornò venti romanzi e cinque antologie di racconti. Nel solo 1934 pubblicò due gialli, due antologie di racconti e un romanzo. Non si stava costruendo solo una carriera, stava diventando un vero e proprio marchio. Creò nuovi detective: il signor Quin e il signor Satterthwaite, che, più che veri e propri personaggi, servivano a mettere in moto il meccanismo della trama. Poi inventò Parker Pyne, che prometteva ai suoi clienti non tanto la soluzione di misteri, quanto un risultato elusivo come la felicità.

Parker Pyne era la versione per così dire 'non medica' del dottore che Agatha aveva consultato alla fine degli anni Venti. L'esperienza che aveva fatto con la psicoterapia avrebbe arricchito la sua opera. In seguito, la scrittrice avrebbe spiegato che i suoi primi romanzi polizieschi erano «una storia con una morale: in pratica, la rivisitazione di un antico dramma morale come *Everyman*». Dopo il divorzio, però, i desideri repressi dell'inconscio cominciarono ad apparire nelle sue opere molto più spesso come moventi di un delitto.

Negli anni Trenta, Poirot avrebbe cercato meno prove materiali e fatto maggiore assegnamento su quello che oggi chiameremmo *profiling* psicologico, «gli indizi più veri dati dallo scontro tra personalità e dai segreti del cuore».[7] In *Cards on the Table* (*Carte in tavola*), Agatha fa, cosa rara per lei, una dichiarazione d'autrice. In questa storia, dice, la deduzione è «interamente *psicologica*, ma non è per questo meno interessante, perché, a conti fatti, è la *mente* dell'omicida a essere di supremo interesse».[8]

La mente della stessa Agatha pareva una sorgente infinita di idee. Con il personaggio di Ariadne Oliver, romanziera detective, avrebbe fatto quasi una parodia di se stessa. La Oliver sarà anche una signora di mezz'età svitata e un po' sciatta, ma la sua mente brulica di idee in maniera quasi paradossale. Qui, riproducendo il funzionamento del cervello della stessa Christie, riflette a voce alta sui possibili moventi di un delitto. La vittima

> potrebbe essere stata uccisa da qualcuno che si diverte a uccidere le ragazze, ma sarebbe troppo semplice. [...] Oppure la ragazza poteva essere a conoscenza degli intrallazzi amorosi di qualcuno, o magari aveva visto seppellire un cadavere di notte e aveva riconosciuto la persona colpevole o qualcuno che stava nascondendo la propria identità, o magari conosceva qualche segreto su dove era stato sepolto un tesoro durante la guerra.[9]

Nel 1930, intanto, Jane Marple aveva fatto la sua prima apparizione in un romanzo, *The Murder in the Vicarage* (*La morte nel villaggio*), un libro che è senz'altro fra i miei tre Christie preferiti. Agatha lo scrisse nello stressante periodo in cui furono organizzate le nozze con Max, e lo pubblicò durante la luna di miele. Nel giallo inserì un regalo di nozze per lui, qualcosa comprensibile solo a loro due: uno dei personaggi, che si atteggia a eminente archeologo, risulta essere, alla fine, un ladro.

Tuttavia, quando Miss Marple fece il suo ingresso nella narrativa della Christie, non era ancora un personaggio pienamente tratteggiato. Il critico Peter Keating osserva, in maniera convincente, che è senz'altro il personaggio che l'autrice amava di più, il suo vero alter ego, ed è emerso in tutte le sue sfaccettature solo quando Agatha è diventata una professionista indipendente e di successo.

C'era stata una proto-Miss Marple in *L'assassinio di Roger Ackroyd*: la sorella ficcanaso del dottore, che fiutava segreti senza nemmeno dover uscire di casa. *L'assassinio di Roger Ackroyd* fu scritto verso la fine del matrimonio con Archie, quando Agatha cominciava a distaccarsi sempre più da lui. La vera e propria Miss Marple comparve «in una serie di sei storie uscite nell'arco di diversi mesi sul *Royal Magazine* a partire dal dicembre del 1927», e quindi dev'essere stata ideata durante il drammatico periodo della scomparsa di Agatha.[10] Poi il personaggio fece la sua prima, vera apparizione in un romanzo uscito poco dopo che Agatha aveva conosciuto Max e dava inizio al secondo atto della sua vita.

Uno degli altri fattori che favorirono la nascita di Miss Marple fu la maggiore rilevanza sociale che assunse la zitella nel periodo tra le due guerre. Miss Marple era troppo vecchia per essere stata una delle 'donne in eccedenza', ovvero una delle giovani nubili che erano risultate di due milioni più numerose dei celibi nel censimento del 1921, ma quelle donne in più rendevano le zitelle più visibili di quanto non fossero state nelle precedenti generazioni.

Inoltre, Miss Marple aveva alcune delle caratteristiche delle investigatrici donne in carne e ossa della Gran Bretagna interbellica, o almeno di quelle che si erano mostrate disposte a farsi intervistare dai quotidiani. Annette

Kerner, per esempio, avviò la sua attività di investigatrice nel 1915 e diventò nota come 'Mrs Sherlock Holmes', nella sua agenzia di Baker Street. Un giornalista si meravigliò quando si trovò davanti «solo un donnino grassottello... con i capelli grigi raccolti a crocchia». «Un aspetto insignificante è proprio ciò che deve avere un detective» spiegò la signora Kerner.[11] Proprio come Miss Marple.

*La morte nel villaggio* fu accolto da recensioni eccellenti, ma alcuni non capirono il personaggio di Miss Marple. Il *New York Times* ritenne che il romanzo desse troppo spazio alla «locale confraternita delle zitelle... una cosa di cui il lettore medio tenderà a stancarsi».[12] In anni successivi, Agatha avrebbe addolcito le asperità della sua Marple, rendendo il personaggio più dolce e meno aggressivo. In *La morte nel villaggio*, invece, è definita «una vecchia strega»[13]. In realtà, non le piace nemmeno il giardinaggio, ma lo usa solo come scusa per stare all'aperto e scrutare le mosse altrui.

Negli anni Trenta uscirono anche alcuni dei più famosi romanzi della Christie ambientati in località che i suoi lettori inglesi e americani giudicavano esotiche. Fu l'influenza dei suoi viaggi con Max. Quelle storie, *Assassinio sull'Orient Express* e *Poirot sul Nilo*, sono tradizionalmente tra le sue più famose, anche perché il contesto mediorientale le ha rese adatte a versioni cinematografiche dall'indubbio fascino visivo.

*Assassinio sull'Orient Express* fu ispirato dal viaggio di ritorno che Agatha fece da Ninive nel dicembre del 1931, quando un allagamento costrinse il treno a stare fermo per due giorni. Le lettere a Max in cui la scrittrice racconta l'intera, divertente avventura dimostrano che nel romanzo vi sono numerosi particolari presi dalla vita reale. Tra i passeggeri c'erano un greco con una moglie sulla settantina «spassosissima, con un viso orrendo ma che non potevi fare a meno di guardare» (come quello della principessa Dragomiroff), «due missionarie danesi» (che le avrebbero ispirato il personaggio dell'infermiera svedese Greta Ohlsson), «un grasso, allegro italiano» (che sarebbe diventato nel libro Antonio Foscarelli) «e una signora americana petulante, che faceva continue rimostranze» (come la Caroline Hubbard del romanzo).[14]

Ma l'intreccio ha al suo centro un altro espediente da Christie: il puzzle, con tutte le sue tessere a incastro, è ispirato a un delitto vero di cui la scrittrice aveva letto sui giornali: il rapimento e l'assassinio del figlio dell'eroico aviatore (e simpatizzante del partito nazionalsocialista) Charles Lindbergh e di sua moglie Anne, e l'ondata di solidarietà suscitata nel mondo dall'orribile avvenimento.

Nel suo libro, Agatha dimostra di avere osservato attentamente il treno, e gli orari che fornisce per le fermate corrispondono con quelli pubblicati dalle ferrovie nel 1932.[15] Nel 1933, dopo aver terminato la prima stesura, fece un secondo viaggio per verificare l'attendibilità dei numerosi dettagli. «Dovevo vedere dov'erano i vari pulsanti» spiegò.

Vi sono prove di altre ricerche che Agatha condusse per trovare conferma delle situazioni descritte nei romanzi, ma le sue indagini non erano sempre esaustive. Com'è noto, in *Delitto in cielo* (1935) dimenticò di verificare che la lunghezza necessaria a una cerbottana per sparare freccette avvelenate doveva essere di almeno venticinque centimetri, e anzi spesso assai maggiore, e quindi sarebbe stata una cerbottana troppo lunga per essere nascosta, come scrive Agatha nel romanzo, nel fianco di un sedile d'aeroplano.

Nel dicembre del 1933, il signore e la signora Mallowan viaggiarono, in Egitto, lungo il Nilo fino al Cataract Hotel di Assuan, e nacque così *Poirot sul Nilo.* Questa storia è tipica del periodo 'centrale' di Poirot, quello in cui il detective belga non svolge un ruolo significativo finché l'azione del romanzo non è ormai abbastanza avanti. In altre parole, Agatha non affidava più al suo personaggio di maggior successo il compito di direttore di scena, ma non se la sentiva nemmeno di escluderlo del tutto.

Anche in *Poirot sul Nilo* c'è un losco archeologo, e la Christie si concede il lusso di una discussione sulla somiglianza tra il lavoro di investigazione e quello di scavo.[16] Poirot dice che indagare è come grattar via il «terriccio finché non si trova» (come capitava a Max) «la verità, la pura, fulgida verità».[17] Nei romanzi di Agatha, stuzzicare Max e la sua professione diventò un tema ricorrente per tutti gli anni Trenta: in *Delitto in cielo* due gangster risultano essere una coppia di «colti e distinti archeologi».[18]

Max e i suoi scavi ritornano con forza in *Non c'è più scampo.* Gli appunti scritti a mano dalla Christie mostrano che il romanzo era ispirato a figure come quelle dei Woolley e di altri archeologi tratti dalla realtà. A narrare la storia è l'infermiera Leatheran, che ricorda Agatha nel suo carattere pragmatico, nel modo in cui osserva le cose e nel suo confessare l'attrazione per un giovane, tranquillo archeologo. «Mi ero presa una bella cotta per lui» dice.[19]

Quanto all'arte di seminare indizi, nel romanzo c'è un bell'esempio di espediente da Christie. Sentiamo dire che «il dottor Leidner era curvo su un mucchio di pietre e cocci disposti in fila. C'erano oggetti grossi che lui chiamava macine, e poi pestelli e utensili a forma di cesello e asce di pietra e altri frammenti con sopra curiosi disegni che non avevo mai visto prima».[20] Il termine strano e inatteso, 'macina', spicca in mezzo al mucchio di vasi e asce e cocci, ma poi la narratrice, l'infermiera Leatheran, passa ad altro argomento e tutto viene dimenticato. Solo che l'insolita parola 'macina' è stata registrata dal cervello del lettore attento, che forse non si stupirà se alla fine essa risulterà essere l'arma del delitto. Il critico J.C. Bernthal osserva che gli indizi della Christie hanno qualcosa di geniale, «perché ogni volta che ne semina uno, emette per così dire uno squillo di tromba. 'Una macina?' potremmo chiederci leggendo per la prima volta quella parola. 'Come mai? Ah, sì, certo, è un reperto archeologico'. E in seguito, ci ricorderemo della sua esistenza».[21]

Nonostante l'ambientazione, *Non c'è più scampo* è un'opera molto più tradizionale del suo predecessore, *The A.B.C. Murders* (*La serie infernale*), del 1935, del 1935. Lì l'espediente da Christie è di suggerire che a collegare i delitti sia l'alfabeto. Sbagliato! Il nocciolo della questione è, ancora una volta, una famiglia disfunzionale: «Alla fine, la natura apparentemente pubblica dei crimini ha soltanto mascherato un delitto domestico».[22] Con quel libro, Agatha si era anche buttata a capofitto in un nuovo genere letterario, quello che vedeva al centro un serial killer.[23]

Poi, nel 1939, uscì il romanzo oggi noto come *And Then There Were None* (*Dieci piccoli indiani*). In origine, ahimè, esponeva già nel titolo un epiteto razzista: *Ten Little Niggers*. Certo, il titolo era preso da una filastrocca per bambini, ma la parola proibita, la *N-word*, dava anche il nome all'isola su cui si svolgeva la storia. Alison Light osserva che la Christie faceva esplicito riferimento all'Africa, al cosiddetto 'continente nero' da cui Monty era tornato ammalato e drogato, il continente dove non esisteva il controllo sul comportamento umano proprio delle civiltà avanzate. Nel libro, uccidere un individuo di pelle bianca equivale al crimine di uccidere ventuno africani. «Agli indigeni non interessa morire, sa?» dice l'assassino Philip Lombard, si suppone per discolparsi.[24]

In parte, il motivo per cui alcune affermazioni della Christie oggi urtano tanto la sensibilità è che la gente ritiene la sua narrativa non legata a un particolare periodo storico. Certe frasi furono infatti espunte dalle versioni televisive che andarono in onda per tutti gli anni Ottanta e Novanta. Ma un altro motivo è che la sua scrittura è così limpida e scorrevole che non fa automaticamente pensare a un particolare anno o una particolare epoca. Questo, a sua volta, aiuta a spiegare la grande popolarità di cui l'autrice ha goduto in tutte le epoche e i Paesi, ma nasconde anche un elemento che dovrebbe essere evidente: ciascuna storia è un prodotto della classe a cui apparteneva l'autrice e del momento storico in cui venne scritta. Mentre ben pochi dei primi lettori britannici del ceto medio si sarebbero offesi per il titolo *Ten Little Niggers*, il discorso cambiava radicalmente in America, dove la questione razziale era più delicata e dove fin dall'inizio il romanzo fu pubblicato con il titolo *And Then There Were None*, ossia *E poi non ne rimase nessuno.*

Il *New York Times* lo apprezzò molto: «L'intera storia è assolutamente impossibile e assolutamente affascinante».[25] Il romanzo mostrava come l'autrice avesse raggiunto un nuovo livello di abilità narrativa, e come si fosse trasformata nella suprema, inesorabile dispensatrice di morte per i personaggi che la morte meritavano. Dopo l'inquieto periodo 1926-1930 in cui era salita alla ribalta la psicologia, ora che si trovava nel pieno rigoglio delle forze la Christie stava tornando a una posizione più tradizionale di contrapposizione tra bianco e nero, tra bene e male.

Quando fu pubblicato *And Then There Were None*, però, un incidente ebbe un importante effetto negativo sulla sua fama letteraria. In un articolo della Collins su *Crime Club News* fu rivelato, in pratica, il segreto dell'intreccio, il che irritò molto la scrittrice. Come osserva la critica Merja Makinen, questo indusse i suoi editori a stare estremamente attenti a non rivelare troppo delle sue trame. È una reazione comprensibile, che però ebbe l'effetto di rendere meno benevola la critica letteraria. Più si dà risalto all'intreccio o a quella che a volte è stata chiamata la qualità «algebrica» della scrittura di Christie, meno si tende a notare e godersi i dialoghi, i personaggi e lo humour dei suoi libri migliori.

È un altro dei fattori che hanno portato così spesso la critica a sottovalutare questa fine giallista.

PARTE SETTIMA

# Farmacista in tempo di guerra

*Anni Quaranta*

# 27
# Sotto le bombe

Nell'autunno del 1941, in tempo di guerra, Agatha era ancora una volta al lavoro nella farmacia di un ospedale.

L'alto palazzo di mattoni rossi dello University College Hospital era in Gower Street. La biblioteca, dall'altra parte della strada, era stata bombardata e centomila libri erano andati distrutti. «L'ospedale è ancora in piedi, anche se tutti gli altri palazzi, intorno, sono stati rasi al suolo» scrisse Agatha.[1] Dei cinquecento letti esistenti, centoquaranta erano tenuti liberi per le vittime dei raid aerei, come le settanta persone che furono accolte in una sola notte, in aprile.[2]

I mesi peggiori del Blitz, quelli del bombardamento aereo di Londra, erano ormai terminati, ma a volte, quando suonava l'allarme, i londinesi dovevano ancora correre nei rifugi. Gli Stati Uniti non erano ancora entrati in guerra. Quando gli editori americani di Agatha chiesero delle foto per fare pubblicità al romanzo di quell'autunno, lei pensò che le immagini delle precarie condizioni dell'ospedale sarebbero servite sia come pubblicità sia come invito a sostenere la Gran Bretagna: «Se vogliono delle foto, si prendano queste».[3]

Lasciando l'ospedale al termine del suo turno, Agatha saliva su per la collinetta di Hampstead Heath e, una volta arrivata a casa, cominciava il suo secondo lavoro:

scrivere. Parlava della guerra anche nei libri. Il suo nuovo romanzo, *N or M?* (*Quinta colonna*), tirava in ballo spie tedesche, evocava la paranoia del tempo di guerra e, particolare più famoso, prendeva in giro i nazisti.

La nuova casa di Agatha era all'apparenza una strana scelta: il palazzo tutto dipinto di bianco, dall'aria incredibilmente moderna chiamato Lawn Road Flats, a Belsize Park, pareva «un gigantesco transatlantico cui mancavano solo un paio di fumaioli».[4] Gli altri inquilini trovavano la loro matronale vicina, che aveva appena superato i cinquant'anni, poco in sintonia con il genere poliziesco. Un vicino, un architetto ungherese, «passandole spesso accanto ebbe l'impressione di una signora tranquilla, dall'aria tenera, che si sarebbe immaginato molto più nell'atto di coltivare rose in giardino che di scrivere gialli».[5]

Agatha viveva da sola a Lawn Road Flats, separata da Carlo, da Rosalind e, cosa più importante di tutte, da Max.

All'osannata e profumatamente pagata autrice degli anni Trenta, con il suo marito molto più giovane e i suoi lunghi, affascinanti soggiorni nel Vicino Oriente, il mondo del tempo di guerra apparve assai diverso. Lavorava più sodo di quanto non avesse mai fatto, ma era pericolosamente vicina a cadere in depressione.

Fu nel 1938 che l'età dell'oro di Agatha cominciò a perdere le sue scaglie dorate. Quell'anno morì Peter, il cane che l'aveva consolata nel 1926 e che era stato protagonista del suo romanzo *Dumb Witness* (*Due mesi dopo*). Fu anche l'anno in cui ricevette una lettera da Edmund Cork che in un primo momento non le parve troppo inquietante. Cork le comunicava che l'erario statunitense si stava informando sui suoi guadagni oltreoceano, su cui fino ad allora non le era mai stato chiesto di pagare le tasse. Harold Ober, il suo agente americano, si rivolse a un legale perché lo aiutasse a rispondere ai quesiti del fisco.

Fu un bene, per la pace del suo spirito, che Agatha non intuisse neanche lontanamente quale evoluzione avrebbe avuto la richiesta del fisco americano. Poco tempo dopo, la Federal High Court degli Stati Uniti decise che qualsiasi autore britannico dovesse pagare le imposte americane. I legali di Agatha replicarono che fino ad allora non le era mai stato chiesto di pagare alcuna imposta e, in ogni caso, quanto retroattivo doveva essere, il provvedimento? Erano circa vent'anni che la scrittrice veniva pubblicata negli Stati Uniti. La risposta fu preoccupante: «I rappresentanti del fisco, qui [...] stanno chiedendo di vedere i conti di Agatha Christie fin dall'inizio» spiegò Ober. «Cercherò di guadagnare più tempo possibile, in questa faccenda».[6]

Anche le notizie provenienti dal mondo erano preoccupanti. Domenica 3 settembre 1939, gli abitanti della Gran Bretagna ascoltarono alla radio il loro Primo ministro annunciare che il Paese aveva dichiarato guerra alla Germania. I Mallowan ascoltarono la trasmissione nella cucina di Greenway, dove Agatha stava preparando un'insalata. Il registro della parrocchia rivela che la famiglia di Greenway era diventata piuttosto numerosa: Agatha, Max, Rosalind e tre membri del personale domestico, Katherleen Kelly, Edith Perkins e Dorothy Mitchell. C'era anche Elizabeth Bastin, che viveva al Ferry Cottage, sul terreno della villa. Max riteneva la signora Bastin una donna «sciocca» e ricordava che quella fatidica domenica, a pranzo, la stupidina «pianse sopra l'insalata».[7] Eppure la Bastin fu la più preveggente. Non fu solo la fine di un decennio di pace, ma anche la fine di un certo stile di vita, per i due coniugi. Anche a prescindere dai guai finanziari che si profilavano in America, i due stavano per scoprire di non potersi più permettere il loro lussuoso tenore di vita a Greenway.

Tuttavia rimasero lì, giacché la guerra dichiarata ma per il momento non combattuta parve, in un primo tempo, non comportare sostanziali cambiamenti. Allo scoppio del conflitto un milione di britannici, un terzo dei quali donne, si offrirono volontari per contribuire allo sforzo bellico. Unita alla risposta data alla successiva chiamata alle armi del governo, questa reazione avrebbe fatto della Gran Bretagna la nazione combattente con la percentuale più elevata di popolazione civile che si fosse offerta di dare un contributo. Anche Agatha e Max volevano fare la loro parte, ma impiegarono tempo a trovare il modo di collaborare.

Per parte sua, Max dovette fronteggiare l'aura di sospetto che circondava gli stranieri e che fu una caratteristica molto negativa del periodo bellico. I suoi genitori rappresentavano un ostacolo al suo servizio nelle forze armate. Marguerite e Frederick Mallowan furono classificati «stranieri nemici», perché nati all'estero, e dovettero presentarsi davanti al tribunale che doveva decidere se fossero da internare in un campo.[8] Di queste preoccupazioni si coglie l'eco in *Quinta colonna*, dove Tommy e Tuppence, i detective protagonisti, contestano il generale entusiasmo con cui il popolo britannico accoglie l'idea di internare i profughi nei campi. Tuppence, che odia indiscriminatamente tutti i tedeschi, spiega: «È una maschera di guerra che indossi. Fa parte della guerra e probabilmente è una parte necessaria, ma è temporanea».[9]

Max poteva solo sperare che le autorità mettessero da parte la 'maschera di guerra' e capissero che egli aveva qualcosa da offrire. A trentacinque anni, pensò, era troppo vecchio per il servizio militare attivo. Per lo meno riuscì a entrare nella Home Guard di Brixham, dove si ritrovò a prestare servizio con un professore di greco antico: «La nostra conoscenza delle guerre elleniche non è seconda a nessuno» fu il suo commento.[10]

Graham Greene, che lavorava per il ministero dell'Informazione, chiese ad Agatha se voleva unirsi a lui per scrivere testi di propaganda. Lei rifiutò, dicendo che riteneva di non essere per niente brava in quel compito. Eppure fu proprio propaganda quella che produsse, a suo modo, in *Quinta colonna*. Contrariamente a quanto aveva fatto in precedenza, alla fine, nel romanzo, menzionò gli ebrei nel ruolo di vittime. «A quanto ne capisco io» disse a Edmund Cork, «se i tedeschi riuscissero a invaderci, io sarei portata dritta in campo di concentramento per quello che ho scritto!»[11] In realtà, a mano a mano che la guerra proseguiva, avrebbe preparato davvero alcuni testi per il ministero dell'Informazione. Quando per esempio la Russia e la Gran Bretagna diventarono alleate, scrisse un articolo sulla narrativa poliziesca da pubblicare in Unione Sovietica.[12]

Quello della guerra dichiarata ma non combattuta, dall'autunno del 1939 all'estate del 1940, fu un periodo di produzione eccezionale per Agatha. Angosciata dal fisco americano e dagli avvenimenti mondiali, scrisse come una matta. Il magnifico *Corpi al sole* era la storia di una vacanza ambientata nel Devon, che rappresentava una gradita distrazione dalla notizia della caduta della Francia. Dopo quello, continuò a sfornare storie, firmando altri due romanzi, *Sleeping Murder* (*Addio, Miss Marple*) e

*Curtain* (*Sipario, l'ultima avventura di Poirot*). Il primo aveva per protagonista Miss Marple, mentre nell'altro Hercule Poirot moriva: non andavano pubblicati subito, ma tenuti in serbo per il futuro. Furono depositati nel caveau di una banca, assicurati contro la distruzione e ceduti con atto di donazione rispettivamente a Rosalind e Max. Agatha chiese a Cork di organizzare le cose in modo che la sua famiglia ricevesse una cifra congrua in caso di una sua «improvvisa dipartita».[13] Una persona che era stata economicamente rovinata in gioventù non poteva mai del tutto affrancarsi dalla paura di ritrovarsi di nuovo in quella situazione. Quei timori la indussero a lavorare eccessivamente. «Ho davvero troppo da fare e mi scoppia la testa» si lamentò.[14]

Nel gennaio del 1940, a Max fu finalmente assegnato un lavoro da volontario presso un fondo che aiutava la popolazione colpita da un terremoto in Turchia. Quanto ad Agatha, dopo aver dato l'esame per entrare nell'Air Raid Precautions Auxiliary Reserve della St John Ambulance Brigade, tornò al vecchio impiego al dispensario dell'ospedale di Torquay. La sua carta d'identità del tempo di guerra, tutta logora, mostra come appariva nel suo impiego quotidiano di volontaria: con una giacca nera indosso, l'espressione seria e il doppio mento, ma con una splendida acconciatura di riccioli biondi e una bella collana di perle al collo.[15] Provò anche a fare volontariato alla mensa, perché era convinta che il lavoro manuale controbilanciasse lo sforzo creativo di scrivere. «Una certa dose di attività fisica» osservò, «libera anche il versante psichico, che si libra così nello spazio elaborando propri pensieri e creazioni».

Il suo agente protestò, dicendo che avrebbe dovuto fare qualcosa di più «importante» che lavorare in un dispensario o in una mensa, ma lei criticò la sua tendenza tutta maschile a stabilire gerarchie in cui la medicina e il cibo erano di scarso rilievo. «Facile dire che 'dovrei fare un lavoro più importante'... Ma mi vuoi dire, *tu*, che idea hai del lavoro *interessante* e *importante* che potrei fare?»[16]

A poco a poco la guerra si fece sentire anche nel Devon. «Le bombe ci fischiavano intorno» scrisse Agatha al suo agente. «Credo mirassero a colpire una nave ospedale ancorata vicino a noi sul Dart».[17] I colti colleghi di Max della Home Guard videro la loro vita scombussolata da azioni impreviste: «La settimana scorsa abbiamo avuto paura di un'invasione: in casa hanno fatto irruzione soldati così carichi di armi ed equipaggiamenti che quasi non riuscivano a muoversi».[18] A Londra, pure il lavoro di Cork fu interrotto: «Il raid della notte scorsa ha fatto tremare la casa: l'esplosione ha sbalzato da tutte le parti i registri dei contratti».[19]

Nel periodo di poco precedente Dunkerque, Agatha lavorava ancora come una matta ed era sempre più irritabile. Scrisse di nuovo a Cork, dopo avere discusso della richiesta dell'agente di cambiare il finale di *One, Two, Buckle My Shoe* (*Poirot non sbaglia*), un romanzo ambientato nello studio di un dentista. Si firmò «la tua cliente, che ha una gran fretta ed è abbastanza seccata del fatto di dovere correggere questo libro».[20] Era così concentrata sul lavoro che le ci volle parecchio per accorgersi, nella primavera del 1940, che Rosalind era sempre attaccata al telefono.

Il mistero sarebbe stato risolto a tempo debito, ma presto la famiglia dovette andarsene da Greenway. Agatha affittò la casa ai signori Arbuthnot, una coppia di infermieri, e a dieci sfollati. I nomi di alcuni dei bambini ospitati ci sono pervenuti grazie alle etichette rimaste appiccicate agli scaffali della credenza di Greenway dove riponevano la tuta da indossare nel rifugio. Si chiamavano Maureen, Tina, Pamela, Beryl, Tommy, Raymond e Bill. «La domenica» rammenta la sfollata Doreen Vautour, ciascun album fotografico dei bambini soli veniva tirato giù dalla cima dell'armadio, dove stava di solito, e «tutti guardavamo le foto dei nostri genitori e di altri parenti».[21]

Nel frattempo, nel cottage preso in affitto, Agatha si preoccupava delle proprie entrate: «Avrò presto dei soldi dagli americani? [...] Sono sotto di parecchio, nel mio conto in banca».[22] Ma la risposta fu negativa. In agosto, le autorità statunitensi le impedirono di prelevare soldi dagli Stati Uniti. Cork la avvertì che forse avrebbe dovuto addirittura pagare 78.500 dollari al fisco americano, una somma che fin dal 1930 si era accumulata per imposte non pagate, cui andavano aggiunte possibili «soprattasse per non avere presentato la dichiarazione dei redditi».[23] Per giunta, anche le tasse britanniche erano aumentate per finanziare la guerra. Daphne du Maurier, un'altra scrittrice che vendeva molto come lei, guadagnò venticinquemila sterline nel 1942, ma ci pagò su il 90% di tasse, «una somma sufficiente a comprare un bombardiere Lancaster!»[24] L'erario britannico pretendeva l'80% del reddito di Agatha, compresi i guadagni americani che non le erano ancora pervenuti. La scrittrice fu costretta e chiedere un prestito per pagare le imposte, e anche quello non le fu concesso subito. Come spiegò Cork, «è una donna ricca e non dovrebbe avere difficoltà a prendere in prestito la somma, ma la guerra ha cambiato tutto». «La signora Christie sarebbe l'ultima persona al mondo a evadere disonestamente qualunque imposta fosse da lei dovuta allo Stato» concluse, ma in quel momento gli toccava cercare in giro qualche «espediente disperato per consentire alla poveretta di sopravvivere».[25]

La reazione di Agatha alla situazione non fu quella di una donna d'affari. Semplicemente, si mise di buona lena a scrivere ancora di più. «Credi di riuscire a mandarmi un po' di nastri per macchina da scrivere?» chiese a Cork. «Questo qui è così consumato che non vedo nemmeno più che cosa è scritto sul foglio».[26]

Mentre lei lavorava come una matta, iniziarono la Battaglia d'Inghilterra e il Blitz. Ma fu solo l'11 febbraio 1941 che la cosiddetta *Phoney War*, la guerra dichiarata ma non combattuta, ebbe davvero termine per i Mallowan. Fu allora che Max, dopo avere oliato con strenua tenacia le ruote giuste, riuscì finalmente a ottenere un incarico nella RAF. Sarebbe stato un impiego stabile con uno stipendio, una cosa che prima d'allora non aveva mai avuto. Si rese conto che Agatha non poteva continuare a finanziargli la professione di archeologo: «Non riusciremo più a mettere da parte i soldi per dedicarci agli scavi, e poi è una professione incerta» le disse.[27]

Il nuovo lavoro era nel settore amministrativo della RAF e Mallowan l'aveva ottenuto attraverso un amico dell'epoca del British Museum, l'egittologo Stephen Glanville. Era strano, per uno come lui che preferiva l'élite, scegliere la RAF rispetto ad altri corpi, ma forse la Royal Air Force era più disposta ad assumere un archeologo dall'aria studiosa e poco militare. Così Agatha vide pure il secondo marito arruolarsi nel ramo più giovane, ma anche più dinamico, delle forze armate britanniche.

Nel marzo del 1941, il settimo mese del Blitz, Max e Agatha si trasferirono a Londra per vivere nel Lawn Road Flats. Anche Stephen Glanville avrebbe abitato per un certo tempo nello stesso isolato. Stephen lavorava già nel ramo intelligence della Direzione dei collegamenti alleati ed esteri della RAF, e i due amici dividevano un ufficio saturo di fumo di pipa.

Perché Agatha accompagnò Max a Londra? Forse si ricordava di quel che era successo quando aveva lasciato Archie da solo nei campi di golf, a innamorarsi prima del gioco e poi di Nancy. Ma la decisione non era priva di rischi. Le finestre del Lawn Road Flats erano saltate in aria già la seconda notte del Blitz e, tra l'ottobre del 1940 e il giugno del 1941, trentotto bombe piovvero sul quartiere.[28] Quando Agatha e Max vi si trasferirono, mancavano ancora due mesi alla fine del Blitz, ma evidentemente scelsero Lawn Road perché se non altro il palazzo aveva una struttura in acciaio e cemento armato, che era considerata eccezionalmente sicura durante le incursioni.[29]

Ben pochi l'avrebbero giudicato il posto più confortevole in cui vivere. Nel 1946, i lettori della rivista *Horizon* avrebbero messo Lawn Road Flats «al secondo posto nella classifica dei palazzi più brutti d'Inghilterra».[30] L'edificio, che era stato portato a termine nel 1934, aveva per inquilini artisti, socialisti, almeno quattro spie sovietiche distribuite in vari periodi, numerosi immigrati e persone creative di ogni tipo. Oggi è anche chiamato Isokon Building, dal nome dell'azienda di mobili in compensato che gestivano, a latere, i costruttori del palazzo Molly e Jack Pritchard, una coppia aperta con idee di sinistra.

Il prospetto informativo originale del palazzo prometteva appartamenti per «uomini e donne d'affari che non hanno tempo per i problemi domestici».[31] La casa di Agatha era stata progettata per un nuovo tipo di persona, un professionista indipendente, che lavorava molto. Quasi tutti gli appartamenti erano solo 5,4 metri per 4,67, con porte scorrevoli per nascondere la minuscola cucina con il fornello Belling e il frigorifero Electrolux.[32] In realtà, si partiva dal presupposto che gli inquilini pranzassero nel ristorante del palazzo, che era gestito da Philip Harben, spesso definito «il primo chef di chiara fama» per le sue apparizioni televisive. Ad Agatha piaceva il fatto «di poter sempre scendere, la sera, al ristorante e cenare parlando con qualcuno».[33]

Considerato che un tempo aveva posseduto otto case, Agatha era finita a Lawn Road Flats perché era in quel momento incredibilmente a corto di immobili: Greenway, Winterbrook e Cresswell Place erano tutti affittati a inquilini. Poiché l'assicurazione per tutelarsi dai danni da bombardamento era carissima, Agatha alla fine vendette la sua proprietà di Campden Street. Non poteva usare Sheffield Terrace perché era stata devastata da una bomba il 10 novembre 1940. «Porta d'ingresso e gradini saltati in aria» annotò, e anche tetto e camini erano andati distrutti, mentre «le case accanto e davanti erano state praticamente rase al suolo».[34] Agatha e Max consideravano naturalmente una fortuna non essersi trovati all'interno della casa in quel frangente. Agatha aveva un atteggiamento fatalista verso le incursioni e, dice, non scese mai in nessun rifugio. Se ne stava a letto. «Non mi svegliavo nemmeno» spiega. «Quando udivo la sirena o le bombe a breve distanza pensavo, mezzo addormentata... 'Oh, santo cielo, eccoli di nuovo!' e mi giravo dall'altra parte».

Londra sotto le bombe era diventata diversa. Graham Greene descrisse la sua atmosfera inquietante e a suo modo affascinante durante il Blitz: «Una città vuota e cupa, tormentata da grandi esplosioni, torturata dal fuoco della contraerea, illuminata da fiamme rosseggianti, satura di un fumo acre e della polvere degli edifici crollati». Uno spettacolo di «terrificante bellezza» scrisse un giornalista americano: la città si stendeva sotto «un soffitto rossastro popolato di palloni, lampi, granate che scoppiavano e stridio di macchine infernali. E dentro di te, nell'anima, ti sentivi emozionato e stupito all'idea che questo fosse potuto succedere e stesse per succedere ancora».[35]

Ma indulgere in commosse riflessioni sulla strana bellezza della guerra era una cosa da scrittori maschi, non da donne che lavoravano dalla mattina alla sera. Secondo un rapporto del Mass Observation Project, la guerra aveva «procurato alle donne, molto prima di quanto non abbia fatto il conflitto del 1914-18, problemi gravi e di vasta portata». Le donne erano state messe in grave difficoltà dal blackout. Secondo il rapporto, la «donna comune» sopportava «l'urto peggiore di questa 'guerra sul fronte domestico'».[36]

Oltre a lavorare al dispensario dello University College Hospital, nel 1941 Agatha si assunse il compito materiale di vuotare, pulire e organizzare le sue troppe case. A tempo debito, sia Greenway sia Winterbrook dovettero essere sgomberate quando furono requisite per uso militare. I domestici della sua gioventù erano ormai un lontano ricordo. Perfino Carlo ora lavorava in una fabbrica di munizioni. Come la maggior parte dei britannici, Agatha non si sdilinquiva in accenti lirici davanti alle sfumature rossastre del cielo in fiamme, perché era sfinita.

Poiché il palazzo di Lawn Road Flats era frequentato, si diceva, da socialisti e spie, il fatto che la scrittrice avesse lì la sua residenza indusse la gente a chiedersi se non fosse una donna che sapeva troppo. Quando, nell'autunno del 1941, uscì la sua spy story *Quinta colonna*, le autorità si insospettirono, perché uno dei personaggi era un maggiore di nome Bletchley. A partire dal gennaio del 1940, si stava cercando infatti di decrittare i codici tedeschi in una base dell'MI6 del Bedfordshire chiamata Bletchley Park, e la sovrapposizione tra i due nomi sembrava una coincidenza pericolosamente rivelatrice. Ad allarmare ancora di più l'MI6 era il fatto che il decrittatore e classicista di Bletchley Park «Dilly» Knox, che aveva contribuito a decifrare i segreti della macchina tedesca Enigma, conosceva bene Agatha.

A quel punto, Knox fu interrogato su una possibile falla nella sicurezza, e gli fu ordinato di invitare Agatha a bere il tè con lui e chiederle, senza rivelare il suo scopo, come fosse arrivata a scegliere il nome del maggiore Bletchley. Agatha, però, gli diede una risposta molto banale: una volta era rimasta ferma su un treno in ritardo alla stazione di Bletchley, e l'attesa era stata così noiosa da indurla a ritenere quello un nome adatto a un personaggio noioso.[37] Insomma, i segreti di Bletchley Park erano al sicuro.

Agatha avrebbe continuato a lavorare al dispensario dello University College Hospital per tre anni, due volte la settimana a giornata intera e tre a mezza giornata. «Pochissime persone sapevano che c'era un personaggio così famoso a servire le medicine nel reparto pazienti esterni» avrebbe ricordato un collega. Agatha amava chiacchierare con i pazienti attraverso uno spioncino che impediva loro di vederla e tutelava così la sua privacy. Oltre a fare l'orario regolare, tutte le mattine «telefonava per sapere se mancava qualche membro del personale, nel qual caso arrivava il più celermente possibile da Hampstead per dare una mano».[38]

Quando non era in ospedale, scriveva. Secondo un altro rapporto del Mass Observation Project, la scrittrice continuava a essere un nome popolare tra le persone che subivano le incursioni aeree: «Di tutti gli autori di polizieschi menzionati, Agatha Christie al momento è sicuramente al primo posto nei sondaggi». Una vedova di cinquant'anni spiegò il fascino dei suoi romanzi: «In questo modo sono costretta a concentrarmi. Studiare i sospetti e calcolare come funziona il meccanismo mi calma i nervi».[39] Rapporti incoraggianti sulle vendite arrivarono anche dall'America. *L'assassinio di Roger Ackroyd* continuava a vendere «al ritmo di circa 5.000 copie al mese».[40]

In quel periodo, Agatha produsse un'intera serie di libri particolarmente riusciti: *The Moving Finger* (*Il terrore viene per posta*), *The Body in the Library* (*C'è un cadavere in biblioteca*), *Towards Zero* (*Verso l'ora zero*) e *Five Little Pigs* (*Il ritratto di Elsa Greer*). I primi due sono classiche detective story, mentre gli ultimi due hanno una connotazione più 'impressionistica', che si allontana dalle regole dell''età dell'oro'. Ne *Il ritratto di Elsa Greer,* il delitto è un *cold case* avvenuto nel lontano passato e Poirot deve capire la natura delle relazioni tra le persone coinvolte nel caso. È la storia prediletta da quelli che amano più la Christie 'psicologica' che quella irreggimentata nei meccanismi algebrici. Come vedremo, però, quando Agatha pensava e scriveva di relazioni psicologiche, voleva dire che non stava del tutto bene con la propria psiche.

Dei romanzi del tempo di guerra, solo *Quinta colonna* parla apertamente del conflitto, in parte perché gli editori chiedevano alla scrittrice romanzi d'evasione, in parte perché lei preferiva affrontare gli argomenti in maniera indiretta. Ne *Il terrore viene per posta,* per esempio, la guerra è presente ma fuori scena, dato che l'azione inizia con un disastro aereo. Anche se nessuno lo dichiara esplicitamente, viene subito in mente la Battaglia d'Inghilterra. A causa dell'incidente, il protagonista è costretto a ritirarsi dal mondo militare per vivere con sua sorella in un paesino «dove regnano tranquillità e calma assolute»: proprio ciò che la Gran Bretagna dilaniata dal Blitz desiderava di più.

J.C. Bernthal osserva che le opere scritte da Agatha in tempo di guerra includono non meno di quattordici vittime di sesso femminile, rispetto alle tre di tutti gli anni Venti. È importante anche l'estrema femminilità di alcuni di quei cadaveri. Il corpo femminile fornisce la chiave per risolvere il mistero in *Corpi al sole*, dove un'altra donna di grande femminilità è la splendida e abbronzata attrice Arlena Stuart. In *C'è un cadavere in biblioteca*, che secondo la Christie aveva «il migliore incipit che abbia mai scritto», una ballerina con un abito da sera che le lascia la schiena completamente nuda viene scoperta, priva di vita, nella biblioteca del signor Bantry.[41] Quando Miss Marple si accorge delle unghie poco curate del cadavere, intuisce che la «ballerina» è in realtà una *girl scout* acconciata in maniera da sembrare sexy.[42] Cambiare in qualche modo aspetto era un'aspirazione di molte donne in un decennio in cui disegnarsi sulla parte posteriore delle gambe una finta cucitura era diventata un'alternativa a calze di seta dal costo proibitivo. Come già all'epoca della Grande Guerra, Agatha era tornata, consciamente o meno, a dare al suo pubblico quello che voleva: una tregua dal violento mondo maschile.

Il critico Peter Keating, però, trova altrettanto importante che nelle opere della Christie l'angoscia dell'epoca bellica traspaia anche dal ritorno letterario sul divano dell'analista. Gli anni della guerra videro ricomparire Miss Marple non solo nella sua qualità di raddrizzatrice di torti, ma anche in quella di indagatrice della mente. In *C'è un cadavere in biblioteca* (1942), Jane Marple interpreta il sogno della sua amica come l'indice di un timore riguardante suo marito. Dà al protagonista afflitto dall'incidente di volo de *Il terrore viene per posta* (1943) i consigli che potrebbe dare uno psicoterapeuta, e fa riaffiorare alla mente i ricordi repressi della protagonista di *Addio, Miss Marple* (circa 1942) perché guarisca.

Sembrava che Agatha Christie fosse guarita da tempo dai traumi del 1926, ma non era del tutto vero. Gli anni della guerra rischiarono di far riaffiorare in lei sentimenti di insicurezza e depressione.[43]

Inoltre, Agatha non era solo preoccupata per sé e per Max, ma anche, e in particolar modo, per sua figlia.

# 28
# Una figlia per sempre

Nell'estate del 1940, quando si avvicinava la resa della Francia, Agatha si stupì di sentire Rosalind annunciare all'improvviso che aveva cambiato idea in merito al progetto di entrare nell'ATS, l'Auxiliary Territorial Service.

«Ho pensato a qualcosa di meglio da fare» dichiarò, enigmatica, la ragazza ormai ventenne. Risultò che quel qualcosa era il matrimonio. Questo spiegava i mozziconi di sigaretta che avevano continuato ad ammonticchiarsi accanto al ricevitore, a Greenway, durante le lunghe conversazioni telefoniche.

Hubert de Burgh Prichard era un militare di carriera dei Royal Welch Fusiliers. Il 29 maggio 1940, molti dei suoi commilitoni, anche se non l'intero battaglione, avevano partecipato all'evacuazione di Dunkerque. L'11 giugno, in un clima in cui la Gran Bretagna avvertiva come non mai un senso di pericolo, Rosalind lo sposò.

Il trentatreenne Hubert, alto, distinto, con i capelli neri pettinati all'indietro, era un uomo tranquillo che portava il monocolo e amava i levrieri. Nel 1939 il *Tatler* aveva pubblicato una foto di lui con la sua squadra di cricket con la mano sul cuore: tutti quei giovani stavano per essere chiamati alle armi.

Hubert, però, era abituato alle armi. Era diventato militare di carriera dopo essere uscito dalla Reale accademia militare di Sandhurst, ed era stato assegnato a Gibilterra, Hong Kong, Lakhnaū e, più di recente, in Sudan.[1] Nato a Pwllywrach, la tenuta dei suoi genitori nel Glamorgan, nel Galles del sud, aveva festeggiato la maggiore età con una cena per novanta fittavoli e dipendenti. Il loro regalo al giovane padroncino era stato un orologio da polso d'oro con una scritta.[2]

Rosalind lo aveva conosciuto attraverso sua zia Madge, ad Abney Hall. Sposare Hubert significava, per lei, salire nella scala sociale. Prichard aveva infatti molti più titoli di qualsiasi Miller o Christie per essere giudicato membro della piccola nobiltà terriera. Tuttavia, Rosalind non aveva tanta voglia che sua madre fosse presente al matrimonio affrettato, da tempo di guerra, che rievocava le ombre del primo, sfortunato matrimonio di lei. La cerimonia si svolse all'ufficio di stato civile di Denbigh, nel Galles del nord, vicino al quartier generale del reggimento di Hubert, a Wrexham.

Agatha avrebbe voluto «avere occasione di conoscere meglio» il genero, «una cara persona, sempre gentilissimo», che «possedeva una vena quasi poetica». Temeva però che fosse in qualche modo segnato, in quanto in lui «c'era qualcosa, come una sfumatura di malinconia, che gli dava l'aria di non essere destinato a vivere a lungo».

Il matrimonio, verso il quale tutte le parti sembravano nutrire sentimenti ambivalenti, fu celebrato, come tanti altri matrimoni del 1940, con «la maggior sobrietà possibile». «Hanno voluto fare le cose in sordina» disse Agatha a Cork. «Spero solo che lui se la cavi».[3] Se per caso provò dolore per la decisione affrettata e segreta di sua figlia, la veterana di due matrimoni affrettati e segreti non poteva certo lamentarsi.

Tuttavia il matrimonio della figlia è presentato, nell'autobiografia della scrittrice, quasi come la «soluzione» al «problema» di cosa Rosalind intendesse fare della propria vita. La ragazza non aveva nessuna vera passione e nessun progetto. Il ritratto che Agatha fa di sua figlia è spiritoso, affettuoso, ma devastante. Rosalind è descritta come una piccola macchina, tutta chiusa nel suo riserbo e priva di senso dell'umorismo. Sua figlia, dice Agatha, ha «il prezioso ruolo, nella vita, di cercare sempre di scoraggiarmi senza riuscirci».

È difficile dire che cosa motivasse, esattamente, Rosalind. Lei stessa sosteneva che la sua caratteristica principale era «criticare gli altri» e, quando le chiesero chi avrebbe voluto essere, a parte se stessa, rispose: «Chi se ne frega».[4]

La povera Rosalind pare avere interiorizzato il fatto di essere meno interessante e meno importante di sua madre. «Non ha personalità» aveva scritto nel suo giudizio l'acuta direttrice della Benenden School. «Al momento, non sembra nutrire alcun interesse o passione, a parte un tiepido desiderio di divertirsi. Sono sicura che con il suo cervello potrebbe maturare qualcosa di meglio».[5] Agatha, che aveva avuto un'istruzione tutt'altro che canonica, aveva offerto a sua figlia una scuola ben più qualificata di quella che aveva avuto lei. Ma non le aveva dato lo spazio e la stabilità per svilupparsi fino a diventare una persona autonoma. Rosalind era condannata a vivere all'ombra di sua madre.

Quando si era trattato di decidere quale professione fare, Rosalind aveva preso in considerazione l'idea di entrare nel reggimento delle Land Girls, ma poi non ne aveva fatto nulla. La sua amica Susan aveva preso quella che i suoi genitori giudicavano una strada sbagliata, e viveva con un uomo sposato. «Lui dovrebbe divorziare da sua moglie, ma intanto è lei a fare tutti i lavori di casa e a cucinare» osservò Agatha.[6] Tuttavia Rosalind, che procedeva per inerzia, non si trovava in una situazione molto migliore. La storica Anne de Courcy osserva che le debuttanti della fine degli anni Trenta, come Rosalind, scoprirono che «il contrasto tra la loro vita in tempo di pace e quella in tempo di guerra fu più forte che per qualsiasi altra categoria della società britannica».[7] Alcune trovarono il contrasto liberatorio, altre ne furono sopraffatte.

Mentre tentennava sulla soglia della vita adulta, Rosalind temette di diventare, per sua madre, una sorta di controfigura di Carlo. «Senza Miss Fisher sono persa!» si lamentava Agatha. C'era chiaramente un vuoto da riempire. «Spero che ci sarà Ros ad aiutarmi» osservò quando si presentò la necessità di sistemare Greenway. «All'occorrenza andrò a scovarla e la prenderò per la collottola!»[8] Rosalind, invece, passava il suo tempo a «girovagare per tutta l'Inghilterra lasciandosi dietro una scia di cenere di sigaretta».[9]

Molte ragazze borghesi come Rosalind erano state allevate in mezzo agli agi materiali, ma erano state circondate da una certa freddezza emotiva. Come figlia unica di una madre single, Rosalind aveva senza dubbio un legame più stretto con sua madre di quanto non l'avessero molte delle sue coetanee con la loro. Tuttavia, da piccola era stata lasciata con zia Madge, mentre Agatha e Archie erano andati a fare per nove mesi il giro del mondo. Al loro ritorno, la bambina li «trattò a buon diritto come dei perfetti estranei» racconta Agatha. «Rivolgendoci un'occhiata distaccata domandò: 'Dov'è zia Punkie?'»

Il «riserbo» di Rosalind, di cui parla la Christie nella sua autobiografia, pare anche una difesa dettata dal legittimo timore di essere presa in giro. Nel suo libro sulle sue avventure in archeologia, Agatha scrive quello che prova quando lascia la figlia quattordicenne alle cure di sua sorella: «Ci arrampichiamo in carrozza, il treno grugnisce, brontola e parte – siamo *partiti*. Per circa quarantacinque secondi mi sento malissimo, ma poi, mentre la stazione Victoria si allontana, l'esultanza ricompare».[10]

Anche se le parole riflettono semplicemente la naturale ironia di Agatha nei confronti della vita, forse Rosalind, leggendo che sua madre la rimpiangeva per così poco tempo, non provò grande gioia. La mancanza di franchezza di Rosalind nelle lettere che ci sono pervenute la fa apparire una donna sulla difensiva, una che forse considerava il matrimonio una via di fuga. Dopotutto, Max notava un certo pragmatismo nella sua figliastra. «È più adulta di te, non ti pare?» scrisse una volta ad Agatha.[11]

Tutto questo rende forse Agatha quel bersaglio ideale su cui accanirsi che è la 'cattiva madre'? Certo che no, perché la cattiva madre non esiste. Esistono solo madri comuni che a volte hanno giornate buone, altre giornate cattive. Agatha, però, era una madre particolare, ed è una delle cose che la rendono interessante. Non pensò mai fosse suo *dovere* buttarsi a capofitto nella maternità: guardò se stessa fare la madre e ne parlò con franchezza, mostrando i lati brutti e i lati belli del mestiere materno. Alcune delle relazioni che ha descritto con maggior profondità nei suoi romanzi sono proprio quelle tra madri e figlie.

Tuttavia, la sua mancanza di qualità materne tradizionali è diventata una delle accuse che le vengono rivolte nei ritratti negativi che sono stati fatti della sua vita. Ai party, per esempio, i bambini erano uno degli argomenti di conversazione. «Le parlai un poco dei miei bambini, ma si capiva benissimo che non era minimamente interessata» disse una persona che la conobbe. «Una delle mie amiche arrivò addirittura a chiedermi chi fosse quella donna difficile».[12] Oh, la «donna difficile»! Fa di tutto per passare per normale, e con quanta severità viene giudicata per le sue manchevolezze!

Dopo il matrimonio, Rosalind andò ad abitare con la madre e la sorella di Hubert nella residenza secentesca dei Prichard. Continuava a vedere sua madre quando andava a Londra, e passavano il tempo trasportando mucchi di oggetti da una casa all'altra.

Dal febbraio del 1942 in poi, Agatha ebbe tutto il tempo di preoccuparsi per Rosalind, perché si prospettò un altro grosso cambiamento. Max si offrì volontario per un servizio in Nordafrica. Avrebbe dovuto stabilire un avamposto della Direzione dei collegamenti alleati ed esteri al Cairo. Durante una fredda primavera, la coppia approfittò della licenza d'imbarco di lui per andare a Greenway a piantare alberi. Max prese nota, nel suo taccuino, della fioritura tardiva delle camelie, delle magnolie e delle primule.[13]

Nell'autobiografia, dove descrive anche le esperienze peggiori con colori lieti, Agatha ci fa credere di essere rimasta impassibile davanti alla notizia della partenza del marito, ma nelle lettere al suo agente dal 1942 in avanti, e nelle numerosissime missive che inviò a Max al Cairo e in altre postazioni nordafricane, è evidente che si sentiva terribilmente sola.

Negli anni a venire, avrebbe apertamente esaltato la condizione di post-menopausa e dichiarato che essa riaccendeva l'interesse per i piaceri impersonali della vita. Da questa considerazione possiamo dedurre che nei primi anni Quaranta la scrittrice stesse patendo non solo la guerra e l'isolamento, ma anche cambiamenti ormonali. D'altro canto, avrebbe finito per parlare della «seconda primavera che arriva quando finisce la vita delle emozioni e delle relazioni personali, e all'improvviso si scopre, diciamo a cinquant'anni, che un'intera vita nuova ci si schiude davanti».

Nel 1942, però, non era ancora arrivata a quel punto. Le sue lettere a Max dimostrano che la sua sanità mentale si stava incrinando senza il marito al suo fianco. Faceva sogni di abbandono: «Mi dicevano che non mi volevi più bene e non mi desideravi più e che eri andato via, così mi sono svegliata in preda al panico».[14] «Stasera ero triste e ho pianto».[15]

Tuttavia lo stress, benché in maniera orribile, le giovò sotto il profilo creativo. La metà degli anni Quaranta non fu certo un periodo facile, eppure quella fu una delle fasi più feconde della sua vita letteraria.

All'inizio Mallowan visse al Continental Hotel del Cairo, che aveva un famoso ristorante sul tetto. Il Cairo era invaso da trentacinquemila soldati britannici e dell'impero e là, lontano dal Blitz, regnava un'atmosfera abbastanza gaudente.[16]

Agatha non aspirava ad altro che a raggiungere il marito. Fece di tutto per cercare un lavoro di scrittura che la portasse in Egitto. Assillò Cork perché chiedesse al *Saturday Evening Post* di commissionarle qualche articolo, ma alla fine la burocrazia e il fatto che fosse una donna le impedirono di trasferirsi. Brendan Bracken, ministro dell'Informazione, fu costretto a trasmetterle la deludente notizia che la «riluttanza del ministero della Guerra ad accreditare donne corrispondenti restava invariata».[17]

L'unica cosa che Agatha poteva fare era leggere e rileggere le lettere di carta sottile che Max le inviava per posta aerea, e cominciò a preoccuparsi che non fossero abbastanza frequenti. «A volte ho una tale paura» gli disse. «Scrivi spesso, perché ho bisogno di tirarmi su quando non ci sono giornate di sole. Oh, se fossi in Egitto, ora che l'inverno è alle porte!»[18]

I suoi timori erano comprensibili. Max si trovava in una città assolata, piena di britannici non accompagnati dalla famiglia, che si trovavano di fronte al pericolo. Erano quasi tutti sotto i trenta, e talmente socievoli che una donna bianca del ceto borghese avrebbe potuto cenare al ristorante per mesi facendosi pagare il conto ogni sera da un uomo diverso. E Max non era sempre un corrispondente diligente. «Anch'io sento molto la tua mancanza, ma non ho avuto il tempo di abbattermi, perché sono troppo occupato» le rispose quando finalmente si degnò di scrivere.[19] Dopotutto, a trentott'anni era ancora nel pieno di quella che Agatha chiamava la «vita delle emozioni».

Uno dei più ingegnosi espedienti da Christie consiste nel dare una certa idea di un personaggio descrivendo il suo aspetto anziché informando il lettore della sua età. Era senza dubbio una cosa su cui Agatha aveva riflettuto molto, avendo sposato un uomo che molti avrebbero giudicato troppo giovane per lei.

In *Murder Is Easy* (*È troppo facile*, 1939), per esempio, un poliziotto in pensione sente di appartenere alla generazione della sua fidanzata ventottenne. Impiega parecchio tempo a capire che la «vecchia signora» da lui sospettata di omicidio è in realtà più vicina di età a lui che alla sua fidanzata e che anche lei un tempo era stata considerata attraente.

Sarebbe stato più rispettoso delle convenzioni, per Max, sposarsi non già con Agatha, di quattordici anni più vecchia, bensì con Rosalind, di quindici anni più giovane. Se la vita di Agatha fosse stata uno dei suoi romanzi, Max e Rosalind sarebbero forse risultati essere una 'coppia segreta'. Data l'età di Max, i due avevano un rapporto quasi alla pari, e si stuzzicavano al punto da avere ogni tanto delle furiose liti. Una delle cose che Agatha ricordò senza alcuna tenerezza al marito lontano furono «le liti che avevate tu e Ros».[20]

Geograficamente separati, i tre dovevano a quel punto ricostruire la loro relazione attraverso le lettere, per lo meno quando Max si degnava di rispondere. «Ti sono molto più amico di quanto il piccolo disturbo che mi prendo scrivendoti ti possa far credere» disse a Rosalind. Si scusò, con argomenti poco convincenti, della sua latitanza, spiegando che «a coloro a cui voglio molto bene faccio molta, molta fatica a scrivere».[21]

D'altro canto, era anche capace di parlare in maniera inusitatamente intima alla figliastra. «Non sono affatto cambiato nei tuoi riguardi. [...] Spero di poter vivere abbastanza a lungo da smuoverti, discutere con te, criticarti, mangiare con te, litigare con te, scambiare idee con te e trovare la vita sempre più emozionante grazie a te... Mi chiedo se questo non ti crei qualche imbarazzo».[22] Per parte mia, mi chiedo se Agatha abbia mai letto quella particolare lettera di Max a sua figlia, e mi auguro di no.

A un certo punto gli eventi della vita quotidiana riportarono alla memoria di Agatha il passato. Dovevano affrontare alcuni «fatti spiacevoli» disse la scrittrice a Max il 31 agosto 1942. «L'Ammiragliato sta requisendo Greenway. [...] Spero che mi lascino tenere due stanze (forse il salotto) per ammassarvi il mobilio».[23] Il compito di mettere la roba negli scatoloni le ridestò il vecchio ricordo sconvolgente di quando aveva dovuto sgomberare Ashfield. «Non ne posso più di caricare bauli e riempirmi di ragnatele e via dicendo. In generale sono stufa marcia!»[24]

Circa all'epoca in cui bisognò rinunciare a Greenway, Max tirò fuori l'argomento denaro. «Come va la tua situazione economica?» chiese. «Non ne parli mai... Se ne hai bisogno, prendi pure tutto quello che vuoi, dalla mia banca».[25] Una volta tanto, si divertiva a fare *lui* la parte del munifico. Da solo in Egitto, era costretto a maturare. «Sto facendo un lavoro da uomo e questo ha restituito vigore alla mia vita, che tende sempre a scegliere la strada più facile» spiegò.[26] Ma erano semmai i suoi genitori, e non Agatha, ad avere urgente bisogno di denaro. Nel 1942 il padre di Max, Frederick, fu incriminato per avere cercato di vendere 1224 scatolette di prugne in scatola sul mercato nero.[27] Agatha cercò di trovare un lavoro di traduttrice alla suocera Marguerite, ma finì poi per assegnarle semplicemente un piccolo appannaggio di duecento sterline l'anno.

A causa della lentezza delle poste, passarono sei mesi prima che Agatha ricevesse la domanda di Max sulla sua situazione economica e vi rispondesse. A quel punto i problemi fiscali della scrittrice erano aumentati esponenzialmente, perché il fisco inglese pretendeva che pagasse le imposte sui guadagni americani che non le era nemmeno riuscito di ricevere dall'America. «È una sorta di incubo» disse l'agente letterario britannico al suo omologo americano. «Capisco bene che lei stenti a credere che la Christie debba trovare i soldi per pagare imposte su un reddito che non ha mai percepito».[28]

Tuttavia, Agatha fu protettiva con Max, nascondendogli la verità. «Preoccupazioni, caro?» disse, rispondendo alla sua domanda. «Purché tu stia bene e sia felice, io non ho preoccupazioni. Ho debiti sempre più grandi, ma non sembra importare e non me ne importa. Tutte le seccature di Greenway ora non mi riguardano più: niente bollette, niente riparazioni, niente giardiniere!»[29]

Ma in tutto questo dimenticava di dire quanta tristezza le avesse procurato essere stata costretta ad andarsene. Raccontò a Max dell'ultimo sguardo che aveva dato al giardino, congedandosi:

> Sono andata a sedermi sulla panchina che dà sulla casa e il fiume e ho fatto finta che tu mi fossi seduto accanto. Era tutto molto reale, ho sentito che eravamo lì insieme a contemplare la casa, così bianca e bella, serena e distaccata come sempre. La sua bellezza mi ha provocato quasi una fitta di dolore.[30]

Anche altri membri della famiglia avvertirono lo scompiglio della guerra. Pure Abney Hall fu requisita dall'esercito. «Requisita quasi senza preavviso!» scrisse Agatha a Max. «Che vita!»[31]

Il magazzino dei Watts a Manchester fu bombardato, ma i dipendenti riuscirono a non farlo bruciare del tutto spegnendo le fiamme con le cataste di tessuti lì ammassati.

Con il solo aiuto di una cuoca, Madge ora gestiva la residenza di quattordici camere da letto come un alloggio militare. Si alzava alle cinque e mezzo e faceva il lavoro che in tempi edoardiani era stato fatto da sedici domestici. Agatha definì sua sorella «una sorta di dinamo umana». Secondo la tradizione familiare, Madge avrebbe continuato a seguire il suo istinto teatrale vestendosi di tutto punto e indossando i panni di una cameriera per servire gli ufficiali che vivevano nella casa. Una mattina trovò, nella sala da biliardo, una bomba inesplosa che era caduta attraverso il tetto nella notte.

A mano a mano che passavano gli anni della guerra, il mucchio delle lettere riempite dalla scrittura fitta di Max aumentò sempre più. Entrambi i coniugi si rendevano conto che il tempo aveva provocato cambiamenti fisici. «Sono ancora uno che ama molto mangiare» ammise lui, descrivendo uno spuntino del dopocena costituito da «cinque pancake e una lattina di birra».[32] Nel 1943, Max fu inviato in Libia, dove visse in una casa con un giardino di «oleandri e buganvillee»,[33] ma era convinto che Agatha sarebbe stata lieta di apprendere che «stava diventando molto più grigio».[34]

Agatha aveva spiegato che la sua principale preoccupazione riguardo alla differenza di età era sempre stata che impedisse a Max di fare alcune esperienze. «Vedendo che le mogli dei tuoi amici erano così giovani, e tutte con neonati o bambini di pochi anni, mi dispiaceva per *te* che io fossi tanto più vecchia».[35] Quando, il 6 maggio 1944, Max avrebbe compiuto finalmente quarant'anni, Agatha ne sarebbe stata deliziata. «Oggi hai quarant'anni, tesoro, urrà! Finalmente! Un sacco di baci. Questo è molto importante, per me: sento che colma leggermente il divario. Quando tu avevi trentasei anni e io compivo i cinquanta è stato decisamente orribile».[36]

Intanto, nel maggio del 1943, Max continuava a discutere con Rosalind tramite rare lettere. Lei non gli aveva mandato gli auguri di compleanno, si lamentava Max, ma «forse non me li meritavo... Sai, sono ancora pazzo di te e ti penso davvero troppo spesso, praticamente ogni giorno! [...] Vorrei venire lì e darti una bella scossa».[37] «Hai sempre significato tanto e significherai sempre tanto per me» proseguiva. «Una delle cose che mi pesano di più della guerra è la mancanza di bellezza».[38]

Le lettere di Max sono al limite del disdicevole. Forse non disponeva degli strumenti linguistici per parlare con altri che non fossero gli archeologi di sesso maschile come lui. Ma qualunque cosa la ventitreenne Rosalind avesse capito del suo patrigno, in quel momento aveva altre cose per la testa. Sempre in maggio, Agatha rivelò che sua figlia «ha comunicato, anche se malvolentieri, la notizia che in settembre avrà un figlio! Ne sono così contenta... Piccola birichina riservata! Ma sono contenta di non averlo saputo prima». Rosalind aveva già avuto un aborto, come sua madre. «Spero che stavolta vada tutto bene, visto che ha superato i primi tre mesi» aggiunse Agatha.[39]

Verso la fine dell'estate, quando le truppe americane e britanniche erano sbarcate in Sicilia, i tedeschi erano fuggiti verso il nord e gli Alleati bombardavano l'Italia, Rosalind andò ad Abney Hall per partorire. Era più «zia Punkie» che non sua madre la persona che poteva essere di aiuto pratico in quella circostanza. «Sarò così grata quando nascerà il bambino» scrisse Agatha. Era indaffarata a scrivere a Londra, dove stavano per mettere in scena il suo *Dieci piccoli indiani*. La gravidanza, disse, era l'unica cosa che desiderava per la felicità della figlia: «So che sarà felice quando avrà il bambino, ma se dovesse nascere morto o cose del genere... Sono molto in pena per lei».[40]

Il bambino non si decideva a nascere. Dopo cinque giorni di attesa in clinica, Rosalind fu dimessa perché aspettasse il momento giusto ad Abney, e «era *furiosa*!»[41] Nonostante tutte le paure, però, Agatha finalmente diventò nonna il 21 settembre 1943. Mathew Caradoc Thomas Prichard era «un bambinone... così somigliante a Hubert che, secondo me, gli manca solo il monocolo». Agatha non andò alla prima della sua pièce per correre a nord a vedere il nipote. Nel frattempo, Hubert, che con il suo battaglione si trovava nell'Irlanda del Nord, telefonò per fare una serie di domande ansiose. «A Ros piace, il bambino?» chiese. «Digli che è un mostro, un ciccione» disse Ros a sua madre. «È di nuovo arrabbiata? Allora sta bene!» esclamò Hubert. «Oh, caro Max, sono così felice!» scrisse Agatha in una lettera.[42]

«Per giunta è un maschio» le rispose Max. «Ha fatto proprio la cosa giusta!»[43] Il patrigno si sforzò pomposamente di fare dello spirito, nella propria lettera di congratulazioni a Rosalind: «Questa è la notizia più bella che abbia ricevuto da casa da quando è iniziata la guerra... Attenta a non rompergli un osso mentre gli fai il bagno! Credo che i neonati abbiano braccia fragilissime».[44]

Con la consueta imperturbabilità, Rosalind gli rispose: «Forse ti chiederò di fargli da padrino, ma non ne sono ancora sicura».[45] Così il triangolo familiare diventò un quadrato: un bambino che col tempo avrebbe avvicinato ancora di più tutti i membri della famiglia.

Mentre riceveva, in Africa, un fiume di lettere affettuose da Agatha, Max, però, forse non capì che stava correndo il rischio di essere soppiantato. Come già le era successo da divorziata negli anni Venti, Agatha negli anni Quaranta era una donna sola a Londra, ed era ancora assai piacente. Trascurarla in quel modo significava invitare altri corteggiatori a farsi avanti.

# 29
# La vita è assai complicata

Agatha assunse con gioia il nuovo ruolo di nonna. Ora che Rosalind si rivolgeva a lei per badare al bambino e per un aiuto pratico, il rapporto tra madre e figlia diventò più forte.

Rosalind e Mathew sarebbero vissuti nella casa di Hubert nel Galles, ma mentre si cercava di organizzare il trasferimento, puerpera e bambino presero temporaneo domicilio nella casa di Agatha in Campden Street, a Londra.

Agatha li vedeva tutti i giorni. Dormiva da Carlo, lì vicino: la sua ex segretaria era diventata un'amica sempre pronta ad aiutare nel momento del bisogno. Ogni mattina la Christie si recava in Campden Street a svolgere i compiti della cameriera fissa e della tata per i quali non c'erano più donne disponibili. Preparava la colazione e puliva il bagno, poi tornava più tardi per cena. «Ho le mani che sembrano due grattugie per noce moscata, a furia di usare soda e sapone, e ho male alle ginocchia» scrisse a Max.[1]

Appena suonavano le sirene d'allarme, come spesso accadeva ancora, il piccolo Mathew veniva messo sotto il tavolo. Quando finalmente Rosalind assunse una bambinaia, Agatha continuò a dare una mano. La nuova tata non sapeva che la nonna del bambino fosse una scrittrice famosa, ma la credeva una domestica. Quando i suoi familiari le dissero di essere stati a teatro a vedere il popolarissimo *Dieci piccoli indiani*, di una certa Agatha Christie, lei rispose: «Ehi, la conosco, è la nostra cuoca».[2]

Benché Agatha fosse follemente innamorata del nipotino, la guerra e il lavoro cominciarono a darle qualche acciacco. Quell'inverno fu tormentata dall'influenza. «Non so che cosa mi stia capitando» scrisse al marito. «Sono così depressa, è come se fossi avvolta in una grande nube nera... Sento di non voler andare avanti, ho una grande paura del domani. Non mi ero mai sentita così giù».[3] In realtà, si era già sentita così, l'*annus horribilis* 1926. E il fattore comune era che anche all'epoca aveva sentito la mancanza del sostegno del marito.

Il periodo di depressione traspar̀ anche dalla narrativa: si pensi a quando, in *Sparkling Cyanide* (*Giorno dei morti*, 1945), la «depressione dopo l'influenza» di Rosemary viene considerata una giustificazione sufficiente per la sua improvvisa e misteriosa morte.[4] «Per qualche motivo, non mi pare di vivere davvero, è come se fossi 'offuscata' come il fanale di una macchina» disse Agatha parlando degli ultimi anni di guerra.[5]

Con il suo lavoro interessante e il suo stile di vita mediterraneo, Max stava molto meglio. A Tripoli era diventato un funzionario politico che aiutava i civili con «i soccorsi alimentari, il raccolto, le imposte, la sicurezza, le questioni giudiziarie e razziali», e dava anche supporto alle forze armate.[6]

Da tempo Agatha lo stuzzicava riguardo alle sue «fidanzate», compresa l'amica di lei Dorothy North, e spesso lo invitava a farsi vivo con loro. «Devo scrivere a Dorothy e a tutte le mie fidanzate» convenne diligentemente lui.[7] Nel 1943, Agatha minacciò, per scherzo, di andare a sua volta in Libia, «anche se hai delle mogli che vivono lì».[8] Ma abbandonò poi il tono scherzoso, sentendosi ferita, quando Max smise di scrivere per un intero mese che passò in licenza al Cairo. La notizia della sua licenza le procurò «una terribile fitta al cuore». «Avresti dovuto passare il tempo del congedo con me».[9] «Sei un bastardo» scrive in un'altra lettera. «Ti sento sempre più lontano... il pensiero di avere davanti un altro inverno di solitudine mi abbatte moltissimo».[10] «Buon divertimento, tesoro» gli aveva invece detto in precedenza, come non fosse stata toccata dalla negligenza di lui. Divertiti, caro e fai qualunque cosa tu voglia e ti occorra, purché conservi nel tuo cuore una profonda amicizia e un profondo affetto per me».[11]

Agatha dovette rivolgersi altrove per aprirsi e trovare il sostegno di cui aveva bisogno. E fu a un amico di Max che si rivolse, mentre la lontananza dal marito si protraeva nel tempo, fino a toccare i tre anni.

Stephen Glanville, vecchio amico di Max di dieci anni più giovane di Agatha, aveva un viso dai lineamenti delicati e due occhi grandi dietro gli occhiali. Sensibile ed eloquente, soffriva di emicranie e amava parlare delle relazioni tra le persone. Sua moglie Ethel e i loro due figli erano al sicuro in Canada. Rimasto da solo a Londra, Stephen si comportava come uno scapolo in città, mentre prestava servizio nell'aeronautica come ufficiale di collegamento con gli alleati della Gran Bretagna. Dati il suo tatto e le sue doti linguistiche, era molto abile nello svolgere il suo incarico.

Stephen era un'altra persona a cui Agatha disse a Max di scrivere. «Si offenderà molto se non ti fai vivo» spiegò al marito. «È una persona sensibile, a cui stanno a cuore i rapporti umani».[12]

Stephen e Agatha passavano sempre più tempo insieme. Quando andò a sentire una sua conferenza, Agatha la apprezzò molto. «Non mi ero resa conto di che bella *voce* avesse». Com'era suo tipico, lui, dopo la conferenza, le confessò che «in realtà stava molto male, e questo spiegava la lieve malinconia che io avevo scambiato per tocco artistico!»[13]

Il cibo aveva un ruolo centrale nel loro rapporto:

> Mi faceva piacere che, di tanto in tanto, mi telefonasse all'ospedale per portarmi a cena a casa sua a Highgate. Di solito, quando uno di noi due riceveva un pacco postale di roba da mangiare, si festeggiava.
> «Ho del buon burro che viene dall'America. Perché non porti una minestra in scatola?»
> «Mi sono arrivate due scatole di aragoste e una dozzina di uova: ossidate».

Agatha raccontò a Max di un pasto che aveva cucinato per Stephen nella sua minuscola cucina di Lawn Road: «Un'ottima cena, mi è parsa (e credo sia parsa anche a lui!). Del pâté (un surrogato, ma vi ho unito un po' di tartufi per creare l'illusione giusta), un'aragosta, e ciliegie cotte».[14] Certo, tutti i londinesi erano ossessionati dall'alimentazione da quando, nel gennaio del 1940, era stato introdotto il razionamento. Ma quello era il territorio di Max: mangiare e conversare di cibo era una delle cose che i due coniugi più apprezzavano.

Nel maggio del 1943, Ethel Glanville ritornò dal Canada e Agatha non poté fare a meno di pensare che quel ritorno «gli sarebbe stato d'impaccio».[15] Aveva ragione: Stephen ormai viveva da scapolo e non era per niente entusiasta «della prospettiva di avere di nuovo in casa la famiglia».[16] Dopo un periodo tormentato, Glanville se ne andò di casa e si trasferì in uno degli appartamentini di Lawn Road.

Nel novembre di quell'anno era quasi diventato il cavalier servente di Agatha e la accompagnò alla prima di *Dieci piccoli indiani*. Il giorno dopo le scrisse una lettera dai toni intimi:

> Cara Agatha, ieri sera è stato un evento davvero memorabile... e più interessante di tutto è stato, per me, osservare ogni minima sfumatura delle tue espressioni. Agatha non soltanto timida, ma molto nervosa (com'era logico tu fossi finché lo spettacolo non fosse terminato) anche in mezzo agli amici intimi. Agatha nel momento del trionfo, raggiante ma pur sempre desiderosa di stare solo con gli amici. Agatha incredibilmente scevra di ogni egoismo e, ultima caratteristica e forse la più preziosa, Agatha ancora leggermente emozionata, ma splendidamente controllata e soddisfatta, contenta del successo appena ottenuto ma già proiettata verso l'obiettivo di ottenerne un altro... Dio ti benedica e grazie, cara, di questa serata indimenticabile.[17]

L'attrazione, forse la consapevolezza dei rischi, che Stephen può avere avuto è tutta in quelle parole, nella premura con cui la osserva, nella sensibilità con cui la adula. Non poteva nemmeno parlare con gli altri della sua relazione speciale con lei, disse, perché non avrebbe saputo descrivere «il sottile piacere della conversazione che suggellò la nostra serata».[18]

Agatha era estremamente sensibile a quel genere di trattamento. Aveva desiderio e bisogno del contatto umano. «A volte ho una tal voglia di parlare con te che urlerei!»

disse a Max. «Odio questi giorni di novembre».[19] Lo stesso Max era preoccupato. «Credo che farai bene a circondarti di persone con cui parlare e a non vivere da sola» le consigliò.[20] Ma non è chiaro se era favorevole al fatto che la moglie si appoggiasse così pesantemente a Stephen.

Essendo un egittologo, Stephen aveva anche un altro pregio: era prodigo di notizie sull'archeologia. Nel 1929 aveva parlato della vita quotidiana nell'antico Egitto durante il ciclo di conferenze di Natale per i bambini della Royal Institution. Nei momenti liberi continuava a compilare il suo catalogo dei papiri del British Museum. E a quel punto coinvolse Agatha nella sua campagna volta a far conoscere meglio l'antico Egitto.

Le suggerì di scrivere un giallo ambientato in Egitto, che alla fine uscì con il titolo *Death Comes as the End* (*C'era una volta*). Anche se non è una delle opere più note della Christie, è profondamente significativa. Dopo aver già fatto una precoce incursione nel mondo dei serial killer con *La serie infernale*, con *C'era una volta* Agatha inventò il genere oggi molto fortunato del giallo storico.[21]

La storia era liberamente ispirata ai Papiri Heqanakht, ovvero lettere di un sacerdote vissuto vicino a Tebe, che erano state scoperte in una tomba negli anni Venti. Agatha se ne servì per imbastire un racconto storico in cui un sacerdote sposava una giovane moglie che sconvolgeva la sua famiglia. Inserì nella vicenda anche una serie di manufatti del British Museum: un leone giocattolo con le fauci spalancate e un braccialetto d'oro decorato con figure di animali.[22] E a Stephen Agatha concesse una cosa che non aveva mai concesso a nessun altro: dire la sua sull'intreccio. Questo lo rese «l'unico uomo ad avere mai convinto Agatha a modificare il finale di un libro».[23] In seguito, la Christie se ne pentì: «Mi spiace ammettere che cedetti alle sue insistenze. Non mi sono mai perdonata quell'errore».

Max intuì che c'era qualcosa di rischioso nel progetto egiziano di Stephen e Agatha. Espresse, riguardo a quel libro, qualche preoccupazione di cui non si ha testimonianza scritta, e Stephen rispose secco: «Non ho capito se temi che il libro danneggi la sua reputazione di giallista o se pensi che l'archeologia non debba degradarsi travestendosi da romanzo».[24] Glanville fece del suo meglio per placare le paure di Max, il quale temeva che Agatha si coprisse di ridicolo. Affermò anche che il libro conteneva la giusta dose di colore egiziano, «un'impresa assai difficile, che le è riuscita».[25]

Eppure i timori di Max erano giustificati, perché, quando il romanzo uscì, gli archeologi alzarono vari paletti, seccati che i romanzieri invadessero il loro orticello. Uscì una recensione negativa su una rivista di egittologia. Perfino Rosalind, che era sempre molto leale ed era diventata la più feroce guardiana dell'eredità letteraria della madre, non trovò molto da lodare. Definì *C'era una volta* «un audace tentativo di ritrarre la vita nell'antico Egitto, che, bisogna ammettere, non funziona».[26] Com'è noto, il critico Edmund Wilson trovò *C'era una volta* «talmente stucchevole e banale da rendermelo letteralmente illeggibile».

Agatha permise a Stephen di decidere il finale anche perché lui aveva fatto un sacco di ricerche per il libro. La sua amicizia, però, aveva un prezzo: Stephen le portava via molto tempo e aveva la spiccata «tendenza a interferire nei guai matrimoniali altrui».[27] D'altra parte, il suo interesse per Agatha non durò a lungo: presto le sue fitte conversazioni con lei furono meno incentrate su Ethel o Agatha stessa, e più sulla sua nuova amante, Margaret.

«Al momento, la vita di Stephen è assai complicata» scrisse Agatha al marito nel 1944.[28] La Christie non approvava Margaret, che era a sua volta sposata e non sembrava il tipo che attendeva con pazienza: «Personalmente, credo che divorzierebbe da suo marito solo per risposarsi con una montagna di soldi!» scrisse.[29] Ma a diventare oggetto della sua profonda pietà fu Ethel, la moglie abbandonata di Stephen, rimasta sola a prendersi cura delle due figlie. «Continuo a pensare alla povera Ethel, praticamente scaricata dopo diciannove anni di matrimonio: è molto crudele».[30]

Quanto è probabile che Agatha e Stephen siano andati oltre le conversazioni, come ha suggerito qualcuno? Le avventure extraconiugali erano completamente al di fuori dell'esperienza di Agatha. Negli intrecci dei suoi romanzi, non puniva mai una donna per il fatto di essere sessualmente attiva, ma non era nemmeno abile nel descrivere scene di appassionata sensualità. Come aveva detto una volta, era chiaro che trovava le storie romantiche nei polizieschi «una noia tremenda». Quello che le interessava davvero in Stephen, quando lui parlava della propria tumultuosa vita sentimentale, erano le nuove idee sul matrimonio moderno.

Agatha era stata toccata personalmente dalla nuova e più indulgente legge sul divorzio che era entrata in vigore negli anni Venti, e altre modifiche stavano per essere varate in conseguenza della guerra. La storica Claire Langhamer descrive un'evoluzione del concetto di matrimonio che si registrò verso la fine del secondo conflitto mondiale: il matrimonio basato su un rapporto amicale di cameratismo, tra pari, era stato l'obiettivo degli elementi più radicali della generazione di Agatha, e proprio a quel tipo di rapporto la scrittrice aveva fatto riferimento nella sua unione con Max. Verso la fine della guerra, invece, l'amore romantico – la devozione assoluta a una sola persona – cominciò a essere ritenuto fondamentale nel contratto di nozze. Questo nuovo culto dell'amore romantico avrebbe, paradossalmente, indotto negli anni Quaranta la gente a considerare con minor sospetto il sesso prematrimoniale. Se un uomo e una donna erano innamorati, non potevano fare a meno di consumare.[31]

È evidente l'influenza di Glanville su *C'era una volta*, ma la si avverte anche, in maniera più sottile, ne *Il ritratto di Elsa Greer* (1942), anch'esso dedicato a lui. Si tratta di una storia di Poirot che ha al centro una riflessione sulla natura mutevole del matrimonio.

«Lo amavo» dice la sfasciafamiglie Elsa Greer del suo amante sposato. «Lo avrei reso felice». Si sentiva dunque pienamente in diritto di strapparlo alla moglie. Nell'ottica di Elsa, se un matrimonio era in crisi e «due persone non erano felici insieme, era meglio dare un taglio netto».[32] Altri personaggi sono in vivo disaccordo con lei, ma lei rappresenta il futuro.

Ma il vero ruolo che Stephen svolse con Agatha fu quello di offrirle la compagnia e la conversazione che Max le aveva negato andando all'estero. Max era una persona estremamente importante per lei. «Tutto il resto va e viene restando sullo sfondo, rispetto a te» gli disse Agatha.[33] «Oh, Max, quanto vorrei farmi una bella risata con te!» «Approfitto molto di Stephen» ammise, «ma non è la stessa cosa».[34] Aveva anche un forte desiderio fisico del marito, «una sensazione quasi di dolore, come se mi infilassero un cavatappi nel ventre». «Ultimamente ho fatto un sacco di sogni su di te, sogni estremamente erotici e volgari! Dopo tutti questi anni di matrimonio, non avrei mai pensato di sognare una cosa del genere, o che potesse essere tanto seccante svegliarsi. Sento anche la mancanza della tua bella conversazione infarcita di parolacce!»[35]

Agatha fu contenta quando Stephen, magrissimo e «con un'aria infelice», alla fine decise di tornare da Ethel e «cercare di rimettere insieme i cocci per amore delle bambine».[36] Quel particolare dramma era finito, ma l'anno 1944 si sarebbe rivelato il peggiore dell'intera guerra.

Londra era adesso minacciata dai terrificanti missili V1, e Hubert Prichard prendeva parte all'invasione alleata della Francia. Dopo lo sbarco nel mese di giugno, era entrato in un nuovo battaglione impegnato nella Battaglia di Normandia. «Molti ufficiali come lui sono stati uccisi» disse Agatha a Max. «Spero ardentemente e prego che non gli succeda niente».[37]

Le lettere di Hubert a casa, però, erano rassicuranti, piene di battute e aneddoti divertenti: mentre si faceva la barba, aveva visto e catturato due soldati tedeschi e aveva compiuto un atto di coraggio recuperando da una jeep una bottiglia di whisky sotto il fuoco nemico.

Le preoccupazioni di Agatha erano anche mitigate dal magnifico nipotino. «Mi sono immensamente affezionata a lui» scrisse, osservandolo attentamente mentre gli faceva da baby-sitter. Pure Mathew diventò fonte di ispirazione letteraria. Una «piccolissima porzione di budino alla crema viene introdotta nella bocca di M. Lui, seduto, la assaggia con l'espressione di un vecchio che assaggiasse un cibo poco appetitoso, se lo rigira nella bocca più volte e alla fine decide ('Uhm, questo vino non è affatto male, Sir') e lo inghiotte».[38] Per parte sua, Mathew ha, tra i suoi primissimi ricordi, quello di avere portato i suoi elefantini di peluche nella stanza di «Nima» e di «averla ascoltata parlare, a letto, della fantastica vita di quegli animali nella giungla».[39] 'Nima' era uno dei tanti nomi che Agatha si affibbiava da sola, e fu sempre con quell'appellativo che Mathew designò la nonna.

Con Hubert lontano, Rosalind stava diventando ansiosa, oltre a essere oberata di lavoro. La sua casa nel Galles era grande e decrepita. Quando Agatha vi si recò in visita, scoprì che sua figlia «non si sedeva un istante» e «si infuriava se qualcun altro lo faceva». Rosalind si stava trasformando nella pragmatica, indaffaratissima Madge, e diceva cose come: «Mamma, perché ciondoli in giro con le mani in mano, per giunta *cantando*? Ci sono un sacco di cose da fare: dobbiamo *darci una mossa*!»[40]

«Quant'è difficile oggigiorno tutto quanto, senza i *domestici*» si lamentò Agatha. «Mi chiedo proprio come faccia Rosalind a sopportare una vita del genere».[41]

Ma quelli, come scoprì, erano bei tempi in confronto a ciò che stava per capitare. In agosto, Rosalind apprese che Hubert era risultato disperso in azione. «Povero ragazzo» scrisse Agatha. «Devo andare subito da Rosalind... Che orrore». Comprese subito che era meglio non manifestare troppo le sue emozioni: «Devo essere molto disinvolta e sicura con Ros. È l'unico modo per aiutarla».[42]

«È meravigliosa» scrisse Agatha a Max mentre agosto passava e non arrivavano altre notizie di Hubert. «Non si scompone mai, fa tutto quanto deve fare esattamente come prima, occupandosi del mangiare, dei cani, di Mathew. Ci comportiamo come se nulla fosse successo... Ma non posso sopportare l'idea che l'aspetti tanta infelicità. Se solo non fosse stato ucciso... E poi essere completamente all'oscuro per mesi è davvero difficile».

Alla fine, in ottobre, seppero che era accaduto il peggio. Hubert non era stato fatto prigioniero, ma era morto il 16 agosto a Les Loges-Saulces, nel Calvados. Nelle tenebre incombenti, aveva guidato una spedizione disperata per portare in salvo alcuni uomini che avevano subìto un'imboscata. Prima di poterli soccorrere, però, era saltato in aria con il suo carro armato. «Un atto eroico, ma insensato» lo aveva definito il suo colonnello.[43] Agatha si immaginava la scena: «Mi pare di vederlo lanciarsi avanti con il suo tank, sconsiderato e sprezzante del pericolo come un bambino».[44] «Si prega di non inviare lettere alla moglie» diceva l'annuncio funebre della famiglia sul giornale. È una frase che non dice molto, ma, data l'indole poco loquace di Rosalind, equivale a un terribile urlo di dolore.

Per Agatha, che non aveva avuto modo di conoscere bene Hubert, l'aspetto peggiore della vicenda era il dolore di Rosalind. «Una delle cose più tristi e insopportabili della vita è sapere che qualcuno cui si vuole molto bene sta soffrendo e non poter fare niente per risparmiargli la sofferenza. [...] Ho pensato, forse sbagliando, che la cosa migliore per aiutare Rosalind fosse parlare il meno possibile, continuare a vivere come al solito». Vivere e soffrire nel proprio cuore con la figlia, in quella villa troppo grande del Galles, logorò Agatha più di quanto avesse immaginato. «Vorrei tanto che Rosalind avesse un aiuto quotidiano» si disse. Trovò una potenziale domestica fissa, ma la donna se ne andò il giorno dopo, dicendo che «la casa era troppo grande».[45]

Dopo il lutto, Rosalind «si comportò esattamente come prima, portando Mathew a prendere il tè con le amiche, consumando i pasti normalmente, ordinando con calma i necrologi ecc». Agatha era molto preoccupata: «Tenersi tutto dentro in quel modo dev'essere terribile».[46] Quando Rosalind scrisse a Max, suonò svuotata: «Di questi tempi non penso mai a niente e non leggo nessun libro. [...] Credo che in questo momento non troveresti la mia compagnia molto interessante».[47]

La morte di Hubert non fu solo un grave lutto per Rosalind, ma fu anche la fine della sua indipendenza. L'unica azione inattesa della sua vita – un matrimonio improvviso e segreto – era finita in un vicolo cieco. A detta di sua madre, Rosalind sarebbe diventata una presenza opaca e negativa, che risucchiava via la gioia dalla vita. «Mi beccherò una bella raffica di critiche distruttive da Rosalind, immagino» scrisse scoraggiata Agatha a Cork dopo aver portato a termine uno dei suoi romanzi. «Se dicesse 'Niente male, mamma', toccherei il cielo con un dito».[48]

Alla fine di ottobre, Agatha ritornò dal Galles al dispensario dell'ospedale di Londra, dove «tutti continuano a dirmi che ho un'aria stanca e malata».[49] La guerra e il lutto non erano i suoi unici guai. Benché Cork avesse fatto presente con i rappresentanti dell'erario americano che la sua cliente doveva pagare «ingenti interessi» alla banca per il prestito richiesto, il caso delle imposte retroattive che il fisco degli Stati Uniti le chiedeva era stato congelato in attesa della fine della guerra.[50] «Sono stufa marcia di pubblicare libri in America» brontolò Agatha. «Sono molto ingiusti». Pensò che forse le sarebbe convenuto «cercare un tranquillo lavoro di cuoca e smettere di scrivere».[51] Vendette anche gioielli, argenteria e mobili per ridurre lo scoperto bancario. In dicembre era più al verde di quanto non lo fosse mai stata in vita sua. «Dimmi una parola che mi infonda fiducia e coraggio, in maniera che l'abbia sotto gli occhi da leggere nel caso mi facessero un altro brutto incantesimo» disse a Max.[52]

Le preoccupazioni della guerra, la lontananza del marito, il lutto per la morte del genero e anche la perdita delle attenzioni di Stephen devono avere, nel complesso, fatto temere ad Agatha di perdere la ragione. Carlo fornì qualche prova del fatto che, negli anni Quaranta, Agatha avesse di nuovo chiesto un aiuto professionale, forse a Robert Cecil Mortimer, scrittore e psicanalista.[53]

Lo spettro di Teresa Neele non era ancora stato del tutto seppellito.

# 30
# I Romanzi di Mary Westmacott

Agatha aveva previsto che, se fosse «successo qualcosa» a Rosalind o a Max, sarebbe rimasta «completamente paralizzata».[1] Quando Rosalind rimase vedova, la profezia si avverò. Agatha non riusciva più a lavorare. «Scrivere mi sembra del tutto inutile» confidò al suo agente.[2]

Ma le parole sarebbero tornate. La Christie aveva sempre avuto un metodo affidabile per estraniarsi dalla Londra del tempo di guerra: dimenticarsi di sé scrivendo. E alla fine la scrittura l'avrebbe, ancora una volta, salvata.

Solo a posteriori si rese conto di quanto avesse prodotto nel periodo bellico: «Una quantità *incredibile* di roba». E considerando com'era andata la sua vita, bisognava ammettere che i periodi difficili dal punto di vista personale erano stati assai fecondi dal punto di vista della creatività artistica. Aveva inventato Poirot nel cuore della Prima guerra mondiale, aveva scritto *L'assassinio di Roger Ackroyd* nel momento peggiore del suo primo matrimonio, aveva inventato Miss Marple subito dopo l'esaurimento nervoso del fatidico 1926.

«Scrivere durante la guerra» avrebbe ricordato in seguito, «mi permise di ritirarmi in un altro comparto della mente e di vivere nello spazio del libro». Nel suo appartamento di Lawn Road, con le fronde degli alberi che sfioravano le finestre, le condizioni per la produzione artistica erano perfette. L'appartamento era tranquillo, anche se freddo. Agatha doveva tenere la borsa dell'acqua calda e indossare vestiti molto caldi. «Mi piace pensare a te con indosso la vestaglia di fitta lana Jaeger che ti ho regalato, cara orsacchiottina lanosa!» le scrisse Max.[3]

«In questo momento sto producendo molto» gli scrisse lei nell'aprile del 1943.[4] Quando aveva bisogno di fare una pausa, si accomodava sulla chaise longue Isokon di compensato, dalle caratteristiche linee curve. Una di quelle poltrone, progettata apposta per offrire «su basi scientifiche rilassamento a ogni parte del corpo», era in dotazione a ciascun appartamento di Lawn Road. Agatha disse a Max che a volte «si sdraiava in quella buffa sedia che sembra così strana, ma che in realtà è molto comoda» e immaginava di essere con lui in Grecia.[5]

Oltre ai gialli scrisse in Lawn Road i romanzi appartenenti al filone cui forse teneva di più, di cui finora abbiamo soltanto accennato qualcosa: quelli firmati con lo pseudonimo Mary Westmacott. Mary era il secondo nome di Agatha, e Martin West era lo pseudonimo che aveva pensato di assumere prima che l'editore John Lane la convincesse a firmare col suo vero nome: se si sposta una lettera qui e l'altra là, si ha Mary Westmacott.

Una volta Agatha spiegò perché usava un nome diverso per i libri che non erano né gialli né thriller. Certo, ora che era Agatha Mallowan, anche Agatha Christie suonava come uno pseudonimo, ma a parte quello, c'erano altre ragioni: «Penso sia meglio tenere distinti i due generi» disse. «Mi piace tenere per me le storie romantiche perché così posso scrivere esattamente quello che voglio».

Agatha aveva piacere di pubblicare libri in forma anonima perché, spiegò, «ci puoi mettere qualcosa della tua vita, se nessuno sa che li hai scritti tu».[6] Confessava tranquillamente di usare la vita reale per dare «colore» ai romanzi polizieschi; si pensi per esempio all'antipatico maggiore Belcher, conosciuto durante il giro del mondo, a cui si ispirò per il cattivo de *L'uomo vestito di marrone*. Ma quando la sua privacy era protetta dallo pseudonimo, poteva spingersi più in là.

Il principale motivo per cui oggi si leggono i romanzi di Mary Westmacott è che rivelano molto della vita e delle opinioni di Agatha Christie. In particolare, *Ritratto incompiuto* narra l'esperienza di un'educazione e una separazione coniugale simili a quelle della scrittrice. Secondo Max, nella sua protagonista, Celia, si ha «più che in qualsiasi altro romanzo il ritratto di Agatha».[7]

Il tenue confine tra la realtà e la finzione che c'è in queste opere ci rammenta che la stessa autobiografia è un compendio di persone e luoghi reali rielaborati in chiave romanzesca dalla scrittrice. Vi è una coincidenza quasi perfetta tra certe storie de *La mia vita* e alcune scene dei romanzi firmati Westmacott, in particolare i primi. Per esempio, il lavoro di infermiera in tempo di guerra del personaggio Nell, ne *Il pane del gigante*, presenta una serie di paralleli con l'esperienza di Agatha come viene raccontata nell'autobiografia.

Si nota una crescente influenza di Mary Westmacott anche nei gialli che la Christie scrisse dal 1930 in poi, quando la psicologia cominciò ad affascinarla più dell'intreccio. Col passare del tempo, scrisse Agatha nel 1946, si era sempre più interessata «ai preliminari del crimine: l'interazione tra personaggi, i risentimenti che covano sotto la cenere e le insoddisfazioni che non sempre affiorano in superficie».[8] Questi elementi si osservano in particolar modo nei suoi polizieschi basati maggiormente sui personaggi, come *Il ritratto di Elsa Greer* o *Poirot e la salma*. In quest'ultimo, per esempio, l'assassina Gerda è ridotta alla follia da un'esistenza meschina e da un marito esigente e fedifrago: «Tutto il mondo era ristretto in quello stufato di montone che stava raffreddandosi sul piatto».[9]

Agatha avrebbe avuto voglia di scrivere con la voce di Mary Westmacott e di lasciar completamente perdere l'elemento 'detective'. Era scontenta della presenza di Poirot in *Poirot e la salma*, ritenendola, a ragione, non necessaria. «Poirot è abbastanza insopportabile» si lamentò. «Lo sono tutti gli uomini pubblici quando vivono troppo a lungo. Ma a nessuno di loro piace andare in pensione!»[10]

L'appartamento di Lawn Road le dava non solo il modo di dedicarsi completamente alla scrittura, ma anche la necessaria solitudine. E un periodo di solitudine fu il perno della successiva storia firmata Westmacott. Contrariamente a quanto faceva con i polizieschi, dove dedicava parecchio tempo a costruire l'intreccio, in quel caso scriveva tutto di getto. Anzi, scoprì che quella vacanza dai gialli era diventata una vera e propria ossessione. «È incredibile come si voglia sempre fare qualcosa che esula dal proprio campo» disse della propria narrativa mainstream. «È come voler incollare la tappezzeria ai muri, un'operazione che si fa molto, molto male, ma che ci si diverte a fare perché non è considerata un lavoro».[11]

*Absent in the Spring* (*Il deserto del cuore*) è lungo cinquantamila parole, eppure Agatha lo scrisse in appena tre giorni. Il terzo giorno non andò nemmeno al lavoro in ospedale, perché «non osavo abbandonare il libro... Dovevo andare avanti fino alla fine». Stette sempre seduta a scrivere «con grande impeto», dopo di che:

> Non mi sembra di essere mai stata tanto stanca come quando, alla fine, dopo aver controllato che il capitolo che avevo scritto non aveva bisogno di nessuna modifica, mi buttai sul letto e, a quanto mi ricordo, dormii più o meno per ventiquattr'ore. Poi mi alzai e feci un'abbondantissima cena e il giorno seguente tornai al mio lavoro in ospedale.
> Avevo un'aria così strana che tutti si preoccuparono per me. «Sei stata male?» mi chiedevano. «Hai delle occhiaie gigantesche».[12]

Nonostante la stanchezza, era stata un'esperienza elettrizzante. *Il deserto del cuore* fu, per Agatha, «l'unico libro che mi abbia soddisfatto del tutto... il libro che avevo sempre desiderato scrivere».

Secondo me, è in assoluto uno dei migliori Westmacott. La protagonista, Joan, ha un po' dell'ambivalenza di Agatha: «Allegra, sicura di sé, premurosa...» pensa il marito Rodney. «Così vivace, efficiente e indaffarata, così compiaciuta di sé e così vincente». Ma lui sa, e Joan finisce per intuirlo, che dietro quella facciata c'è una donna sola, a volte fredda, dura e dalle idee sbagliate. «Hitler non *oserebbe* mai entrare in guerra» è solo una delle sue categoriche affermazioni errate.[13] Vivendo con il paraocchi, ovvero ingannando se stessa, Joan si esclude dalla grazia di Dio. L'alternarsi delle due personalità è descritto con sapienza. Le ottiche diverse con cui si guarda lo stesso personaggio, che costituiscono un elemento essenziale dei gialli della Christie, sono un leitmotiv che percorre l'intero romanzo. «Volevo che il tono fosse leggero e colloquiale» spiega nell'autobiografia, «con un senso crescente di tensione e di disagio, e quell'incertezza che tutti provano a volte e che porta a chiedersi: 'Chi sono io'». Nella storia compare, come già in altri romanzi, il motivo dell'estraneo, del Bandito, solo che stavolta è nel cuore stesso del narratore.

L'interesse di Agatha per la psicologia affiora pure in *A Daughter's a Daughter* (*Una figlia per sempre*), del 1952. In questa storia Laura, una donna franca e volitiva, è una psicologa. La trama: una madre sacrifica una relazione intima per il bene della figlia, per poi scoprire che la figlia non capisce il suo sacrificio e non ripagherà mai il debito. Il romanzo ha un intreccio più convincente di altre storie firmate Westmacott, perché nella sua forma originale fu scritto come pièce teatrale negli anni Trenta, e richiedeva ritmo e polso. Il critico teatrale Julius Green sostiene che dovrebbe essere annoverato a buon diritto tra i migliori lavori teatrali di Agatha sul tema del matrimonio e del carico che pone sulle spalle delle donne.

A causa della tensione che nell'intreccio si sviluppa tra madre e figlia, il romanzo è stato spesso interpretato come un'analisi della difficile relazione tra Agatha e Rosalind, ma non ha senso, perché fu abbozzato nella sua prima stesura quando Rosalind era ancora una bambina.[14] In realtà, riguarda molto più Agatha che sua figlia.

«Che ne sai della vita?» chiede la protagonista cupa e pessimista dell'originale pièce. «Meno di niente. Ti potrei portare in certi posti, posti sordidi e orribili in cui vedresti la vita fluire fosca e feroce, e dove la sentiresti, la *sentiresti* nella carne fino a coglierne tutta l'orribile bellezza».[15]

Archie Christie avrebbe potuto forse dire le stesse parole, con minore eloquenza ma non con minore capacità di persuasione, in un salotto di Torquay.

In *The Rose and the Yew Tree*, del 1947, (*La rosa e il tasso*, uscito in Italia anche con il titolo *Rosa d'autunno*), Agatha si pose un'altra difficile sfida: dimostrare quanto potente fosse l'eros. In questa storia, il desiderio sessuale ha il potere di far diventare buono un uomo cattivo. Il critico Martin Fido definisce il romanzo «un tentativo audace di giustificare le vie miracolose con cui Dio si rivela all'uomo in un'epoca razionalista e materialista».[16] È effettivamente audace, ma poco convincente.

Nemmeno l'editore Collins apprezzò il romanzo. Disse che era un peccato che il protagonista, candidato in Parlamento dei Tory, fosse un uomo tanto odioso. Agatha aveva una discreta idea di quella che poteva essere la vita dei politici, dato che suo nipote Jack era impegnato in quel campo e sarebbe diventato un deputato conservatore.

Le opere firmate Westmacott sono di qualità assai discontinua, ma non giovarono alla loro accoglienza né l'autrice donna né l'argomento. «In certo modo, sono romanzi rosa per ragazze» fu la conclusione di un critico di sesso maschile.[17] Eppure avranno sempre i loro estimatori, specie tra le persone che non si vergognano di leggere con piacere scrittrici di metà Novecento di 'cultura media' come Monica Dickens o Dorothy Whipple. «Le opere di Mary Westmacott sono state bistrattate» osserva la critica e romanziera americana Dorothy B. Hughes. «I recensori buttavano sempre là con disprezzo la frase: 'È roba piuttosto scadente, da donne'. Sì, da donne, davvero!»[18]

Intervenendo in proposito, Rosalind ha detto che le opere firmate Westmacott sono state definite romanzi rosa, ma che non è un giudizio corretto. «Non sono 'storie d'amore' nel senso generale del termine, e sicuramente non hanno un lieto fine. Parlano, credo, dell'amore in una delle sue forme più potenti e distruttive».[19]

L'argomento 'amore', però, non era quello che ci si aspettava da Agatha Christie. Dopo che Collins ebbe accolto con freddezza *La rosa e il tasso*, Mary Westmacott si separò dal suo editore. «Collins non ha mai apprezzato la signora Westmacott» si lamentò Agatha con Edmund Cork. «M.W. sia dunque pubblicata da qualcun altro».[20] Così i romanzi firmati Westmacott si trasferirono da Heinemann.

La carriera di Agatha sotto pseudonimo subì una decisa battuta d'arresto nel febbraio del 1949, quando il *Sunday Times* rivelò chi era davvero Mary Westmacott. Alcuni lo sapevano già da un pezzo: a Max il segreto era stato rivelato da tempo e la cognata di Agatha, Nan, aveva intuito dallo stile chi si celava dietro quel nome. Il *Sunday Times* pubblicò la notizia dopo che, in una recensione americana de *Il deserto del cuore*, un giornalista scrisse di aver risolto il mistero consultando i registri della Copyright Agency degli Stati Uniti.

Agatha ne fu molto contrariata. Dovette provare quello che aveva provato in precedenza quando i giornali avevano parlato di lei in occasione della sua scomparsa e lei si era sentita «come una volpe braccata». «Non ne posso più di aprire lettere su questo argomento» scrisse al suo agente, diventando persino sgrammaticata per l'irritazione: «Chi mi interessava davvero che sapesse era le persone amiche, ma così è andato tutto in malora».[21]

Dopo questo episodio, Agatha si chiuse ancora di più nella privacy e nel riserbo sul suo lavoro. «Jane Marple non esiste realmente» dichiarò categorica da anziana. «È esclusiva invenzione del cervello».[22] Non è affatto vero: in precedenza aveva ammesso che per il personaggio della Marple si era in parte ispirata al ricordo che aveva di zia-nonnina. Ma in età avanzata si rifiutò fermamente di lasciar entrare gli altri nella sua anima.

Capendo che lo pseudonimo non l'avrebbe più protetta, produsse il suo ultimo titolo da Mary Westmacott:

*The Burden* (*Ti proteggerò*). Scrisse il libro in segreto, con piacere, secondo Cork «buttandolo giù senza dire una parola a nessuno». Ma perfino lui fu assai tiepido nel giudizio. «Non è la Westmacott di spessore cui da tempo lei aspirava arrivare... Il finale sarà quasi sicuramente modificato».[23] Dopo di ciò, Agatha ritirò dal mercato il suo alter ego.

La Christie ha spesso affermato, con forza, di essere un'artigiana e non un'artista, e ha sempre dichiarato che scrivere era una fatica. Ma a volte, nei momenti di minore autocontrollo, ha rivelato che era una fatica d'amore. Niente lo dimostra con maggior chiarezza dei tre intensissimi giorni del 1944 in cui scrisse *Il deserto del cuore*.[24]

«Quanto sarà triste quando non potrò più scrivere» rifletté a un certo punto della vita. Forse pensava proprio a *Il deserto del cuore*, «scritto con integrità, con sincerità come l'avevo voluto scrivere e questa è la gioia più grande che un autore può provare. [...] A volte penso che siano momenti in cui ci si sente più vicini a Dio, perché ci è stato concesso di provare la gioia della creazione pura».

Forse l'immagine che definisce meglio Agatha Christie non è quella della «signora tranquilla, dall'aria tenera» con cui si presentava ai suoi vicini di casa di Lawn Road. Dietro la porta chiusa del suo appartamento modernista, con le bombe che le cadevano intorno, Agatha era più simile a uno dei personaggi più straordinari di Mary Westmacott, il Vernon de *Il pane del gigante*.

Vernon è un musicista appassionato, tutto preso dall'ardore di creare opere.

> Vernon emise un sospiro di sollievo.
> Niente, ora, poteva più interporsi tra lui e il suo lavoro...
> Si chinò sul tavolo.[25]

# PARTE OTTAVA

# Tra scavi e libri

*Anni Cinquanta*

# 31
# Un sogno grandioso e costoso

Il 30 aprile 1945, Hitler si suicidò a Berlino. Una gelida sera di poche settimane dopo, Agatha era nella sua cucina di Lawn Road quando udì «uno stranissimo rumore metallico», fuori. Alzò gli occhi dalle aringhe che stava friggendo, chiedendosi che cosa fosse quel baccano. Aprendo la porta, vide «un uomo che saliva, carico di una indescrivibile quantità di fagotti». Era Max.

> «Cosa diavolo stai mangiando?» mi chiese.
> «Aringhe. Adesso ne do una anche a te». Poi ci guardammo. «Max! Sei ingrassato di una decina di chili».
> «Eh, già. Ma nemmeno tu sei dimagrita» osservò.

Nient'altro, però, era cambiato. Era come se non fosse mai andato via. «Che meravigliosa serata, quella! Le aringhe erano bruciate, ma noi eravamo ugualmente molto felici». Fu come aveva previsto Agatha in una sua lettera: «Come ci divertiremo quando saremo di nuovo insieme! Che belle mangiate faremo!... Sedie tutte ingombre di libri e tante risate. E parleremo, parleremo, parleremo».[1]

Ora che nel mondo era tornata la pace, «piano piano, grati di essere di nuovo insieme» dice la Christie nella sua autobiografia, «tentammo di recuperare ciò che era rimasto della nostra vita in comune e di vedere cosa saremmo riusciti a farne». A cinquantaquattro anni, Agatha era pronta a reinventarsi. Ne aveva abbastanza di essere una professionista spogliata dei suoi beni, costretta in un appartamentino londinese mentre il Devon la richiamava a casa.

Una volta fece dire a un suo personaggio che le donne migliorano con l'età: «Un sessantenne di solito non fa che ripetere sempre le stesse cose come un grammofono rotto. Una donna, invece, se ha almeno un briciolo di personalità, è una persona interessante».[2] Quando si supera la mezza età, ha detto Agatha, «si è di nuovo libere di guardarsi intorno... È come se una nuova linfa di idee e pensieri scorresse dentro... In quegli anni la gratitudine per il dono della vita è, credo, più forte e più vitale di quanto non sia mai stata prima, e ha qualcosa della qualità e dell'intensità dei sogni». E le azioni di Agatha contarono ancor più delle parole. I successi della vita matura avrebbero messo una donna senza alcun dubbio anziana al centro della cultura popolare.

Curiosamente, il suo primo progetto creativo del dopoguerra non fu un libro, bensì una casa. Il giorno di Natale del 1945, Greenway fu derequisita. Il fascino che quel posto esercitava su Agatha si capice bene da un passaggio di *Poirot e la salma*, dove Agatha parla di «una casa bianca ed elegante, con una grande magnolia che le si ergeva accanto e, intorno, l'intero anfiteatro delle colline boscose».[3] La famiglia che, nel romanzo, la possiede, trova che essa influenzi fortemente la sua vita.

Lasciare Greenway e il suo giardino era stata un'esperienza molto dolorosa, e altrettanto lo fu tornarvi dopo la guerra. «Greenway... non aveva perso niente della sua bellezza, ma la natura si era inselvatichita fino al punto di sembrare una giungla lussureggiante. [...] Rivederla in questo stato fu triste». Furono eseguite le necessarie riparazioni e il giardino venne di nuovo piantumato. Dopo gli sconvolgimenti della guerra, Greenway era il luogo in cui la famiglia andò a leccarsi le ferite.

Agatha non fu certo l'unica, in Gran Bretagna, a dedicarsi con sollievo alla vita domestica una volta finita la guerra. Nel 1951, solo il 34,7% delle donne erano economicamente attive: una percentuale molto vicina a quella del 1931.[4] Uno studio sociologico sulla vita delle donne pubblicato nel 1956 inizia infatti con questa considerazione: «Il divario tra i due mondi, quello del lavoro e della vita domestica, è più forte oggi di quanto non sia mai stato in passato».[5] Agatha sarebbe tornata al lavoro, ma questo avrebbe occupato un gradino più basso nella scala delle sue priorità. Verso la fine degli anni Quaranta, la sua parte più creativa fu tutta dedicata all'abbellimento della casa.

In generale, la villa era stata trattata con riguardo dall'Ammiragliato americano che l'aveva occupata. Cinquantuno membri della guardia costiera statunitense avevano dormito in tre o quattro per stanza. «Ci colpì moltissimo» scrisse uno di loro, «l'enorme *trono* di mogano», intendendo il magnifico water del primo piano.[6] Molti di quei marinai erano della Louisiana e chiamavano la padrona di casa assente «zia Agatha».[7] Erano stati al comando di alcune delle imbarcazioni con cui la fanteria aveva attraversato la Manica, nel D-Day. Tessa Tattersall, una bambina del luogo, rammenta di aver giocato con gli americani e di aver goduto dell'abbondanza del loro cibo: «Mi diedero da mangiare fette di ananas e mezze pesche, e mi regalarono enormi ceste di caramelle».[8]

Gli americani avevano usato la biblioteca di Greenway come bar, e uno di loro vi aveva dipinto, a mo' di fregio, una donnina nuda come quelle che si vedevano anche sul muso dei bombardieri in tempo di guerra. Al momento di andarsene, gli americani si offrirono di coprirla con una mano di vernice, ma Agatha li pregò di lasciarla come souvenir del loro soggiorno.

Poiché Greenway sopravvive intatta e poiché è bella e il National Trust si è premurato di conservarla bene, oggi la gente immagina che la Christie vi abbia vissuto per il resto della vita tra gli agi e il lusso. In realtà, si trattava solo di una casa per le vacanze, non utilizzata in inverno. E si fa fatica a capire quante ruote bisognasse oliare per far funzionare il complesso meccanismo dell'organizzazione domestica. Agatha avrebbe potuto benissimo optare per un posto più piccolo e meno costoso, e avere così una vita più comoda, ma amava talmente fare la gentildonna di campagna che, dopo una piccola pausa, riprese a scrivere libri per poter mantenere la sontuosa dimora.

Cominciarono ad arrivare con deprimente regolarità lettere riguardanti tutti gli interventi da fare. C'era un rapporto scoraggiante sul rifornimento d'acqua: «Pare che il bestiame si abbeveri alla cisterna».[9] Diventò presto evidente che sarebbe stato molto costoso mantenere a puro scopo estetico tredici ettari di terreno. Agatha allora provò a impiantare un commercio di prodotti di orticoltura nel giardino assolato e recintato della cucina. Una certa signora MacPherson fu assunta per consegnare i prodotti ai clienti, tenere i libri mastri e fare «lavoro di manutenzione nelle serre». Le fu offerto anche alloggio al Ferry Cottage.[10]

Cork cercò di tenersi a prudente distanza da Greenway, ma fu costretto a fare una visita d'emergenza una volta in cui Agatha non c'era. Capì che cosa la Christie stesse cercando di fare e trovò poco credibile quel tentativo. «Non ho mai visto niente di così bello come Greenway», scrisse:

> C'è una freschezza e una bellezza da sogno dappertutto, ma è un sogno grandioso e costoso... Il fisco non crede che la base economica di tutto questo sia il commercio di prodotti ortofrutticoli, e io sono dello stesso parere.[11]

Anche se era solo un agente letterario, Cork si accorse di essere sempre più coinvolto nella vita di Agatha. Le richieste che lei gli rivolgeva – di libri antichi, zucchero d'acero, biglietti di spettacoli teatrali – diventarono tristemente note all'interno del suo staff. «Queste fastidiose incombenze che dobbiamo svolgere per Agatha sono una vera rogna» si lamentò uno di loro.[12]

Inoltre, Cork cominciò a rendersi conto che assumere la signora MacPherson aveva dato risultati disastrosi. Cominciarono ad arrivare nel suo ufficio fatture non pagate di articoli da lei ordinati. Alla fine, quando ebbe accumulato ottocento sterline di debiti a nome di Agatha, la donna risultò avere il vizio del gioco e tentò di suicidarsi.

Cork scoprì che lasciava a desiderare anche Bert Brisley, un capo orticultore pieno di entusiasmo, ma poco portato per il commercio. Dopo l'*affaire* MacPherson, pure Brisley fu licenziato e sostituito con Frank Lavin, persona di grande competenza. Quando Agatha vinse diciotto primi premi all'Horticultural Society Show di Brixham, le chiesero il segreto del suo successo. «Un orticultore di prima classe» rispose.[13]

La casa di Greenway a poco a poco si riempì dei frutti

di uno dei principali vizi di Agatha: lo shopping. Nonostante i problemi con il fisco, la scrittrice non riusciva proprio a tenere a freno le sue passioni da accumulatrice seriale e acquistò mobili antichi, ceramiche, argenteria e arte moderna. La villa diventò un magazzino di oggetti strambi e piacevoli, ammassati insieme senza un vero criterio. In una pagina presa a caso da un inventario si legge: «Toro di bronzo di dodici pollici su piedistallo di rovere / teschio di ceramica con coperchio a forma di rana / due ornamenti del Rockingham Cottage / coppia di asce cinesi d'ottone ornate di finti rubini».[14] Greenway stava assomigliando sempre più ad Ashfield.

Anche il cibo, preparato in parte dalla stessa Agatha, richiamava alla mente la magnificenza edoardiana dei Miller. «Mi piacciono le salse» spiegava la scrittrice. «È bello inventarsi qualcosa con frutti di mare e avocado».[15] «Che ne diresti di venire alle otto e mezzo e mangiare *una montagna* di caviale?» diceva invitando un'amica.[16] Ma, a quel punto della vita, Agatha era perlopiù ben contenta di stare alla larga dalla cucina. Si entusiasmò quando trovò una nuova cuoca. «I suoi vol-au-vent! I suoi soufflé!»[17] «Ho mangiato troppo, ma d'altra parte cos'è la vita se non ti concedi un piacere ogni tanto?» dichiarava senza rimorsi.[18]

Ormai era del tutto indifferente a qualunque pressione sociale la esortasse a sorvegliare il proprio peso. Una figlioccia, incontrandola dopo una lunga assenza, disse «con orribile franchezza: sei *grassa.* Ti ricordavo più magra!»[19] Nel 1952, a un pranzo Agatha ordinò aragosta alla Termidoro (ovvero bollita nel vino e condita con salsa fatta con gruyère, tuorlo d'uovo e brandy, poi deposta all'interno del guscio e grigliata) e Canapé Diane (pane tostato imburrato, con sopra bacon e fegatini di pollo).[20]

Mathew rammenta il rituale del pomeriggio, nelle estati degli anni Cinquanta che trascorse a Greenway: «*Cream tea*, che Nima apprezzava ancora più di me: soleva berlo da una grande tazza con su scritto 'Non essere ingordo', un invito cui lei non si sentì mai propensa a aderire».[21]

Agli ospiti venivano annunciate le regole di Greenway: «In questa casa facciamo esattamente ciò che ci piace. Quasi tutti noi giochiamo a cricket, la mattina». Lo sport veniva praticato a beneficio di Mathew, che con il passare delle estati diventò sempre più bravo, al punto che infine fu costretto a giocare con la nonna e le sue amiche usando la sinistra.[22] («Le donne non giocano a cricket» dice l'ispettore Kemp in *Giorno dei morti*, ma il colonnello Race risponde con un sorriso: «In realtà, molte lo fanno»).[23]

Nell'ottobre del 1949, da Rosalind le arrivò un altro annuncio inaspettato. Le sue seconde nozze, presso l'ufficio di stato civile di Kensington, si svolsero, come le prime, in sordina.[24] Rosalind invitò nel suo modo spiccio la madre a recarsi in città per l'occasione: «È un segreto assoluto e nessuno deve saperlo. Credo che nessuno approverà molto, ma bisogna che tu ci sia... Non metterti troppo in ghingheri».[25]

Il nuovo marito di Rosalind si chiamava Anthony Hicks. Era un avvocato, anche se non esercitava la professione. Max riteneva che fosse un uomo la cui «innata intelligenza non era accompagnata neanche da un briciolo di ambizione personale». Lo definì anche «un pozzo di scienza in argomenti inattesi, come i vini pregiati, il sanscrito e varie altre materie arcane».[26] Hicks aveva l'abitudine di rigirarsi i capelli tra le dita, e sua suocera avrebbe trasformato quel gesto nel «segno rivelatore» che usa un personaggio per riconoscerne un altro, nonostante il travestimento, nella sua pièce *The Mousetrap* (*Trappola per topi*).

«Credo scoprirai che Mathew è contento del matrimonio» disse Rosalind alla madre, rassicurandola. «Prega sempre Anthony di trattenersi di più con noi e non credo proprio che sarà geloso».[27] Infatti non lo fu: Mathew definisce il suo patrigno «tranquillo, spiritoso, dotto e devoto». Anthony si adattò perfettamente alla famiglia.

Era «l'uomo più di buon cuore che io abbia mai conosciuto» disse Max, e la bontà di cuore era ciò di cui aveva bisogno una persona sola come Rosalind.[28] Anziché fare carriera come avvocato, avrebbe finito per occuparsi del giardino di Greenway e di gestire con competenza ogni sorta di questione pratica.

Naturalmente, Agatha nutriva, per Greenway, tali ambizioni che le occorreva della manodopera. La vita, nella dimora, non filava mai del tutto liscia o secondo i piani. Disse il romanziere Edmund Crispin dopo esservi andato in visita:

> Molto informale. C'era un'enorme sala da pranzo e non si sapeva mai che cosa aspettarsi. Ora si mangiava con posate d'argento georgiane, ora con posate del grande magazzino Woolworth. Ora si versava il vino da una caraffa da porto del Diciottesimo secolo, ora si beveva da bicchieri da quattro soldi che Agatha aveva trovato facendo shopping. C'erano bambini, cani e sempre chiacchiere divertenti.[29]

Agatha sapeva che quella enorme magione, generosa e ospitale, era una continua fonte di guai, ma non riusciva a rinunciarvi. Una volta litigò con Rosalind a questo proposito e si scusò: «La verità è che ho la coscienza sporca riguardo a Greenway» disse. «Sono una vecchia, fottuta stronza».[30] Si tenne stretta la casa nonostante le costasse una fortuna mantenerla perché, come disse, «la amo tanto».[31]

Le estati a Greenway sarebbero diventate sempre più importanti, per Agatha, perché, di là dai confini del suo giardino, la sua fama e i suoi guadagni erano sottoposti a nuove, crescenti pressioni.

# 32
# Ritorno a Baghdad

Quando Anthony Hicks entrò alla corte di Agatha come principe della Corona, mitigando, con le sue capacità pratiche, le pressioni quotidiane, la suocera si concentrò di nuovo sul suo compito di moglie di un archeologo.

Nel 1947, dopo avere lasciato la RAF, Max sarebbe voluto tornare alla propria carriera. L'archeologia antebellica era piaciuta sia ad Agatha sia a lui. Era, come osservò la scrittrice, «un'attività circondata dal riserbo, e [noi] siamo persone molto riservate».[1] Ma l'archeologia postbellica era diversa: stava diventando un servizio pubblico molto più che un'attività riservata a una ristretta cerchia, come era stata fino ad allora.

L'Institute of Archaeology della University of London, che allora aveva sede in una villa di Regent's Park, era stato mantenuto in attività, durante la guerra, da una direttrice pro tempore, Kathleen Kenyon. Come molte donne, però, la Kenyon avrebbe dovuto cedere il posto a qualcun altro appena i soldati fossero tornati a casa. Nel 1946, Vere Gordon Childe, un australiano, assunse la carica e fu esortato dagli amici a trovare qualcosa da far fare a Max. Gli propose una nuova cattedra in Archeologia del Vicino Oriente, in merito alla quale non fece nessuna pubblicità, perché, disse, «sarebbe inopportuno e inutile».[2] Così Max diventò il professor Mallowan.

Il nuovo lavoro era stipendiato, e il folclore archeologico afferma che Agatha «finanziò» il suo impiego.[3] Nei registri dell'università, però, non vi sono pezze d'appoggio che confermino il finanziamento, e che avrebbero ferito l'orgoglio maschile di Max. L'accordo fu evidentemente informale e rappresentò una diretta integrazione del reddito di professore universitario. «Forse sarebbe meglio che Max ritirasse il suo stipendio dopo il 5 aprile di quest'anno, dato che il 1949/1950 è stato un anno particolarmente ricco per te» disse Cork ad Agatha.[4] Attraverso la moglie, Max ricevette lavoro anche dall'editore e buon amico di Agatha Allen Lane. Lane lo impiegò come consulente per libri di archeologia e finanziò i suoi scavi sia con somme consegnate in contanti sia con enormi forme di formaggio Stilton paracadutate sul campo.

«È una gran fortuna che mi sia capitato questo lavoro» disse Max, ben contento di mettersi a fare il tipo di vita che prediligeva.[5] Andava a lavorare tutti i giorni dalla nuova base londinese di Swan Court, vicino a King's Road, a Chelsea, che all'epoca era ancora una zona artistica e creativa. Come Lawn Road, Swan Court era un confortevole condominio costruito nel 1931, con sedici, luminosi 'monolocali per artisti' all'ultimo piano.[6] L'appartamento di Max e Agatha era ingombro di roba, comodo e tutt'altro che lussuoso: il vecchissimo divano aveva notoriamente «la tappezzeria lisa e le molle mezze rotte».[7]

Max passava i weekend nella «sua» casa di Wallingford, le vacanze estive a Greenway, e cinque mesi l'anno a scavare nel Vicino Oriente. All'istituto, osservò, «centinaia di persone, perlopiù donne, mi si prosternano davanti quando entro nel palazzo... Io non desidero altro che chiudermi nel mio ufficio e leggere i miei libri». Ma, forse con sua stessa sorpresa, finì per amare l'insegnamento e «aiutare gli altri a pensare».[8]

In quel periodo adocchiò il progetto per cui sarebbe diventato famoso: indagare sull'antica città di Nimrud, in Iraq, a poco più di trenta chilometri a sud di Mosul. In epoca antica la città si chiamava Kalhu ed è così che gli archeologi la chiamano oggi, ma per Max e per quelli della sua generazione era Nimrud.

Max aveva piani grandiosi. Sperava di compiere scoperte equivalenti a quelle che Sir Henry Layard aveva fatto in quella zona un secolo prima, e di diventare famoso come lui. Tra il 1845 e il 1851, Layard aveva infatti rinvenuto gli enormi tori alati di pietra che ancora oggi colpiscono chiunque visiti il British Museum, ma da allora Nimrud aveva dormito indisturbata.

Essenziale, per i piani di Max, fu la situazione politica relativamente favorevole dell'Iraq. Durante la guerra, la Gran Bretagna aveva ripreso ancora una volta il controllo del Paese per motivi che comprendevano anche l'accesso al petrolio. Come spiega la storica Eleanor Robson: «L'Iraq Petroleum Company, che aveva il monopolio e che era irachena solo di nome, di fatto era una società registrata a Londra ed era di proprietà di grandi industrie occidentali come la BP, la Shell e un consorzio di petrolieri americani».[9] La spedizione di Max non era in realtà che un'emanazione del *soft power* britannico nella regione, e il suo lavoro si intrecciava con altri interessi industriali e militari del Regno Unito. I rapporti stilati dalla spedizione dimostrano che, oltre all'Iraq Petroleum Company che prestò un bulldozer, le Imperial Chemical Industries fornirono materiali e la RAF fotografie aeree.[10]

Prima di andare a Nimrud, però, la squadra di Max stabilì una base a Baghdad. Era una versione rinnovata della British School of Archaeology dell'Iraq, e Max ne fu nominato direttore. Nell'ottobre del 1948, l'archeologo Robert Hamilton fu mandato a Baghdad a prendere in affitto i locali della scuola. «Ho trovato la casa, molte stanze di varie dimensioni» scrisse. E andò in giro «per Baghdad a comprare casseruole di alluminio e zerbini e detersivi e sardine e tazze da tè».[11]

Agatha arrivò in Iraq con Max il 18 gennaio 1949. Si sarebbe poi innamorata di quella vecchia casa sul fiume, con il cortile fresco e le palme che dondolavano le fronde sulla terrazza. Mentre Max lavorava, lei faceva una vita tranquilla e creativa: «È bello uscire sul balcone ogni giorno e contemplare il Tigri. Riposarsi, sedere al sole, inventarsi qualche interessante delitto per mantenere acceso il caminetto di casa».[12] C'è una foto di lei che fa colazione in terrazza con indosso il tailleur e la collana di perle: legge un libro e intanto sorseggia il tè da una teiera rotonda marrone. Dopo l'Inghilterra del tempo di guerra, quello era un paradiso.

La scuola era gestita giorno per giorno da un'altra persona esperta di archeologia che entra nella nostra storia come comparsa, ma che negli anni successivi assumerà sempre maggiore rilievo: Barbara Parker. La Parker era ufficialmente la segretaria-bibliotecaria, ma faceva molte altre cose. Alta ed elegante, era stata una modella per la Maison Worth, prima di mettersi a studiare arte cinese e poi archeologia. Appena conseguita la laurea, era andata a scavare nell'odierno Israele per un periodo, durante il quale un suo collega era stato ucciso da un colpo d'arma da fuoco. Tornata a Londra, durante i bombardamenti aveva prestato servizio nel corpo dei vigili del fuoco.

I colleghi la definivano «disorganizzata», «sventata», «dolce» e «gentilissima», qualità, queste, che l'avevano indotta ad aiutare gli altri e a trascurare il proprio lavoro di epigrafista. Robert Hamilton disse di lei, più generosamente, che era una donna «fedele, sempre molto industriosa e capace», che aveva aiutato con molta abnegazione Max nel suo lavoro e che aveva ricevuto in cambio, da lui, solo battute di scherno.[13] Uno degli allievi di Max definì Barbara «la sua schiava».[14] Quelli che le stavano intorno, in Iraq, amavano pensare che fosse una di quelle persone che si fanno inevitabilmente sfruttare e Agatha la chiamava «Santa Barbara Martire». Negli anni Cinquanta le avranno anche riso dietro, ma oggi è considerata una di quelle donne modeste il cui lavoro, nell'ambito dell'archeologia del Ventesimo secolo, è stato alla base dei libri affascinanti firmati dai loro capi di sesso maschile.

Uno dei romanzi del periodo iracheno, *They Came to Baghdad* (*Il mondo è in pericolo*), descrive la casa usata dalla British School. Scritto da Agatha soprattutto per poter classificare il suo viaggio come spesa di lavoro, era più un thriller che un poliziesco. Gli editori capirono che la scrittrice non vi aveva dedicato troppa attenzione. «È difficile credere che la signora Christie non consideri questo romanzo poco più di uno scherzo» osservò nel suo commento sul romanzo il lettore della Collins che lo aveva giudicato.[15]

Ma l'elemento più interessante de *Il mondo è in pericolo* è la nuova consapevolezza che mostra della fragilità della presenza britannica in Iraq. Durante la guerra, tornando nel Vicino Oriente, Max aveva deciso di cambiare tattica: «Non possiamo più permetterci di stare a guardare gli indigeni con sufficienza, tenendo le distanze» aveva dichiarato.[16] Per la prima volta in un'opera di Agatha, vi sono anche personaggi importanti iracheni. La protagonista, Victoria, è una turista che diventa una spia, ma solo perché l'organizzazione governativa che la recluta ha fallito. Il suo predecessore, Carmichael, era un agente istruitosi a Eton nella tipica maniera edoardiana. Benché sia un'umile dattilografa, Victoria ha una qualità importante che mancava a Carmichael e all'establishment: il buonsenso.[17]

Ma Baghdad era solo una tappa sulla via degli scavi che Max avrebbe effettuato tra il 1949 e il 1958 a Nimrud, a un miglio dal grande fiume Tigri. «Che luogo meraviglioso!» avrebbe scritto Agatha nella sua autobiografia. «Il Tigri scorreva poco distante e grandi teste assire di pietra sporgevano dal terreno sul monte dell'Acropoli. Era un angolo di paradiso, tranquillo, romantico e imbevuto dei ricordi del passato». Lì Max avrebbe condotto ricerche sulla reggia del re Assurbanipal II, un potente monarca che alla sua epoca aveva dato, a palazzo, una magnifica festa a cui avevano partecipato ben settantamila ospiti. La squadra di Max avrebbe rinvenuto nel sito vari reperti straordinari, anche se il tesoro del re, interamente d'oro, sarebbe stato scoperto dal successore di Max negli scavi, Muzahim Mahmoud Hussein.

Come sempre, uno dei problemi consisteva nel decidere quale fosse il posto giusto dove scavare, e un altro nel gestire i rapporti con gli operai locali che, secondo Max, erano scontenti e disordinati. Alcuni erano gli stessi degli scavi precedenti e di conseguenza chiamavano Agatha «zia».[18] Un'altra novità era che i registri erano tenuti non solo in inglese, ma anche in arabo, e gli scavatori erano pagati un po' più che in precedenza.[19] Ma scoppiavano ancora litigi sulla paga, che finivano con «mazze e coltelli» e «parecchie teste rotte».[20]

A Nimrud Max e i suoi colleghi scoprirono una serie

quasi incredibile di oggetti d'avorio meravigliosamente intagliati. Secondo un'amica, l'archeologa Joan Oates, il più grande contributo di Agatha all'archeologia

> fu la ricostruzione, da lei effettuata praticamente da sola, di oltre trenta tavolette per scrivere di legno e avorio recuperate da un pozzo nel 1953. Erano ridotte in centinaia di frammenti minuscoli e molto simili gli uni agli altri, proprio il tipo di puzzle che a lei piaceva risolvere.[21]

La stessa Agatha era fiera del suo lavoro con i reperti:

> Anch'io ho collaborato a pulirne molti, usando, come tutti i veri professionisti, i miei utensili preferiti: un bastoncino di legno d'arancio, un ago da calza molto sottile e, durante una stagione, anche una punta di trapano donatami da un dentista, oltre a un barattolo di crema per il viso, utilissima per rimuovere il terriccio dalle fessure senza intaccare il materiale, particolarmente friabile. [...] Tutto era elettrizzante, anche la pazienza e la cura da usare, e la delicatezza che ci si scopriva nelle mani.

Scattava anche le necessarie fotografie, uscendo «sudata da una mattinata di lavoro nella piccola camera oscura priva di ventilazione».[22] Come all'epoca del servizio in ospedale, era immensamente felice di fare parte della dinamica squadra di Nimrud e di essere circondata da persone di cui si fidava.

Le descrizioni della loro attività nei siti che fanno sia la Christie sia la Oates di solito sottolineano i particolari più femminili: il lavoro certosino, il tocco delicato, la crema per il viso. In realtà, quello non fu il contributo più significativo di Agatha, ma solo quello che appariva socialmente più accettabile da parte della moglie di un archeologo.

Un altro dei suoi compiti era di sedere all'interno dell'ostello e di distribuire il salario agli operai attraverso una finestrella nel muro. A volte i turisti che andavano a visitare il sito dicevano: «Forza, andiamo a vedere gli uomini che vengono pagati da Agatha Christie».[23]

In realtà, Agatha li pagava non solo in quel modo, visto che aveva fornito lei i finanziamenti per effettuare gli scavi. Oltre a sostenere economicamente le singole spedizioni, foraggiava la British School of Archaeology. Nel 1953, per esempio, donò alla scuola i proventi di *A Pocket Full of Rye* (*Polvere negli occhi*) perché, come spiegò il suo agente inglese a quello americano, «il Metropolitan Museum di New York ha ritirato il finanziamento... il che significa che la vita professionale del marito di Agatha rischia di essere compromessa dalla mancanza di fondi».[24]

Sul sito degli scavi Agatha si comportava, naturalmente, come se Max fosse il capo. I membri della squadra di archeologi impararono subito che dovevano trattarla come una di loro. Un archeologo la definì «per carattere timida, tranne che con gli amici e i membri della squadra, che avevano imparato a non parlare mai delle sue opere».[25] Nello stesso tempo, tutti sapevano che non era un membro qualsiasi del gruppo. «Max era un tipo molto umorale, che spesso si infuriava» spiega Joan Oates. «Lei si limitava a dire, con voce molto calma: 'Ora basta, Max' e lui allora, dopo un attimo di silenzio, per qualunque motivo avesse dato fuori di matto, si calmava».[26] Il dottor Paul Collins, capo della successiva spedizione della British School of Archaeology in Iraq, dice:

«La mia impressione era che Agatha fosse una presenza importante e che fosse lei a prendere le decisioni».[27]

Secondo la versione ufficiale, uno dei vantaggi, per la Christie, di stare sul sito degli scavi era che così si sottraeva a un pubblico sempre più vasto e importuno. Ma nemmeno questo era vero, in quanto la sua presenza a Nimrud rappresentava un'attrazione per i turisti. Agatha era fondamentale per garantire le sovvenzioni agli scavi da parte dell'Iraq Petroleum Company, spiega Eleanor Robson: «Invitava per il tè le mogli dei dirigenti dell'IPC e in cambio l'IPC prestava le attrezzature per sollevare e trasportare reperti pesanti».[28] Durante una stagione, arrivarono oltre millecinquecento visitatori per vedere sia il sito sia la scrittrice: «Ufficiali dell'esercito impegnati in manovre, pullman pieni di bambini, dignitari della chiesa o perfino persone del luogo a dorso d'asino. Agatha sedeva a capo del lungo tavolo, con davanti una teiera o una caffettiera, e dava ospitalità a ricchi e poveri».[29]

Insomma, faceva la sua parte, ma a prezzo di un certo sacrificio personale. Joan Oates la ricorda letteralmente assediata:

> Videro arrivare quella macchina e, come faceva sempre, lei andò a chiudersi nella sua stanza. Erano due giovani finlandesi, venuti per vedere Agatha Christie, e non intendevano accettare un no. Sapevano che la scrittrice era lì e volevano assolutamente incontrarla. [...] Giunsero al punto da andare a bussare alla sua porta.[30]

La presenza di Agatha si faceva sentire a Nimrud anche attraverso il cibo. L'erario britannico concedeva una detrazione fiscale per le spese che si era costretti a fare per motivi commerciali e così, dicendo che doveva procurarsi 'colore locale' per i libri, Agatha comprava i generi alimentari per la spedizione, cosa che del resto le piaceva anche. Mandava il cuoco indiano nei vari negozi ricordandogli: «Mi raccomando, non dimenticare la panna!»[31] Gli archeologi, dunque, versavano «quintali di panna di latte di bufala sui soufflé al cioccolato caldi, miracolosamente cotti dal cuoco in un fornetto a cherosene».[32]

Nonostante tutte le attività extra, Agatha doveva trovare anche il tempo di scrivere il libro che le permettesse di finanziare gli scavi della stagione successiva. In una pagina dell'autobiografia, racconta di avere sentito l'esigenza di avere, come Virginia Woolf, «una stanza tutta per sé», e nel 1951 fece costruire una sorta di dépendance nell'ostello in cui alloggiavano i membri della spedizione:

> Per cinquanta sterline, costruii una piccola stanza quadrata, di mattoni di fango... Sulla porta della mia camera Donald Wiseman, uno dei nostri epigrafisti, sistemò una targa in caratteri cuneiformi che annunciava che quella era Beit Agatha, la Casa di Agatha, e nella casa di Agatha io andavo ogni giorno a svolgere un pochino del mio lavoro.

Ben presto la targa fu tolta per difendere dall'assalto dei turisti il rifugio di Agatha. La sua stanza segreta dava sulle montagne del Kurdistan ed era ammobiliata con un tavolo artigianale su cui erano appoggiati «la macchina per scrivere e un mucchio di fogli tenuti fermi da cocci di vaso e una pila di libri tascabili».[33] Lì, dice Max, Agatha passava parte della mattina a scrivere velocemente a macchina il suo nuovo libro. «Più di mezza dozzina di romanzi furono scritti in quel modo, stagione dopo stagione».[34]

Le spedizioni, però, alla fine sarebbero terminate. C'erano crescenti tensioni, in Iraq, a mano a mano che il Paese si avviava verso la rivoluzione del 1958 e i fermenti nazionalistici aumentavano. Nel 1955, la sesta stagione a Nimrud non filò liscia. Agatha, che aveva ormai sessantaquattro anni, si ammalò di cistite e dovette essere portata all'ospedale. In aprile, un uragano per poco non arrivò a svellere il tetto dell'edificio degli scavi. Hamilton riteneva che Max «non dirigesse le operazioni con l'efficienza che mostrava di solito».[35]

Inoltre, Max continuava ad avere una predilezione per l'archeologia di vecchio stampo, tutta proiettata verso la caccia al tesoro, mentre quell'impostazione a poco a poco veniva soppiantata dall'approccio 'scientifico' dei colleghi più giovani. Essere una sua allieva femmina doveva risultare particolarmente difficile. Mallowan riteneva di avere insegnato qualcosa a un'allieva solo quando l'aveva «ridotta in lacrime», cosa che definiva «assolutamente salutare». Continuava a pubblicare articoli sull'*Illustrated London News*, ma era ormai considerato un vecchio barbogio, e si rammaricava molto che il mestiere di archeologo fosse stato «toccato dalla mano pesante del professionismo».[36] Come disse un suo collega, stavano per finire i «tempi spensierati in cui Max e Agatha dirigevano gli scavi come fossero feste private in un ambiente esotico».[37]

Il 1957 fu l'ultima stagione in cui Mallowan fu direttore degli scavi e il 14 luglio del 1958 la monarchia hascemita irachena cadde, per essere sostituita da un regime repubblicano. Ma il vero motivo per cui Max smise di scavare fu che, a sessantasette anni, Agatha non era più in grado, fisicamente, di seguirlo sui siti. La carriera di Max nel campo finì, com'era iniziata, con Agatha quale sua indispensabile socia nella joint venture.

In Inghilterra, Max continuò a lavorare al suo opus magnum, *Nimrud and Its Remains* (1966). Ancora una volta, fu sua moglie a renderne possibile la pubblicazione: per fare un favore alla Christie, infatti, Cork accettò di proporlo dopo che il testo era stato rifiutato dalla Penguin. Negli Stati Uniti, Harold Ober era un po' meno entusiasta, e disse che era un libro «intitolato Nimrud eccetera, non ho capito bene il resto, ma credo sia di argomento archeologico».[38]

Benché sulla copertina ci fosse il nome di Max e quello di Agatha comparisse solo nella dedica sul frontespizio, in realtà l'opera era frutto del lavoro di entrambi. Inoltre, dietro il loro lavoro c'era quello di Barbara Parker, di altri assistenti e di centinaia di operai iracheni che avevano, in concreto, compiuto gli scavi. Con la scelta di quel particolare titolo, Max pareva volersi definire il successore del padre fondatore dell'archeologia, quel Sir Henry Layard che aveva scritto nel 1849 *Nineveh and Its Remains*: in pratica, *Nimrud and Its Remains* ricalcava in pieno il titolo dell'illustre predecessore.[39] Anche Agatha, nella sua autobiografia, fa il confronto con Layard quando descrive la grande città di Kahlu o Calach dell'antichità:

> Qui un tempo c'era Calach, la grande città. Poi Calach si addormentò.
> Qui venne Layard a disturbare la sua pace. E Calach-Nimrud si addormentò un'altra volta…
> Qui vennero Max Mallowan e sua moglie. Ora Calach dorme di nuovo…
> Chi la disturberà in futuro?

La risposta alla sua domanda sarebbe stata squadre di archeologi iracheni, italiani e polacchi, al cui lavoro da certosini, protrattosi per anni, sarebbe però seguita una violenta azione distruttiva. Nel 2015, i militanti dello Stato Islamico (ISIS) rasero al suolo i resti dell'antico sito. La loro azione fu definita dall'UNESCO un crimine di guerra, motivato dalla volontà di «cancellare ogni traccia della storia del popolo iracheno».[40] La stanza dove Agatha scriveva, a Nimrud, era caduta in stato di abbandono fin dagli inizi del Duemila, ma nel 2015 il resto dell'ostello di mattoni di fango che ospitava la spedizione era ancora in piedi. I suoi ultimi istanti di vita sono documentati dal video, postato in Internet, che l'ISIS girò mentre faceva saltare in aria il sito con l'esplosivo.[41]

Questo avvenimento, e le rovine provocate, parve nel 2015 la fine della storia, ma da allora l'archeologa Eleanor Robson, esperta di Nimrud, ha visitato l'area per valutare i danni e scoperto che l'esplosivo è stato piazzato più per produrre un buon video propagandistico che per distruggere completamente il sito. Lo ziggurat sarà anche scomparso, ma gran parte del resto è intatta. «Un gran disordine, ma i danni non sono irreparabili» dice la Robson.[42]

È rimasto in piedi anche un muro, uno solo, della casa di Agatha e Max. «Ricostruiremo quell'edificio leggendario, che ha per noi un forte valore affettivo» ha detto nel 2020 Kheiriddin Nasser, archeologo del luogo.[43]

Così Nimrud dorme ancora, in attesa che arrivi la prossima generazione.

# 33
# Christieland dopo la guerra

Passato l'iniziale sollievo di essere tornata a Greenway dopo il conflitto, Agatha, come molti altri britannici, trovò la pace abbastanza deludente.

«Sono le conseguenze che ha lasciato la guerra» dice uno dei personaggi di *Taken at the Flood* (*Alla deriva*). «Malanimo e rancore dappertutto: sui treni, sugli autobus, nei negozi».

Verso la fine degli anni Quaranta e Cinquanta, molti dei membri del ceto medio di Christieland si trovarono ad affrontare un peggioramento del tenore di vita. Non aspiravano a migliorare, ma solo a mantenere ciò che possedevano. Il nuovo *welfare state* non aveva granché da dare loro:

> Ci siamo costruiti uno stato del benessere che ci ha liberati dalla paura, dandoci sicurezza, il pane quotidiano e qualcosa in più, eppure mi sembra che ora, in questo stesso stato del benessere, sia sempre più difficile guardare al futuro.

Negli anni Cinquanta Agatha avrebbe avuto un crescente successo commerciale e i suoi libri avrebbero venduto un vertiginoso numero di copie, visto che toccavano il tasto della nostalgia dell'impero e dell'insicurezza, molto sentito dai lettori, ma nello stesso tempo la sua fama letteraria avrebbe iniziato a diminuire. Dagli anni Cinquanta in poi, la Christie, con i suoi romanzi, sarebbe andata controcorrente. Altri autori, appartenenti ad altre classi sociali, avrebbero condotto il gioco: Kingsley Amis, John Fowles, Philip Larkin. Come negli anni Venti e Trenta i modernisti avevano tolto prestigio agli autori, o meglio alle autrici, di classe e cultura medie che vendevano più di loro, così adesso succedeva con i Giovani Arrabbiati.

Inoltre, anche il poliziesco aveva i suoi arrabbiati, benché voci importanti tra loro, come Dashiell Hammett, non fossero più molto giovani. I gialli hard-boiled, con la loro violenza e la loro misoginia, avevano cominciato a diffondersi dall'America in Gran Bretagna già da prima della guerra. Agatha non apprezzava molto quel genere di romanzo e non lo apprezzava nemmeno Miss Marple. Jane ha sentito parlare di Dashiell Hammett, ma lo mette subito a posto dicendo: «Ho saputo da mio nipote Raymond che è considerato il più quotato del cosiddetto stile letterario da duri».[1]

Benché Miss Marple derida la narrativa «da duri», in realtà anche la sua creatrice diventò a suo modo più «dura». Secondo la storica Nicola Humble, un nuovo tema entrò in tutti i romanzi di cultura media britannici del dopoguerra: quello di una «cautela ai limiti della paranoia». I personaggi di questi romanzi, costretti ad affrontare ciò che minaccia la loro esistenza, sono in conflitto con se stessi e praticano crudeli giochi «di esclusione, competizione e sopraffazione».[2] Come dice Miss Marple, le vecchie regole della società non valgono più. «Quindici anni fa *sapevi* chi erano tutti».

La perdita di fiducia nella propria classe di appartenenza dipendeva in parte dal fatto che il reddito del ceto medio era diminuito. Il tema della ricerca spasmodica di una vita agiata è dominante in *A Murder is Announced* (*Un delitto avrà luogo*, 1950), dove il quotidiano locale pubblica «disperate richieste di aiuto domestico» e non si trova servitù «a meno che non si abbia una vecchia tata in famiglia».

Le padrone di molte residenze signorili erano costrette a sporcarsi le mani anche nelle famiglie ricche ormai da qualche generazione, come i Watts di Abney Hall. La sorella di Agatha, Madge, si alzava alle cinque e mezzo e «spolverava, metteva tutto in ordine, spazzava, accendeva i fornelli, puliva gli ottoni e lucidava i mobili, poi veniva a svegliarci con il tè». Al metodo di Madge fa eco, in *Un delitto avrà luogo*, quello della moglie del vicario, che pure si alza presto per «accendere la caldaia e correre da tutte le parti come una macchina a vapore», finché, alle otto, «tutti i lavori sono finiti». Nel frattempo, sostiene con grande coraggio che una casa grande non è più difficile da tenere pulita di una piccola.

La perdita di prestigio sociale è il movente del delitto anche nel caso della cattiva di *Dopo le esequie* (1953), Miss Gilchrist, che detesta il suo avvilente lavoro di dama di compagnia salariata. Un tempo aveva avuto una propria attività – gestiva una sala da tè – ma aveva dovuto chiudere durante la guerra perché non era riuscita a procurarsi le uova per i pasticcini. Gli altri personaggi si stupiscono all'idea che l'assassina sia «una signora distinta», ma la perdita dell'indipendenza e il declassamento sociale erano cose in cui il pubblico di Agatha degli anni Cinquanta poteva ben riconoscersi.

Miss Gilchrist è un'assassina particolarmente efferata, che ammazza la propria datrice di lavoro con un'accetta. Nei romanzi del dopoguerra, Agatha è più dura anche con i bambini, verso i quali, peraltro, non aveva mai avuto un atteggiamento sentimentale: in *È troppo facile*, per esempio, un bambino viene ucciso senza che l'autrice se ne dia gran pena. Ma in *Crooked House* (*È un problema*) nel 1949 Agatha si spinge al punto da inventarsi una ragazzina assassina. Era fiera della sua creazione e in seguito avrebbe definito *È un problema* uno dei suoi libri preferiti.

Tuttavia, anche ammesso che nel dopoguerra abbia introdotto nei suoi libri una nuova vena nostalgica, la Christie non permise mai al rimpianto di diventare dominante. In *Ordeal by Innocence* (*Le due verità*), un bambino «parla in continuazione di navi spaziali», e Agatha si è sempre mostrata proiettata verso il futuro. Nel 1956 concesse un'intervista che fu inserita tra una pubblicità del raion e una dei televisori General Electric («il progresso è il nostro prodotto più importante»). Disse di essere «molto appassionata di fantascienza per via dei nuovi, meravigliosi orizzonti che essa ci schiude nel campo delle invenzioni» confessò al giornalista.[3] Uno dei nipoti di Max, John Mallowan, passò le vacanze scolastiche con suo zio e con zia Agatha. «Di solito le davo da leggere libri di fantascienza» rammenta. «Lei leggeva qualsiasi cosa, davvero qualsiasi cosa». Incitò anche la zia a guidare la sua nuova Wolseley 1500 alla velocità massima di 135 chilometri lungo l'appena costruita autostrada M4.[4] Agatha aveva ben poco bisogno di essere incoraggiata a correre, dato che da sempre amava la velocità.

È, questa della passione per la vita moderna, una caratteristica che stupisce sempre di lei. Uno degli espedienti da Christie era di trarre ispirazione da un avvenimento contemporaneo. Nel 1954 il suo thriller *Destination Unknown* (*Destinazione ignota*) riecheggia le storie delle due spie Klaus Fuchs (smascherato nel 1950) e Bruno Pontecorvo (fuggito in Unione Sovietica nel 1950), che avevano lavorato presso l'Atomic Energy Research Establishment di Harwell.[5] La pièce *Trappola per topi* si basa su una tragedia reale che aveva avuto per protagonista un bambino, Dennis O'Neill, ucciso dal padre adottivo, processato nel 1945 per omicidio preterintenzionale.

Come gli avvenimenti reali, così i luoghi reali continuavano ad affascinare Agatha. Ne *Il ritratto di Elsa Greer* (1942) aveva sfruttato il giardino di Greenway per l'ambientazione, mentre in *La sagra del delitto* (1956) fu la rimessa per barche a fungere da scena del crimine. L'uso di un posto reale come mezzo per rendere credibile il giallo è un altro espediente da Christie. Per *Un delitto avrà luogo,* Agatha invitò i vicini di casa ad andare nel suo salotto e descrisse quanto accadde quando le luci all'improvviso si spensero. «Quello che vedono e, particolare ancor più interessante, quello che non vedono» diventa di vitale importanza per l'epilogo del libro. Quando il romanzo fu pubblicato, una delle persone invitate nel salotto della Christie capì di avere partecipato a un esperimento 'sul campo'.[6]

Agatha non era sempre cosciente di mischiare la vita vera con l'arte. Quando, in America, Dorothy Olding, un'agente letteraria alle dipendenze di Harold Ober, cominciò a occuparsi di Agatha al posto del suo capo e lesse per la prima volta *Assassinio allo specchio* (1962), si sentì «molto a disagio». Temeva infatti, a ragione, che il riferimento fatto da Agatha all'effetto della rosolia sulla gravidanza fosse negativo,[7] anche perché c'era stato un caso reale molto recente, accaduto all'attrice Gene Tierney. Come la star del cinema del romanzo della Christie, la Tierney aveva preso la rosolia da un fan e di conseguenza aveva partorito una bambina disabile. Sembrava sfruttamento di avvenimenti reali. *Assassinio allo specchio* suscitò in effetti numerose proteste: «È senza dubbio inutilmente crudele sfruttare a fini romanzeschi i problemi e il dolore della signora Tierney».[8] In Gran Bretagna, invece, Cork difese a spada tratta la sua autrice. «Potrà sembrare incredibile» ammise, ma la Christie «non era affatto a conoscenza del caso Tierney».[9]

Agatha provocò risentimento anche perché continuava a non capire che cosa ci fosse di sbagliato nell'antisemitismo. In *Un delitto avrà luogo*, la sfortunata Mitzi, una profuga, è trattata come una figura comica. La sua paura della polizia le fa dire una frase («mi manderete in un campo di concentramento») che dovrebbe essere una battuta, ma non fa ridere nessuno.[10] Nel 1947 e nel 1948 si levarono vibrate proteste per *Poirot e la salma* (1946), in America. I lettori sostenevano che il riferimento alla «voce rauca» e alla «piccola ebrea maligna»[11] rientrava nello stereotipo antisemita. Alla fine la questione fu sottoposta all'attenzione del Consiglio contro l'intolleranza in America, che pregò gli editori della Christie di eliminare le frasi che suonavano antisemite dalle nuove edizioni dei suoi libri, anche quelli più vecchi come *Il mistero del Treno Azzurro*.[12] L'équipe che si occupava dei romanzi di Agatha in Gran Bretagna cercò di svicolare. «Magari, quando avrai occasione di parlare con lei» disse l'agente americano Ober all'agente britannico Cork, «potrai dirle che sarebbe opportuno, in futuro, evitare qualsiasi riferimento agli ebrei».[13]

Naturalmente, le opinioni di uno scrittore sono ben distinte da quelle espresse dai suoi personaggi. Spesso, per esempio, si rimprovera alla Christie il fatto che in *La rosa e il tasso* un personaggio critichi le «gambe plebee» di un altro. In effetti, se l'opinione espressa fosse quella di Agatha, sarebbe un «grottesco pregiudizio di classe»,[14] ma in questo caso le gambe dell'eroe di guerra sono viste attraverso gli occhi della narratrice Marguerite Lucy, una donna piuttosto ridicola che viene presa in giro per avere detto una volta di un uomo: «Peccato che abbia delle gambe così plebee».[15] È possibile che, trasportato in un'altra epoca, l'episodio perda il tocco ironico che aveva originariamente.

Quando, però, Agatha attribuiva ai personaggi opinioni molto discutibili che non servivano né a rivelare il carattere né a far progredire l'intreccio, tendeva a offendere. Cork eluse il compito di consigliarle di smussare il suo antisemitismo. Nel 1953 scrisse all'editore americano dicendogli, senza giri di parole, di «omettere, nei futuri libri, la parola 'ebreo' quando sia riferita a un personaggio sgradevole».[16] Nel farlo, ammise sotto sotto che non ci si poteva fidare del fatto che Agatha evitasse i commenti di sua spontanea volontà.

Gli stereotipi, in generale, erano così connaturati alla sua narrativa che Agatha non poteva fare a meno di usarli anche quando avrebbe dovuto starne alla larga. Il tema dello 'straniero' era un tipico metodo di depistaggio. Poirot usa la propria nazionalità belga come mantello protettivo: «Piccolo bellimbusto straniero dal nome impronunciabile!» grida, quando viene scoperto, l'assassino de *La serie infernale*. In *Le due verità* accade l'inverso: il legale di famiglia ci induce a non sospettare del personaggio svedese, che è effettivamente colpevole, perché sarebbe fin troppo ovvio che lo 'straniero' fosse il colpevole. Il problema, con la «piccola ebrea maligna» di *Poirot e la salma*, è che la parola «ebrea» viene usata soltanto per rendere il personaggio più antipatico, ed è triste vedere una scrittrice come la Christie ricorrere a mezzucci simili. In *Hickory Dickory Dock* (*Poirot si annoia*), ambientato in un ostello per la gioventù, Agatha tentò di descrivere le relazioni razziali contemporanee, introducendo a tale scopo i personaggi poco caratterizzati di Gopal Ram e Mr Akibombo. L'accoglienza fu fredda. Sul *Sunday Times*, Francis Iles giudicò debole il romanzo: «Tutti gli stranieri sono ridicoli, ma gli stranieri di colore lo sono ancora di più». Evelyn Waugh lo definì «una boiata».[17] Un tempo Agatha era stata bravissima a giocare con gli stereotipi e le attese dei lettori, ma invecchiando trovò più difficile farlo.

Negli anni del dopoguerra, la scrittrice ridusse il ritmo di produzione rispetto agli anni Trenta. Capì che scrivere troppo sarebbe servito solo a «ingrassare l'erario», che avrebbe speso i soldi «soprattutto per cose stupide».[18] Ma continuò a essere prolifica. Di solito, all'inizio dell'anno, lavorava sodo sei settimane di fila e consegnava il manoscritto in marzo perché fosse pubblicato per Natale. Faceva lunghe vacanze estive, «deliziosi giorni di ozio e tempo libero» prima di mettere in cantiere il libro successivo.[19]

In un'intervista radiofonica del 1955, sminuì la sua professionalità. «La deludente verità è che non ho molto metodo» disse. «Batto a macchina le mie bozze su una vecchia, fedele macchina per scrivere».[20] In realtà, la «vecchia macchina per scrivere» era un arredo di scena per l'immagine di vecchietta svitata che voleva dare, ma Agatha di fatto aveva sempre i prodotti della tecnica di ultima generazione, come «la nuova, silenziosissima Remington» che il suo agente americano le aveva mandato nel 1949.[21] Inoltre, era sempre stata aiutata a dattilografare. Tra i compiti di Carlo c'era quello di battere a macchina sotto dettatura e, dagli anni Cinquanta in poi, quando la segretaria si fu ritirata a Eastbourne, fu sostituita in quel ruolo da Stella Kirwan.

Il critico John Curran è probabilmente la persona che meglio conosce la tecnica di sviluppo degli intrecci di Agatha, basata in parte sugli appunti buttati giù su quaderni scolastici. «Le trame mi vengono in mente nei momenti più impensati, per esempio mentre cammino per la strada o guardo con particolare interesse il negozio di una modista» disse la scrittrice. «Mi annoto la mia splendida idea su un quaderno scolastico, e fin lì tutto bene: il guaio è che sempre, inevitabilmente, smarrisco il quaderno». Le capitava di concepire gli intrecci, disse, «mentre sono nella vasca da bagno o mangio una mela o bevo tazze di tè, e ho intorno foglietti di carta e mozziconi di matita».

Ci sono pervenuti una settantina di questi affascinanti quaderni di appunti, alcuni da pochi centesimi, altri costosi, con nomi di marche altolocate come The Minerva, The Marvel, The Mayfair. Uno dei più vecchi reca la scritta «Agatha Miller 31 maggio 1907», mentre un altro, con il marchio dalla catena WHSmith, annuncia fiero che la sua copertina in PVC è – parola meravigliosa! – «spugnabile», cioè lavabile con la spugna.

Aprire i taccuini, però, è un'esperienza insieme affascinante e frustrante, perché gran parte di ciò che vi è scritto non ha alcun senso. I quaderni rivelano, più di qualsiasi altra cosa, che il suo approccio al lavoro era di basso profilo. Le trame dei romanzi sono distribuite su vari volumi, evidentemente perché la Christie scriveva su quello che le capitava di avere a portata di mano. Il quaderno 31, per esempio, ha le pagine datate 1955, 1965, poi indietro al 1963, poi 1965 e avanti fino al 1972. Non si premurava nemmeno di usare le pagine nell'ordine giusto.[22] I quaderni dimostrano anche come il lavoro, per lei, si intrecciasse con la vita: assieme a idee per i personaggi e le trame vi sono un elenco di mobili, l'ora e il giorno di un appuntamento con il parrucchiere, orari dei treni per Torquay.[23]

Si avvicinò più di tutto a un 'metodo' quando elencò le scene designandole con le lettere dell'alfabeto, e a volte riscriveva un libro per disporle in ordine diverso. I suoi quaderni rivelano questo processo iterativo in maniera particolarmente chiara nel caso di *È un problema.* Non programmò fin dall'inizio che la ragazzina fosse l'assassina, ma prese in considerazione altri tre personaggi prima di decidersi per lei. «Inventava ed elaborava, sceglieva e scartava, limava e perfezionava» spiega John Curran.[24] Dopo anni di studio, Curran giunse alla conclusione che «proprio la natura casuale» degli appunti fosse il metodo di Agatha: «È così che lavorava, così che creava, così che scriveva. Prosperava psicologicamente su un humus caotico, che la stimolava più dell'ordine preciso: la rigidità soffocava il suo processo creativo».[25]

Secondo un amico, la parte che Agatha apprezzava di più era la trama, «l'unico grande piacere che traeva dallo scrivere: il resto era duro lavoro».[26] Tuttavia non disdegnava di riciclare un buon intreccio e, anzi, questo era uno dei suoi migliori espedienti da Christie. Il lettore non può credere che l'autrice faccia lo stesso gioco due volte. Invece, per esempio, il narratore quale testimone inaffidabile debutta con *L'assassinio di Roger Ackroyd,* compare di nuovo in *Un messaggio dagli spiriti* e ritorna una terza volta in *Nella mia fine è il mio principio.*

Una volta elaborato l'intreccio, Agatha doveva mettere nero su bianco le parole. Trapelano la fermezza e il metodo con cui eseguiva il compito dalla lettera che scrisse a Max mentre era in vacanza di lavoro a Rodi. Dall'albergo, dove soggiornava da sola, gli scrisse:

> Colazione alle otto... meditazione fino alle nove. Batto con furia a macchina fino alle undici e mezzo (o fino alla fine del capitolo – a volte, se è una bella giornata, cerco apposta di farlo corto! –, poi via in spiaggia e un tuffo in mare... Dopo il tè altro lavoro (a volte niente lavoro, ma un sonnellino). Alle otto e mezzo la cena e poi, se ho fatto il sonnellino pomeridiano, di nuovo al lavoro.[27]

Questo accadeva il 10 ottobre. Il 13 ottobre scriveva: «Lord Edgware è morto... Poirot si comporta in modo molto misterioso». Sei giorni dopo: «il nipote che eredita la proprietà sta parlando con Poirot del suo bell'alibi!» Due settimane dopo: «Sono arrivata al capitolo XXI». Andava avanti veloce perché non aveva distrazioni: «Non ci sarei mai riuscita se tu fossi stato qui con me!»[28]

Agatha, che scriveva con matita, biro o stilografica, nel corso del tempo cambiò calligrafia. Nel periodo più creativo, prima e durante la guerra, la scrittura è praticamente illeggibile, forse perché le idee le venivano troppo in fretta per essere trasformate in parole comprensibili per gli altri.[29] La scrittura così irrequieta ed esuberante tradisce l'Agatha vivace e gioiosa che nascondeva la propria euforia alle persone che non conosceva bene.

Dopo la guerra, però, quando la qualità della sua narrativa cominciò a diminuire, la calligrafia diventò più grande e leggibile. I quaderni successivi contengono meno appunti e, per produrre il testo, l'autrice si affidò sempre più al dittafono. Ma il registratore ebbe un effetto negativo: era fin troppo facile da usare e la fece diventare prolissa.[30] «Riscrivere la prima metà» dice Agatha in un appunto di uno dei quaderni, riferendosi a *By the Pricking of My Thumbs* (*Sento i pollici che prudono*, 1968). «È troppo verboso».[31]

Durante gli anni di Greenway, nacque e si consolidò un rito di famiglia: Agatha leggeva il suo ultimo libro a voce alta. «Ogni sera, dopo cena, Nima ci lesse uno o due capitoli di *Polvere negli occhi*» ricorda il nipote, Mathew:

> Dev'essere stato nel 1953... Tutta la famiglia sedeva in cerchio in salotto, a Greenway, dopo avere bevuto il caffè. [...] Nima sedeva in una grande poltrona. [...] Dopo le prime due o tre sessioni, ogni volta che leggeva eravamo tutti invitati a indovinare chi fosse l'assassino.[32]

Sembra un passo importante del processo, una verifica della validità dell'intreccio. Ma la lettura veniva fatta sulle bozze a stampa, troppo tardi perché Agatha potesse cambiare particolari importanti.[33] Leggeva più per intrattenere i familiari che per sapere che cosa ne pensavano.

Dopo che aveva corretto le bozze, guai all'editore che avesse permesso di stampare il libro con degli errori! «Sono veramente furiosa» protestò quando l'editore americano uscì con un'edizione de *Il ritratto di Elsa Greer* in cui erano state omesse le tre parole «con un palanchino» dalla frase pronunciata da un personaggio riguardo a un delitto. Uno sfortunato revisore aveva, senza volere, eliminato un indizio importante.[34] Agatha era poi particolarmente pignola riguardo alle quarte di copertina e una volta ne rifiutò una scrivendoci sopra in stampatello: «NO!»[35]

La fiducia che nutriva nelle proprie qualità era in contrasto con la modestia che ostentava in pubblico. «Sono sicura che dieci anni dopo la mia morte, nessuno si ricorderà il mio nome» disse.[36] Intanto però, nell'agosto del 1948 segnò un record quando la Penguin fece uscire, lo stesso giorno, centomila copie di dieci suoi romanzi, cioè un milione di libri.

Nel 1950 si tenne un grande party per festeggiare il cinquantesimo titolo della Christie. La scrittrice iniziò anche un lavoro introspettivo: scrivere la propria autobiografia, un'impresa cui si sarebbe applicata, in maniera discontinua, per quindici anni. Negli anni Cinquanta, nonostante l'umiltà mostrata in pubblico, sapeva benissimo che la sua vita meritava di essere raccontata.

## 34
# Seconda fila in platea

La sera del 13 aprile 1958 fu una di quelle epocali, per la vita di Agatha Christie.

La «festa teatrale più grande di tutti i tempi», come fu definita, ebbe luogo al Savoy Hotel.[1] Benché Agatha oggi sia ricordata come romanziera, quel 13 aprile rappresentò l'apice del decennio in cui era stata anche una drammaturga di fama mondiale. La sera prima, con grande gioia del direttore del teatro Peter Saunders, la sua pièce *Trappola per topi* era stata rappresentata per la duemiladuecentotrentanovesima volta.

Il motivo per cui Saunders aveva avuto l'idea di quel party è abbastanza oscuro. *Trappola per topi* era già l'opera teatrale rimasta più a lungo in cartellone della storia del West End, e lo era da sei mesi. A quel punto, nell'aprile del 1958, stava superando il record di un musical di grande successo del 1922, il che la rendeva la produzione teatrale più longeva che si fosse mai vista.

Per il carattere di Agatha, una simile occasione «aveva tutte le caratteristiche più orribili delle feste: una massa di gente, la televisione, le luci, i fotografi, i cronisti, i discorsi». Ma sapeva di doverci andare. Rispettava profondamente Saunders, spiegò, «perché mi ha fatto fare cose che io dicevo di non essere in grado di fare».[2]

Saunders aveva invitato un migliaio di ospiti, da Richard Attenborough ad Anna Neagle. Ma la più importante era la signora tranquilla che aveva sulle labbra un «sorriso materno», come scrissero i giornali.[3] Agatha si preparò all'ordalia indossando un abito di raso nero con maniche di chiffon, guanti bianchi e tre fili di perle. Amava gli attori e la gente di teatro, ma stare per troppo tempo in compagnia di quelle persone abbastanza impegnative la stancava. «Bene, ora devo andare a fare la mia parte» diceva a Max prima di incontrare la gente che lavorava nell'ambiente teatrale. «Ci si dà del tu e ci si chiama 'tesoro' e 'amore'».[4]

Una trentina di fotografi erano assiepati davanti al Savoy e ad Agatha era stato chiesto di arrivare un po' prima, in maniera che si potessero scattare le foto di rito. Ecco come racconta l'avvenimento nella sua autobiografia:

> Obbedii e armandomi di coraggio mi presentai da sola al Savoy. Quando cercai di entrare nel salone... venni immediatamente bloccata. «Non si può ancora entrare, signora. Mancano venti minuti all'inizio del ricevimento». Mi ritirai in buon ordine. Ignoro perché non dissi subito la cosa più semplice: «Sono la signora Christie e devo entrare». Forse fu solo a causa della mia penosa, inevitabile, orrenda timidezza.

Alla fine, uno dei collaboratori di Saunders trovò Agatha seduta tutta sola nell'atrio dell'albergo. «Perché non ha detto chi era?» le domandò, forse con una punta di irritazione. «Non potevo» fu la risposta. «Ero come paralizzata».[5]

Quando venne il momento, fece un discorso perfettamente accettabile, ma fu l'aneddoto della famosa scrittrice che veniva umiliata alla reception del Savoy a conquistare, sui giornali, la prima pagina della cronaca cittadina. Al giornalista del *Daily Mail* piacque moltissimo la storia, che fotografava bene la Christie com'era all'età di sessantasette anni: una superstar che si celava dietro l'apparenza di una vecchia signora.[6]

Oggi, curiosamente, si parla molto poco del successo che ebbe Agatha nel West End, ma fu davvero sorprendente. Nel 1944, la sua pièce basata su *Dieci piccoli indiani* era in cartellone contemporaneamente a Londra e Broadway. Nel 1954, c'erano tre sue commedie rappresentate simultaneamente nel West End, ed è ancora più incredibile che due di esse siano ancora rappresentate nei teatri di Londra quasi settant'anni dopo.

Nonostante ciò, la drammaturgia di Agatha è poco valutata dalla critica. In un dizionario come il *British and Irish Dramatists Since World War II*, per esempio, non c'è la voce 'Agatha Christie'. Anzi, vi si parla molto più della parodia di *Trappola per topi* firmata da Tom Stoppard che dell'originale. La Christie è citata solo da un drammaturgo maschio al quale sono dedicate sedici pagine di dizionario e per il quale la regina del poliziesco britannico è la tipica autrice «le cui commedie nessuno andrebbe mai a vedere».[7]

Julius Green, storico della carriera teatrale di Agatha, spiega alcuni dei motivi per cui la sua fama diminuì sempre più. Il primo è che le sue commedie attirano molto le compagnie dilettanti, perché hanno in genere un numero limitato di personaggi e non hanno bisogno di grandi scenografie. La Christie o chi le stava intorno non diede sempre la precedenza alla professionalità, autorizzando dei dilettanti ad andare in scena e permettendo così a una pièce di avere un successo commerciale senza un cast di professionisti seri. Inoltre, sempre per motivi commerciali, il suo nome spesso è comparso in mediocri adattamenti di storie effettuati da altre persone.

È senza dubbio singolare che la prima pièce di Agatha ad avere ottenuto un enorme successo sia stata la prima a essere diretta da una donna. La fama di Agatha fu inoltre oscurata dalla campagna di diffamazione condotta da registi maschi che mal sopportavano che una scrittrice di provata esperienza si sedesse nella seconda fila in platea a fare commenti durante le prove. Tutto ciò indusse Julius Green a iniziare la sua magistrale rivalutazione del lavoro teatrale della Christie con un'affermazione sensazionalistica:

> Questa è la storia della drammaturga di maggior successo di tutti i tempi. Una drammaturga che ha scritto anche alcuni romanzi.[8]

Ma il successo sul palcoscenico crebbe lentamente, e Agatha dovette lavorare a lungo e duramente per ottenerlo. Il suo gioco preferito, all'età di sette anni, era di «leggere una commedia», ma le toccò aspettare i quarant'anni per veder mettere in scena una sua opera, e i sessanta-settanta per veder decollare la propria carriera di drammaturga.[9]

La prima pièce tratta da un suo romanzo fu *Alibi*, titolo dato alla rielaborazione che qualcun altro fece de *L'assassinio di Roger Ackroyd*. Andò in scena nell'aprile del 1928, il mese in cui era prevista l'udienza del divorzio da Archie, al teatro Prince of Wales di Londra. Il *Daily Express* la definì (impropriamente) l'opera «della romanziera sparita» e disse che la signora era «sparita di nuovo – stavolta in un palco – quando, alla fine dello spettacolo di ieri sera, il pubblico ha gridato: 'Vogliamo l'autrice!'»[10]

In *Alibi*, Poirot era interpretato da un Charles Laughton un po' troppo carismatico, che Agatha ammirò, ma che ritenne completamente diverso dal personaggio da lei delineato. Fu l'antipasto di quella che sarebbe diventata, per lei, un'esperienza insopportabile: vedere i propri romanzi ridotti in forma drammatica da altri. Nell'aprile del 1941 decise così di accettare la proposta che le fecero di riscrivere lei stessa per il palcoscenico *Dieci piccoli indiani*. «Se qualcuno deve farne un adattamento teatrale, che almeno sia io la prima a provarci!» disse a Cork.[11] Le era sempre piaciuto scrivere per il teatro, e anzi lo trovava «molto più divertente che imbastire un romanzo... Devi scrivere molto in fretta, mantenere l'atmosfera e far fluire il dialogo in maniera naturale».[12] Certo, non era un'autrice nota per avere ritratto con sapienza persone o luoghi. Le commedie le si addicevano perché a teatro «non sei costretto a impantanarti nelle descrizioni che ti intralciano tanto in un romanzo, impedendoti di procedere con gli avvenimenti».

In ogni caso, come sostiene la critica Alison Light, c'è qualcosa di particolarmente teatrale nei romanzi di Agatha. La Christie si rendeva perfettamente conto che, come dice Noël Coward, la vita è «in realtà una questione di maschere, effimere maschere dipinte. Tutti le portiamo a mo' di protezione: la vita moderna ci costringe a farlo». In un decennio di coscienza di classe com'erano ancora gli anni Cinquanta, la gente era estremamente sensibile a «portamento, postura, apparenza e 'giusta' intonazione della voce».[13] Le commedie di maggior successo della Christie hanno, al loro centro, questa idea.

Edmund Cork, però, fece fatica a trovare qualcuno che mettesse in scena il copione di Agatha. L'anno dopo lei decise allora di riscriverlo dando a *Dieci piccoli indiani* un lieto fine. Diversamente dal romanzo, la pièce finiva con Vera e Lombard che si innamoravano e alla fine risultavano essere buoni: Lombard era «in realtà un eroe che aveva rischiato la vita per salvare gli indigeni».[14] Dopo che gli avevano sparato, si rialzava da terra e diceva: «Grazie al cielo le donne non sanno sparare bene». L'allegro finale, molto meno agghiacciante di quello del romanzo, riuscì assai più gradito nella Londra del tempo di guerra.[15]

Alla fine Irene Hentschel, la prima regista donna ad avere lavorato allo Shakespeare Memorial Theatre, accettò di dirigere la pièce. La sera della prima, Agatha cercò di rilassarsi cenando con Stephen Glanville da Prunier.[16] Ma non c'era motivo di preoccuparsi: presto la commedia fu rappresentata in tutta la Gran Bretagna, per poi emigrare a New York. Nel 1945 diventò un film, nel 1947 fu adattata per la radio e nel 1949 fu portata sul piccolo schermo. Questo la rese una delle prime storie della Christie a essere proposta al pubblico in cinque distinte forme: romanzo, pièce, film, commedia radiofonica e sceneggiato televisivo.[17]

Replicare un simile successo, però, risultò difficile. «Le recensioni sono state molto negative» ammise Agatha nel 1945 a proposito di *Appointment with Death* (*La domatrice*). Questa produzione teatrale fu degna di nota perché nell'occasione le presentarono una giovane attrice con la quale avrebbe fatto amicizia, andando a pranzo con lei ogni tanto e scrivendole amabili lettere. «Spero che un giorno interpreterà la mia cara Miss Marple» le disse in una delle lettere, e la donna che la ricevette si chiamava Joan Hickson.[18] In effetti, la Hickson sarebbe diventata, tra il 1984 e il 1992, la più famosa Miss Marple televisiva.

Ma sarebbe stato Peter Saunders a fare di Agatha una star del teatro. Le sue commedie erano in genere più rappresentazioni corali che mezzi per far emergere delle primedonne, il che pareva costituire un problema. Saunders ebbe un'ottima idea. La Christie, pensò, aveva «il vasto pubblico dei suoi romanzi. Perché non fare di *lei stessa* la star?»[19] Questo nuovo approccio indusse Agatha a scegliere lui come produttore della sua nuova pièce, *The Hollow* (*Poirot e la salma*).

Il regista che il giovane e ambizioso Saunders scelse per la commedia fu, però, l'altrettanto giovane ma inesperto Hubert Gregg. Negli anni a venire, Gregg avrebbe denigrato Agatha in maniera particolarmente antipatica. Quando gli fu dato il copione di *The Hollow*, ha scritto nelle sue memorie, lo giudicò «orrendo. I dialoghi erano inqualificabili... i personaggi caricature... Quanto è disposta, la vecchia gallina, a riscriverlo?»

Nel suo memoir pieno di odio, Gregg afferma non solo di avere riscritto *The Hollow*, ma anche che Agatha mentiva sulla sua età, aveva un «appetito da lupo» e amava molto la pubblicità. Il suo libro include un'orribile foto della scrittrice con la didascalia: «Come me la ricordo io». Infine, ha la sgradevole abitudine di definirla «vecchia stronza cattiva».[20] Lì, sotto gli occhi di tutti, c'è il motivo per cui Agatha fu sempre così restia a svolgere il ruolo pubblico che la gente si aspettava da lei.

Nonostante Gregg, *The Hollow* ebbe un ottimo successo nel 1951, ma il meglio doveva ancora venire. La storia della pièce più famosa di Agatha, *Trappola per topi*, era iniziata già nel 1946. La BBC chiese alla regina consorte Maria di scegliere un regalo per il suo ottantesimo compleanno e lei chiese una nuova commedia di Agatha Christie. La pièce di mezz'ora, intitolata all'epoca *Three*

*Blind Mice* (*Tre topini ciechi*) fu trasmessa alla radio il 30 maggio 1947. Agatha donò il suo compenso di drammaturga a un istituto di assistenza all'infanzia, un gesto appropriato, perché l'intreccio traeva ispirazione dalla storia vera di un bambino, Dennis O'Neill, morto per le botte ricevute dai due genitori adottivi.

Debitamente allungata per il palcoscenico e ribattezzata *Trappola per topi*, la storia è ambientata in un dopoguerra in cui i bambini sono strappati al loro ambiente e tenuti in uno stato di denutrizione. Nella pensione dove si svolge l'azione, il carbone per la caldaia è insufficiente, la cena consiste di «carne in scatola e cereali» e le tubature dell'acqua sono congelate. La società britannica, sostiene Agatha nella pièce, tradiva le aspettative dei suoi giovani. Tra i personaggi ci sono il magistrato che ha affidato i bambini ai due aguzzini, e un maestro che non ha risposto alle loro richieste d'aiuto. Il racconto avrebbe toccato molti genitori che avevano affidato i loro figli alle cure di estranei quando, in tempo di guerra, molti erano sfollati. La prima della pièce fu il 25 novembre 1952. Benché vi fossero altri quarantatré teatri che in quel periodo proponevano spettacoli, a Londra, *Trappola per topi* sarebbe rimasto in cartellone più di tutti gli altri.[21]

Anche la seconda pièce più nota di Agatha, *Witness for the Prosecution* (*Testimone d'accusa*), con il suo straordinario finale a doppia sorpresa, ebbe una lunga gestazione. La trama fu mutuata da una storia che la Christie aveva pubblicato nel lontano 1925. Agatha ne completò l'adattamento per il teatro nel 1953, in una delle sue galoppate maniacali durante un soggiorno in Iraq. All'improvviso, spiegò, si divertì a lavorare alla pièce. «Era quel meraviglioso momento che solitamente non dura a lungo ma che ha il potere di trascinarvi in avanti con incredibile energia, come una grande onda che vi trasporta verso la spiaggia». E, aggiunse, per scriverlo «impiegai solo due o tre settimane dopo le letture preparatorie».

Era una produzione ambiziosa, costosa e rischiosa. L'unico disponibile era un teatro molto grande, con una capienza di 1640 posti. La difficoltà maggiore era il cambiamento di scena a metà della pièce, quando sul palcoscenico appariva la corte.[22] L'ansia era enorme e la tensione crebbe. «Sembra che Saunders debba correre al patibolo!» commentò Agatha in privato.[23]

Ma la sera della prima, nel dicembre del 1953, smentì tutti i timori. «Il pubblico ha applaudito, battendo i piedi per terra e invocando a gran voce l'autrice» riferì il *Daily Express.* Tutti e trenta i membri del cast si inchinarono solennemente in direzione di un palco, ma la sessantaduenne Agatha, seduta da sola al buio con un'aria da regina Vittoria, si limitò a sorridere.[24]

Anche Saunders ebbe accenti commossi nel descrivere la serata:

> Non lo dimenticherò mai finché vivrò... Il cast alzò gli occhi verso il palco in cui era seduta lei e l'intera compagnia si inchinò. Il teatro esplose. Non solo tutti applaudivano e gridavano, ma si alzarono in piedi e salutarono con la mano.[25]

In *Testimone d'accusa,* la protagonista, una straniera, capisce quale pregiudizio nutrano nei suoi confronti i membri della giuria e che quanto dichiara non sarà creduto. Così dice la verità, sicura che la riterranno una menzogna. È un classico espediente da Christie, in quanto cattura in pieno l'attenzione del pubblico e la indirizza verso l'obiettivo sbagliato giocando sull'atteggiamento prevenuto della magistratura britannica.[26]

Eppure, le pièce della Christie non hanno mai goduto del rispetto unanime della critica. Michael Billington, critico teatrale del *Guardian*, giudicava Agatha «una pessima drammaturga». «Ricordo ancora, dall'epoca in cui lavoravo nel teatro di repertorio» dice, «le grida di dolore che lanciavano gli attori costretti a dare vita a morti viventi nell'ennesima ripresa di *Peril at End House*». Sarà anche stato così, ma, come osserva Julius Green, Agatha non scrisse il copione teatrale de *Il pericolo senza nome*: lo adattò, a partire dal romanzo, un autore minore.

Peter Cotes, uno dei registi che diressero *Trappola per topi*, aveva della Christie un'opinione opposta a quella di Hubert Gregg. Riteneva che la scrittrice mostrasse straordinaria professionalità e «un grado di apertura non sempre tipico degli autori di grande successo». Forse il vero neo, per Gregg, era che Agatha non sentisse un particolare bisogno di piacere. Come ha ammesso Cotes, «desiderava sempre e in ogni circostanza risparmiarsi le chiacchiere inutili e i pettegolezzi dell'ambiente teatrale».[27] In privato, Agatha dava un giudizio davvero inflessibile dell'ambiente teatrale: doveva *per forza* assistere alle prove, disse in una lettera, perché «se non lo si fa, succedono cose orrende e gli attori aggiungono alla parte del loro personaggio delle battute che gettano nel caos più totale la commedia!»[28]

Nel 1962 vi fu un'altra festa in onore di *Trappola per topi*, stavolta per festeggiarne il decimo anniversario, e Agatha fu costretta a fare un discorso (piuttosto confuso). «A volte stento a credere di essere proprio io» confessò:

> Voglio dire, non è il tipo di cosa che succederebbe a me. Voglio dire, scrivendo un libro, non attribuirei mai a una persona come me la caratteristica di avere scritto una commedia che viene rappresentata per dieci anni.[29]

«Avresti dovuto prepararti un po' di più, mamma, e scriverti un discorso decente già da prima» protestò Rosalind.

Ma il regno di Agatha come regina del West End non durò per sempre. Prima che inizi il suo declino, però, godiamoci le parole con cui la scrittrice ricordò, nella sua autobiografia, l'epica serata della prima di *Testimone d'accusa*, nel 1953:

> Ero felice, quasi raggiante. [...] La timidezza e il nervosismo per una volta erano scomparsi. Sì, fu una serata memorabile. Ne vado ancora fiera.

# 35
# Una tenera nonna

Quando terminarono gli anni della guerra, Agatha ebbe meno bisogno di mettere nero su bianco i suoi pensieri. La febbrile corrispondenza con Max cessò, perché i due coniugi erano sempre insieme. Quanto al suo personaggio pubblico, eresse tra sé e gli altri un muro sempre più alto. Il mito subentrò alla donna in carne e ossa.

È stato detto, a ragione, che il più bel personaggio che Agatha Christie abbia mai inventato è lei stessa. Nel 1957 un giornalista di *Life* scrisse di lei:

> Una sorridente, tenera nonna dagli occhi grigi che colleziona bei vassoi di cartapesta e che, come una regina, appare molto vaga proprio sugli argomenti che ci si aspetterebbe conoscesse meglio. Agatha Christie, una regina con milioni di sudditi (si stima abbia venduto circa 50 milioni di copie), dice con aria perplessa: 'Non capisco perché vogliate scrivere di me'.[1]

Tuttavia, nel 1950 diventò *Fellow* della Royal Society of Literature, nel 1956 fu nominata *Dame Commander* dell'Ordine dell'Impero Britannico e nel 1961, lei che in pratica non era mai andata a scuola, ricevette la laurea *honoris causa* in Lettere dall'Università di Exeter.

Alcune delle leggende che le aleggiano intorno sono

persistite immutabili: la maggiore è la 'scomparsa' architettata per vendicarsi di Archie, la minore è che abbia pronunciato la battuta: «Un archeologo è il marito migliore per una donna, perché più lei invecchia, più lui la troverà interessante». «Agatha non ha mai detto niente del genere» avrebbe spiegato e rispiegato Edmund Cork, e «niente la fa più infuriare del fatto che le attribuiscano questa battuta».[2] Curiosamente, la citazione impropria fu pubblicata per la prima volta nel 1952 sul *Gothenburg Trade and Shipping Journal*.

Il ricordo della sua misteriosa sparizione continuò a causarle dolore. Nel 1957, Cork protestò energicamente con il *Daily Mail*, che aveva usato l'espressione «fare l'Agatha Christie» per qualcuno che era sparito dalla circolazione.[3] Agatha continuò a essere ben contenta di lasciarsi sfuggire ogni occasione di farsi pubblicità. «Immagino che tra voi, che siete tutti così abili, ci sia qualcuno in grado di falsificare la mia firma, no?» disse speranzosa a Cork quando le furono chiesti degli autografi.[4] «Sii così gentile da risparmiarmi questa incombenza» scrisse in una sua tipica lettera all'agente. «Tu sai cosa devi dire».[5]

L'immagine della tenera nonnina che vive nella campagna del Devon fu creata in collaborazione con il gruppo selezionato di giornalisti cui fu permesso di intervistarla, ma sarebbe stata confermata e consolidata anche nell'autobiografia che Agatha scrisse in tutta tranquillità nel corso degli anni Cinquanta e Sessanta. Il libro sarebbe stato pubblicato solo dopo la sua morte, ma Philip Ziegler, l'editor della Collins responsabile del progetto, ricorda che tutte le principali decisioni erano state prese da Agatha stessa.[6] La Christie aveva iniziato a scriverla per divertimento («mi piaceva buttar giù le piccole sciocchezze che accadevano»), ma anche come tattica per scoraggiare gli altri dal raccontare la sua vita.[7] Gli aspiranti biografi venivano liquidati con una secca lettera dell'agente Cork: i loro sforzi non erano graditi, perché Agatha Christie stava «scrivendo una propria lunga autobiografia, che ormai è quasi finita».[8]

Quando fu infine pubblicata, Ziegler ricorda di essersi sentito «piuttosto deluso che i recensori non l'avessero trattata con maggiore attenzione e rispetto».[9] I lettori che si aspettavano succose rivelazioni sarebbero rimasti male. «Chiunque sia interessato ai costumi vittoriani la considererà una lettura tollerabile» fu il verdetto di un critico, ma «tutti gli altri la troveranno noiosa e deludente».[10] Il vero problema era lo iato tra la visione di sé che aveva Agatha e l'immagine ingiusta ma persistente che di lei continuava ad avere il mondo: quella di una donna tanto furba quanto abbottonata.

Per coloro che la conoscevano personalmente, invece, l'autobiografia era del tutto coerente. L'archeologo Sir Mortimer Wheeler era convinto che «il riserbo» che Agatha aveva come propria personale caratteristica fosse anche «una qualità connaturata alla sua scrittura».[11] Si apriva solo con un ristretto e fidato gruppo di persone. «Sai, quello che amo di più di te» scrisse una volta a Max, «è lo spirito ribelle che hai dentro: in questo, tu e io siamo simili. All'esterno siamo docili e beneducati, ma all'interno abbiamo il senso della *libertà*».[12]

L'avversione che Agatha provava per la fama era sempre più in contrasto con lo spirito dei tempi, ma restava pur sempre assolutamente tipica di una donna nata nel 1890 da una famiglia della buona borghesia. Molte altre romanziere sue contemporanee «rifuggivano quasi ossessivamente dalla stampa e dal pubblico» spiega Gillian Gill. «Margery Allingham, Josephine Tey (Elizabeth

MacKintosh), Ngaio Marsh, Georgette Heyer e Dorothy L. Sayers erano altrettanto determinate a mantenere il riserbo sulla loro vita privata».[13] Il motivo per cui Agatha sembra unica nella sua fuga dalla pubblicità è, almeno in parte, che negli anni Cinquanta e Sessanta continuava a pubblicare nuovi romanzi, mentre le sue colleghe erano uscite di scena.

Quando superò i sessant'anni, Agatha fu sempre più restia a farsi fotografare. Si autodefiniva «ottantatré chili di carne soda, con quella che si può solo definire come 'una faccia buona'». Consigliando Rosalind su un problema di assicurazione sanitaria, Edmund Cork in privato le diede questo avvertimento: «Detto tra noi, il medico è preoccupato per il sovrappeso di Agatha».[14]

Ad Agatha non piacquero per niente le fotografie scattate in occasione del suo sessantesimo compleanno. Che fossero state pubblicate, disse, «mi rattrista molto e acuisce il complesso di inferiorità che ho sempre avuto riguardo al mio aspetto».[15] «Senti, Edmund, devo proprio tollerare una cosa del genere?» scrisse a Cork dopo che le erano state scattate altre foto insoddisfacenti. «Non vedo perché mi debbano sempre umiliare e far soffrire».[16]

Ma a parte la tristezza di essere guardate e giudicate, c'era una certa libertà nel fatto di non essere magre. L'aspetto di Agatha in tarda età diventò ancora più caratteristico: un abito a vivace fantasia, occhiali a occhio di gatto, collana di perle, soprabito lungo, tocco di velluto o un grande cappello a larghe falde. Molti pensavano che incutesse soggezione. «Mi ricordava molto la regina consorte Maria» scrisse qualcuno che la conobbe nel 1957.

> Aveva un enorme seno… ornato da vari fili di perle e una grande spilla. Mi sembrava immensa, ma… credo

che, avendo un gran timore di lei, con la fantasia io le abbia attribuito dimensioni gigantesche.[17]

Agatha sapeva esattamente che cosa le piaceva indossare e lo indossava, e le signorine Olive e Gwen Robinson di Dartmouth confezionarono molti dei suoi abiti.[18] Nel 1966, durante un viaggio in America, Cork avvisò la collega americana Olding che in programma c'era un giro di shopping. «Sappi, cara Dorothy, che Agatha ieri mi ha confessato che il vero scopo della sua visita in America è di comprare alcune mutande per taglie forti... Si ricorda della bravura che hai mostrato nel consigliarle il costume da bagno e ho una gran paura, tesoro, che ti toccherà accompagnarla».[19]

Max una volta disse che sua moglie «coniugava la timidezza esterna con un'enorme sicurezza interna», e vi sono vari indizi del fatto che la sua ritrosia in pubblico fosse più un'arma che una caratteristica autentica. Senza dubbio questo fu anche il punto di vista di molti suoi collaboratori maschi, che la trovarono meno malleabile del previsto. La gente notava la sua totale refrattarietà alle chiacchiere: «Se ne stava lì in silenzio e ti rendevi conto che osservava tutto di una persona e ne faceva una perfetta radiografia».[20] L'attore Geoffrey Colville, che recitò in *Trappola per topi,* disse che «non gli parve affatto timida come tutti dicevano. Semplicemente, non voleva essere scocciata».[21] Anche Hubert Gregg la riteneva una persona fredda: «Scaltra e in qualche misura spietata. Insensibile, piuttosto vanitosa e controllata. Sì, era molto controllata».[22]

Agatha si separò da Gregg per la pièce successiva, *Spider's Web* (*La tela del ragno*), scritta per offrire una parte all'attrice cinematografica Margaret Lockwood, con la quale la scrittrice andava molto d'accordo. Per parte sua, la Lockwood ammirava Agatha. «Agatha ha il dono di fare quello che tutte le donne vorrebbero fare» spiegò. «Raggiungere il successo... In cuor loro tutte le donne... vorrebbero fare ciò che fa lei, ma perlopiù si limitano a sognarlo». «Il mondo è degli uomini e l'unica consolazione che ho è che Agatha ne ammazza qualcuno» concluse la Lockwood.[23]

Ma *La tela del ragno* sarebbe stato l'ultimo grande successo teatrale di Agatha. Gli ultimi anni Cinquanta furono un'epoca più triste e oscura per la scrittrice. Madge era morta per problemi cardiaci a settantun anni. Nel 1958, suo figlio Jack vendette Abney Hall e si trasferì a Londra, dopo che per un secolo la famiglia Watts aveva posseduto la casa. Agatha aveva cercato di convincere sua cognata Nan ad andare ad abitare a Paignton, che era a poca distanza da Greenway, ma Nan sarebbe morta l'anno dopo, causandole grande dolore. «L'ultima delle mie amiche, l'unica persona con cui potevo ancora parlare e ridere dei vecchi tempi» scrisse.[24] Sempre nel 1958 morì anche Nancy Neele. Agatha prese il coraggio a due mani e scrisse ad Archie un messaggio di condoglianze, la prima lettera in molti, molti anni. Lui rispose dicendosi «molto commosso» dalla sua partecipazione.[25]

Una delle cose più deprimenti dell'anno 1958, però, fu il fatto che la nuova pièce della Christie, *Verdict* (*Verdetto*) fu un fiasco totale. *Brutta accoglienza: il loggione fischia Agatha Christie* diceva il titolo del *Daily Telegraph*. È interessante confrontare *Verdetto* con il grande successo di quell'anno, *A Taste of Honey* (*Sapore di miele*), di Shelagh Delaney. Scritto da una diciannovenne della classe operaia, questa straordinaria commedia, ambientata quasi esclusivamente in un monolocale, è incentrata su una madre single e sua figlia e ha un contorno di personaggi anche neri e omosessuali. Sconcertante per un pubblico che non era abituato a vedere rappresentata sul palcoscenico la vita di donne della classe lavoratrice, arrivò a conquistare quasi lo stesso prestigio di *Look Back in Anger* (*Ricorda con rabbia*), di John Osborne. In una famosa intervista del 1959, però, la Delaney si sentì dire da un maschio supponente che la sua commedia parlava di argomenti «sordidi». Le fu chiesto chi l'avesse aiutata a scrivere la pièce e fu costretta a smentire le voci secondo cui stava per sposarsi. Non rilasciò più interviste per ben quattordici anni.[26]

Benché Shelagh Delaney e Agatha Christie trattassero argomenti agli antipodi, come drammaturghe donne avevano alcune esperienze in comune. Gli anni Cinquanta, il decennio che fino a quel momento era stato quello dei più grandi successi di Agatha, fu anche quello che le procurò le critiche più aspre. Molto meglio ritirarsi nel mondo di fantasia di Greenway.

# PARTE NONA

# I poco swinging anni Sessanta

# 36
# Il mistero del patrimonio di Agatha

Negli anni Quaranta, la Christie era nota soprattutto come romanziera, mentre negli anni Cinquanta salirono alla ribalta le sue commedie. Ma gli anni Sessanta furono il decennio in cui le sue opere avrebbero raggiunto più pubblico che mai grazie alle trasposizioni cinematografiche.

In realtà, le storie di Agatha avevano trovato la via del grande schermo già da un trentennio. Il suo racconto *The Passing of Mr Quin* (*È arrivato il signor Quin*) era stato portato sullo schermo già nel 1928, seguito l'anno dopo da *Avversario segreto.* A quello stadio, però, la sua firma di autrice non era particolarmente importante né per i registi né per gli spettatori. La nascente industria cinematografica cercava con ansia materiale adatto e in pratica qualsiasi vecchio racconto faceva al caso. Lo storico del cinema Mark Aldridge, nell'accurato studio in cui analizza le trasposizioni cinematografiche dei testi della Christie, osserva che, secondo *Variety*, la prima produzione cinematografica di una sua opera conteneva «una delle scene meno convincenti che si fossero mai viste in un film».[1]

Altri film seguirono negli anni Quaranta, ma l'unico di quell'epoca che è probabilmente visibile ancora oggi è l'elegante versione hollywoodiana di *Dieci piccoli india-*

*ni*, girata nel 1945 da René Clair. Dopo la guerra, invece, Edmund Cork si trovò a fronteggiare un gigantesco mercato cinematografico. Data l'ambientazione spesso domestica e il limitato numero di personaggi, i racconti della Christie erano perfetti per dei telefilm. Ronald Reagan apparve in uno di essi, realizzato per la CBS nel 1950, e Gracie Fields in un altro girato per la NBC nel 1956.[2] Ma diventò chiaro che era nel cinema che si investivano i capitali più ingenti, e Cork finì per preferire la vendita dei diritti cinematografici a quella dei diritti televisivi.

L'agente letterario britannico aveva intrapreso un lungo viaggio con la sua principale cliente da quando, negli anni Venti, aveva iniziato la carriera nelle cerchie più esclusive dell'editoria londinese. Com'era inevitabile, qualche errore ci fu. «Che razza di inferno ho passato» scrisse dopo avere concluso un affare particolarmente difficile.[3] Mantenne sempre un'inossidabile collaborazione con il suo omologo americano, Harold Ober, anche se una terza persona definì Ober «uno stupido dalla mentalità antiquata, che crede che centomila dollari siano chissà quale cifra». In effetti, il giudizio fu confermato quando Ober si accordò per vendere i diritti cinematografici per 325.000 dollari e l'acquirente li rivendette subito a qualcun altro per 435.000.[4]

Nel 1960, Cork decise di cambiare tattica e di vendere i diritti relativi a quaranta storie della Christie alla Metro-Goldwyn-Mayer Pictures con un accordo di compartecipazione agli utili. Agatha aveva qualche riserva, perché l'accordo le sembrava troppo ambizioso. «Spero non ci siano 'cuori spezzati'» scrisse. «Quello che si perde in termini di liquidità si può guadagnare in mancanza di preoccupazioni».[5] La stampa scrisse che l'accordo valeva un milione di sterline, mentre Cork dichiarò che la vera cifra era «considerevolmente inferiore».[6] «Il contratto con la MGM mi ha lasciato spompato» ammise. «C'è stato un tira e molla così continuo e violento che aveva dell'incredibile».[7]

La MGM era una delle *major* più antiche dell'industria cinematografica. Negli anni Cinquanta, però, aveva registrato un calo di pubblico, perché la gente guardava sempre più la televisione. La posta in gioco, quindi, era alta. Il produttore Larry Bachman e sua moglie soggiornarono a Greenway per conoscere un po' la loro nuova scrittrice e andò tutto bene. «Per fortuna amano i cani» disse Agatha a Cork.[8]

Nel 1961 fu portato a termine il primo di questi film MGM. Il romanzo *4.50 from Paddington* (*Istantanea di un delitto*) fu ribattezzato *Murder She Said* (*Assassinio sul treno*) e Miss Marple fu interpretata da Margaret Rutherford. Lei e Agatha, quasi coetanee, provavano reciproca ammirazione e fu abbastanza singolare che una signora così anziana si sobbarcasse il peso di un intero film. La Rutherford festeggiò il suo settantesimo compleanno sul set, e Cork pensò che fosse «molto più somigliante a Miss Marple di alcune delle sofisticate squinzie americane che erano state proposte dalla MGM».[9]

Tuttavia, il 17 settembre 1961, Agatha dovette riconoscere che *Assassinio sul treno* era una delusione. Portò la famiglia a vederlo alla Paignton Picture House. «Francamente è molto mediocre!» scrisse a Cork. «Come mi ha detto in tono triste il mio nipote più grande quando siamo usciti dal cinema: 'Non era un granché, vero?' e non ho potuto che convenirne con lui».[10]

Il guaio era che, sebbene Margaret Rutherford fosse un'eccellente comica, Agatha non aveva inteso fare di Miss Marple un personaggio comico. In sostanza, il problema vero era che alla MGM non importava molto dell'abile svolgimento dell'intreccio, né, con il passare degli anni Sessanta, importò molto agli spettatori. I romanzi della Christie che uscivano ogni anno mantennero sempre meno l'antica qualità e anzi, alcuni erano parecchio scadenti. Ma la gente continuava a comprarli più che mai, perché il marchio personale 'Agatha Christie' era diventato una garanzia. Quel nome era sinonimo di intrattenimento inglese di qualità, intriso di un pizzico di nostalgia. Il contenuto dell'opera era diventato meno importante della firma che c'era scritta sopra.[11]

In ogni caso, l'accordo con la MGM continuò a essere rispettato. Il quarto film prodotto, nel 1964, si intitolava *Murder Ahoy* (*Assassinio a bordo*). Agatha ne rimase scioccata, perché non si basava su uno dei suoi libri e lei non si era resa conto che il contratto con la *major* consentiva a quest'ultima di usare i personaggi inventati dalla scrittrice per storie e trame ideate dallo studio. Nella sceneggiatura della MGM, Miss Marple viene mandata su una nave. «Grandi emozioni agitano il mare in questo folle, stravagante viaggio in cui omicidi e humour si mescolano con la delirante maestria che solo Agatha Christie sa creare!» prometteva il trailer.[12] Si può immaginare quanto la Miss Marple originale avrebbe storto la bocca davanti a un simile discorso.

Agatha rimase sgomenta davanti a una sceneggiatura che era «un guazzabuglio di sciocchezze». Dichiarò con veemenza di non essersi resa conto che

> la MGM avesse il diritto di scrivere proprie sceneggiature mettendo come protagonisti miei personaggi. Né io né Rosalind avevamo capito una cosa del genere.

[...] Mi disgusta e mi riempie di vergogna l'idea di avere firmato un simile accordo con la MGM. È stata colpa mia. Si fanno le cose per soldi e si sbaglia, perché in questo modo si rinuncia alla propria integrità letteraria. [...] Ho tenuto botta fino a settant'anni, ma alla fine ho ceduto.[13]

Erano ormai lontani i giorni in cui si era divertita a collaborare con attori e registi teatrali. Disse a Bachmann che era «profondamente risentita» per quello che considerava un «atto di prepotenza» della produzione.[14]

Si inquietò ancora di più quando qualcuno ventilò l'idea che il successivo prodotto della MGM fosse *Assassinio sull'Orient Express*: temeva che gli americani lo avrebbero trasformato in «un'allegra farsa in cui Miss Marple avrebbe probabilmente avuto le funzioni di animatrice».[15] Quanto a Bachmann, aveva finito per ritenere Agatha «una vecchia signora che non ha la più pallida idea di come si fa un film».[16] E in effetti Agatha diffidava apertamente di un medium sul cui prodotto finale lei, come diceva suo nipote, «non poteva esercitare il controllo».[17]

Rosalind, che faceva la sua parte in quella che era ormai un'industria di famiglia, si rammaricò di non avere fatto di più per risparmiare alla madre un simile dolore. «Certo, bisogna ammettere che questi bei soldini fanno comodo» ammise in privato con Cork, «ma ritengo... insomma, con questo accordo abbiamo procurato alla mamma una cocente delusione».[18] Nacque così in lei una profonda diffidenza nei confronti del cinema e della televisione. Scottata dall'esperienza con la MGM, si sarebbe poi mostrata assai restia a dare il nullaosta a qualunque progetto le paresse sminuire e svilire il lavoro di sua madre.

Quanto alla MGM, Agatha era diventata per la *major* una mina vagante. Una volta tanto, la Christie parlò troppo, anziché troppo poco, con il *Sunday Times*: «Mi sono tenuta alla larga dal cinema per anni» disse al giornalista,

> perché pensavo che mi avrebbe procurato troppi mal di testa. Poi ho venduto i diritti alla MGM e [...] è stato orribile! [...] Provo un intenso piacere quando penso che quei film sono un insuccesso. Per l'ultimo, *Assassinio a bordo*, hanno scritto una loro sceneggiatura che non ha niente a che vedere con i miei romanzi. È uno dei film più idioti che abbia mai visto. Sono lieta di dire che ha ricevuto pessime recensioni.[19]

Parlando a nome dell'industria cinematografica, Jack Seddon convenne che, «come dice la signora Christie, la Miss Marple dello schermo non somiglia affatto alla sua creatura». Ma c'erano buoni motivi perché così fosse:

> Era inteso fin dall'inizio che non le somigliasse. La Miss Marple dei libri mi è sempre sembrata fredda, snob e crudele, con uno sguardo furtivo quasi da rettile... Il discorso della signora Christie, che dice che 'non consiglierebbe mai a nessuno di andare a vedere quei film', arriva un po' tardi, dopo che milioni di persone li hanno già visti, senza dubbio con grande beneficio economico per le principali parti in causa.[20]

È evidente che entrambe le parti coinvolte nel contratto erano deluse dalla vicenda.

Che cos'aveva portato Agatha a quell'impasse? Senza dubbio non le occorreva continuare a lavorare a più di settant'anni, ma era altrettanto chiaro che non si era ancora affrancata dalla compulsione a scrivere. Questo era dovuto in parte al piacere della creazione e in parte a una situazione economica che era, di fatto, difficile.

Alla gente piaceva credere che la 'duchessa della morte' fosse immensamente ricca. Quando, nel 1960, la sua pièce *Go Back for Murder* ricevette un'accoglienza fredda, i suoi più stretti collaboratori sospettarono che le chiacchiere riguardanti il suo recente contratto con la MGM avessero influito sulla reazione della critica. «La Christie potrà anche nuotare nell'oro, ma questa commedia fa schifo!» tuonò il critico teatrale del *Daily Mail*.

Da simili commenti pareva di arguire che fosse del tutto inappropriato, per una scrittrice, essere ricca sfondata. Hubert Gregg, per esempio, dichiarò che il suo lavoro per le pièce di enorme successo della Christie era giunto «a danneggiare la mia carriera di regista in maniera quasi irreparabile». Eppure la sua competenza, protestò, era «servita a riversarle nel grembiule milioni di sterline».[21] Oh, come si tradisce, Gregg, usando la parola «grembiule»! Non solo la Christie era fastidiosamente ricca, ma era anche fastidiosamente donna.

Tuttavia non è facile capire quale fosse davvero l'atteggiamento della scrittrice verso il denaro. Disse un giornalista: «Come una regina, non ha la più pallida idea di quale sia il suo reddito: 'So solo che arriva a grandi blocchi e che poi c'è il deserto'».[22] Questo ritratto, però, rientrava nell'immagine pubblica che si dava di lei di persona svagata, alla Ariadne Oliver, la donna di mezz'età che a volte affianca Poirot. In realtà, Agatha era molto più pragmatica di quanto non apparisse e le piaceva moltissimo guadagnare e spendere soldi. È però anche vero che non aveva alcuna strategia economica.

Nel 1949, per esempio, andò per cinque mesi a Baghdad lasciando a Edmund Cork «una procura e l'ordine di non disturbarla per nessuna questione di affari».[23] Questo tipo di comportamento non favoriva decisioni tempestive. «Mi hai chiesto di rispondere a qualcosa?» scrisse a Cork dall'Iraq. «Se me l'hai chiesto, non me lo ricordo».[24]

La sua irresponsabilità riguardo ai soldi le derivava probabilmente dal fatto di essere cresciuta in una famiglia che aveva ereditato un capitale. L'abbiamo vista, questa irresponsabilità, negli anni Venti, quando spese cinquecento sterline per comprarsi la macchina. A posteriori, appare evidente che avrebbe dovuto mettere da parte un po' di soldi per le tasse, ma poiché era così ambivalente da esitare a definirsi una scrittrice professionista, anche con il denaro faceva fatica a comportarsi in maniera professionale.

Mettere ordine nelle tasse fu un processo doloroso che andò avanti per decenni e la fece sentire spesso al verde. Era una sua idea del tutto soggettiva, questa della mancanza di soldi: obiettivamente, era immensamente ricca, ma partiva dal presupposto che le tasse fossero ingiuste e ne fece un'ossessione personale. Fu, questo, uno dei motivi per cui, passati da un pezzo i settanta, insistette a dire di «aver bisogno» di continuare a scrivere.

Si sentiva costretta a produrre senza quasi curarsi della qualità, anche perché dal suo lavoro dipendeva un numero sempre più grande di persone. Aveva creato un'intera industria. C'era il suo agente, c'era la rete internazionale di subagenti e poi c'erano, naturalmente, i suoi editori, ovvero, in Gran Bretagna, la Collins.

Il 1945 aveva visto un forte incremento delle vendite dei libri di Agatha. Cork aveva convinto la Collins a raddoppiare gli anticipi della scrittrice, e la Collins si era impegnata, quindi, a potenziare la campagna promozionale per aumentare le vendite. La cosa aveva funzionato a meraviglia. Cork aveva dichiarato tutto fiero: «Le vendite sono triplicate».[25] L'aumento era continuato. Nel 1959, l'UNESCO annunciò che la Bibbia era stata tradotta in centosettantuno lingue, Shakespeare in novanta e Agatha Christie in centotré.[26]

Ma tutti questi introiti andavano tassati, e c'era anche la questione ormai incancrenita delle imposte americane non pagate che risalivano a prima della guerra. Nonostante i costosi avvocati cui era stato affidato il caso, non si era ancora riusciti a addivenire a un accordo. Agatha non si raccapezzava più: «Gli affari erano un tormento... contratti da firmare, complicazioni fiscali: un gran guazzabuglio di roba di cui non si veniva a capo».

Nel 1948 si arrivò finalmente a un accordo sulle imposte americane, ma la lite successiva riguardò il totale degli interessi da pagare.[27] Quando alla fine gli americani sbloccarono il denaro delle royalties che le avevano tenuto fermo, le autorità britanniche pretesero un'ingente quantità di imposte arretrate, il cui ammontare è tuttora sconosciuto. Lo stress che questo causò alla scrittrice fece del 1948 un anno sterile in cui non le riuscì di scrivere niente. Il suo commercialista la trovò in «uno stato d'animo di grande agitazione. Anzi, mi ha detto di non riuscire proprio a concentrarsi».[28] In effetti, quel settembre Cork evocò l'allarmante prospettiva che vi fossero «poche probabilità, per la signora Mallowan, di evitare la bancarotta».[29]

Durante la lotta per indurre le autorità statunitensi e quelle britanniche ad accordarsi tra loro, Cork dovette fronteggiare ogni sorta di intoppi burocratici. Ricevette una lettera da un nuovo ispettore del fisco che disse che gli risultava che Agatha Christie «fosse a tutti gli effetti uno pseudonimo» e che «evidentemente bisognava far riferimento al distretto fiscale del marito».[30] Solo nel 1954 l'erario britannico finalmente riconobbe la transazione fiscale americana, e a quel punto si sarebbero dovute pagare le imposte arretrate.

Nonostante le preoccupazioni, però, la figlia di Frederick Miller era costituzionalmente incapace di vivere in maniera più modesta. «Continuerò a divertirmi» disse a Cork, «e farò una bancarotta coi fiocchi!»[31] Aveva la felice capacità di scacciare dalla mente tutti i problemi. «Come vanno le cose?» domandò in una lettera da Baghdad al suo agente. «La pièce è ancora in cartellone? Puoi puntarmi una sterlina su Shegreen al Grand National?»[32]

I libri e le commedie di Agatha fruttavano ormai così tanto denaro che Cork ritenne di doversi rivolgere al mondo dello spettacolo, dove le persone che guadagnavano in maniera discontinua ingenti somme cercavano consigli creativi per fronteggiare il fisco. I calciatori e le rockstar degli anni Sessanta commisero alcuni degli errori che Agatha non fece: consulenti fiscali disonesti, investimenti loschi, fortune perse.

Nella Gran Bretagna postbellica, le imposte sul reddito erano molto progressive: negli anni Sessanta, l'aliquota fiscale per redditi di oltre quindicimila sterline era dell'88,75%. Stava diventando sempre più frequente che chi guadagnava molto – da musicisti come i Rolling Stones a scrittori come John le Carré – diventasse un esule per motivi fiscali. Il genero di Agatha, Anthony, le suggerì un espatrio a fini fiscali, ma pare che lei non abbia preso sul serio il consiglio.[33]

Nel 1951, Cork propose un nuovo modo di gestire

Agatha Christie non tanto come persona, quanto come industria. Per ridurre l'entità dell'imponibile, fu fondato un trust che stabilì che i proventi del romanzo *Giochi di prestigio* e della pièce *Trappola per topi* fossero destinati a Mathew. Anche Ian Fleming fece la stessa cosa, affidando a una società a responsabilità limitata i suoi diritti letterari e mettendo i diritti cinematografici in amministrazione fiduciaria per suo figlio fin dall'inizio, molto prima che ci fosse un film di James Bond di grande successo.[34]

Subito dopo qualcuno ebbe l'idea di creare una società, la Agatha Christie Limited, che assumesse Agatha, le desse uno stipendio e le evitasse di pagare una supertassa personale. Nel giugno del 1955 fu costituita la Agatha Christie Limited che deteneva la proprietà dei nuovi libri. I suoi direttori erano la stessa Agatha, Rosalind e Edmund Cork. Altri autori, come Enid Blyton e John le Carré, avrebbero fatto lo stesso calcolo e agito nello stesso modo.

Agatha non era del tutto convinta della faccenda. «Immagino sia eticamente lecito, no?» chiese. «È così difficile saperlo, oggigiorno».[35] Se fosse stato per lei, molto probabilmente non si sarebbe disturbata a fare niente. Un autore più scaltro si sarebbe forse anche domandato se Cork fosse la persona giusta per gestire quella complicata organizzazione. Si sapeva per esempio che John le Carré, alla costante ricerca di accordi migliori, eliminava e cambiava spesso agenti e editori. Ma la fedeltà, il laissez-faire e l'atteggiamento da signora edoardiana verso il denaro portarono Agatha a rimanere con Cork e Collins per una vita intera, senza nemmeno fare troppe domande. La società «è stata fondata per il vostro beneficio» disse a Rosalind e Anthony, «non per il mio, dato che, se ho ben capito, i miei mezzi di sussistenza (e di vita lussuosa!) restano pressoché invariati... Se voi due ritenete che valga la pena procedere così nonostante le preoccupazioni e il trambusto, fate pure. Io, personalmente, non mi interesserò molto alla faccenda».[36]

Questo atteggiamento da 'me ne lavo le mani' era un po' falso, ma l'affetto e i soldi resero chiaramente più complicate le relazioni all'interno della famiglia. C'erano battute che forse non erano battute. «Come schiava del lavoro salariato sto bene, ma non mi piace il lavoro» scherzò Agatha.[37] «Sono lieta che l'Agatha Christie Limited stia guadagnando un po' di soldi e spero sinceramente che non sarà devoluto tutto alla nostra schiava del lavoro salariato!» disse Rosalind a Cork. «L'idea non era appunto di darle uno stipendio *modesto*?»[38] Il salario di Agatha, però, doveva essere abbastanza elevato perché le sue spese soggette a imposta (compresa la Rolls-Royce della società) fossero deducibili. Era un buon equilibrio. Nel 1958, quando Cork propose di portare lo stipendio della scrittrice a settemilacinquecento sterline, Rosalind replicò: «La ritengo una cattiva, anzi pessima idea».[39]

Nel frattempo, fu fondato il Christie Copyright Trust, in maniera che il reddito proveniente dal catalogo delle sue opere in commercio potesse essere donato per evitare le imposte di successione. I soldi andarono a parenti, ai nipoti di Max e a Charlotte Fisher. Le donazioni per beneficenza potevano essere ingenti (l'Agatha Christie Trust for Children) come piccole (una vetrata istoriata per la chiesa vicino a Greenway). La British School of Archaeology dell'Iraq fu una regolare beneficiaria, così come lo fu lo Harrison Homes, un istituto di assistenza alle vecchie signore. Ma nemmeno la costituzione dell'Agatha Christie Limited riuscì a risolvere i problemi fiscali della scrittrice. Nel 1957 l'erario, dopo avere approvato la creazione della nuova società, cambiò idea e un accordo finale non fu raggiunto che nel 1964.

Dopo che Agatha ebbe compiuto settant'anni, i guadagni continuarono a salire. Nel 1961 l'UNESCO la definì ufficialmente la più grande autrice di bestseller del mondo, e lo stesso anno William Collins dichiarò che lo slogan «a Christie for Christmas», una Christie per Natale, valeva «26.000 copie in più». «Le donne cominciarono a fare capolino nel mondo degli affari» dice il nipote di Agatha, che alla fine avrebbe assunto la gestione dell'Agatha Christie Limited, «ma lei fu senza dubbio la persona di maggior successo dell'industria letteraria e dell'intrattenimento, colei che dimostrò che le donne potevano essere uguali agli uomini. Oggi, ogni volta che leggo di qualche successo femminile, penso che sia, in parte, l'eredità di Nima».[40]

Nel 1968 Agatha ricevette un'altra mostruosa cartella delle imposte e parve una buona idea trasferire il problema a qualcun altro. Così, quell'anno, il 51% dell'Agatha Christie Limited fu venduto alla Booker Books.[41] Si trattava di una società affiliata al gigante Booker MacConnell, ed è nota ai lettori per avere fondato il Booker Prize. Quattro anni prima, la Booker aveva rilevato nello stesso modo il patrimonio degli eredi di Ian Fleming. In cambio della quota di maggioranza dell'Agatha Christie Limited, la Booker le pagò le tasse. La saga durata molti decenni parve finalmente essere risolta e la pianificazione fiscale garantì che alla successiva generazione si provvedesse con estrema generosità. Il 19 gennaio 1976, il *Financial Times* avrebbe pubblicato un articolo intitolato *The Mystery of the Christie Fortune* (il mistero del patrimonio di Agatha Christie), in cui si cercava di spiegare lo stupore che aveva colto tutti quando, alla sua morte, si era saputo che il patrimonio di Agatha Christie ammontava alla risibile cifra di circa centomila sterline. Ma il risultato finale di tutte queste operazioni fu che Agatha si sentì privata di un suo diritto e sempre a corto della liquidità che avrebbe voluto. Non riuscendo più a stare dietro agli accordi che venivano fatti, diventò irritabile. Dopo aver detto per anni a Cork di non seccarla con questioni economiche, a volte gli faceva domande inaspettate, come quando, nel 1966, gli chiese: «Mi mandi i movimenti del mio conto corrente, con le entrate e le uscite che ho avuto? Non so *come* e *perché* sto spendendo soldi, e lo trovo preoccupante».[42]

Quando dagli anni Sessanta si passò ai Settanta, il mantenimento delle case diventò per lei problematico e i visitatori si stupirono di trovarle in stato di abbandono. Ma Agatha non aveva perso la straordinaria capacità di godersi la vita e la ricchezza, e continuò ad accumulare argenteria, a viaggiare per diporto e a viziare Max.

La romanziera di maggior successo del mondo amava molto il denaro. Le piaceva guadagnarlo e spenderlo. Aveva un forte senso del proprio valore, ma alla fine mantenne l'inquieta relazione con il denaro propria del suo sesso e della sua educazione. Il «mistero del patrimonio della Christie» era in fondo un mistero anche per colei che quel patrimonio lo possedeva.

# 37
# Una famiglia allargata

Il 15 settembre 1960, a Greenway, Agatha festeggiò il suo settantesimo compleanno. Esibendo tutte le caratteristiche estetiche della matriarca di una dinastia, sedette in una poltrona ornata di ghirlande di fiori, circondata da un gruppo di persone che chiamava famiglia. Si divertì moltissimo. «Una *bella* aragosta calda per cena!» gracchiò. «Non mi sento affatto vecchia!»[1]

Mi piace figurarmi la settantenne Agatha mentre si gode le sue estati a Greenway, una splendida casa piena di suppellettili lussuose. Ma la casa e la vita che Agatha vi visse mi sembrano anche una sorta di elaborata messa in scena, una rappresentazione che non è il minore dei successi della Christie anziana.

«Ritengo di averla resa *bella*» disse dell'amata Greenway, «o meglio, di essere riuscita a mostrarne la bellezza».[2] Una donna, riflette un uomo in *Un messaggio dagli spiriti*, è capace di «modificare l'intero carattere di una stanza senza fare niente di così sensazionale da poter essere notato».[3]

Nel presentarsi come la signora del maniero, Agatha recitava il ruolo di tanti suoi personaggi. E la sua estrema consapevolezza di questo fatto, del fatto che tutti noi in realtà recitiamo, è fondamentale per la sua arte. È la cosa che rende la sua ottica leggermente simile a quella di uno scrittore omosessuale. Per decenni si era sottratta il più possibile alla celebrità, ma negli anni Sessanta la fama diventò, per lei, più onerosa che mai. Due fotografi, scrisse, avevano tentato di scattarle un'istantanea durante una vacanza al mare nel 1960. Lei all'epoca era «in atteggiamento particolarmente goffo», giacché in pratica mostrava loro «il primo piano di un sederone».[4] Nel 1967, in Slovenia, un giornalista si comportò con un'invadenza vergognosa. Agatha aveva scelto un albergo isolato per salvaguardare la propria privacy, ma il giornalista Janez Čuček finse «di essere un normale cliente». «Convinsi la reception a darmi la stanza accanto alla sua... Poi dal mio balcone passai nel suo». Agatha, esasperata, gli disse che «non aveva mai desiderato essere famosa», mentre Max voleva chiamare la polizia.[5]

Col tempo, Agatha prese i rapporti con la stampa con più filosofia. Quando seppe che il reporter Ritchie Calder intendeva scrivere delle proprie esperienze durante la sparizione della scrittrice, nel 1926, contrariamente a quanto si temeva apparve rilassata. «Che cosa importa, dopo tutto questo tempo?» disse, rassicurando Cork.

> Uno dei vantaggi di avere settant'anni è che non te ne importa davvero più niente di quello che gli altri dicono di te. È inevitabile che parlino di te, ed è solo una leggera seccatura.[6]

Dopo la morte della scrittrice, Calder sarebbe arrivato al punto di affermare che era andato allo Harrogate Hydropathic Hotel, aveva incontrato Agatha chiamandola «signora Christie» e lei gli aveva detto di soffrire di amnesia.[7] In seguito ammise di essersi inventato tutto,[8] ma nel corso degli anni le notizie false da lui diffuse contribuirono a creare un persistente mito che Agatha non riuscì in alcun modo a sfatare: quello della bugiarda.

Benché avesse avuto solo una figlia, la festa per i suoi settant'anni dimostra che Agatha riusciva ancora ad avere intorno una grande e complicata famiglia di cui era il perno. Dopotutto, aveva sempre vissuto così, facendo entrare persone fidate nel cerchio magico della sua amicizia fin dall'epoca delle «donne strane», quando era stata crocerossina. Vi aveva fatto entrare James, Jack e Nan Watts e gli amici del 1926 come Carlo, che l'avevano aiutata a superare il dolore della separazione da Archie. Nei primi tempi del secondo matrimonio, tornando da sola dalla luna di miele, Agatha aveva detto a Max: «Sono di nuovo al sicuro in seno alla mia famiglia adottiva», intendendo con questo non solo Rosalind, ma anche Carlo, la cuoca Florence Potter e senza dubbio il suo cane, Peter. «Come sai, P è il mio bambino!»[9]

Una persona che si recò in visita a Greenway trovò la grande famiglia prevalentemente non biologica di Agatha piuttosto sconcertante:

> Era una famiglia parecchio ramificata. Non ho mai capito chi era chi, ma in casa circolava un sacco di gente, per non parlare dei cani. La Christie era circondata da cani e giovani. Quando andavo a pranzo, c'erano quasi sempre una quindicina di convitati, molti dei quali erano giovani a cui lei si interessava. Come bambini beneducati, questi giovani la trattavano con cortesia, ma senza particolare deferenza.[10]

Benché tutti facessero finta che Agatha fosse una normale nonna, i suoi stretti familiari erano anche i suoi soci in affari. Peter Saunders racconta nel suo libro cosa significava presentarsi davanti alla famiglia, che doveva decidere se concedere l'ingresso nel cerchio magico al nuovo arrivato. Durante un pranzo di presentazione, Anthony

> cercò di facilitare le cose parlando di tutti gli argomenti del mondo. [...] La figlia di Agatha, Rosalind, francamente mi spaventò. [...] All'epoca ebbi l'impressione che mi sorvegliasse da vicino, quasi pensasse che potessi di punto in bianco infilare la mano nella borsa di Agatha per rubarle il portafogli.[11]

A Greenway non si viveva in un lusso esagerato, ma certo l'ambiente era tutto fuorché bohémien. «Un tenore di vita agiato» lo definì un membro del personale di servizio. Non c'era pretenziosità, d'altronde era una casa di campagna, non una villa alla periferia di Torquay. Gli ospiti erano «trattati come re» ricorda John, il nipote di Max. «Alle otto di mattina veniva servito il tè a letto» e tutti potevano «lasciare le scarpe fuori dalla porta della propria camera con la certezza che l'indomani le avrebbero trovate lucidate».[12] Le cene in famiglia, durante le quali Agatha tagliava la carne, duravano anche due ore e mezzo, e «venivano portate in tavola le ciotole con acqua e limone per pulirsi le dita, cosa di cui si sente parlare ben di rado, oggigiorno».[13] C'erano ospiti per il weekend, che spesso, come succedeva in passato, pernottavano nella casa. Il menu comprendeva piccione arrosto e torta di ciliegie il venerdì sera, salmone farcito con maionese il sabato sera e roast beef per il pranzo della domenica.[14] «Non c'è niente di meglio che avere intorno una decina di aragoste quando sai che non devi pagarle» avrebbe ricordato la cuoca Dixie Griggs.[15] Il rituale di Greenway era ricco e soddisfacente. Tutto quello che i Miller avevano perso dal punto di vista sociale ed economico, Agatha l'aveva riconquistato.

Nonostante il «tenore di vita agiato», Agatha era tutt'altro che snob. Gli adattamenti cinematografici dei suoi romanzi spesso mettono in scena una versione tradizionale e fuori dal tempo della grande casa di campagna britannica, con il ricco che sta nella sua villa e il povero che sta alla porta. Nei romanzi, invece, la Christie ha sempre raffigurato la casa di campagna come il luogo che risente dei cambiamenti della vita moderna. Perfino Gossington Hall, la grande dimora di St Mary Mead, cambia di mano due volte durante la vita di Miss Marple: una volta quando i Bantry, suoi amici, la comprano, e un'altra quando la vendono a un'attrice cinematografica.[16]

La vita da signorotti di campagna rese anche Max un membro, in certo modo, dell'alta società. Nominato baronetto nel 1968, ormai non era più guardato con la diffidenza di cui era stato fatto oggetto all'inizio della Seconda guerra mondiale per via delle origini straniere. Sua madre era morta pressoché all'improvviso nel 1951, mentre lui e Agatha erano a Baghdad. «Cara mamma, solo poche righe per dirti che ti penso ogni giorno» le scrisse Max nell'ultima delle numerose lettere inviatele nel corso di un'intera vita.[17]

Nel 1961, mentre era a Teheran, Max ebbe un ictus. Si riprese, ma riportò una paresi e ne fu molto indebolito, «arrivando a dimostrare il doppio dei suoi anni».[18] Ora dimostrava la stessa età di Agatha. «La mano e il braccio sinistri avevano perso in parte la motilità e servivano a poco».[19] Ebbe un secondo ictus nel 1967, sempre in Iran. «Aspettare domandandosi che cosa succederà è terribile» disse Agatha, mentre si cercava un dottore che lo riportasse a casa.[20]

Il 1961 fu anche l'anno in cui Barbara Parker tornò dall'Iraq per lavorare con Max, come docente a contratto, all'Institute of Archaeology. Da quel momento in poi, nell'ambiente sarebbe circolata la voce che i due fossero qualcosa di più che amici. Era senza dubbio una stretta collaborazione professionale, anche se Max era di gran lunga la figura dominante: l'archeologa Ellen McAdam dice di Barbara che «non aveva fiducia in sé» e «non faceva che scusarsi di ogni cosa».[21] Sebbene alcuni archeologi sostengano che fosse anche una relazione sessuale, non vi sono altre prove che confermino i pettegolezzi. Se anche fosse stata una relazione intima, non si sarebbe trattato di un amore convenzionale. I Woolley avevano insegnato a Max a credere che altrettanto importante del rapporto fisico fosse la condivisione di interessi intellettuali.

Greenway era anche piena dei figli che Agatha e Max non avevano avuto. Avevano preso in considerazione l'idea di adottarne, poi, però, avevano deciso di no: «Ritengo che io e Max siamo troppo vecchi».[22] Ma non era necessario alcun documento di adozione per entrare nella famiglia allargata. Spesso arrivavano in visita i nipoti di Max e i figli degli amici: Emma Shackle, figlia di un amico di Baghdad, ricorda che «quando le cose per me andavano male», era Agatha a «portarmi a Greenway con la sua Mini ed era l'unica persona che mi capiva».[23] Sono stati «un padre e una madre per me» dice Georgina Herrmann, assistente ricercatrice di Max.[24]

Poi, naturalmente, erano spesso presenti Rosalind, Anthony e Mathew. Quelle estati, spiega Mathew, erano «in parte una ricompensa per il fatto che fosse stato portato a termine un altro 'Christie di Natale'».[25] Nel 1962, Mathew decise che, nonostante le vicende familiari, voleva conoscere suo nonno paterno, Archie, che viveva vicino a Godalming. Il settantatreenne Archie, che aveva ormai i capelli grigi, ma era ancora «un uomo alto, diritto e di gran bell'aspetto», soffriva di bronchite.[26] «Lo vedevo molto spesso e ci siamo sempre apprezzati e capiti» avrebbe ricordato Rosalind.[27] Dopo avere riflettuto sulla morte, Archie aveva scritto a sua figlia una lettera sull'argomento. Rendendosi conto che «la morte spesso arriva inaspettatamente», aveva riletto le lettere di Rosalind e le aveva stracciate per impedire a chiunque altro di vederle. Disse alla figlia: «Alcune erano ottime, piene di nuove idee, e alcune erano anche molto affettuose! Tanti baci dal tuo Vecchio Babbo».[28] Si somigliavano: avevano la stessa tendenza a non perdersi in smancerie e lo stesso l'attaccamento alla privacy.

Tuttavia, prima che il piano di presentare Mathew a suo nonno fosse realizzato, Archie morì nella sua casa di Juniper Hill, a Godalming, nel Surrey, il 20 dicembre 1962. Avevano aspettato troppo per quell'incontro.

In seguito, Rosalind avrebbe detto di essere rammaricata per il fatto che suo padre fosse stato dipinto come il cattivo, nella storia della separazione dei suoi genitori: «Non sopporto che sia stato ritratto come una persona fredda e insensibile».[29]

Ma quell'immagine arrivava da sua madre, che la confermò nell'autobiografia, dove Archie è descritto come crudele. Agatha non riuscì mai a perdonarlo e a dimenticare, e questo influì anche su Rosalind. Benché la figlia fosse contenta di vedere il padre, intuiva che sua madre «non accettava nessuna relazione tra me e mio padre».[30] Così furono mantenute le distanze. Rosalind non conobbe mai neppure il fratellastro Beau, figlio di Archie e Nancy, fino al giorno del funerale del padre. «Per me» dice Mathew Prichard, «è una tragedia che le cose accadute prima della mia nascita abbiano eretto barriere tra membri della famiglia».[31] Il 1926, quell'anno tossico di traumi e clamore mediatico, perseguitò la famiglia ancora nei lunghi anni a venire.

Nel 1963, l'anno dopo la morte di Archie, morì anche il fratello di lui, Campbell. Il modo in cui avvenne la scomparsa fa tornare in mente l'antica vena di follia di Archibald Christie senior, perché Campbell fu «trovato morto nella cucina satura di gas della sua casa».[32] Mentre aveva tenuto Archie a distanza, Agatha aveva mantenuto i contatti con Campbell, che aveva finito per diventare un drammaturgo di successo, e lo aveva accolto nella sua famiglia allargata. Pure suo nipote Jack Watts, figlio di Madge, era un costante frequentatore della casa e la famiglia di Greenway aumentò ancora quando, nel 1967, Mathew sposò Angela Maples, da lui conosciuta a Oxford.[33] «Siamo contenti per Mathew» disse sua nonna. «È una ragazza *deliziosa*». Dopo essersi laureato a Oxford, Mathew era andato a lavorare per Allen Lane, che era spesso ospite a Greenway. Il matrimonio di Mathew comportò un rimescolamento delle generazioni: lui e Angela si trasferirono a Pwllywrach, la casa dei Prichard nel Galles, mentre Rosalind e Anthony andarono ad abitare nel Ferry Cottage, a Greenway, per meglio occuparsi della casa e della stessa Agatha.

Questo sempre più nutrito cast di personaggi animava con costanza l'estate di Greenway, mentre Agatha fingeva allegramente di non essere una scrittrice. «Non la si vede mai lavorare» disse un frequentatore abituale della residenza. «Era la padrona di casa perfetta, sempre presente, sempre pronta a partecipare a una conversazione». Non «si alzava mai per dire: 'Ora devo andare a scrivere', né si chiudeva mai nella sua stanza».[34] Eppure scriveva eccome. Come disse l'amico di Agatha A.L. Rowse, era «una scrittrice compulsiva: scrivere era la sua vita, o una delle sue due vite, giacché all'apparenza aveva una vita sociale piena e normale, e una famiglia. Aveva avuto due matrimoni, aveva degli amici, accoglieva gli ospiti, si divertiva, puliva la casa (benissimo), faceva shopping (di cui era appassionatissima)».[35] Anche l'editore Philip Ziegler, ospite a Greenway in varie occasioni, notò che la Christie non riusciva a stare troppo a lungo lontano dalla macchina per scrivere. «Niente e nessuno le avrebbe mai impedito di concedersi una certa quantità di lavoro».[36]

Con il passare del tempo, però, diventò sempre più difficile trovare il personale domestico che occorreva a Greenway. Negli anni Cinquanta George Gowler, ex cuoco di ospedale, rispose a un annuncio in cui si cercava un maggiordomo. A Londra ebbe con Agatha Christie un colloquio che andò sorprendentemente bene, considerato che Gowler non aveva mai fatto il maggiordomo. Un amico attore gli diede una marsina e lui partì per la sua nuova vita nel Devon. Sulla strada, alla stazione di Paddington, acquistò un libriccino intitolato *Come diventare maggiordomi.*[37]

Gowler prese alloggio nella casa con sua moglie e sua nonna. Gli piaceva parlare con Agatha quando questa entrava in cucina per fare la maionese.[38] A volte la famiglia della Christie si riuniva intorno al televisore di Gowler, l'unico presente in tutta la casa, per guardare le corse dei cavalli o il golf. Diversamente dall'edoardiana Ashfield, Greenway aveva la parte anteriore e la parte posteriore uguali.

Gowler amava svolgere il suo ruolo, come battere il gong per annunciare la cena o eseguire trucchi di magia per gli ospiti. Si sentiva apprezzato: «Vedete, non consideravo Agatha la mia padrona, ma un'amica, sembravamo tutti una famiglia, c'era solidarietà tra noi... Per me lei era come la Regina Madre». Gowler, un attore nato, nell'età matura diventò un professionista dello spettacolo e si guadagnò da vivere parlando dell'epoca in cui era stato «il maggiordomo di Agatha Christie». In quel ruolo gli capitò anche di viaggiare sull'Orient Express, dove «hanno filmato tante cose e c'erano banchetti davvero sontuosi».[39]

Gowler e le sue performance ricordano molto la descrizione abbastanza teatrale dei domestici propria di tanti libri della Christie. Fin dall'epoca de *L'assassinio di Roger Ackroyd*, una cameriera che serviva a tavola risultava essere un membro della famiglia travestito. Archie si era mostrato scettico quando Agatha, allora giovane, aveva dichiarato che sarebbe potuta facilmente passare per una cameriera, e invece aveva avuto ragione lei, perché in tempo di guerra la bambinaia di Mathew l'aveva scambiata per la cuoca. Madge si era spinta un passo più in là, trasformandosi in pratica in una cameriera quando ad Abney Hall, in tempo di guerra, non era stato più possibile trovare «veri» domestici. In fondo, l'idea del cambiamento di aspetto era quella che aveva sempre attratto Agatha verso il teatro. «Sai, credo non ci sia niente che ti porta più lontano dalle cose e dagli avvenimenti reali del mondo degli attori» disse una volta a Max. «Che strana compagnia sono tutti quanti!»[40]

L'idea che anche una famiglia sia qualcosa in divenire, qualcosa di più complicato di una coppia eterosessuale che mette al mondo due bambini, mi ricorda un altro espediente da Christie. È una trovata vecchia, ma che compare spesso nei suoi romanzi degli anni Sessanta:

quella di una famiglia che non si presenta subito come tale agli occhi di chi guarda. Spesso, nei libri della Christie, un membro da tempo scomparso della famiglia riemerge in un nuovo ruolo. In *Assassinio allo specchio* (1962), il meccanismo va fuori controllo. Non solo salta fuori la figlia adottiva dell'assassino, ma anche un marito che lei si era completamente dimenticata di avere sposato.

Oltre a rendere sfumati i confini familiari, Agatha, a partire dalla Seconda guerra mondiale, usò con crescente disinvoltura il sesso negli intrecci, e in particolare quelle che la critica Faye Stewart definisce «aringhe alla lavanda».[41] Sono personaggi i cui tratti omosessuali possono indurre lì per lì il lettore a sospettarli di colpevolezza. In *Se morisse mio marito* si mormora che l'odioso Lord Edgware abbia una relazione con il suo maggiordomo, e in *È troppo facile* il macabro signor Pye, con la sua «bocca da donna», la sua «andatura effeminata» e il suo negozio di antiquariato non hanno assolutamente nessuna caratteristica che li redima. Ma l'aura negativa è totalmente fuorviante, perché entrambi sono innocenti.

I personaggi omosessuali di Agatha diventarono sempre più importanti e sempre più simpatici a mano a mano che la sua carriera di scrittrice proseguiva. In *Trappola per topi* non si parla chiaramente della sessualità di gay e lesbiche come Christopher Wren e Miss Casewell, e questo permise alla censura di approvare la commedia, accompagnandola con il semplice commento che i personaggi erano «una strana compagnia».[42] Ma benché sia una figura caricaturale, *camp*, (il copione originale dice che ha «una voce da checca»), Christopher Wren è simpatico e spiritoso.[43]

Christopher è però ancora lontano dalla coppia lesbica,

tratteggiata con empatia, de *Un delitto avrà luogo* (1950): Miss Hinchcliffe, con la sua pettinatura corta alla maschietta, il suo «atteggiamento maschile» e il suo scontroso dolore per la defunta partner, Miss Murgatroyd.[44]

Nelle opere della vecchiaia, la Christie apparve ancora più tollerante verso la differenza. In *The Clocks* (*Sfida a Poirot*), per esempio, mostra vari personaggi normodotati che sottovalutano la cieca Millicent Pebmarsh. Poirot, naturalmente, fa bene a prenderla sul serio. Egli appare tra l'altro all'avanguardia nel pensare che il disabile potrebbe fare qualsiasi cosa se solo il mondo fosse organizzato in maniera da facilitargli le cose, mentre la mentalità medica tendeva piuttosto a concentrarsi su tutte le cose che gli era impossibile fare.[45] Un atteggiamento del genere è alquanto insolito nella narrativa commerciale del 1963, e rivela un anticonformismo che chi è abituato a considerare la Christie una conservatrice non coglie.

Poiché oggi è molto facile visitare la bella Greenway sotto il patrocinio del National Trust, e poiché la visita della villa è organizzata in maniera da dare un'idea dei giorni gloriosi degli anni Sessanta, è anche facile credere che quella fosse la casa più importante, per Agatha.

In pratica, era solo un luogo di rappresentanza, e lo conferma un fatto che sfugge alla maggior parte della gente: Agatha in realtà non viveva lì. Nonostante il suo splendore, Greenway era 'solo' una casa di vacanze. «Non era la vita vera» dice Mathew.[46]

La vita vera e il lavoro vero si svolgevano da tutt'altra parte. Ci andremo, ma non prima di avere celebrato il più grande successo della maturità di Agatha: Miss Marple.

## 38
# Donne detective

Una volta Max cercò di spiegare perché sua moglie non fosse femminista. «Era inutile, per lei, interessarsi al Movimento di liberazione della donna».[1] Il motivo si capisce. In pratica, Agatha riuscì a ottenere tutto quello che voleva dalla vita, pur continuando a rivendicare per sé quella qualità tipicamente vittoriana che era 'restare delle signore'.

In parte, ciò significava essere dichiaratamente antifemministe. «Gli uomini hanno un cervello molto più brillante delle donne, no?» diceva.[2] Ma la si poteva definire una femminista 'latente'. Era una persona le cui azioni e i cui personaggi esprimevano più delle sue parole.

Forse il messaggio più significativo della sua narrativa, oltre alla convinzione che il bene trionfi sul male, è che lo sfavorito possa vincere. Il personaggio di Poirot dimostra che un ometto buffo e vanitoso può avere successo nonostante tutto sembri dimostrare il contrario. E in seguito, con i personaggi di donne detective, Agatha dimostrò che gli anziani, e in particolare le anziane, hanno da offrire al mondo più di quanto si pensi. «Le donne devono essere solidali tra loro» dice Jane Marple, come la sua creatrice non poteva fare.[3]

Quando Miss Marple fece la sua prima apparizione

importante in *La morte nel villaggio*, nel 1930, Dorothy L. Sayers capì subito il senso del personaggio. «Le care vecchie pettegole sono l'unico, vero tipo di detective donna che possa esserci» disse ad Agatha. «Credo che questa sia la migliore che hai creato».[4]

Abbiamo già appreso che Miss Marple si sviluppò in vari stadi, ciascuno dei quali corrispondeva a un'epoca di inquietudine e crescita dolorosa dell'autrice. In origine il personaggio, come si è già detto, era ispirato alla zia-nonnina vittoriana di Agatha. Miss Marple, disse la scrittrice, era il tipo dell'anziana «che avevo visto frequentemente in casa di zia-nonnina, a Ealing». Il 'biografo' di Miss Marple, Peter Keating, osserva che quando Agatha si fu sottoposta a psicoterapia, negli anni Venti, e poi di nuovo nei difficili anni della guerra, Miss Marple assunse un poco il ruolo di psicanalista. Ma, come la stessa Agatha, dopo la guerra Jane Marple si concentrò sempre meno sui singoli individui e diventò sempre più un'osservatrice dei cambiamenti della società.

Ciò significa che l'enigma, il puzzle diventa meno importante per la Marple degli anni successivi. Proprio per questo alcuni lettori preferiscono Poirot. Ma questo significa perdersi completamente il piacere dello sguardo scrutatore di Jane. E chiunque sia interessato sia ad Agatha Christie sia alla sua scrittura, capirà che Miss Marple significava molto più, per lei, del detective belga.

Innanzitutto, vi erano caratteristiche di Poirot che non funzionavano più per storie ambientate, com'erano quasi sempre quelle di Agatha, nel presente. Poirot «diventa sempre più irreale con il passare del tempo» ammise nel 1966 la scrittrice. «Un detective privato che viene chiamato a risolvere casi non esiste proprio oggigiorno... mentre questo problema non sorge con Miss Marple».[5]

Tuttavia Agatha teneva alla privacy di Miss Marple quanto teneva alla propria, e non rivelò quasi mai i dettagli della vita passata del suo personaggio. Una volta lasciò trapelare la notizia che Miss Marple – come lei stessa – era stata in passato una provetta infermiera e aveva avuto «molto a che fare» con i malati. Dal 1930 in poi, la signorina Jane rimase sempre una sessantacinquenne, finché anche Agatha non arrivò a quell'età, dopo di che invecchiarono insieme. E come la sua creatrice, Miss Marple usa la vita domestica, e in particolare l'amore per il giardinaggio, per allontanare sgradite attenzioni dal suo formidabile cervello.[6]

In uno dei romanzi, Marple spiega che, quando si tratta di risolvere un crimine, «è più facile per i signori che per le signore, naturalmente».[7] In realtà, però, il suo sesso schiude nuovi orizzonti all'indagine. Le detective sono più sensibili agli indizi nascosti nei corpi femminili e nei travestimenti che le donne indossano. Per esempio l'assistente detective Bridget, in *È troppo facile*, è quella che capisce che la domestica Amy, vittima dell'omicidio, non avrebbe mai tinto di rosso il cappellino, perché quel colore avrebbe fatto a pugni con i suoi capelli rossi. Analogamente, in *C'è un cadavere in biblioteca*, Miss Marple capisce che i capelli della vittima non sono biondi naturali. Osservando con compassione la giovane donna al centro del caso, l'anziana signorina dimostra di avere da sempre una comprensione empatica verso le ragazze. Insegna a bambine orfane a trovare impiego come domestiche. Costringe un parrucchiere uomo a sposare la donna che ha messo incinta. Dà un piccolo contributo al lavoro delle donne nubili della sua generazione. «Riflettendo sull'ultimo mezzo secolo» disse la preside del Somerville College nel 1953, «provate a pensare a che cosa sarebbe stato senza tutto il lavoro, pagato o gratuito, delle donne nubili». Cambiando volto all'infermieristica, all'istruzione e alla cura dell'infanzia, «hanno fatto di tutto, dall'umile lavoro di mettere l'indirizzo su una lettera, a quello di parlare con competenza a un convegno».[8]

La Miss Marple degli anni più tardi ha qualcosa dell'assistente sociale. In effetti, dice Peter Keating, le opere di quel periodo maturo non sono tanto gialli, quanto romanzi sulle «condizioni dell'Inghilterra». Il riformatorio per delinquenti minorili di *Giochi di prestigio*, la famiglia disfunzionale dell'uomo d'affari corrotto di *Polvere negli occhi* e il proprietario egoista della tenuta di campagna di *Istantanea di un delitto* esprimono l'idea di una Gran Bretagna che ha preso una brutta strada, ma che ha ancora al suo interno anziane zitelle come Jane Marple, che possono rappresentare una forza del bene.

Per lo meno, Miss Marple è una forza del bene nel senso in cui intendeva il 'bene' Agatha stessa, una donna ricca e di successo nata nel 1890, che era politicamente conservatrice e credeva fosse giusta la pena capitale. Nella sua autobiografia la scrittrice propone una tremenda soluzione alternativa alla pena capitale: «la deportazione... in una vasta landa desolata, popolata unicamente da tribù primitive». E a mano a mano che passavano gli anni Sessanta, Miss Marple e la sua creatrice diventarono davvero terrificanti nella severità del loro giudizio.

In *Polvere negli occhi*, per esempio, Miss Marple appare vendicativa, furiosa, terribile. È arrabbiata per la crudeltà con cui è stata trattata la cameriera assassinata. E benché una vecchia signora malferma sulle gambe sia «assai diversa dall'idea che si ha in genere di una furia vendicativa... forse in questo momento è proprio quello».

Miss Marple fa la sua ultima apparizione nel villaggio

natio di St Mary Mead, in *Assassinio allo specchio*. Sono gli anni Sessanta e, benché abbia ormai settantadue anni, Agatha è ancora attenta agli sviluppi della modernità. Il villaggio non ha più una drogheria bensì un supermercato. Gli abitanti a colazione mangiano cereali anziché bacon, e vi è un nuovo «progetto edilizio» alla periferia del villaggio. Ma anche se è cambiato, St Mary Mead non è decaduto. «Quel mondo nuovo era come il vecchio» pensa Miss Marple. «Erano diverse le case, diversi i nomi delle strade, l'abbigliamento e le voci della gente, ma gli esseri umani erano gli stessi di sempre».[9]

Ogni tanto, negli ultimi libri della Christie, vi sono brani che rievocano il passato e che nei romanzi precedenti sarebbero stati eliminati perché non servivano allo svolgimento dell'intreccio. In *Nemesis* (*Nemesi*), per esempio, Miss Marple riflette a lungo sui cambiamenti sconcertanti apportati alla grafica del *Times*, e lo fa solo per parlare di un'esperienza vissuta in prima persona da Agatha. Ma nemmeno Miss Marple rinuncia mai a tenersi al passo coi tempi. «Non si può mai tornare indietro, l'essenza della vita è andare avanti» pensa in *At Bertram's Hotel* (*Miss Marple al Bertram Hotel*). Pubblicato nel 1965, il libro riporta due volte l'espressione «il vento del cambiamento», che Harold Macmillan aveva usato nel celebre discorso del 1960 sull'inevitabilità dell'indipendenza delle ex colonie britanniche in Africa.[10]

La Miss Marple sempre più fragile di *Assassinio allo specchio* pare dare l'addio ai lettori, e certo noi diciamo addio a St Mary Mead. Ma Agatha l'avrebbe inserita anche in altri tre libri: *A Caribbean Mystery* (*Miss Marple nei Caraibi*), *At Bertram's Hotel* (*Miss Marple al Bertram Hotel*), una riflessione sul crimine e la cultura della celebrità degli anni Sessanta, e poi – ultima apparizione – in *Nemesi.* In un taccuino che usava nel 1965, annotò un'idea che chiamò «tour dei giardini del National Trust». Sarebbe diventata la storia in cui Miss Marple saliva su un pullman che faceva un giro dei palazzi storici inglesi.[11]

Agli ultimi stadi della vita, Miss Marple, una volta allontanatasi da St Mary Mead, finisce per avere sempre più caratteristiche in comune con la sua creatrice: va alle Barbados come fece Agatha nel 1956, soggiorna in un lussuoso hotel (cosa che Agatha si concedeva da sempre) e infine, in *Nemesi,* diventa ricca. E il titolo di quest'ultimo libro, con il suo riferimento al mito greco, fa capire che ormai Jane «rivendica il proprio diritto all'autorità prepatriarcale rappresentata dall'antica divinità femminile Nemesi Adrasteia, dea vergine del sacro boschetto», simboleggiante «l'inevitabilità dell'ira divina».[12]

Una divinità, bisogna ammetterlo, quasi disumana. Questo aspetto di Miss Marple esisteva da un pezzo. Se torniamo al 1950, a *Un delitto avrà luogo,* un personaggio nota in lei «la durezza della bocca e la luce torva e gelida degli occhi azzurri di solito miti. Durezza e inesorabile determinazione». Tanti anni dopo, in *Nemesi,* Miss Marple affronta altre figure mitiche: tre sorelle, che stanno per le tre Parche, e un delitto legato a una passione omosessuale. La Marple degli ultimi romanzi se ne infischia ormai della giustizia e della legge umane. È diventata, come dice nel romanzo il ministro degli Interni, «la donna più terribile che abbia mai conosciuto».

Nell'ultima fase della vita, Agatha fu più motivata, nel lavoro di scrittura, dalle proprie convinzioni sul bene e il male e il giusto e l'ingiusto di quanto non lo fosse stata in passato. Le motivazioni inconsce, l'approccio psicologico degli anni Trenta, non le interessavano più. L'ispettore

Craddock sembra esprimere l'opinione dell'autrice quando, nel 1950, dichiara che «non ne può più del gergo psicologico applicato così facilmente a tutto, oggigiorno».[13] Agatha aveva finito per convincersi che l'atteggiamento permissivo, assolutorio e 'psicologico' alla criminalità, adottato dalla società britannica del dopoguerra, fosse fuorviante. E Miss Marple è della stessa idea.

Nonostante l'intimo bisogno della Christie di stare al passo coi tempi, questo messaggio toccava le corde giuste di molti suoi lettori, che a loro volta non si sentivano più in sintonia con la retorica di una società permissiva. Questa maggioranza silenziosa non indossava la minigonna, tendeva a disapprovare la minoranza che la portava e accarezzava l'idea che il «Christie di Natale» fosse in realtà un moderno *morality tale* (l'espressione che aveva usato Max per definire la narrativa di Agatha) o una «fiaba moderna per bambini cresciuti».[14]

L'idea che i gialli della Christie fossero fiabe moderne per bambini cresciuti è corroborata dalle filastrocche che la scrittrice usò spesso negli anni postbellici: *Mrs McGinty's Dead* (*Fermate il boia*), *A Pocket Full of Rye* (*Polvere negli occhi*), *Hickory Dickory Dock* (*Poirot si annoia*) sono tutte poesiole che alludono al «male in agguato nel mondo dell'infanzia».[15] «Io adoro le canzoncine infantili, e lei?» dice un personaggio di *Trappola per topi.* «Sempre così tragiche e sadiche».[16]

Una delle critiche che la Christie si è sentita spesso rivolgere è quella di rappresentare un mondo molto ristretto, popolato da una gamma limitata di persone. Gillian Gill sostiene esattamente il contrario. Secondo lei, è proprio il fatto di concentrarsi su un ambiente angusto ad assegnare una dimensione fortemente inquietante alle sue opere.

Come il mondo dell'infanzia, St Mary Mead è un luogo in cui il male non dovrebbe esistere. Miss Marple si muove in un contesto che è familiare a persone agiate del ceto medio. «Invece di collocare la violenza al di fuori del mondo privilegiato dei ricchi e rispettabili, tra la gente che 'noi' non conosciamo, la Christie la colloca in mezzo a noi» osserva Gillian Gill.[17] Anche nel cuore del grazioso villaggio inglese che sembra una scatola di cioccolatini esiste il male. «Non aveva nessun particolare desiderio» di parlare di sesso innaturale, stupri, incesti e ogni sorta di perversioni, dice Miss Marple, «ma sapeva che esistevano».[18]

Benché i gialli su cui indaga Miss Marple siano spesso definiti delitti all'acqua di rose, in realtà quella che trasmettono è una visione cupa, audace e inquietante del mondo.

Miss Marple e la sua creatrice non si fanno illusioni. Sanno che il male si annida *dappertutto*. In qualsiasi relazione. In chiunque di noi.

# 39
# Sapere quando andarsene

«Sapere quando andarsene è una delle grandi necessità della vita. Andarsene prima di sentirsi mancare le forze, prima di veder allentare la propria presa sicura sulle cose, prima di avvertire un leggero odore di stantio».

Così parla la preside Miss Bulstrode nel romanzo del 1959 intitolato *Cat Among the Pigeons* (*Macabro quiz*), quando riflette sul futuro della sua prestigiosa scuola femminile. Gli staff editoriali si stavano ponendo lo stesso interrogativo: «Non dire ad Agatha che l'ho detto, ma questo non è il più avvincente dei suoi romanzi, ti pare?» scrisse l'agente americana al suo omologo inglese nel 1960.[1]

Molti fan irriducibili della Christie amano i suoi ultimi libri, in cui vedono una ricchezza e una profondità tutte particolari. Negli anni Sessanta, però, quando Agatha diventò sempre più famosa attraverso i film e la tv, gli adattamenti cinematografici dei suoi libri precedenti la trasformarono in qualcosa che prima d'allora non era mai stata: un marchio di fabbrica. La qualità di ogni nuovo libro cominciò a importare sempre meno. La gente lo comprava solo perché c'era sopra il suo nome. Agatha se ne rendeva perfettamente conto. «Probabilmente potrei scrivere più volte lo stesso romanzo senza che nessuno se ne accorgesse» ammise.[2] Cominciò a impegnarsi di meno.

Tentò di rinnovarsi e ritrarre la vita degli anni Sessanta in *Third Girl* (*Sono un'assassina?*), che faceva abbondanti riferimenti agli allucinogeni e ai giovani che condividono appartamenti in affitto, ma che, come detective story, non era convincente.[3] Osò ancora di più con *Endless Night* (*Nella mia fine è il mio principio*).

In maniera alquanto atipica, scrisse questo libro adottando il punto di vista di un giovane uomo, uno psicopatico della classe operaia. «La gente scosse la testa» racconta Agatha, «come a dire: 'Che cosa crede di fare, questa gentildonna di campagna, con un personaggio del genere? Combinerà solo un gran pasticcio'. Be', non credo affatto di averlo combinato... Ascolto la mia donna delle pulizie e i suoi parenti. Ho sempre amato i negozi, gli autobus e i caffè, e drizzo le orecchie quando la gente parla. Questo è il mio segreto».[4] *Nella mia fine è il mio principio* fu scritto in appena sei settimane, e rappresentò l'ultima galoppata compulsiva di Agatha. «È assai diverso da qualunque cosa abbia fatto in precedenza» spiegò la scrittrice in un'intervista rilasciata poco prima della pubblicazione. «Più serio, in pratica una tragedia». Di fatto, alla Collins avevano una gran paura che fosse accolto male.

In realtà, non avrebbero dovuto preoccuparsi. Anche se il tono era differente, c'era nel nuovo romanzo qualcosa di molto familiare. L'espediente fondamentale di far narrare la storia al criminale era lo stesso usato quarant'anni prima per *L'assassinio di Roger Ackroyd*. Il bello è che il pubblico fu di nuovo tratto in inganno. Il *Guardian* scrisse che *Nella mia fine è il mio principio* riservava ai lettori «la sorpresa più incredibile che questa sorprendente autrice abbia mai escogitato». «Mi ha preso per il naso anche stavolta» ammise il recensore del *Sun*.

Agatha continuò anche a scrivere i suoi «thriller», che culminarono nel 1970 con *Passenger to Frankfurt* (*Passeggero per Francoforte*). Questo romanzo straordinario oggi appare completamente assurdo, eppure, accompagnato da una notevole grancassa pubblicitaria connessa all'ottantesimo compleanno dell'autrice, rimase per ben sei mesi nella lista dei bestseller.[5]

Il quaderno relativo a questo romanzo comprende un elenco di attività inquietanti da ascrivere alla malefica organizzazione che il protagonista si trova ad affrontare: «Azioni terroristiche. Università americane. Black Power ecc. Tutto questo è espressione dell'aumento e dell'amore per la Violenza (addestramento al sadismo) ecc degli ultimi cinquanta o sessanta anni, tutte cose in cui forse trova sfogo l'idealismo proprio della gioventù».[6]

Agatha finì per architettare una trama in cui Hitler, all'insaputa di tutti, sopravviveva alla Seconda guerra mondiale nascondendosi in un manicomio e generava un figlio capace di continuare la sua opera malefica. Nonostante l'intreccio scadente, vi era nel libro un'atmosfera intensa che catturò il pubblico. Spaventati dalla modernità, con le violente manifestazioni studentesche che esplodevano nelle città, i lettori di *Passeggero per Francoforte* potevano interpretare la violenza incontrollabile come espressione di un complotto. Un devoto fan della Christie ha definito questo romanzo «il *Pellegrinaggio del cristiano* dell'epoca moderna... un cupo ritratto del mondo come lei lo vedeva. La Christie ha usato i mezzi del thriller come Verdi usò il linguaggio della lirica, di cui conosceva tutti i segreti, quando compose la *Messa da Requiem*».[7] Ma se era quello il mondo che Agatha vedeva nel 1970, non c'era da stare allegri.

Nel frattempo, gli editori che stampavano i suoi romanzi si trovarono di fronte a un problema sempre più grande. Dorothy Olding, che aveva già agito dietro le quinte quando Harold Ober era vivo ed era diventata l'agente letteraria ufficiale dopo che questi, nel 1959, era morto, era un'imperiosa signora della vecchia New York, che si vestiva come un personaggio di *Mad Men*, fumava col bocchino e non faceva sconti a nessuno. Rimase di stucco leggendo per la prima volta *Passeggero per Francoforte*: «Fui profondamente delusa dal libro, che mi parve una brutta imitazione di una spy story e anche una storia terribilmente debole».[8] Il *New York Times* era d'accordo con lei. «Ognuno ha diritto di scrivere un brutto romanzo» osservò il recensore, «ma qualcuno dovrebbe intervenire per impedirne la pubblicazione».[9]

Nonostante il parere degli esperti, i lettori di Agatha mostrarono chiaramente di voler continuare a leggere quel genere di cose. Dopo l'enorme successo commerciale del romanzo, Cork dovette rimangiarsi ciò che aveva detto. «Avevi pienamente ragione riguardo a *Passeggero per Francoforte*» disse ad Agatha. «Credevo si dovessero apportare certe correzioni. Tu non le hai volute fare ed è risultato in assoluto il tuo libro di maggior successo».[10]

Tranne che in quattro o cinque dei romanzi migliori, Agatha non fu mai molto scrupolosa nel limare e ritoccare. Poirot, per esempio, vive a Whitehaven Mansions, salvo quando vive a Whitehouse Mansions. In *Addio, Miss Marple*, a un impiegato, a un receptionist e al passeggero di un treno viene dato per sbaglio lo stesso cognome, Narracott, che è anche lo stesso di una cameriera, un battelliere e un poliziotto in tre libri completamente diversi.[11]

A quel punto, però, le piccole sviste diventarono sempre più frequenti. Dorothy Olding si trovò di fronte ad alcuni interrogativi, in *Miss Marple al Bertram Hotel.* Come faceva, Miss Marple, a sapere che un certo personaggio era la figlia di un altro? Era «così intelligente da averlo dedotto»?[12] Tuttavia si intuiva che era assai difficile fare queste osservazioni all'autrice, visto che nemmeno sua figlia, Rosalind, osava dirle niente. Nel 1971, Agatha insistette perché fosse messa in scena, a Bristol, *Fiddlers Three* (*I tre maghi della truffa*). Rosalind supplicò la madre di non tentare di trasferire la commedia da Bristol ai palcoscenici molto più esigenti di Londra, e anche Edmund Cork nutriva gli stessi timori: «Dobbiamo renderci conto che avremmo un'accoglienza ostile sulla stampa» disse ad Agatha.[13]

La Christie, però, si arrabbiò e fece un'alzata di scudi contro la figlia. «Non capisco perché tu sia così contraria» replicò con rabbia. «Immagino che né tu né Mathew né la Harrison Homes e tutti gli altri che traggono beneficio dalla società rifiutereste mai le vostre quote degli introiti». Era l'eterna diatriba che opponeva Agatha al pessimismo di Rosalind, ma la madre usò parole grosse e assai velenose. «Se tu fossi riuscita a costringermi a scrivere solo romanzi, non ci sarebbero stati nessuna *Trappola per topi* e nessun *Testimone d'accusa* o *Tela del ragno*... Se nella vita non si è disposti a correre qualche rischio, tanto vale essere morti».[14]

Le paure di Rosalind, però, erano fondate, perché *Fiddlers Three* parlava di evasori fiscali che la facevano franca. «I tuoi fan ammirano il tuo lavoro e anzi ammirano sconfinatamente anche te» cercò di spiegare alla madre. «Credo che questa commedia non sia degna di *te*, perché alla fine i criminali che ritrai la fanno franca... Quanto al divertimento, non mi pare affatto divertente».[15]

Anche Edmund Cork si attirò varie frecciate epistolari.

«PER PRIMA COSA» esordì una letteraccia di sei pagine indirizzatagli dalla scrittrice, «devo assolutamente avere un più stretto controllo sulle cose demenziali e *molto* seccanti che il mio editore e altri personaggi si arrogano il diritto di fare... Non sono il cane ammaestrato di voi tutti, sono l'autrice ed è molto brutto doversi vergognare di se stessi».[16] La lettera ha il sapore dell'invettiva di un anziano re Lear.

Negli ultimi anni è stata formulata un'ipotesi più triste riguardo al declino delle ultime opere. L'analisi del linguaggio che Agatha usa fa pensare che avesse cominciato a soffrire del morbo di Alzheimer. La sua sintassi non era mai stata complessa, e anzi questo è uno dei motivi per cui i suoi romanzi sono tradotti con tanta efficacia in altre lingue e invecchiano così poco. A un certo punto, però, diventò ancora più semplice.

In *Elephants Can Remember* (*Gli elefanti hanno buona memoria*) del 1972 comparve per l'ultima volta la detective Ariadne Oliver. Il titolo stesso fa pensare che il tema della memoria fosse una spina nel fianco per l'autrice ottantunenne. Secondo i calcoli di analisti del linguaggio dell'Università di Toronto, il romanzo ha un vocabolario del 31% meno ricco di quello di *Destinazione ignota*, scritto quando la Christie aveva sessantatré anni. E da un'indagine condotta dalla stessa équipe risulta che solo lo 0,27% dell'opera giovanile di Agatha *Poirot a Styles Court* è costituito da parole 'indefinite' come «cosa», «qualcosa» e «qualsiasi cosa», mentre in *Postern of Fate* (*Le porte di Damasco*), che Agatha scrisse a ottantatré anni, la percentuale saliva all'1,23%.[17] Ian Lancashire, uno degli autori della ricerca, osserva che *Gli elefanti hanno buona memoria* si può interpretare anche come un ritratto delle facoltà mentali declinanti della signora Oliver, la quale dimentica cose che avrebbe dovuto sapere ed è costretta a far venire Poirot perché le dia una mano. «Rivela come l'autrice reagisca a una cosa che sente le sta accadendo, ma a cui non ha la facoltà di rimediare» osserva. «È quasi come se il crimine fosse non già il doppio omicidio-suicidio, bensì la demenza».[18]

Se l'analisi è esatta, le critiche alle qualità letterarie declinanti della prosa di Agatha e al suo atteggiamento difensivo riguardo alle proprie opere perdono di significato. Non si sarà più spazientiti davanti all'artista che non è disposta a inchinarsi ossequiosa al volere altrui, ma si avrà un atteggiamento compassionevole verso una persona che stava forse iniziando la sua battaglia contro la malattia.

Ad Agatha non fu mai diagnosticato il morbo di Alzheimer, ma poiché ancora oggi si è restii a parlare di demenza, specie di quella ai primi stadi, e poiché lo stigma che vi è associato era ancora maggiore negli anni Settanta, è un'ipotesi molto triste che va tenuta in seria considerazione.

Forse coloro che la circondavano cominciarono a sospettare che Agatha stesse perdendo il suo bene più prezioso: l'intelletto.

# PARTE DECIMA

# Sipario

*Anni Settanta*

# 40
# Winterbrook

Nel 1960 fu autorizzato un progetto edilizio che comportava l'abbattimento di Ashfield. Al suo posto sorsero degli appartamenti con relativi garage. Fu ventilata anche la proposta di aggiungere al complesso residenziale un'area di servizio con distributore di benzina.[1]

Quando Agatha si rese conto di ciò che stava succedendo era troppo tardi per intervenire. Naturalmente aveva rinunciato a ogni diritto al riguardo quando, tanto tempo prima, aveva venduto la villa, ma il figlio del suo avvocato si ricordava di averle sentito dire che «desiderava ricomprarla», e in effetti fece un'offerta «all'ultimo momento». Quando l'offerta fu respinta, «lei si arrabbiò molto».[2]

È Agatha stessa a continuare la storia:

> Era accaduto un anno e mezzo prima che decidessi di ritornare a Barton Road. Non c'era più niente che potesse suscitare i ricordi. Le case che vi avevano costruito erano le più mediocri e pretenziose che io avessi mai visto. [...] E infine vidi i poveri resti dell'araucaria che lottava per sopravvivere in un cortile trascurato.[3]

La narrativa di Agatha, così spesso incentrata sulla casa e sulla famiglia, aveva radici profonde in Ashfield. La perdita fisica della casa avita le ricordava la perdita di sua madre e del suo io più giovane. La decisione di vendere l'aveva presa lei, ma in seguito aveva confessato di sentirsi «molto orfana». «Ho una profonda nostalgia di Ashfield» disse al marito.[4]

Così, al termine dell'autobiografia, Agatha ritornò nel luogo in cui tutto era iniziato, a Torquay. Ricordare il passato diventò uno dei piaceri fondamentali della sua vita senile.

> Sono finite le lunghe passeggiate e, ahimè, i bagni al mare, i filetti di manzo, le mele e le more selvatiche – i miei poveri denti! – e non si parla più nemmeno di leggere i caratteri a stampa più piccoli. Ma mi restano comunque molte altre cose. Le opere, i concerti, la lettura... E poi la cosa più bella di tutte, quella di sedersi al sole a sonnecchiare. Ecco, mi sono nuovamente perduta nei ricordi. Ricordo, ricordo, la casa dove sono nata...»

I luoghi e gli avvenimenti più recenti cominciarono a importarle meno. A settantanove anni, Agatha fece per la prima volta riferimento, in pubblico, all'esistenza di Nancy Neele. «Mio marito si trovò una giovane donna» disse a un intervistatore. Parve addirittura accennare, benché in maniera indiretta, all'invenzione, da parte sua, di quella Teresa Neele sotto il cui nome aveva soggiornato all'Hydropathic Hotel. «Non si può scrivere il proprio destino, il destino ci arriva. Ma si può fare quel che si vuole con i personaggi che si creano».[5] Forse, con quella frase, si riferiva alle azioni che aveva compiuto nel 1926, o forse si limitò a esporre la sua filosofia di vita. In effetti, era stata davvero una donna che aveva scritto la propria storia.

Nel settembre del 1970, la Collins volle dare una festa per celebrare, a Londra, i suoi ottant'anni. Agatha vi partecipò con un cappello di piume, gli occhiali a occhio di gatto e due fili di perle al collo. Una volta tanto non si adombrò quando la fotografarono, specie quando la fotografò Billy Collins, che da molti anni era il suo editore. «Che bell'editore ho» gli disse.[6] Il party serviva anche a promuovere il cosiddetto «ottantesimo libro». A quel numero accattivante era giunto furbescamente Collins contando le antologie di racconti e anche le edizioni americane che avevano un titolo diverso da quelle inglesi. Nel Devon vi fu una cena durante la quale ad Agatha fu riservato un piatto speciale: «Mezza coppa grande di panna rappresa liscia per ME, champagne per gli altri».[7]

A Capodanno del 1971 fu annunciato che la regina Elisabetta avrebbe nominato Agatha *Dame Commander* dell'Impero Britannico, concedendole il cavalierato. La scrittrice avrebbe quindi avuto il diritto di anteporre a nome e cognome il titolo di «Dame». Sarebbe stato l'ultimo dei suoi molti cambiamenti di nome. «Dame Agatha» era quasi la «Lady Agatha» che la Christie aveva fantasticato di essere nel suo primissimo racconto. Così, nel gennaio del 1971, scrisse «D.B.E». in testa alla pagina di quaderno dove stava abbozzando le idee del romanzo *Nemesi*.[8]

Nemmeno l'ottantesimo compleanno le impedì di lavorare. E il posto in cui avveniva gran parte del lavoro era la sua vera casa: non Greenway, in cui i due Mallowan avevano vissuto tanti anni, ma Winterbrook House, una residenza sul Tamigi poco a sud di Wallingford, che Agatha aveva comprato nel 1934, durante il suo «periodo plutocratico», quando aveva comprato otto immobili di seguito:

Un giorno, finalmente, lessi un annuncio sul Times. Era autunno; di lì a una settimana, saremmo partiti per la Siria. [...]

Era una casetta deliziosa, che risaliva all'epoca della regina Anna. Era piuttosto vicino alla strada, ma dietro si apriva un giardino... e più giù il sogno di Max, una serie di prati digradanti fino a uno splendido angolo di fiume...

Nonostante stessero per partire, Agatha aveva colto l'occasione al balzo e l'aveva subito acquistata. Un visitatore ne fu deliziato: trovò la casa «una festa per gli occhi, con il giardino pervaso dal profumo delle rose. Mi è sempre sembrata la disposizione ideale, con un fiume che scorre in fondo al giardino».[9] Un altro ospite descrive la piacevole atmosfera informale: «I rossi colori dell'autunno tingevano della loro luce la stanza trascurata ma accogliente: grandi poltrone imponenti (adatte ad Agatha), oggetti di vetro color lavanda sulla mensola del caminetto. Tirò fuori per me un servizio di porcellana, niente di straordinario... solo gradevoli tazze vittoriane (anche queste adatte a lei)».[10]

Era solo lì, nella sua casa segreta, che Agatha poteva lasciare da parte il ruolo di Dame Agatha e svolgere quello più gradito di moglie di Max. «Winterbrook è la sua casa» disse, «lo è sempre stata». Greenway a poco a poco diventò meno importante; nel 1959 Agatha la donò a Rosalind, e nel 1967 Rosalind e Anthony vi si trasferirono per farne la loro residenza principale.[11]

A Winterbrook, Agatha cercò di farsi notare il meno possibile, anche se riuscivano ad arrivarle perfino lettere indirizzate solo a «Mrs Agatha Christie, Berkshire» o addirittura «Mrs Agatha Christie, Gran Bretaña».[12] Poiché era molto gelosa della sua privacy e non dava ospitalità a chi voleva ficcare il naso o chiedere piaceri, non si inserì mai del tutto nella vita sociale di Wallingford. L'ex vicesindaco del paese la definisce «una signora dispotica e pressoché inavvicinabile».[13] La scrittrice più famosa del mondo viveva a Wallingford e Wallingford si aspettava che fosse Lady Munifica, ma Agatha mostrò un'ammirevole refrattarietà alla compiacenza. In qualità di semplice signora Mallowan, però, poteva entrare dalla parrucchiera della via principale a farsi fare i capelli, assistere alle esibizioni degli attori della locale compagnia teatrale e fare doni al bambino che le consegnava il pesce di Winterbrook.[14] Lei e Max, inoltre, frequentavano una tranquilla chiesa di campagna nel vicino villaggio di Cholsey.

Uno dei motivi che li spinsero a passare più tempo a Winterbrook fu il fatto che, nel 1962, Max fu mandato all'All Souls College della vicina Oxford per aiutare a curare una nuova edizione Oxford di Erodoto. Quella nomina significava molto, per lui: «Sentivo di essere riuscito, attraverso gli sforzi di un'intera vita di lavoro, a compensare finalmente la mancanza di riconoscimenti accademici della mia gioventù».[15] Questi obiettivi di vita intellettuali erano assai diversi dai valori dei frivoli Miller edoardiani con cui era cresciuta Agatha. «Io mi sono sentito supremamente felice ogniqualvolta mi sono sottoposto a una disciplina rigidissima che mi impediva di pensare troppo» ammise Max in una lettera.[16] Fu il cosmopolita Max – un intellettuale – a convincere Agatha a votare (contro le sue inclinazioni) a favore dell'ingresso della Gran Bretagna nell'Unione Europea, al referendum del 1975.

Durante la propria carriera, Max formò molti allievi archeologi, «sei dei quali sarebbero diventati direttori della British School of Archaeology».[17] Ma non tutti lo amavano. I colleghi più gentili attribuivano la sua irascibilità ai farmaci che prendeva dopo avere avuto due ictus, ma fu lui a mantenere vive molte faide nel settore. Dopo la morte di Kathleen Kenyon, la donna con cui lei viveva bruciò le lettere di Max dicendo che erano «così cattive» che non voleva le vedessero altri archeologi.[18]

Nel frattempo, nelle ultime pagine degli album fotografici di famiglia conservati per più di ottant'anni, vediamo Agatha in compagnia di nuovi nipoti, seduta sorridente in una stanza zeppa di libri, giacinti e biglietti d'auguri o adagiata in una sedia reclinabile. La vediamo partecipare a un picnic in un clima che pare molto freddo, a Dartmoor, stringersi nella pelliccia, camminare con difficoltà al braccio di Max o con l'aiuto di un bastone, posare circondata da cani adoranti. Spesso porta un cappello rosso. In una foto, come nella filastrocca sulle vecchie signore eccentriche e spavalde, indossa un completo viola con il cappellino rosso.[19]

Negli anni Settanta, però, Winterbrook cominciò ad andare pian piano in rovina. La creazione dell'«impero Christie», come lo chiamava Cork, con il suo assetto e i suoi complicati escamotage per aggirare le tasse, significò che i contanti necessari alla manutenzione quotidiana diventarono, curiosamente, sempre più scarsi. L'impianto elettrico di Winterbrook era ormai pericoloso e non fu riparato, e a Edmund Cork toccò aiutare nel lavoro di manutenzione. Nel 1971, Agatha parlò di «raffiche di vento e pioggia» tali per cui «da qualche parte c'è una grossa o piccola perdita... Bisogna mandare subito, lunedì, un SOS all'idraulico e pure all'elettricista».[20] «Che fortuna sarebbe, oggigiorno, avere tre buoni domestici e una casa piccola!» sospirò.[21]

Nel giugno del 1971, Agatha si fratturò un'anca e fu ricoverata al Nuffield Orthopaedic Center, prima di ritornare felicemente nel proprio letto.[22] «La situazione è stata critica per uno o due giorni, ma sono lieto di informarvi che ha avuto una miracolosa ripresa» disse Cork ai colleghi.[23] Presto Agatha «mosse i primi passi incerti tra sbarre parallele».[24] Le proteste e le critiche scomparvero dalla sua corrispondenza. «Carissima Rosalind, è stato meraviglioso fuggire dall'ospedale e tornare a CASA!» scrisse alla figlia. «Hai sistemato molto bene la stanza... Cara Rosalind, sei stata così buona a venire a fare tutto quello che hai fatto».[25]

Dopo la caduta, Agatha cominciò a fare piani per la sua dipartita. Nel 1972 mandò a Cork un'antologia di poesie con la preghiera di pubblicarle se le avesse ritenute adatte. Il romanzo del 1973 fu *Le porte di Damasco*, l'ultimo in cui apparivano Tommy e Tuppence. La casa che vi era descritta ricordava molto l'ultima grande preoccupazione di Agatha: Ashfield. Ma, come parto letterario, *Le porte di Damasco* era ripetitivo e pieno di lacune. «Proprio orrendo, eh?» disse Dorothy Olding. «Molto peggio degli ultimi due... Povera cara, vorrei che qualcuno trovasse il modo di dirle che, per il suo stesso bene, questa roba non va pubblicata».[26] Eppure, ancora una volta, diventò un bestseller.

Particolare toccante, gli ultimissimi quaderni di Agatha contengono ancora spunti per un altro romanzo, che sarebbe stato incentrato su un'idea interamente nuova: due studenti che uccidono un ragazzo per puro esperimento. Come osserva il critico John Curran, era «la sua capacità di sviluppare l'intreccio» che si stava indebolendo, «non la potenza della sua immaginazione».[27]

Nel 1974, Agatha ebbe un infarto e le fu prescritta una

medicina che la fece dimagrire molto. Tony Snowdon andò a Winterbrook a fotografarla e produsse una serie di ritratti teneri e straordinari in cui la Christie appariva molto anziana e molto esile. Le chiese come volesse essere ricordata, e lei rispose con la consueta modestia: «Come una scrittrice di gialli che sa il fatto suo».[28]

Quell'autunno continuò a uscire e ad andare in giro, e aveva ancora un ultimo appuntamento pubblico importante. Per quanto possa stupire, nel 1972 Agatha aveva accettato l'invito a confrontarsi ancora una volta con il cinema. Stavolta il suggerimento era arrivato da un uomo che ha avuto le mani in pasta in molti film del Novecento: Lord Mountbatten. Mountbatten l'aveva avvicinata per aiutare il proprio genero John Brabourne, e l'altro produttore Richard Goodwin, che volevano portare sullo schermo *Omicidio sull'Orient Express.* «Nessuno di noi ritiene che i film girati finora rendano davvero giustizia allo 'spirito di Agatha Christie'» disse.[29]

I tempi erano maturi per una seria trasposizione cinematografica. Le cose erano cambiate rispetto agli anni Sessanta, quando la MGM si era presa delle libertà con i gialli della Christie.[30] I nuovi produttori consideravano *Assassinio sull'Orient Express* un classico della letteratura, un po' come Charles Dickens o Jane Austen, insomma qualcosa da preservare e rispettare. Per parte sua, Goodwin era stato invogliato a produrre il film dopo che aveva visto sua figlia, una bambina di dieci anni, divorare il romanzo.

Quando Sidney Lumet fu scelto come regista e quando Albert Finney e Sean Connery ebbero accettato le rispettive parti, a detta di Brabourne tutti i migliori attori «fecero a gara per essere della partita».[31] Il cast comprendeva Ingrid Bergman, Lauren Bacall, Vanessa Redgrave e John Gielgud. Goodwin attribuisce il successo del film al fatto di avere scritturato tutte «quelle vecchie star che erano state protagoniste del sistema degli Studios. In primo luogo, erano attori estremamente disciplinati. In secondo luogo, erano davvero meravigliosi». I produttori incontrarono l'autrice solo in una manciata di occasioni e, racconta Goodwin, «non disse molto, ma in qualche modo tutti sapevano che cosa voleva: era circondata da una sorta di aura».[32]

Il budget salì alla spaventosa cifra di quattro milioni e mezzo di sterline, il film più costoso della vita dei due produttori. Agatha aveva imparato a sue spese che il risultato poteva non essere di suo gusto, ma stavolta, quando lo vide, fu contenta del film.[33] All'epoca, *Assassinio sull'Orient Express* diventò il più grosso successo al botteghino che un film britannico avesse mai registrato. Si piazzò in cima alla classifica in America ed ebbe anche un effetto galvanizzante sulle vendite del libro.[34] Dopo l'entusiastica accoglienza sull'altra sponda dell'Atlantico, nel novembre del 1974 vi fu una proiezione di beneficenza a Londra a cui presenziò non solo la Regina Elisabetta, ma anche la Regina del Crimine. «Dev'essere stata dura per lei, ma sapeva di dover essere presente» disse Goodwin di Agatha, che partecipò in sedia a rotelle.[35]

Dopo la prima, vi fu un banchetto al Claridge. Al termine della serata, Max dice nel suo memoir che gli rimase impressa nella memoria l'immagine di Lord Mountbatten che accompagnava Agatha fuori della sala da pranzo a mezzanotte, e di lei che «alzava la mano in segno di saluto».[36]

Era l'ultimo addio a Londra e al lavoro di una vita. Nel 1974, un'antologia di racconti, *Poirot's Early Cases* (*I primi casi di Poirot*) fu pubblicata al posto di un romanzo e nel

1975 uscì un libro scritto decenni prima, *Curtain. Poirot's Last Case* (*Sipario, l'ultima avventura di Poirot*). Il recensore del *Guardian* fece al romanzo un complimento toccante. Per «l'egocentrico Poirot, protagonista di una quarantina di libri, è un finale incredibilmente teatrale» diceva il pezzo. «'Addio, cher ami' è il suo ultimo messaggio allo sfortunato Hastings. 'Quelli erano bei tempi'. Per i fan di ogni parte del mondo, erano i tempi migliori».[37] Il necrologio di Poirot apparve anche sul *New York Times*».

Nell'estate del 1975 Agatha, ormai molto fragile, cominciò a dormire al piano terra di Winterbrook. Di notte arrivava un'infermiera a prendersi cura di lei. Inoltre, Max e spesso anche Barbara Parker erano sempre a disposizione.[38] Preparandosi all'epilogo, Agatha scrisse la citazione di Edmund Spenser che desiderava per la cerimonia funebre:

> *Mettete sulla mia lapide:*
> Dopo la fatica il sonno, dopo la tempesta il porto,
> Dopo la guerra la quiete, dopo la vita la morte
> è assai grata.[39]

> *Per favore, al mio funerale suonate l'Aria dalla Suite n°3 in Re maggiore di Bach. E anche la Variazione Nimrud [sic] dalle Variazioni Enigma di Elgar.*

Poi l'autunno a Winterbrook si trasformò nell'ultimo inverno e, il 12 gennaio 1976, Agatha infine se ne andò. Accadde, dice Max, «quando, dopo pranzo, la portai in sedia a rotelle dalla sala da pranzo in salotto... La morte giunse quietamente, dolcemente, una fine serena. Ringrazio Dio che le sia stata risparmiata la sofferenza».[40]

Max telefonò al medico locale per dire: «È scomparsa» e aggiunse un avvertimento: «Non dica una parola».[41] Ma la voce si diffuse lo stesso e un gran numero di giornalisti cominciò a calare sulla tranquilla Wallingford per parlare della fine di un'epoca e di una vita straordinaria.

Più tardi, sempre in gennaio, Agatha fu sepolta nella chiesa di St Mary a Cholsey, vicino a Winterbrook. La sua famiglia scelse un funerale in forma privata,[42] ma inevitabilmente, come racconta il nipote, fu «un evento mediatico (che avrebbe fatto inorridire Nima), con le telecamere che sbirciavano dappertutto».[43] Max dovette rispondere a cinquecento lettere di condoglianze, dalle quali capì di non essersi reso conto fino in fondo di «quanto fosse amata e ammirata».[44]

Agatha fu seppellita con la fede nuziale. Max, naturalmente, era presente per accompagnarla alla tomba. Lei gli lasciò una poesia sull'amore che sopravvive alla morte.

> Sono morta, ma non lo è il mio amore per te
> che vivrà sempre, ancorché muto.
> Ricordatelo
> se dovessi lasciarti nei giorni a venire.[45]

Negli ultimi anni di vita, Agatha aveva spesso riflettuto sul fatto che alla fine il suo matrimonio impulsivo si era rivelato felice. Sua sorella l'aveva «supplicata» di non sposare Max, ma Agatha avrebbe detto in anni successivi a sua figlia: «Sono ben contenta di non averle dato retta! Mi sarei persa quarant'anni di felicità».[46]

Quale segreto nascondeva, quel matrimonio? «Ci sai fare con le donne» disse una volta Agatha a Max. «È un peccato che siamo un Paese monogamo, perché tu potresti avere due o tre mogli ed essere felice!»[47] Da tempo si suppone che, in età matura, Max abbia avuto varie relazioni, e il nome di Barbara Parker è uno di quelli più spesso menzionati. È un leitmotiv dei romanzi della Christie che le dipendenti donne di professionisti si innamorino dei loro capi. «Come dice un detective, è una malattia professionale delle segretarie».[48] Pare che Anthony Hicks, il genero di Agatha, abbia detto: «Max e Barbara si chiudevano a chiave nello studio a lavorare ai documenti di Nimrud e lei lasciava le scarpe fuori della porta... Erano una sorta di segnale».[49] Un amico di Max che andò a fargli visita poco dopo la morte di Agatha si stupì di trovare la devota assistente Barbara intenta a massaggiargli i piedi.[50]

Dal punto di vista dell'ideale di matrimonio di fine Novecento, ovvero di un amore romantico in cui ci si giura eterna fedeltà, forse l'unione di Agatha e Max lasciava a desiderare. Ma è una visione del matrimonio che ha notevoli limiti. C'erano, nelle seconde nozze di Agatha, svariati aspetti alquanto insoliti per la mentalità del 1930, l'anno in cui tutto iniziò. Agatha, madre single divorziata, si trovò inaspettatamente un partner molto più giovane che si prese cura di lei fino al giorno della morte. Fu, il loro, un dialogo intellettuale tra due menti curiose, che durò tutta la vita e si basava su un rapporto amicale paritario. «Nessun'altra donna avrebbe potuto essere, per me, la perfetta compagna che sei tu» disse Max. «È capitato che tu e io fossimo adatti l'uno all'altra: a volte due anime realizzano quest'alchimia, non perché siano simili, ma perché sono complementari».[51] «Lei possedeva tante cose che mancano a me» pensava Max. «Una santa umiltà... Interiormente, il suo spirito viveva in stretta comunione con Cristo».[52] Era un sodalizio basato sull'affetto e l'amicizia, che si rivelò straordinariamente durevole e fortunato.

Un simile matrimonio ci ricorda anche che le convenzioni che seguiamo nelle nostre relazioni non rappresentano l'unico modello di vita. «Divertiti, caro» gli disse Agatha una volta, «e fai *qualunque* cosa tu voglia e ti occorra, purché conservi nel tuo cuore una profonda amicizia e un profondo affetto per me».[53] Non voleva sapere esattamente cosa lui avesse intenzione di fare. È solo la moderna idea romantica secondo cui il matrimonio dovrebbe riempire con la sua intensità tutta la vita a renderlo più importante di quanto non sia.

Senza dubbio, Max fece la sua parte, nell'accordo. Nel 1945, in Libia, scrisse ad Agatha che aveva tenuto la sua fotografia accanto per tutti e tre gli anni di separazione. «Anche quando dormivo nel deserto, la notte, mettevo la foto a fianco della mia branda nell'accampamento, in maniera da vederla per prima cosa la mattina, al risveglio». «Tu» aggiunse, «avrai sempre un bel viso e un bel sorriso per me, anche quando avrai, come mi auguro succederà un giorno, 90 anni!»[54] Mantenne la parola. «Di notte Max si prende generosamente cura di me» disse Agatha quando i novanta si avvicinavano davvero. «La comoda è un vero paradiso».[55]

Nel lontano 1936, Max le aveva scritto una lettera d'amore:

> A volte, benché non così spesso, due persone trovano l'una nell'altra il vero amore, come abbiamo fatto noi... Sappiamo che quello che abbiamo non può finire... Per me tu resterai sempre bella e preziosa anche con il passare degli anni.[56]

Eppure Max non sopportava di vivere da solo. Nel marzo del 1977, appena un anno dopo la morte di Agatha, scrisse a Rosalind per annunciarle che stava per sposarsi una seconda volta. E naturalmente la nuova sposa era Barbara. «Nessuno prenderà mai il posto della mia cara Agatha» disse, «ma credo che mi avrebbe approvato, perché soleva dirmi che avrei dovuto risposarmi nel caso le fosse capitato qualcosa... Ora sono troppo solo, e non lo sarò più con Barbara, che è sempre stata un'amica devota».[57] Nel settembre del 1977, quando era vedovo da un anno e sette mesi, Max sposò la Parker senza troppo clamore, nell'ufficio di stato civile di Kensington.

Mi pare che il ruolo di Barbara Parker in questa storia simboleggi bene il ruolo di tutte le mogli di archeologi che nel corso degli anni prepararono il tè, organizzarono la logistica, batterono a macchina i manoscritti e oliarono i meccanismi dell'archeologia del Ventesimo secolo. Anche quando Max finalmente la rese sua moglie, Barbara non avrebbe goduto a lungo della sua compagnia. Meno di un anno dopo, a Greenway, Max accusò una «insufficienza miocardica acuta» e morì assistito dalla moglie.[58] Lei lo seppellì vicino ad Agatha, nel cimitero della chiesa di St Mary.

Barbara ereditò la casa di Londra in Cresswell Place e lasciò libera Winterbrook per trasferirsi in una casa più piccola a Wallingford, da cui raggiungeva facilmente l'Oriental Institute di Oxford, dove lavorava.[59]

Max e Agatha, dunque, tornarono insieme da morti. Lei aveva deciso che stessero l'uno accanto all'altra nella tomba fin dalle prime settimane del loro fidanzamento, nel 1930. Aveva scritto, infatti, che avrebbe voluto essere seppellita accanto a lui e poi, un giorno lontano, essere riesumata «da un giovane, brillante archeologo (!) del futuro... Sarebbe molto divertente essere di qualche *utilità* anche da defunti».[60]

Visitando la sua tomba, come fanno molti, nel verde e ventoso cimitero dell'Oxfordshire, mi piace pensare che, sì, Agatha sia davvero di grande «utilità», da defunta.

Continua a dare a molti lettori tanto divertimento, con i suoi romanzi.

# 41
# Dopo le esequie

La notte in cui morì Agatha Christie, le luci vennero abbassate, in segno di rispetto, in due teatri del West End. Le compagnie che recitavano in *La morte nel villaggio* e *Trappola per topi* le resero omaggio dal palcoscenico e «il pubblico si alzò in piedi commemorandola con un minuto di silenzio».[1]

Agatha fu pianta anche nel mondo dell'archeologia, in particolare alla British School in Iraq, che lei aveva finanziato per tanto tempo. La sua presenza continuò a farsi sentire tra i muri della scuola di Baghdad sotto una forma curiosa. Era rimasto lì il suo water portatile, fabbricato in maniera da poter essere trasportato sul campo e costituito da una cassa da tè di legno, cui era stato attaccato con una cerniera di ottone un sedile di mogano. Su quale fine abbia fatto si narrano versioni diverse. Una dice che fu «bruciato inavvertitamente da un membro ubriaco della squadra di scavatori la *Bonfire Night*, la festa di Guy Fawkes, cioè un 5 novembre dei tardi anni Settanta.[2] Ellen McAdam, invece, ricorda che era stato portato in Iraq per un'indagine archeologica che si doveva condurre prima che costruissero la diga di Hamrin. Quando gli archeologi riaprirono l'ostello che avevano affittato per una nuova stagione di lavoro, qualcuno gridò: «Agatha ha le termiti!» e bisognò bruciare il water portatile.[3]

La scuola stessa, alla fine, perse i finanziamenti statali e dovette reinventarsi come British Institute for the Study of Iraq, un istituto di beneficenza avente lo scopo di finanziare archeologi iracheni anziché britannici, e di concentrarsi maggiormente sull'obiettivo di «aiutare le persone e la loro eredità storica» che su quello di «scavare grandi buche nei siti archeologici».[4] Nel 2011, il British Museum acquistò molti degli oggetti d'avorio intagliato che erano emersi dagli scavi di Max e Agatha a Nimrud, e che diventarono ancora più preziosi dopo che alcune delle altre sculture furono ridotte in briciole durante il saccheggio del Museo di Baghdad, nel 2003. Ma restano altre tracce della vita di Max e Agatha nel Vicino Oriente. Un bel documentario girato nel 2011 dalla regista tedesca Sabine Scharnagl mostra come una famiglia che viveva vicino agli scavi di Max a Chagar Bazar, in Siria, temendo che l'ISIS si impadronisse del villaggio e distruggesse i suoi libri di Agatha Christie, avesse nascosto questi ultimi in una nicchia segreta dentro una cisterna.[5]

Tornando alla Gran Bretagna e al resto del mondo, fu accolta con incredulità la notizia dell'apertura del testamento di Agatha. Tutti, disse il suo avvocato, rimasero «sbalorditi davanti all'esigua entità del suo patrimonio».[6] Eppure, nel 1975, i guadagni dell'Agatha Christie Limited erano stati vicini al milione di sterline. Il successo del film *Assassinio sull'Orient Express* aveva fatto vendere tre milioni di copie dell'edizione tascabile del romanzo.[7] Il testamento lasciava legati a familiari, amici, figliocci e dipendenti, e tradiva l'interesse per i ninnoli tipico della Christie. In base a un codicillo del 1975, aggiunto pochi mesi prima del decesso, venivano ridistribuiti vari oggetti a lei molto cari: un buddha di pietra a Anthony, e un pesce di vetro verde di Murano a Mathew.[8]

Per Rosalind, Edmund Cork e il resto dell'«impero Christie», la vita proseguì e con essa il compito di tutelare la proprietà letteraria delle opere di Agatha. Da un'indagine del 1983 risultò che delle ventotto commedie di autrici donne che erano state messe in scena nei teatri di repertorio, ventidue erano di Agatha.[9]

Nel 1988, Cork morì all'età di novantaquattro anni. A partire dal 1994, quando Peter Saunders andò in pensione, le royalties dell'autrice derivanti da *Trappola per topi* furono donate a enti di beneficenza che sostenevano le arti. Saunders stesso morì nel 2003 a novantuno anni. Nel 1998 la Chorion PLC, la compagnia che possedeva già le opere di Enid Blyton, rilevò la quota dell'Agatha Christie Limited di proprietà della Booker McConnell e in seguito la cedette all'Acorn Media.[10]

Mathew rimase felicemente a Pwllywrach. Un giornalista che gli fece visita nel 1978 descrisse una «villa di pietra grigia piena di opere d'arte». I tre figli di Mathew e Angela giocavano con il loro pony, il loro cane da riporto nero, «un terrier di nome Piddles», e «tre gatti».[11] Nel frattempo, Rosalind e Anthony, a Greenway, si davano da fare per mantenere la casa e il giardino. Una visitatrice, Henrietta McCall, che si recò da loro per esaminare le carte di Max di cui stava scrivendo la biografia, dice di avere avuto la sensazione che «non navigassero nell'oro». Fu svegliata durante la notte dal rumore dell'acqua piovana che colava in terra dal soffitto della camera da letto.[12]

Bisognava chiaramente fare qualcosa. Nel Duemila, Rosalind, Anthony e Mathew decisero tutti insieme di donare Greenway al National Trust. «Non fu facile prendere questa decisione» dice Mathew, ma la famiglia sperava che il Trust «preservasse e potenziasse» la bellezza di un luogo magico.[13] Fu il giardino, più che la casa, ad attirare in un primo tempo l'attenzione del National Trust, e la tenuta fu presto aperta ai visitatori. Ma l'organizzazione di beneficenza volta alla conservazione del patrimonio britannico non fu ben accolta da tutti, sulle rive del Dart. La popolazione locale protestò perché temeva che un esercito di turisti invadesse con le sue auto i sentieri stretti. «Deve essere terribilmente doloroso, quando si compie un gesto di generosità come il vostro, vedere che subito tutti protestano e danno in escandescenze» disse, solidale, il deputato locale a Rosalind.[14] Così si decise di portare molti visitatori sul luogo con il traghetto che attraversava il fiume.

Quando il giardino diventò una meta turistica, la casa fu chiusa in vista di un progetto di conservazione. Il muro esterno della camera da letto di Max sporgeva tutto, ed era rimasto in piedi solo perché, per fortuna, era stato tenuto insieme da una libreria a parete piena di libri.[15] Dopo decenni di vita trascorsi lì, «Greenway era ingombra fino all'inverosimile, ma era un ingombro magnifico». Sulla scrivania di Rosalind c'era «un enorme mucchio di lettere e bollette, simile a una montagna di scorie, e l'insieme era così spettacolare che un artista chiese se poteva dipingerlo».[16] Dei volontari si sedettero dentro cabine portatili per catalogare ventimila oggetti della collezione Greenway.

Poiché non c'era lo spazio per mostrare tutta la roba accumulata negli anni, nel 2006 fu tenuta, a Exeter, una vendita all'asta volta a raccogliere i fondi del progetto di conservazione. Avidi fan si assicurarono lotti come la carta per scrivere con l'intestazione Greenway House, che fu offerta al prezzo base di 150 sterline, ma fu venduta per 740.[17] L'acquirente più fortunato pagò 100 sterline un «vecchio baule da viaggio» chiuso a chiave, probabilmente uno di quelli usati quando Agatha, bambina, aveva peregrinato con la famiglia in Francia e le finanze dei Miller erano state al minimo storico. Quattro anni dopo, il suo nuovo proprietario finalmente lo fece aprire e vi trovò dentro un anello di brillanti che era appartenuto a Clara.[18]

Nel 2004, la ottantacinquenne Rosalind morì, seguita a pochi mesi di distanza da suo marito Anthony. Era stata devota alla memoria di sua madre e aveva vivamente scoraggiato chiunque avesse tentato di infangarla. Come un membro della famiglia reale, era consacrata a quel compito e non venne mai meno al senso del dovere verso l'istituzione. «Non ha mai voluto cedere a nessuno di noi il compito di assolverlo nella maniera migliore» dice suo nipote James, che oggi gestisce l'eredità letteraria della bisnonna.[19] Dopo avere raccontato la vita di sua madre, mi dispiace profondamente per Rosalind. Mi pare che, affinché vivesse la leggenda di Agatha, abbia rinunciato a una parte della sua vita di persona indipendente.

In vita, la Christie aveva rivendicato il carattere privato delle sue carte, e affermato che avrebbe distrutto «senza rimpianti» la sua corrispondenza e i suoi diari.[20] Ma quando arrivò la fine, si lasciò dietro una montagna di lettere e documenti che oggi sono affidati al Christie Archive Trust e che mi hanno permesso di scrivere questo saggio.

Lasciò anche la sua autobiografia, pubblicata postuma nel 1977. Rosalind fu coinvolta nell'editing del testo finale e permise che si includesse il breve capitolo sui dolorosi avvenimenti del 1926. Dopotutto, qualcosa bisognava pur dire. Come custode della memoria di sua madre, tentò anche, in quell'occasione, di opporsi alla visione comune secondo cui Agatha sarebbe stata una vendicativa manipolatrice che aveva architettato la propria scomparsa.

Negli anni della maturità, la Christie riuscì a trattare la materia quasi con leggerezza. In *Assassinio allo specchio*, per esempio, si fa una battuta su una signora che non riesce a riconoscere i suoi stessi parenti. Miss Marple pensa si tratti di «scaltrezza anziché di amnesia». Rosalind, invece, sentiva di non poter mai abbassare la guardia in merito e, dopo l'uscita dell'autobiografia della madre, mantenne una rigorosa politica del silenzio riguardo alla vicenda. Finché sua nonna fu in vita, Mathew non «scambiò una sola parola» con lei su quell'episodio, e ha spiegato che era un argomento «di cui non si discuteva mai in famiglia».[21] «Mi ha sempre leggermente offeso il fatto che mia madre non mi abbia mai mostrato le famose lettere riguardanti la scomparsa» dice.[22] A quasi un secolo di distanza, gli avvenimenti del 1926 continuano a proiettare un'ombra sulla vita delle persone.

Ma il silenzio produsse un vuoto in cui si radicarono varie teorie. Quando la giornalista Gwen Robyns si vide rifiutare l'autorizzazione a scrivere una biografia della Christie, si prese la sua vendetta, scrivendo, nel suo libro del 1978, di essere convinta che, quando Agatha Christie scomparve, «sapesse benissimo quello che faceva... e decise di dare una lezione al marito».[23] L'anno dopo un film, *Il segreto di Agatha Christie*, si spinse ancora più in là: la protagonista, chiaramente ispirata alla vera Agatha Christie, tentava di assassinare Nancy Neele e di uccidersi. Il film, scrisse all'epoca Rosalind, «viene girato contro la nostra volontà ed è probabile provochi grande sofferenza».[24]

Alla fine Rosalind decise che esaminare con accortezza

l'archivio di sua madre avrebbe contribuito a dare una nuova piega alla narrazione. Nel 1984 permise alla scrittrice Janet Morgan di pubblicare una biografia della Christie completa, equilibrata e scrupolosa. La Morgan disse di avere avuto, personalmente, l'impressione che la Christie fosse «strana, manipolatrice, fertile nell'escogitare modi di uccidere e ingannare», ma che un esame più accurato delle prove le avevano fatto cambiare idea. Concluse che la scrittrice era un'abilissima professionista e una persona buona e felice. Che fosse buona e felice è indiscutibile, ma credo vi sia qualcos'altro che la Morgan e la famiglia Christie all'epoca non vollero riconoscere del tutto. Oggi si può accettare in un modo che non era accettabile negli anni Ottanta l'idea che una donna possa essere stata una buona e indefessa lavoratrice, ma che sia stata anche «strana, manipolatrice, fertile nell'escogitare modi di uccidere e ingannare» non significa denigrarla. È il riconoscimento della complessità delle donne.

Nonostante il libro della Morgan, persistette l'idea che Agatha fosse una cattiva persona. Vi è una pletora di autori, e presumibilmente di loro lettori, che ancora oggi non credono ad Agatha quando ci dice che era malata. Nel 1998 il biografo Jared Cade espresse la convinzione che fosse sparita dalla circolazione perché «aveva voluto indispettire» Archie.[25] Il figlio del giornalista Ritchie Calder, invece, nel 2004 ha pubblicato un libro in cui ha affermato, come fosse un fatto acclarato, quello che sappiamo non essere vero, ossia che suo padre «aveva rintracciato Agatha Christie in un albergo di Harrogate dopo che la scrittrice era sparita perché il marito fedifrago fosse accusato di uxoricidio».[26]

Ciò significa che, nonostante i tanti successi di Agatha, permane ancora un alone di mistero intorno alla sua vita, l'idea che la malattia mentale temporanea sia stata confusa con la mendacia, che si sia preferito credere alle bugie che alla verità.

Ora che la società è sempre più disposta a parlare della malattia mentale, forse la tendenza si invertirà. La tendenza si è già invertita per quanto riguarda il giudizio sul livello letterario della Christie. Quando, nel 2007, Laura Thompson scrisse la seconda biografia autorizzata della romanziera, vi incluse anche una tenera e appassionata celebrazione del lavoro di Agatha. Ma la Thompson affrontava in questo un compito arduo, giacché tentava di presentare la Christie come una scrittrice seria in un'epoca in cui i suoi gialli erano perlopiù etichettati come spazzatura.

Negli ultimi quindici anni, invece, è diventato molto più indulgente il giudizio su ciò che costituisce la 'cultura' e che cosa valga la pena studiare. Gli accademici hanno cominciato a chiedersi come mai un'autrice letta da un numero così elevato di persone fosse così poco studiata, e oggi la Christie compare regolarmente nei programmi dei corsi di studio e nelle tesi di laurea.

Paradossalmente, la riluttanza a prenderla sul serio nasceva in parte proprio dal successo degli adattamenti televisivi delle sue opere. Nel 1989 David Suchet comparve per la prima volta nei panni dell'Hercule Poirot dell'ITV, una parte che avrebbe interpretato fino al 2013. Tra il 1984 e il 1992, Joan Hickson fu Miss Marple per un'intera generazione sulla BBC, mentre Geraldine McEwan e Julia McKenzie, le Miss Marple dell'ITV, andarono in onda tra il 2004 e il 2013. Agli occhi del pubblico televisivo, questi programmi hanno chiuso la Christie in una scatola con l'etichetta poco qualificante e consolatoria di «nostalgia dei vecchi tempi».

Gli adattamenti televisivi degli anni Novanta e Duemila di solito ambientavano le storie di Agatha in un anno non specificato, che si collocava perlopiù nel primo Novecento, e hanno avuto un tale successo in tutto il mondo che sono diventati una parte non indifferente del brand turistico britannico. Ma hanno avuto anche l'effetto di far sembrare le storie di Agatha più scipite e monocordi di quanto non siano in realtà. Ecco cosa diceva il *Chicago Tribune* nel 1991: «Il mondo letterario creato dalla Christie, con i suoi salotti pieni di anticaglie, i suoi giardini ben curati e i suoi omicidi asettici e puliti che non lasciano mai neanche una goccia di sangue sul tappeto Aubusson, sembrano sempre più caratteristici d'altri tempi».[27] Non se si leggono i romanzi da cui sono stati tratti i telefilm.

Tutto ciò è radicalmente cambiato quando la BBC ha incaricato Sarah Phelps di scrivere una nuova serie più cupa di rivisitazioni della Christie, che è iniziata con grande successo nel 2015 con un brutale, avvincente *Dieci piccoli indiani.* Non c'era niente di nostalgico nella scrittura della Phelps, che collocava fedelmente ciascuna storia nel contesto dell'anno in cui era stata scritta. L'ottica di sinistra con cui è visto il racconto è dispiaciuta ad alcuni fan della Christie, ma anche i critici della sceneggiatrice hanno ammesso che è stato rispettato lo spirito della pièce in un modo che non era mai accaduto con i precedenti adattamenti.

Questa evoluzione del modo di rappresentare la Christie sullo schermo è collegata a ciò che critici e accademici hanno sempre detto di lei. L'elenco delle persone a cui non è mai piaciuta questa scrittrice è impressionante. Edmund Wilson, Raymond Chandler, Bernard Levin e Robert Graves hanno tutti, chi prima chi dopo, criticato il suo stile, i suoi personaggi, la sua leggibilità.

Ci sono volute due studiose donne per cominciare a rivalutarla. Gillian Gill, nel suo libro uscito nel 1990, si è rifiutata di analizzare la Christie in maniera superficiale. Mi piace molto la maniera in cui Gill cominciò a penetrare oltre l'apparenza per cogliere il genio elusivo che vi si celava dietro. Innanzitutto osservò che Agatha non era una singola persona. Nel corso della vita, la donna di cui parliamo si reinventò costantemente. Agatha Miller diventò Mrs Archibald Christie, Agatha Christie, Teresa Neele, Mrs Mallowan e Mary Westmacott, poi un'adorata nonna di nome Nima e infine Dame Agatha. La Gill procedette anche a sfatare il mito della privacy in cui la scrittrice si era notoriamente rinchiusa. Era stato magnifico, disse, ma anche terribile, perché, se da un lato le aveva permesso di vivere la sua vita come voleva, dall'altro le aveva danneggiato la reputazione.[28] Se l'autrice stessa non era disposta a parlare del suo lavoro e a prenderlo sul serio, perché avrebbe dovuto prenderlo sul serio chiunque altro?

Ma invece di prendere alla lettera le parole con cui la Christie sminuì la sua opera, dovremmo guardare all'opera stessa. Ed è esattamente quello che ha fatto Alison Light nel suo importante studio *Forever England: Femininity, Literature and Conservatism Between the Wars* (1991). A lei spetta molto del merito di avere rivalutato la Christie e di avere visto in lei non una conformista, bensì «un'iconoclasta... una scrittrice che parla di segreti familiari e rielabora le forme convenzionali di trasgressione vittoriana: il dramma dell'eredità, delle identità scambiate, della follia nascosta».[29]

Forse Agatha non è mai stata capace di prendersi sul serio, ma alla fine altri hanno cominciato a farlo al posto suo.

*

L'eredità della Christie sono chiaramente le sue opere, ma credo ve ne sia un'altra per così dire 'nascosta in piena vista'. Agatha è stata non solo la romanziera di maggior successo del Novecento, ma anche una persona che ha ridefinito le regole della sua classe sociale e del suo sesso.

Viene spontaneo trascurare questo particolare, perché Agatha fece di tutto per negare di essere una romanziera a pieno titolo. «Ma io non sono una vera scrittrice» continuava a dire a oltre ottant'anni. Al che la figlia Rosalind, forse la persona che più credeva in Agatha Christie, ribatté: «Ma certo che *sei* una scrittrice, mamma. Sei una scrittrice coi fiocchi».

Rosalind, che aveva circa trent'anni di meno, aveva un'altra idea di come un autore dovrebbe essere. Era stata la sua stessa madre ad ampliare la definizione. Lo scrittore non era più un vecchio uomo autorevole con la barba lunga.

Agatha visse, nel bene e nel male, molti dei grandi cambiamenti del Ventesimo secolo: un matrimonio precipitoso in tempo di guerra, un lavoro di farmacista al dispensario dell'ospedale, il timore di una vena di 'follia' in famiglia, il divorzio, la malattia mentale, la psicoterapia, i lutti della Seconda guerra mondiale e il successo professionale, su una scala globale senza precedenti, nell'industria dell'intrattenimento.

Ma il Novecento, se anche la plasmò, non la *fece*. Con la volontà, l'indipendenza e l'impegno professionale, Agatha si fece da sola. Per citare di nuovo quello che disse Margaret Lockwood nel 1954: «Agatha ha il dono di fare quello che tutte le donne vorrebbero fare. Ottiene il successo… In cuor loro tutte le donne… vorrebbero fare ciò che fa lei, ma perlopiù si limitano a sognarlo».[30]

La Christie non se la sentì mai di ammettere che le ardeva dentro l'ambizione di raggiungere determinati obiettivi, e preferì sempre una definizione molto più umile degli scopi della vita. Il suo libro sull'archeologia inizia con un avvertimento. «Questo non è un libro profondo» dice,

> non vi saranno belle descrizioni di scenari, non si analizzeranno questioni economiche né si faranno riflessioni sulla razza o la storia. È in realtà un'inezia, un libriccino piccolo piccolo, che racconta azioni e avvenimenti quotidiani.[31]

Dopo i drammi del 1926, la vita di Agatha si può forse anche vedere come qualcosa di piccolo piccolo, in cui si dipanano le azioni e gli avvenimenti quotidiani.

Ma per quanto limitata fosse la sua ambizione, questa scrittrice ha avuto un'influenza profonda sulla cultura del Ventesimo secolo.

# Ringraziamenti

Per il permesso di citare il materiale sotto copyright, ringrazio le seguenti istituzioni e persone: gli amministratori fiduciari del Christie Archive Trust (Mathew e James Prichard, Nigel Wollen e John Mallowan); Mathew Prichard, personalmente, per le lettere e le poesie inedite di Agatha Christie; gli amministratori fiduciari del British Museum; l'Imperial War Museum; la Harold Ober Associates; gli eredi di Dorothy L. Sayers; Anthony Steen; gli eredi di Adelaide Phillpotts; la Exeter University Library, sezione Special Collections; Georgina Herrmann; Nicholas e Caroline Christie; la professoressa Sue Hamilton nella sua qualità di direttrice dell'UCL Institute of Archaeology. Per le citazioni dalle opere di Agatha Christie, ringrazio la HarperCollins Publishers, @ Agatha Christie (1921, 1922, 1923, 1924, 1925, 1930, 1931, 1932, 1933, 1934, 1935, 1936, 1939, 1941, 1942, 1944, 1945, 1946, 1947, 1950, 1952, 1955, 1956, 1962, 1964, 1967, 1968, 1975, 1976).

Ho trovato grande e generosa disponibilità negli autori che si sono già occupati in precedenza di Agatha Christie. Per i loro stimolanti spunti ringrazio Mark Aldridge, Kemper Donovan, Julius Green, Alison Light, Henrietta McCall, Tony Medawar, Janet Morgan e, naturalmente, J.C. Bernthal, che applicando la teoria *queer* alle opere della Christie mi ha ispirato l'impostazione del saggio.

Vorrei anche ringraziare per le loro analisi esaustive Laura Thompson, con il suo bel libro *Agatha Christie: An English Mystery* (2007), e Jared Cade con il suo *Agatha Christie And The Eleven Missing Days* (1998) (trad. it. *Agatha Christie e il mistero della sua scomparsa*). Judy Dewey, Mark Aldridge, Tony Medawar, Kemper Donovan e J.C. Bernthal hanno gentilmente letto il manoscritto, effettuando minuziose correzioni e migliorando vari punti. Sono poi immensamente grata per l'aiuto che mi hanno dato sotto il profilo pratico, intellettuale e umano Colleen A. Brady, Simon Bradley, Juliet Carey, Paul Collins, Rosalind Crone, John Curran, John Curtis, Ophelia Field, Paul Finn, Gillian Gill, Daisy e Richard Goodwin, Annie Gray, Edgar Jones, Christine Hallett, Georgina Herrmann, Katherine Ibbett, Josh Levine, Jane Levi, Tracey Loughran, John Mallowan, Ellen McAdam, Katie Meheux, Pastor Michael Mortimer, Eleanor Robson, Caroline Shenton, Judy Suh, Alexandra Wilson e Philip Ziegler. Ringrazio inoltre Kevin Plant dei Wrexham Archives, gli amministratori fiduciari del Royal Welch Fusiliers Museum Trust, e Belinda Smith, Laura Murray e Laura Cooper del National Trust. Sono grata che mi sia stato permesso di accedere alla ricerca del defunto volontario del National Trust Patrick Dipper. Ringrazio il dottor Phil Wickham, del Bill Douglas Cinema Museum, e Anna Harding della sezione Special Collections dell'Exeter University Library, Avril McKean della Harrogate Library, lo storico di Harrogate Malcolm Nessam, e Claire Hilton del Royal College of Psychiatrists. Un grazie speciale a Kemper Donovan e a *All About Agatha*, il meraviglioso podcast della defunta Catherine Brobach. Un grazie anche a Hélène Maloigne, che mi ha aiutato con la sua competenza nelle ricerche sul materiale archeologicoo. Ringrazio i miei colleghi della BBC Rachel Jardine, Edmund Moriarty e Eleanor Scoones per il loro lavoro e la loro amicizia. Alla Hodder, è stato bello lavorare con Rupert Lancaster, Clara Mongey, Vero Norton, Alice Morley e Juliet Brightmore, e sono grata alla mia editor Jacqui Lewis. Alla Pegasus, ringrazio di cuore Claiborne Hancock, Jessica Case e tutta la redazione. Questa è stata la mia ultima collaborazione con la scomparsa Felicity Bryan, un'agente che rimpiango molto. Ringrazio sentitamente Catherine Clarke e tutti gli altri della Felicity Bryan Associates, così come Tracey MacLeod e i suoi colleghi alla KBJ Management. Ma il debito di gratitudine più grande ce l'ho con le persone generose e ospitali senza le quali non avrei mai potuto scrivere questo libro: James, Mathew e Lucy Prichard, coadiuvati da Joe Keogh, e i miei amici e familiari, in particolare Enid Worsley, Jim Emerson e, naturalmente, Mark Hines.

# Note

## *Prefazione*

1 Godfrey Winn, *The Real Agatha Christie, Daily Mail* (12 settembre 1970).
2 Agatha Christie, *An Autobiography*, 1977, edizione del 2011, p. 517. Tutte le altre citazioni non segnalate in nota provengono da tale fonte. Trad. it. di Maria Giulia Castagnone, *La mia vita*, Milano, edizione speciale per il *Corriere della Sera* su licenza di Mondadori Libri S.p.A., 2016.
3 Si veda, in particolare, Gillian Gill, *Agatha Christie: The Woman and Her Mysteries* (1990). Trad. it. di Miriam Bait, *Agatha Christie: La donna e i suoi misteri*, Milano, SugarCo, 1991.

## *La casa dove sono nata*

1 *Torquay Times & South Devon Advertiser* (19 settembre 1890) p. 1; *Morning Post* (18 settembre 1890).
2 Richard Hack, *Duchess of Death* (2009), p. 6. Descrizione della polizia delle persone scomparse, 1926; Gordon C, Ramsey, *Agatha Christie: Mistress of Mystery* (1967); il passaporto di Agatha.
3 Descrizione della polizia delle persone scomparse, 1926; Ramsey (1967); il passaporto di Agatha.
4 Christie Archive Trust, da qui in poi CAT, Album fotografico della famiglia Miller. «Confessions», un «album per registrare pensieri e sentimenti» (27 ottobre 1903).
5 CAT «Confessions» (27 ottobre 1903).
6 Mathew Prichard, comunicazione personale (29 settembre 2020).
7 CAT «Confessions» (15 ottobre 1897).
8 *Daily Mail* (gennaio 1938).
9 CAT Adelaide Ross (nata Phillpotts) ad Agatha (15 marzo 1966).
10 Gillian Gill, *Agatha Christie: The Woman and Her Mysteries*, cit., pp. 5-6. Trad. it. *Agatha Christie: la donna e i suoi misteri*, cit., p. 17.
11 Sono grata a Colleen A. Brady per la sua appassionata e dettagliata ricerca.
12 CAT Dattiloscritto inedito intitolato *The House of Beauty* (la casa della bellezza).

13 *Endless Night* (1967). Trad. it. *Nella mia fine è il mio principio*, Milano, Mondadori, 1985); si veda anche Laura Thompson, *Agatha Christie: An English Mystery* (2007, edizione del 2008), p. 7.

## *Follia in famiglia*

1 *The H.B. Claflin Company, New York Times* (20 aprile 1890); Colleen A. Brady.
2 Ho esaminato il vestito mentre veniva tolto dalla scatola per essere conservato a Greenway, maggio 2021.
3 CAT n° 30, lettera a Whitelaw Reid, ambasciatore americano a Londra (2 aprile 1909).
4 Ian Rowden, *When Agatha Christie kept the cricket score, Torquay Times* (24 settembre 1974).
5 *Advert for sale of leasehold, The Times* (9 ottobre 1880).
6 Miss Gwen Petty, citata in Gwen Robyns, *The Mystery of Agatha Christie* (1978, edizione del 1979), p. 36.
7 CAT «Confessions» (1° maggio 1871).
8 CAT Caserma di Dublino, certificato di battesimo (14 marzo 1854).
9 Questa conclusione è dovuta a un'indagine genealogica condotta con certosina pazienza da Colleen A. Brady.
10 CAT dattiloscritto di *The House of Beauty.*
11 CAT «Album» di poesie di famiglia, scritto di suo pugno da Clara Miller.
12 Max Mallowan, *Mallowan's Memoirs* (1977, edizione del 2021), p. 196.

## *La Cosa nella Casa*

1 *Torquay Times and South Devon Advertiser* (6 gennaio 1893), p. 7.
2 Archivio del National Trust a Greenway, Devon, da ora in poi NT, 121991, libro scritto a mano da Clara Miller, di «ricette per Agatha».
3 Citato in Gwen Robyns, *The Mystery of Agatha Christie*, cit., pp. 49-50.
4 Conti per Ashfield, NT 122993, 122998, 123010, 122953, 122976.
5 *Daily Mail* (7 dicembre 1926).
6 CAT «Confessions» (1870).
7 *The Mirror Crack'd from Side to Side* (1962). Trad. it. di Lidia Ballanti, *Assassinio allo specchio*, Milano, Mondadori, 1982.
8 *By the Pricking of My Thumbs* (1968). Trad. it. *Sento i pollici che prudono*, Milano, Mondadori, 1982.
9 Francis Wyndham, *The Algebra of Agatha Christie, The Sunday Times* (26 febbraio 1966).
10 Marcelle Bernstein, *Hercule Poirot is 130, Observer* (14 dicembre 1969).
11 *Sleeping Murder* (1976). Trad. it. di Diana Fonticoli, *Addio, Miss Marple*, Milano, Mondadori, 1976.
12 Max Mallowan, *Mallowan's Memoirs*, cit., p. 195.
13 *Unfinished Portrait* (1934). Trad. it. di Hilia Brinis, *Ritratto incompiuto*, Milano, Mondadori, 2010, p. 37.

14 Alison Light, *Forever England: Femininity, Literature and Conservatism between the Wars,* (1991; 2013) p. 94.
15 CAT dattiloscritto di *The House of Beauty.*

## *Rovinati*

1 *An Autobiography,* cit., p. 103. *La mia vita,* cit., p. 117.
2 *A.B. Townsend Tries Suicide, New York Times* (15 marzo 1901), p. 1.
3 *New-York Daily Tribune* (10 gennaio 1896), p. 7.
4 https://www.findagrave.com/memorial/196044102/margaret-frary-watts
5 CAT dattiloscritto inedito, «Then and Now» (1949).
6 CAT «Confessions» (senza data).
7 CAT taccuino di Monty (1924).
8 CAT Frederick a Clara (24 ottobre 1901).
9 CAT Agatha a Frederick (senza data, probabilmente 1901).
10 *An Autobiography,* cit., p. 111. *La mia vita,* cit., p. 127; gli oggetti in CAT.
11 Richard Hack, *Duchess of Death,* cit., p. 28.
12 *Law Reports – East Africa Protectorate,* vol. 4, p. 135; *An Autobiography,* cit., p. 382 *La mia vita,* cit., p. 451.
13 http://www.nationalarchives.gov.uk/pathways/census/living/making/women. htm; http://www.nationalarchives.gov.uk/pathways/census/events/polecon3.htm
14 *An Autobiography,* cit., p. 113. *La mia vita,* cit., p. 129.

## *Aspettando l'Uomo*

1 Barbara Cartland, citata da Juliet Nicolson in *The Great Silence: 1918–1920* (2009, edizione del 2010), pp. 3-4.
2 http://www.nationalarchives.gov.uk/pathways/census/living/making/women.htm
3 CAT «Confessions» (14 ottobre 1897).
4 CAT Madge ad Agatha (26 febbraio, anno non indicato).
5 James Burnett, *Delicate, Backward, Puny and Stunted Children* (1895), pp. 90–91.
6 Gillian Franks, *Aberdeen Press and Journal* (23 settembre 1970), p. 5.
7 Francis Wyndham, *The Algebra of Agatha Christie,* cit.
8 *Murder Is Easy* (1939). Trad. it. *È troppo facile,* Milano, Mondadori, 1960.

## *Il miglior 'gabinetto' vittoriano*

1 CAT dattiloscritto inedito, «Then and Now» (1949).
2 CAT «Confessions» (19 aprile 1954).

3 Censimento inglese del 1901.
4 Clare Hartwell, Matthew Hyde e Nikolaus Pevsner, *Cheshire: The Buildings of England* (2011), p. 207.
5 Jared Cade, *Agatha Christie and the Eleven Missing Days* (1998; edizione del 2011), p. 32. Trad. it. *Agatha Christie e il mistero della sua scomparsa*, Roma, Perrone, 2010, p. 24.
6 *An Autobiography*, cit., p. 139; *La mia vita*, cit., p. 160; Jared Cade, *Agatha Christie and the Eleven Missing Days*, cit., p. 34; *Agatha Christie e il mistero della sua scomparsa*, cit., p. 24.

## *Il Gezireh Palace Hotel*

1 In precedenza, il viaggio era stato programmato per il 1910, ma all'inizio del 1909 la SS *Heliopolis* smise di fare servizio per il Cairo. Per questo e altri motivi, Colleen A. Brady lo fa risalire al 1908.
2 Artemis Cooper, *Cairo in the War, 1939–45* (1989, edizione del 2013), p. 489, p. 511.
3 Karl Baedeker (tipografia), *Egypt and the Sudân, Handbook for Travellers* (1908), p. 74.
4 CAT album fotografico di pelle rossa risalente all'adolescenza di Agatha.
5 Secondo il suo passaporto.
6 CAT dattiloscritto inedito, «Allora e oggi» (1949).
7 *Dead Man's Folly* (1956). Trad. it. di Grazia Maria Griffini, Milano, Mondadori, 2009 (prima ed. 1957), p. 133.
8 Marcelle Bernstein, *Hercule Poirot is 130*, cit.
9 David Burnett's blog, williamhallburnett.uk (14 settembre 2017).
10 CAT dattiloscritto inedito di *Snow Upon the Desert*, p. 31, pp. 4–5, p. 36.
11 CAT Eden Phillpotts a Agatha (6 febbraio 1909).

## *Entra in scena Archibald*

1 Citato in Gwen Robyns, *The Mystery of Agatha Christie*, cit., p. 49.
2 *Verso l'ora zero*, trad. it. di Lia Volpatti, Milano, Mondadori, 2012, p. 29.
3 Julius Green, *Curtain Up – Agatha Christie: A Life in Theatre* (2015, edizione del 2018), pp. 45–46.
4 *The Secret of Chimneys* (1925). Trad. it. *Il segreto di Chimneys*, Milano, Mondadori, 1982 (prima ed. 1949).
5 Robert Barnard, *A Talent to Deceive* (1979, edizione del 1987) pp. 31–32. Trad. it. di Rosalba Buccianti e Annita Biasi Conte, *L'arte dell'inganno*, Milano, Mondadori, 1990, p. 34.
6 *Murder on the Orient Express* (1934). Trad. it. di Alfredo Pitta, *Assassinio sull'Orient Express*, Milano, Mondadori, 2012 (prima ed. 1935), p. 108.
7 Citato in Gwen Robyns, *The Mystery of Agatha Christie*, cit., p. 66.

8 SHC *Admissions to Brookwood and Holloway Mental Hospitals* (1867–1900), alla voce «Archibald Christie» (paziente numero 1744).
9 CAT Copia del taccuino manoscritto in cui sono annotati gli avvenimenti salienti della vita di Archie Christie.
10 *Exeter and Plymouth Gazette* (2 gennaio 1913), p. 5.
11 CAT Copia del taccuino manoscritto in cui sono annotati gli avvenimenti salienti della vita di Archie Christie.
12 *Western Daily Mercury* (28 dicembre 1912) p. 4.
13 https://www.thegazette.co.uk/London/issue/28725/page/3914

## *Il municipio di Torquay*

1 https://www.rafmuseum.org.uk/research/online-exhibitions/rfc_centenary/the-rfc/the-central-flying-school.aspx
2 CAT Archie ad Agatha (s.d., 1913), «Monday 10pm Royal Flying Corps Netheravon».
3 CAT Archie ad Agatha (s.d., 1913), «Sunday Royal Flying Corps Netheravon».
4 CAT Archie ad Agatha (s.d., 1913), «Wednesday RFC».
5 CAT copia del diario di volo di Archibald Christie (1913).
6 CAT Archie ad Agatha (s.d., 1913?), «Sunday Royal Flying Corps».
7 CAT Archie ad Agatha (s.d., 1913) «Wednesday RFC».
8 CAT Archie ad Agatha (s.d., 1913), «Wednesday, Royal Flying Corps Netheravon».
9 TNA AIR 76/86/79.
10 Peter Wright, *In the Shadow of Hercule: The War Service of Archibald Christie*, «Cross & Cockade International», vol. 41/3 (2010) pp. 161–164, p. 162.
11 John Howard Morrow, *The Great War In The Air: Military Aviation from 1909 to 1921* (1993) p. xv.
12 CAT Archie ad Agatha (s.d., 1914), «Sunday Royal Flying Corps».
13 *Unfinished Portrait*, cit. (1934). Trad. it. di Hilia Brinis, *Ritratto incompiuto*, Milano, Mondadori, 2010 (prima ed. 1982), p. 162.
14 CAT fotografia (studio Lafayette) di Archibald Christie (n° 53218a).
15 *Giant's Bread*, cit., (1930). Trad. it. di Bruno Oddera, *Il pane del gigante*, cit., Milano, Rizzoli, 1989, p. 305.
16 Intervista audio, Imperial War Museum (16 ottobre 1974), numero di accesso 493.
17 Gillian Franks, *Aberdeen Press and Journal*, cit., p. 5.
18 Intervista audio, Imperial War Museum (16 ottobre 1974), numero di accesso 493.
19 Vera Brittain, *Testament of Youth*, (1933) p. 210. Trad. it. *Generazione perduta*, Firenze-Milano, Giunti, 2015.
20 Vera Brittain, *Testament of Youth*, cit. (*Generazione perduta*, cit.), p. 213, p. 211.
21 Christine E. Hallett, *Nurse Writers of the Great War* (2016), p. 190.

22 Alison S. Fell e Christine E. Hallett (a cura di), *First World War Nursing: New Perspectives*, 2013.
23 *Giant's Bread*, cit. *Il pane del gigante*, cit., p. 305.
24 John Curran, *Agatha Christie's Secret Notebooks*, 2009, edizione del 2010, p. 309.
25 La tessera di servizio della Croce Rossa di Agatha Miller, museumandarchives.redcross.org.uk/objects/28068
26 Clementina Black, *Married Women's Work*, 1915, p. 1.
27 Soldato semplice Thomas Baker, in «Voice of the First World War: Home on Leave», Imperial War Museum podcast. https://www.iwm.org.uk/history/voices-of-the-first-world-war-home-on-leave
28 Intervista audio, Imperial War Museum (16 ottobre 1974), numero di accesso 493.
29 CAT Album intitolato «What we did in the Great War» e rivista satirica «Hints on Etiquette».
30 *Ibidem*, «Sogno di donne strane», di M.E.
31 Tessera di volontaria crocerossina di Eileen Morris, vad.redcross.org.uk
32 CAT album intitolato «Che cos'abbiamo fatto nella Grande Guerra», rivista satirica, «Notizie dalle corti di giustizia, inchiesta del coroner a Torquay».

## *Amore e morte*

1 CAT copia del diario di guerra di Archibald Christie.
2 *London Gazette* (20 ottobre 1914).
3 Patrick Bishop, *Fighter Boys* (2003), p. 10.
4 Citato in Patrick Bishop, *Fighter Boys*, cit., p. 12.
5 TNA AIR1/742/204/2/50 (25 maggio 1915), citato in Peter Wright, *In the Shadow of Hercule: The War Service of Archibald Christie*, «Cross & Cockade International», vol. 41/3 (2010), pp. 161–164, p. 163.
6 *The Murder on the Links* (1923). Trad. it. di Lia Volpatti, *Aiuto, Poirot!*, edizione speciale per *Corriere della Sera* su licenza di Mondadori Libri S.p.A., Milano, 2016, p. 47 (prima ed. 1934).
7 CAT copia del diario di guerra di Archibald Christie.
8 *Giant's Bread*, cit. *Il pane del gigante*, cit., p. 286.
9 https://www.nationalarchives.gov.uk/first-world-war/home-front-stories/ love-and-war/
10 CAT dattiloscritto, «THE A.A. ALPHABET for 1915».
11 CAT Archie, «Carattere di Miss A.M.C. Miller» (9 luglio 1916).
12 Janet H. Howarth, *Women in Britain* (2019), p. xxxiv.
13 Gillian Gill, *Agatha Christie: The Woman and Her Mysteries*, cit., p. 56. *Agatha Christie: La donna e i suoi misteri*, cit., p. 66; *A Caribbean Mystery* (1964). Trad it. *Miss Marple nei Caraibi*, Milano, Mondadori, 1965.
14 Citato in Juliet Nicolson, *The Great Silence*, cit., p. 123.
15 Marie Stopes, *Married Love*, (1918) capitolo 5, p. 7, trad. it. *Amore e matrimonio*, Milano, Corticelli, 1941.

16 CAT Archie ad Agatha (21 dicembre 1915).
17 *Ibidem.*
18 CAT Archie ad Agatha (s.d., «26» 1916?).
19 Peter Wright, *In the Shadow of Hercule: The War Service of Archibald Christie,* cit., p. 163.
20 CAT Archie ad Agatha (4 aprile 1917).
21 *Unfinished Portrait,* cit. *Ritratto incompiuto,* cit., p. 170.

## *Entra in scena Poirot*

1 Citato in Anthony Thwaite 8°, a cura di, *Further Requirements: Philip Larkin* (2001, edizione del 2013), p. 57.
2 «In a Dispensary», riprodotto in *Star Over Bethlehem and other stories* (edizione del 2014), p. 207.
3 CAT taccuino 40; Janet Morgan, *Agatha Christie: A Biography* (1984, edizione del 2017), p. 70.
4 Lynn Underwood (a cura di), Agatha Christie, *Official Centenary Edition* (1990), p. 18.
5 Kathryn Harkup, *A Is For Arsenic: The Poisons of Agatha Christie* (2015), pp. 291–307, p. 71.
6 *An Autobiography,* cit., p. 211. *La mia vita,* cit., pp. 245-246.
7 Per un'analisi affascinante del romanzo, si vedano Gillian Gill, *Agatha Christie: The Woman and Her Mysteries,* cit., pp. 55-61, *Agatha Christie: la donna e i suoi misteri,* cit., pp. 65-74 e Alison Light, *Forever England: Femininity, Literature and Conservatism between the Wars,* cit., pp. 66-67.
8 *Unfinished Portrait,* cit., *Ritratto incompiuto,* cit.
9 Rupert Brooke, citato in Peter Hart, *Fire and Movement: The British Expeditionary Force and the Campaign of 1914* (2014), p. 256.
10 *Curtain* (1975). Trad. it. *Sipario: l'ultima avventura di Poirot,* Milano, Mondadori, 1975.
11 Arthur Conan Doyle, *A Study in Scarlet* (1887, edizione del 1974) p. 43. Trad. it. di Maria Gallone, «Uno studio in rosso», in *Sherlock Holmes – in quattro romanzi e ventiquattro racconti,* a cura di Alberto Tedeschi, Milano, Mondadori, 1964, p. 31.
12 *The Murder on the Links,* cit. *Aiuto, Poirot!,* cit., p. 20.

## *Il Moorland Hotel*

1 Nigel Dennis, *Genteel Queen of Crime, Life* (maggio 1956), p. 102.
2 Pubblicità del Moorland Hotel (1916) in Bret Hawthorne, *Agatha Christie's Devon* (2009), p. 71.
3 Charles Osborne, *The Life and Crimes of Agatha Christie* (1982, edizione del 2000), p. viii.
4 Eden Phillpotts, *My Devon Year* (1916), p. 192.

5 Marcelle Bernstein, *Hercule Poirot is 130,* cit.
6 Gillian Gill, *Agatha Christie: The Woman and Her Mysteries,* cit., p. 46. *Agatha Christie: la donna e i suoi misteri,* cit., p. 56.
7 Gillian Gill, *Agatha Christie: The Woman and Her Mysteries,* cit., pp. 47-57. *Agatha Christie: la donna e i suoi misteri,* cit., pp. 57-67.

## *Entra in scena Londra*

1 Nicola Humble, *The Feminine Middlebrow Novel, 1920s to 1950s* (2001), p. 111.
2 Juliet Nicolson, *The Great Silence,* cit., p. 7.
3 Nicola Humble, *The Feminine Middlebrow Novel, 1920s to 1950s,* cit., p. 125.
4 Alison Light, *Mrs Woolf and the Servants* (2007), p. 132.
5 Citata in Juliet Nicolson, *The Great Silence,* cit., p. 37.
6 The Labour Research Department, *Wages Prices and Profits* (1922), p. 54, p. 63, p. 87.
7 George Orwell, *The Road to Wigan Pier* (1937, edizione del 2021), p. 84. Trad. it. di Giorgio Monicelli, *La strada di Wigan Pier,* Milano, Mondadori, 1993 (prima ed. 1960), pp. 137-138.
8 Janet H. Howarth, *Women in Britain* (2019), cit., p. xiv.
9 Ibidem, p. 1.
10 *Unfinished portrait,* cit. *Ritratto incompiuto,* cit., p. 171.
11 Suzie Grogan, *Shell Shocked Britain: The First World War's Legacy for Britain's Mental Health* (2014), pp. 99–136.

## *Entra in scena Rosalind*

1 CAT «Confessions» (27 ottobre 1903).
2 *Evil under the Sun* (1941). Trad. it. di Alberto Tedeschi, *Corpi al sole,* Milano, Edizione speciale per *Corriere della Sera* su licenza di Arnoldo Mondadori S.p.A, 2011, p. 23.
3 *Unfinished Portrait,* cit. *Ritratto incompiuto,* cit., p. 218.
4 *Unfinished Portrait,* cit. *Ritratto incompiuto,* cit., p. 194.
5 CAT Agatha a Max (20 febbraio 1944).
6 *The Body in the Library,* cit. *C'è un cadavere in biblioteca,* cit.
7 *Poirot a Styles Court,* cit., pp. 52-53.
8 Nicola Humble, *The Feminine Middlebrow Novel, 1920s to 1950s,* cit., p. 116.
9 Juliet Nicolson, *The Great Silence: 1918–1920,* cit., p. 183.
10 Philip Gibbs, citato in Sarah Cole, *Modernism, Male Friendship, and the First World War* (2003), p. 206.
11 *Unfinished Portrait,* cit. *Ritratto incompiuto,* cit., p. 177.

## *La Missione dell'Impero Britannico*

1 CAT Eden Phillpotts ad Agatha (6 febbraio 1909).
2 Citato in Lynn Underwood (a cura di), Agatha Christie, *Official Centenary Edition*, cit., p. 34.
3 Peter D. McDonald, «Lane, John», *Oxford Dictionary of National Biography* (2004).
4 Relazione dei lettori della BHL su *Poirot a Styles Court* (uno dei pareri è datato 7 ottobre 1919).
5 James Carl Bernthal, «A Queer Approach to Agatha Christie», tesi di dottorato di ricerca, University of Exeter (2015), p. 29.
6 *The Man in the Brown Suit* (1924). Trad. it. *L'uomo vestito di marrone*, Milano, Mondadori, 1933.
7 *Pall Mall Gazette* (20 gennaio 1922).
8 Matt Houlbrook, «How the 'Roaring Twenties' myth obscures the making of modern Britain», https://www.historyextra.com/period/20th-century/roaring-twenties-myth-britain-british-history-1920s-interwar-why-important
9 Alison Light, *Forever England: Femininity, Literature and Conservatism between the Wars*, cit., p. 90.
10 *The Times* (21 gennaio 1922).
11 Citato in Mathew Prichard (a cura di), *Agatha Christie: The Grand Tour* (2012), p. 31.
12 Hilary Macaskill, *Agatha Christie at Home* (2009, edizione del 2014), p. 24.
13 Citata in Mathew Prichard (a cura di), *Agatha Christie*, cit., p. 223, p. 156.
14 *Ibidem*, p. 98 e p. 90.
15 *Ibidem*, p. 344.

## *I thriller*

1 John Curran, «An Introduction» a *The Mysterious Affair at Styles*, cit., p. 1.
2 *Times Literary Supplement* (2 marzo 1921); Richard Hack, *Duchess of Death*, cit., p. 75.
3 Dennis Sanders e Len Lovallo, *The Agatha Christie Companion* (1984), p. 10.
4 Kathryn Harkup, *A Is For Arsenic*, cit., p. 15.
5 Citata in Lynn Underwood (a cura di), *Agatha Christie, Official Centenary Edition*, cit., p. 34.
6 The Bodley Head Ltd Archive, Reading University Library da ora in poi BHO Agatha a Basil Willets (19 ottobre 1920).
7 *Pall Mall Gazette* (20 gennaio 1922).
8 Adrian Bingham, «Cultural Hierarchies and the Interwar British Press», in Erica Brown e Mary Grover (a cura di), *Middlebrow Literary Cultures: The Battle of the Brows, 1920–1960* (2012), pp. 55–68.

9 Maroula Joannou, *The History of British Women's Writing, 1920–1945* (2012, edizione del 2015), p. 1, p. 3.
10 *The Murder at the Vicarage* (1930). Trad. it. *La morte nel villaggio*, Milano, Mondadori, 1978 (prima ed. 1934).
11 Virginia Woolf, «Middlebrow» (1932), in *The Death of the Moth and Other Essays* (1942), p. 119; Christopher Charles Yiannitsaros, «Deadly Domesticity: Agatha Christie's 'Middlebrow' Gothic, 1930–1970», tesi del dottorato di ricerca, University of Warwick (2016), p. 30.
12 Maroula Joannou, *The History of British Women's Writing, 1920–1945*, cit., p. 15.
13 Merja Makinen, *Agatha Christie: Investigating Femininity* (2006), p. 30; *The Secret Adversary*, cit. *Avversario segreto*, cit.
14 James Carl Bernthal, «A Queer Approach to Agatha Christie», cit., pp. 26–27.
15 *Daily Mail* (19 maggio 1923).
16 BHL Agatha a Basil Willett (17 settembre 1920); Archie alla Bodley Head (3 ottobre 1921); Agatha a Basil Willett (6 dicembre 1921).
17 Gwen Robyns, *The Mystery of Agatha Christie*, cit., p. 77.
18 BHL Agatha a Basil Willetts (4 novembre 1923).
19 Jared Cade, *Agatha Christie and the Eleven Missing Days*, cit., p. 66. *Agatha Christie e il mistero della sua scomparsa*, cit., pp. 67-68
20 *Ibidem*, p. 53, *Agatha Christie e il mistero della sua scomparsa*, cit, p. 56; Richard Hack, *Duchess of Death*, cit., p. 84.
21 Margaret Forster, *Daphne du Maurier* (1993), p. 235.
22 *The Secret of Chimneys*, cit. *Il segreto di Chimneys*, cit., p. 59; Gillian Gill, *Agatha Christie: The Woman and Her Mysteries*, cit., pp. 81–82. *Agatha Christie: la donna e i suoi misteri*, cit., pp. 90-91
23 Marcelle Bernstein, *Hercule Poirot is 130*, cit.
24 Charles Osborne, *The Life and Crimes of Agatha Christie*, cit., p. 43.
25 *Why Didn't They Ask Evans?* (1934). Trad. it. *Perché non l'hanno chiesto a Evans?*, Milano, Mondadori, 1937.
26 Gillian Gill, *Agatha Christie: The Woman and Her Mysteries*, cit., p. 90. *Agatha Christie: la donna e i suoi misteri*, cit., p. 99.
27 Robert Barnard, *A Talent to Deceive*, cit., p. 17. *L'arte dell'inganno*, cit., p. 20.

## *Sunningdale*

1 Riprodotta in Charlotte Trümpler, *Agatha Christie and Archaeology* (1999, edizione del 2001), p. 390.
2 Bernard Darwin, *The Sunningdale Golf Club* (1924), p. 8, p. 12.
3 Citata in Andrew Lycett, *Ian Fleming: The Man Who Created James Bond* (1995), p. 387.
4 *The Secret of Chimneys*, cit. *Il segreto di Chimneys*, cit.
5 Margaret Rhondda, *Leisured Woman* (1928), citata in Janet H. Howarth, *Women in Britain*, cit., p. 41.
6 CAT dattiloscritto «THE A.A. ALPHABET for 1915».

7 Ringrazio Christine Hallett per avermi illustrato questi concetti.
8 Jared Cade, *Agatha Christie and the Eleven Missing Days*, cit., p. 57. Agatha Christie e il mistero della sua scomparsa, cit.
9 CAT Agatha a Max (5 novembre 1930).
10 CAT Madge a Jimmy Miller (s.d., 1924).
11 *Il segreto di Chimneys*, p. 160.
12 CAT dattiloscritto della commedia *Ten Years*.
13 Julius Green, *Curtain Up – Agatha Christie: A Life in Theatre*, cit., p. 50.
14 *The Sittaford Mystery* (1931). Trad. it. *Un messaggio dagli spiriti*, Milano, Mondadori, 1983.
15 CAT taccuino di Monty (1924).
16 *Western Times* (2 aprile 1931).
17 *Western Morning News* (22 luglio 1926), p. 2.
18 CAT taccuino di Monty (1924); Laura Thompson, *Agatha Christie*, cit., pp. 54–55.
19 Juliet Nicolson, *The Great Silence: 1918–1920*, cit., pp. 133-134.
20 *Giant's Bread*, cit. *Il pane del gigante*, cit., p. 283.
21 CAT taccuino di Monty (1924).
22 *Western Times* (2 aprile 1931), p. 1.
23 *Torquay Times* e *South Devon Advertiser* (28 maggio 1987), p. 3.

## *Il mistero di Styles*

1 *Daily Sketch*, citato in Dennis Sanders e Len Lovallo, *The Agatha Christie Companion*, cit., p. 35.
2 Francis Wyndham, *The Algebra of Agatha Christie*, cit.
3 Citata in Gordon C. Ramsey, *Agatha Christie: Mistress of Mystery* (1967), p 37.
4 *Daily Mail* (27 maggio 1926).
5 *Westminster Gazette* (6 giugno 1925), p. 10; *The Times* (17 maggio 1927).
6 *Daily Express* (10 dicembre 1926).
7 Rosalind Hicks sul *Times* (8 settembre 1990), p. 65.
8 *Daily Mail* (7 dicembre 1926).
9 https://www.peterharrington.co.uk/blog/wp-content/uploads/2016/09/Christie.pdf
10 Lettera di Charlotte Fisher a Rosalind, riassunta in Janet Morgan, *Agatha Christie: A Biography* (1984, edizione del 2017), pp. 130–134.
11 *Ritratto incompiuto*, cit., pp. 243-244
12 *Westminster Gazette* (8 dicembre 1926), p. 1.
13 Janet Morgan, *Agatha Christie: A Biography*, cit., p. 128.
14 «Mr London» nel Daily Graphic, citato nel *Portsmouth Evening News* (20 agosto 1926).
15 *Montrose, Arbroath and Brechin Review* (6 marzo 1925), p. 3.
16 *Dundee Courier* (17 dicembre 1926).
17 CAT Archie ad Agatha (s.d., 1913) «Wednesday, Royal Flying Corps Netheravon».

18 CAT Agatha a Max (6 maggio 1944).
19 *Murder Is Easy* (1939). Trad. it. *È troppo facile*, Milano, Mondadori, 1985.
20 Christopher Charles Yiannitsaros, «Deadly Domesticity: Agatha Christie's 'Middlebrow' Gothic, 1930–1970», tesi del dottorato di ricerca, University of Warwick (2016), p. 11.
21 *Daily Mail* (10 dicembre 1926).
22 *The Times* (3, 4 dicembre 1926).

## *La scomparsa*

1 *Daily Mail* (10 dicembre 1926).
2 *Daily Mail* (7 dicembre 1926).
3 *Daily Mail* (7 dicembre 1926).
4 Bernard Krönig in Goodwin's Weekly (1915), vol. 16, p. 11.
5 *Daily Mail* (7 dicembre 1926).
6 *Daily Mail* (10 dicembre 1926).
7 *Daily Mail* (11 dicembre 1926).
8 *Daily Mail* (7 dicembre 1926).
9 *Daily Mail* (9 dicembre 1926).
10 *Daily Mail* (11 dicembre 1926).
11 *Daily Mail* (16 febbraio 1928).
12 *Daily Mail* (9 dicembre 1926).
13 *Daily Mail* (16 febbraio 1928).
14 *Daily Mail* (6 dicembre 1926).
15 *Daily Mail* (9 dicembre 1926).
16 *Daily Mail* (7 dicembre 1926).
17 *She must leave this house, Daily Mail* (15 dicembre 1926); Janet Morgan, *Agatha Christie: A Biography*, cit., p. 155.
18 *Daily Express* (15 dicembre 1926).
19 Janet Morgan, *Agatha Christie: A Biography*, cit., p. 155.
20 *Daily Mail* (7 dicembre 1926).
21 *Daily Mail* (16 febbraio 1928).
22 *Daily Mail* (9 dicembre 1926).
23 *Daily Mail* (11 dicembre 1926).
24 *Surrey Advertiser* (11 dicembre 1926), pp. 6–7.
25 *Daily Mail* (16 febbraio 1928).
26 *Daily Mail* (6 dicembre 1926).
27 *Daily Mail* (11 dicembre 1926).
28 *Unfinished Portrait*, cit. *Ritratto incompiuto*, cit., pp. 262-263.
29 *The Hollow* (1946). Trad. it. *Poirot e la salma*, Milano, Mondadori, 1979, p. 178.
30 Max Mallowan, *Mallowan's Memoirs*, cit., p. 201.
31 *Daily Mail* (16 febbraio 1928).
32 *Daily Mail* (6 dicembre; 9 dicembre 1926).
33 The National Archives, da ora in poi TNA, HO 45/25904.
34 *Daily Express* (7 dicembre 1936).

35 TNA HO 45/25904.
36 Andrew Norman, *Agatha Christie, The Disappearing Novelist* (2014), p. 107.
37 *Daily Express* (16 maggio 1932).
38 *Surrey Advertiser* (18 dicembre 1926), p. 6.
39 *Daily Mail* (11 dicembre 1926).
40 Ritchie Calder, *Agatha and I, New Statesman* (30 gennaio 1976), p. 12.
41 *Daily Express* (11 dicembre 1926).

## *Lo Harrogate Hydropathic Hotel*

1 Rachel Aviv, *How A Young Woman Lost Her Identity, New Yorker* (26 marzo 2018).
2 *Ibidem.*
3 Hubert Gregg, *Agatha Christie and All That Mousetrap* (1980), p. 36.
4 *Daily Mail* (16 febbraio 1928).
5 *Daily Mail* (15 dicembre 1926).
6 *Daily Mail* (16 febbraio 1928).
7 *Daily Mail* (17 dicembre 1926).
8 Secondo il *Times*, citato in Andrew Norman, *Agatha Christie, The Disappearing Novelist*, cit., p. 43.
9 *Daily Mail* (16 febbraio 1928).
10 Marcelle Bernstein, *Hercule Poirot is 130*, cit.
11 *Daily Mail* (16 febbraio 1928).
12 Ringrazio Tracey Loughran e Christine Hallett per il loro aiuto.
13 Ringrazio David Luck, del Bethlem Royal Hospital, per il suo aiuto.
14 Joyce da Silva sul *Daily Mail* (7 dicembre 1926).
15 *Daily Mail* (15 dicembre 1926).
16 Richard Metcalfe, *Hydropathy in England* (1906), p. 214.
17 *Daily Mail* (15 dicembre 1926).
18 Jared Cade, *Agatha Christie and the Eleven Missing Days*, cit., p. 137. *Agatha Christie e il mistero della sua scomparsa*, cit., p. 136.
19 *Daily Mail* (15 dicembre 1926).
20 Della testimonianza di Rosie Asher si parla estesamente in Jared Cade, *Agatha Christie and the Eleven Missing Days*, cit., p. 126. *Agatha Christie e il mistero della sua scomparsa*, cit., pp. 125-126.
21 *Daily Mail* (16 dicembre 1926).
22 *Daily Express* (15 dicembre 1926).
23 TNA HO 45/25904.
24 *The Times* (7 dicembre 1926).
25 *Daily Mail* (7 dicembre 1926).
26 *Daily Mail* (7 dicembre 1926).
27 *Surrey Advertiser* (18 dicembre 1926), p. 6.
28 *Daily Mail* (15 dicembre 1926).
29 Ritchie Calder citato in Gwen Robyns, *The Mystery of Agatha Christie*, cit., p. 105.
30 *Daily Mail* (11 dicembre 1926).

31 *Daily Sketch*, citato in Jared Cade, *Agatha Christie and the Eleven Missing Days*, cit., p. 93. *Agatha Christie e il mistero della sua scomparsa*, cit., p. 95.
32 *Daily Mail* (15 dicembre 1926).
33 Jared Cade, *Agatha Christie and the Eleven Missing Days*, cit., p. 125. *Agatha Christie e il mistero della sua scomparsa*, cit., p. 134.
34 *New York Times* (6 dicembre 1926).
35 Jared Cade, *Agatha Christie and the Eleven Missing Days*, cit., pp. 124-125. *Agatha Christie e il mistero della sua scomparsa*, cit., p. 133.
36 *Daily Mail* (15 dicembre 1926).
37 *Daily Mail* (10 dicembre 1926).
38 *Daily Express* (10 dicembre 1926).
39 *Daily Mail* (17 dicembre 1926).
40 *Daily News* (7 dicembre 1926), p. 7.
41 *Westminster Gazette* (7 dicembre 1926), p. 1.
42 Joyce da Silva sul *Daily Mail* (7 dicembre 1926).
43 *Daily Mail* (8 dicembre 1926).
44 Wilfred Harris, *Nerve Injuries and Shock* (1915), p. 108.
45 Ringrazio Tracey Loughran per le informazioni datemi al riguardo.
46 *Daily Mail* (8 dicembre 1926).
47 *Daily Mail* (15 dicembre 1926).
48 *Daily Express* (15 dicembre 1926).
49 *Westminster Gazette* (8 dicembre 1926), p. 1; TNA HO 45/25904.
50 *Daily Telegraph* (15 dicembre 1926), p. 11.
51 Agatha Christie, «The Disappearance of Mr Davenheim», citato in *Why people disappear, Daily Mail* (7 dicembre 1926), trad. it. di Lydia Lax, «La sparizione del signor Davenham», in Agatha Christie, *Poirot: tutti i racconti*, Milano, Mondadori, 2020, pp. 15-16.
52 *Daily Express* (16 maggio 1932).
53 *Daily Mail* (8 dicembre 1926).
54 *Daily Mail* (8 dicembre 1926).
55 *The Times* (8 dicembre 1926).
56 *The Times* (8 dicembre 1926).
57 *Daily Mail* (14 dicembre 1926).
58 *Daily Express* (9 dicembre 1926).
59 *Daily Express* (9 dicembre 1926).
60 *Daily Mail* (9 dicembre 1926).
61 *Daily Express* (9 dicembre 1926).
62 *Armstrong's Illustrated Harrogate Hand-book* (1900), p. 38.
63 *Daily Mail* (16 febbraio 1928).
64 *Daily Express* (9 dicembre 1926).
65 *Daily Mail* (16 febbraio 1928).
66 Citata in Jared Cade, *Agatha Christie and the Eleven Missing Days*, cit., p. 126. *Agatha Christie e il mistero della sua scomparsa*, cit., p. 135.
67 *The Times* (11 dicembre 1926), p. 1.
68 *Daily Express* (13 dicembre 1926).
69 *Westminster Gazette* (9 dicembre 1926), p. 1.
70 *Daily Mail* (16 febbraio 1928).

71 *Daily Mail* (16 dicembre 1926).
72 *Daily Mail* (16 dicembre 1926).
73 Ritchie Calder, *Agatha and I*, cit.
74 Gwen Robyns, *The Mystery of Agatha Christie*, cit., p. 101.
75 *Daily Mail* (9 dicembre 1926).
76 Jared Cade, *Agatha Christie and the Eleven Missing Days*, cit., p. 126. *Agatha Christie e il mistero della sua scomparsa*, cit., p. 135.
77 *Daily Mail* (10 dicembre 1926).
78 *Daily Mail* (10 dicembre 1926).
79 *Baltimore Sun* (12 dicembre 1926).
80 *Evening News*, citato in Laura Thompson, *Agatha Christie*, cit., p. 228.
81 *Daily Mail* (11 dicembre 1926).
82 Jared Cade, *Agatha Christie and the Eleven Missing Days*, cit., p. 126. *Agatha Christie e il mistero della sua scomparsa*, cit., p. 135.
83 *Daily Telegraph* (11 dicembre 1926), p. 5.
84 *Daily Telegraph* (15 dicembre 1926), p. 11.
85 *The Times* (13 dicembre 1926).
86 *Daily Mail* (10 dicembre 1926).
87 *Daily Mail* (13 dicembre 1926).
88 John Michael Gibson e Richard Lancelyn Green (a cura di), *Arthur Conan Doyle, Letters to the Press* (1986), p. 322.
89 *Daily Express* (13 dicembre 1926).
90 Edgar Wallace, *My Theory of Mrs Christie*, *Daily Mail* (11 dicembre 1926).
91 Wilfred Harris, *Nerve Injuries and Shock*, cit., p. 108.
92 *Daily Telegraph* (13 dicembre 1926), p. 9.
93 *Daily Mail* (11 dicembre 1926).
94 *Daily Mail* (14 dicembre 1926).
95 Jared Cade, *Agatha Christie and the Eleven Missing Days*, cit., p. 131. *Agatha Christie e il mistero della sua scomparsa*, cit., p. 139.
96 Richard Hack, *Duchess of Death*, cit., p. 98.
97 Note della produzione del film *Il segreto di Agatha Christie* (1979), copia conservata al Bill Douglas Cinema Museum, Exeter, p. 6.
98 Jared Cade, *Agatha Christie and the Eleven Missing Days*, cit., pp. 118-119. *Agatha Christie e il mistero della sua scomparsa*, cit., p. 126.
99 *The Times* (14 dicembre 1926).
100 *Daily Mail* (14 dicembre 1926).

## *La ricomparsa*

1 *Daily Express* (15 dicembre 1926).
2 *Daily Mail* (15 dicembre 1926).
3 *The Times* (15 dicembre 1926).
4 *Daily Express* (15 dicembre 1926).
5 *Daily Mail* (15 dicembre 1926).
6 *Daily Mail* (15 dicembre 1926).

7 *Daily Mail* (15 dicembre 1926).
8 *Daily Mail* (16 dicembre 1926).
9 *Daily Mail* (15 dicembre 1926)
10 *Yorkshire Post* (15 dicembre 1926), p. 10.
11 *Daily Mail* (15 dicembre 1926).
12 John Michael Gibson e Richard Lancelyn Green (a cura di), *Arthur Conan Doyle, Letters to the Press*, cit.
13 *Daily Express* (16 dicembre 1926).
14 *Daily Mail* (16 dicembre 1926).
15 *New York Times* (16 dicembre 1926); *Manchester Guardian* (16 dicembre 1926).
16 *Daily Express* (16 dicembre 1926).
17 *Daily Mail* (16 dicembre 1926).
18 *Daily Mail* (17 dicembre 1926).
19 *New York Times* (16 dicembre 1926).
20 *Daily Mail* (15 dicembre 1926).
21 *Daily Mail* (16 dicembre 1926).
22 *Daily Mail* (17 dicembre 1926).
23 George Rothwell Brown, *Post-scripts, Washington Post* (16 dicembre 1926).
24 *Surrey Advertiser* (18 dicembre 1926), p. 6.
25 *Daily Mail* (17 dicembre 1926).
26 *Daily Telegraph* (11 febbraio 1927), p. 6.
27 TNA HO 45/25904.
28 *Westminster Gazette* (17 dicembre 1926), p. 2.
29 *New York Times* (17 dicembre 1926).
30 *Daily Express* (17 dicembre 1926).
31 *Daily Mail* (17 dicembre 1926).
32 *The Times* (17 dicembre 1926).
33 Rosalind Hicks, *The Times* (8 settembre 1990), p. 65.
34 Donald Elms Core, *Functional Nervous Disorders* (1922), p. 349.
35 *Daily Mail* (16 febbraio 1928).
36 Janet Morgan, *Agatha Christie: A Biography*, cit., p. 148.
37 *Giant's Bread*, cit. *Il pane del gigante*, cit., p. 388, p. 389.
38 William Brown, *Suggestion and Mental Analysis* (1922), p. 22, p. 41; Suzie Grogan, *Shell Shocked Britain*, cit., pp. 99–101.
39 Ringrazio Tracey Loughran e in particolar modo Rachel Jardine per avermi illuminato sulla psicoterapia degli anni Venti.
40 Wilfred Harris, *Nerve Injuries and Shock*, cit., pp. 108-109.
41 *Daily Mail* (16 febbraio 1928).
42 Wilfred Harris, *Nerve Injuries and Shock*, cit., p. 108, p. 109.
43 Donald Elms Core, *Functional Nervous Disorders*, cit., p. 357.
44 CAT Agatha a Max (senza data, maggio 1930).
45 *The Times*, cronaca giudiziaria (10 febbraio 1928).
46 *Daily Mail* (16 febbraio 1928).
47 Lawrence Stone, *The Road to Divorce, 1530–1987* (1990), p. 396.
48 Gwen Robyns, *The Mystery of Agatha Christie*, cit., p. 129.

49 *The Times, Decree Nisi for a Novelist* (21 April 1928).
50 *Unfinished Portrait*, cit. *Ritratto incompiuto*, cit., p. 260.
51 TNA J 77/2492/7646, fascicolo del divorzio in tribunale.
52 Documento conservato in «una custodia assieme alle lettere di Archie», citato in Janet Morgan, *Agatha Christie: A Biography*, cit., p. 165, non rinvenuto in CAT.
53 Max Mallowan, *Mallowan's Memoirs*, cit., p. 195.
54 Si vedano i contributi di John Baxendale e John Shapcott al libro curato da Erica Brown e Mary Grover, *Middlebrow Literary Cultures*, cit.
55 Charles Osborne, *The Life and Crimes of Agatha Christie*, cit., p. 57.
56 Elizabeth Walter, «The Case of the Escalating Sales», in H.R.F. Keating (a cura di), *Agatha Christie: First Lady of Crime* (1977), pp. 13–24, p. 15.
57 Alfred Leslie Rowse, *Memories and Glimpses* (1980, edizione del 1986), p. 78.

## *Mesopotamia*

1 CAT dattiloscritto della poesia «A Choice» (la scelta).
2 CAT Agatha a Max (senza data, probabilmente novembre 1930).
3 *Come, Tell Me How You Live* (1946), p. 12. Trad. it. di Alessandro Ceni, *Viaggiare è il mio peccato*, Milano, Hachette, su licenza di Arnoldo Mondadori S.p.A. Milano, 2002, p. 17.
4 Andrew Eames, *The 8.55 to Baghdad*, London (2004, edizione del 2005), p. 274.
5 *Murder on the Orient Express*, cit. *Assassinio sull'Orient Express*, cit., p. 103.
6 Charlotte Trümpler, *Agatha Christie and Archaeology*, cit., p. 330.
7 Max Mallowan, *Mallowan's Memoirs*, cit., p. 34.
8 *Come, Tell Me How You Live*, cit., p. 49. *Viaggiare è il mio peccato*, cit., p. 50.
9 *The Secret of Chimneys*, cit.
10 Judy Suh, *Agatha Christie in the American Century*, «Studies in Popular Culture», vol. 39 (autunno 2016), p. 71.
11 Hélène Maloigne, «'Striking the Imagination through the Eye': Relating the Archaeology of Mesopotamia to the British Public, 1920–1939», cit., p. 12.
12 Max Mallowan, *Mallowan's Memoirs*, cit., p. 35.
13 Spesso viene detto, erroneamente, che si sparò. La ricerca condotta da Henrietta McCall agli Archivi Nazionali in occasione del suo minuzioso studio biografico su Katharine Woolley, «More Deadly Than The Male: The Mysterious Life of Katharine Woolley (1888–1945)», chiarisce come andarono realmente le cose.
14 Citato in Kyra (2016); H.V.F. Winstone, *Woolley of Ur* (1990), pp. 137–139.
15 Citato in H.V.F. Winstone, *Woolley of Ur* (1990), p. 143.
16 H.V.F. Winstone, *Woolley of Ur*, cit., p. 147.
17 Max Mallowan, *Mallowan's Memoirs*, cit., p. 36, p. 208.

## *Entra in scena Max*

1 NT 123598 Leonard Woolley a Max Mallowan (2 agosto 1927).
2 «The World This Weekend» (11 settembre 1977), Archivio della BBC.
3 Per una biografia completa, si veda Henrietta McCall, *The Life of Max Mallowan* (2001).
4 Max Mallowan, *Mallowan's Memoirs*, cit., p. 36.
5 Max Mallowan, *Mallowan's Memoirs*, cit., p. 29.
6 NT 123593 Marguerite Mallowan a Max Mallowan (2 dicembre 1926).
7 Max Mallowan, *Mallowan's Memoirs*, cit., p. 14.
8 NT 123612.1 Marguerite Mallowan a Frederick Mallowan (27 dicembre 1929).
9 Max Mallowan, *Mallowan's Memoirs*, cit., p. 19.
10 NT 123591 Max Mallowan a Marguerite Mallowan (16 febbraio 1919).
11 NT 123665 Marguerite Mallowan a Max Mallowan (23 novembre 1926).
12 Max Mallowan, *Mallowan's Memoirs*, cit., p. 28.
13 Max Mallowan, *Mallowan's Memoirs*, cit., p. 36.
14 Henrietta McCall, *The Life of Max Mallowan*, pp. 41–43.
15 CAT Agatha a Max (senza data, 1930).
16 CAT Max ad Agatha (23 novembre 1930).
17 CAT Agatha a Max (senza data, 1930).
18 CAT Agatha a Max (senza data, 1930).

## *Credo che ti sposerò*

1 CAT Agatha a Max (senza data, maggio 1930).
2 CAT Max ad Agatha (14 maggio 1930).
3 CAT Agatha a Max (senza data, 1930).
4 CAT Agatha a Max (11 dicembre 1930).
5 CAT Agatha a Max (23 ottobre 1931).
6 CAT Agatha a Max, da Ashfield (21 maggio 1930).
7 *Murder in Mesopotamia* (1936). Trad. it. di Enrico Piceni, *Non c'è più scampo*, Milano, Mondadori, 1938.
8 CAT Max ad Agatha (1° settembre 1930).
9 CAT Max ad Agatha (13 maggio 1930).
10 CAT Agatha a Max (senza data, probabilmente novembre 1930).
11 CAT Agatha a Max (21 maggio 1930).
12 CAT Max ad Agatha (14 maggio 1930).
13 CAT Max ad Agatha (19 maggio 1930).
14 CAT Agatha a Max (senza data, maggio 1930).
15 CAT Agatha a Max (15 maggio 1930).
16 CAT Max ad Agatha (6 settembre 1930).
17 CAT Agatha a Max (senza data, maggio 1930).
18 CAT Agatha a Max (senza data, probabilmente novembre 1930).

19 CAT Agatha a Max (senza data, maggio 1930).
20 CAT Max ad Agatha (25 febbraio 1945).
21 CAT Agatha a Rosalind (senza data, luglio 1971).
22 CAT Agatha a Max (senza data, luglio 1930).
23 CAT Max ad Agatha (31 luglio 1930).
24 CAT Agatha a Max (senza data, probabilmente autunno del 1930).
25 CAT Agatha a Max (21 maggio 1930).
26 CAT Max ad Agatha (18 luglio 1930).
27 CAT Max ad Agatha (31 luglio 1930).
28 CAT Max ad Agatha (14 maggio 1930).
29 CAT Max ad Agatha (26 agosto 1930).
30 NT 123612.1 Marguerite Mallowan a Frederick Mallowan (27 dicembre 1929).
31 CAT Agatha a Max (senza data, 1930).
32 CAT Max ad Agatha (1° settembre 1930).
33 CAT Max ad Agatha (29 luglio 1930).
34 CAT Max ad Agatha (4 settembre 1930).
35 *Towards Zero* (1944). Trad. it. di Lia Volpatti, *Verso l'ora zero,* Milano, Mondadori, 1952.
36 CAT Max ad Agatha (27 agosto 1930).
37 CAT Agatha a Max (senza data, agosto 1930).
38 CAT Max ad Agatha (1° settembre 1930).
39 CAT Max ad Agatha (17 agosto 1930).
40 *Daily Express* (17 settembre 1930).
41 CAT taccuino 40.
42 CAT Agatha a Max (senza data, ottobre 1930).
43 CAT Max ad Agatha (8 novembre 1930).
44 CAT Agatha a Max (senza data, autunno 1930).
45 CAT Max ad Agatha (15 dicembre 1930).
46 CAT Agatha a Max (10 ottobre 1931).
47 CAT Agatha a Max (24 dicembre 1930).

## *Otto case*

1 Alison Light, *Forever England: Femininity, Literature and Conservatism between the Wars,* cit., p. 94.
2 Francis Wyndham, *The Algebra of Agatha Christie,* cit.; Christopher Charles Yiannitsaros, «Deadly Domesticity: Agatha Christie's 'Middlebrow' Gothic, 1930–1970» (2016), p. 41.
3 *Death on the Nile* (1937). Trad. it. di Grazia Griffini, in *Testa d'uovo,* Milano, Mondadori, 1987 (prima ed. 1939).
4 Christopher Charles Yiannitsaros, «Deadly Domesticity: Agatha Christie's 'Middlebrow' Gothic, 1930–1970», cit., p. 13.
5 *The Secret Adversary,* cit. *Avversario segreto,* cit.
6 Agatha Christie, «Detective Writers in England», ristampato in Martin Edwards (a cura di), *Ask A Policeman* (1933, edizione del 2013), pp. xiii-xx.

7 Nicola Humble, *The Feminine Middlebrow Novel, 1920s to 1950s*, cit., p. 124.
8 Nigel Dennis, *Genteel Queen of Crime*, cit., p. 88.
9 Alison Light, *Forever England: Femininity, Literature and Conservatism between the Wars*, cit., p. 94.
10 *Star* citato in Laura Thompson, *Agatha Christie*, cit., p. 284.
11 CAT Agatha a Max (26 novembre 1930).
12 Dorothy L. Sayers, citata in Martin Edwards (a cura di), *Ask A Policeman*, cit., p.v.
13 CAT Agatha a Max (senza data, novembre 1930); (senza data, forse il 5 dicembre 1930).
14 Citato in Laura Thompson, *Agatha Christie*, cit., p. 506.
15 Citato in Mark Aldridge, *Agatha Christie on Screen* (2016), pp. 59–62.
16 CAT Dorothy L. Sayers ad Agatha (17 dicembre 1930).
17 CAT Rosalind ad Agatha (7 febbraio 1931).
18 Giudizio su Rosalind Christie, Benenden School (trimestre estivo, 1935).
19 CAT Agatha a Max (5 novembre 1930).
20 CAT Agatha a Max (26 novembre 1930).
21 CAT Agatha a Max (13 ottobre 1931).
22 CAT Agatha a Max (23 ottobre 1931).
23 CAT Agatha a Max (10 ottobre 1931).
24 CAT Max ad Agatha (25 ottobre 1931).
25 CAT Max ad Agatha (27 settembre 1942).
26 In *An Autobiography*, cit. (*La mia vita*, cit.) è scritto erroneamente che il numero civico era il 48. Si veda Emily Cole (a cura di), *Lived in London, Blue Plaques and the Stories Behind Them* (2009), p. 211.
27 Gillian Gill, *Agatha Christie: The Woman and Her Mysteries*, cit., p. 10. *Agatha Christie: La donna e i suoi misteri*, cit., p. 22.
28 M.E.L. Mallowan, *Twenty-Five Years of Mesopotamian Discovery* (1959), p. 1.
29 British Museum Archives, da ora in poi BM Archives CE32/42/6, lettera di Sidney Smith (3 maggio 1932).
30 BM Archives CE32/42/25/1 (21 novembre 1932).
31 Riprodotto in Michael Gilbert, «A Very English Lady», in H.R.F. Keating (a cura di), *Agatha Christie: First Lady of Crime*, cit., p. 64.
32 Max Mallowan, *Mallowan's Memoirs*, cit., p. 302.
33 Stuart Campbell, «Arpachiyah», in Charlotte Trümpler, *Agatha Christie and Archaeology*, cit., pp. 89–103.
34 Charlotte Trümpler, *Agatha Christie and Archaeology*, cit., p. 167.
35 NT 123770.2 Lista senza data degli acquisti per una spedizione, scritta con la calligrafia di Agatha.
36 Dr Juliette Desplatt, «Decolonising Archaeology in Iraq?», The National Archive Blog (27 giugno 2017), https://blog.nationalarchives.gov.uk/decolonising-archaeology-iraq
37 NT 123609 Max alla rivista Mentor, New York (29 settembre 1929).
38 Richard Ollard (a cura di), *The Diaries of A.L. Rowse* (2003), p. 437.
39 Tim Barmby e Peter Dalton, «The Riddle of the Sands, Incentives and

Labour Contracts on Archaeological Digs in Northern Syria in the 1930s», University of Aberdeen Business School (2006).
40 *The Secret of Chimneys,* cit.
41 *Come, Tell Me How You Live,* cit., p. 7. *Viaggiare è il mio peccato,* cit., p. 10.
42 Henrietta McCall, *The Life of Max Mallowan,* cit, p. 124.
43 Max Mallowan, *Mallowan's Memoirs,* cit., p. 48.
44 CAT Rosalind ad Agatha (27 gennaio 1936).
45 CAT Rosalind a Max (senza data, segnata come «giovedì», forse del maggio 1936).
46 CAT Rosalind ad Agatha (25 maggio 1936).
47 CAT Agatha a Rosalind (30 gennaio 1937).
48 CAT Agatha a Max (9 aprile 1944).
49 Hilary Macaskill, *Agatha Christie at Home,* cit., p. 50.
50 Intervista a Colleen Smith sul *Torquay Herald Express* (1990), citata in Hilary Macaskill, *Agatha Christie at Home,* cit., p. 50.
51 NT 122918.2 «Survey of the Greenway Estate» (1937).
52 *Country Life* (27 agosto 1938), p. xviii.
53 NT 122918.22, ricevuta dell'acquisto (28 ottobre 1938).
54 *Come, Tell Me How You Live,* cit., p. 242. *Viaggiare è il mio peccato,* cit., p. 218.

## *L'età dell'oro*

1 *Hercule Poirot's Christmas* (1938), trad. it. di Oriella Bobba, *Il Natale di Poirot,* in *Testa d'uovo,* cit.
2 EUL MS 99/1/1942 Agatha a Cork (21 febbraio 1942).
3 Francis Wyndham, *The Algebra of Agatha Christie,* cit.
4 Elizabeth Walter, «The Case of the Escalating Sales» in H.R.F. Keating (a cura di), *Agatha Christie: First Lady of Crime,* cit., pp. 13–24, p. 15.
5 *Observer* (29 aprile 1928).
6 Julius Green, *Curtain Up – Agatha Christie: A Life in Theatre,* cit., p. 8.
7 *Murder in Mesopotamia,* cit. *Non c'è più scampo,* cit.
8 *Cards on the Table* (1936). Trad. it. di Grazia Maria Griffini, *Carte in tavola,* Milano, Mondadori, 1987 (prima ed. 1938).
9 *Dead Man's Folly,* cit. *La sagra del delitto,* cit., p. 68; John Curran, Introduction to *The Mysterious Affair at Styles,* cit.
10 Jared Cade, *Agatha Christie and the Eleven Missing Days,* cit., p. 165. *Agatha Christie e il mistero della sua scomparsa,* cit., p. 183; H.R.F. Keating (a cura di), *Agatha Christie: First Lady of Crime,* cit., p. 677.
11 *Meet Britain's Famous «Mrs Sherlock Holmes», Sydney Morning Herald* (1° aprile 1954).
12 *New York Times* (30 novembre 1930).
13 *La morte nel villaggio,* p. 16
14 CAT Agatha a Max (17 dicembre 1931).
15 Charlotte Trümpler, *Agatha Christie and Archaeology,* cit., p. 281.
16 Charlotte Trümpler, *Agatha Christie and Archaeology,* cit., p. 15.

17 *Death on the Nile*, cit. *Poirot sul Nilo*, cit.
18 Citato in Charles Osborne, *The Life and Crimes of Agatha Christie*, cit., p. 129.
19 *Murder in Mesopotamia*, cit. *Non c'è più scampo*, cit.
20 Citato in Charlotte Trümpler, *Agatha Christie and Archaeology*, cit., p. 419.
21 *All About Agatha* podcast, «A Very Special Episode: Interview with Jamie Bernthal» (2020).
22 Alison Light, *Forever England: Femininity, Literature and Conservatism between the Wars*, cit., p. 92.
23 John Curran, *Agatha Christie's Secret Notebooks*, cit., p. 167. *I quaderni segreti di Agatha Christie*, cit.
24 John Curran, *Agatha Christie's Secret Notebooks*, cit., p. 167. *I quaderni segreti di Agatha Christie*, cit.
*And Then There Were None* (1939). Trad it. *Dieci piccoli indiani*, Milano, Mondadori, 1946.
25 *New York Times* (25 febbraio 1940).

## *Sotto le bombe*

1 Janet Morgan, *Agatha Christie: A Biography*, cit., p. 233.
2 Janet Likeman, «Nursing at University College, London, 1862–1948», tesi del dottorato di ricerca (2002), p. 246.
3 Janet Morgan, *Agatha Christie: A Biography*, cit., p. 233.
4 Jack Pritchard, *View from a Long Chair, The Memoirs of Jack Pritchard* (1984), p. 19.
5 Gwen Robyns, *The Mystery of Agatha Christie*, cit., p. 156.
6 EUL MS 99/1/1940 Harold Ober a Edmund Cork (14 giugno 1940).
7 Max Mallowan, *Mallowan's Memoirs*, cit., p. 167.
8 TNA HO 396/58/188A, 189.
9 *Rerouting Wartime Paranoia in Agatha Christie's* N or M?, articolo di Judy Suh di imminente pubblicazione; *N or M?*, p. 95, trad. it. di Grazia Maria Griffini, *Quinta colonna*, Milano, Mondadori, 1976.
10 CAT Max a Rosalind (3 luglio 1940).
11 EUL MS 99/1/1940 Agatha a Cork (31 luglio 1940).
12 Martin Edwards 8°, a cura di *Ask A Policeman*, cit., pp. xiii-xx.
13 EUL MS 99/1/1940 Agatha a Cork (5 giugno 1940).
14 EUL MS 99/1/1940 Agatha a Cork (31 luglio 1940).
15 NT 122921, National Registration Identity Card.
16 EUL MS 99/1/1942 Agatha a Cork (2 giugno 1942).
17 EUL MS 99/1/1940 Agatha a Cork (22 luglio 1940).
18 EUL MS 99/1/1940 Agatha a Cork (14 settembre 1940).
19 EUL MS 99/1/1940 Cork ad Agatha (10 settembre 1940).
20 EUL MS 99/1/1940 Agatha a Cork (18 aprile 1940).
21 Ricordi di Doreen Vautour raccolti dal National Trust.
22 EUL MS 99/1/1940 Agatha a Cork (22 luglio 1940).
23 EUL MS 99/1/1940 Cork ad Agatha (29 agosto 1940).

24 Margaret Forster, *Daphne du Maurier*, cit., p. 174.
25 EUL MS 99/1/1940 Cork a Ober (19 dicembre 1940).
26 EUL MS 99/1/1940 Agatha a Cork (6 novembre 1940).
27 Citato in Janet Morgan, *Agatha Christie: A Biography*, cit., p. 247.
28 http://bombsight.org/explore/greater-london/camden/gospel-oak
29 Leyla Daybelge e Magnus Englund, *Isokon and the Bauhaus in Britain* (2019), pp. 164–166.
30 Adrian Shire (a cura di), *Belsize 2000: A Living Suburb* (2000), p. 96.
31 Adrian Shire (a cura di), *Belsize 2000*, cit., p. 91.
32 Elizabeth Darling, *Wells Coates* (2012), p. 72; Alison Light, *Forever England: Femininity, Literature and Conservatism between the Wars*, cit., p. 181.
33 CAT Agatha a Max (2 marzo 1944).
34 EUL MS 99/1/1940 Agatha a Cork (22 ottobre 1940).
35 Citato in James Tatum, *The Mourner's Song* (2003), p. 152.
36 Dorothy Sheridan (a cura di), *Wartime Women: A Mass-Observation Anthology* (2000), p. 72.
37 Michael Smith, *Bletchley Park* (2013, edizione del 2016), p. 32.
38 Harold Davis, *Dame Agatha Christie*, «Pharmaceutical Journal», vol. 216, n° 5853 (25 gennaio 1976), pp. 64–65, p. 65.
39 Celia Fremlin, «The Christie Everyone Knew» in H.R.F. Keating (a cura di), *Agatha Christie: First Lady of Crime*, cit., p. 118.
40 EUL MS 99/1/1940 Robert F. de Graff ad Agatha Christie (19 febbraio 1940).
41 Nigel Dennis, *Genteel Queen of Crime*, cit., pp. 97-98.
42 J.C. Bernthal, *«If Not Yourself, Who Would You Be?»: Writing the Female Body in Agatha Christie's Second World War Fiction*, «Women: A Cultural Review», vol. 26 (2015), pp. 40–56.
43 Peter Keating, *Agatha Christie and Shrewd Miss Marple* (2017), soprattutto il capitolo 7.

## *Una figlia per sempre*

1 *Western Mail* (13 giugno 1940), p. 6; informazioni provenienti dal consiglio d'amministrazione del Royal Welch Fusiliers Museum Trust.
2 *Mr Hubert Prichard, majority celebrations at Colwinstone, Western Mail* (28 aprile 1928).
3 EUL MS 99/1/1940 Agatha a Cork (11 giugno 1940).
4 CAT «Confessions» (19 aprile 1954).
5 Giudizio su Rosalind Christie, Benenden School (trimestre di Natale, 1934).
6 CAT Agatha a Max (29 novembre 1942).
7 Anne de Courcy, *Debs at War, How Wartime Changed Their Lives, 1939–45* (2005), p. ix.
8 CAT Agatha a Max (31 agosto 1942).
9 CAT Max a Rosalind (15 settembre 1942).

10 *Come, Tell Me How You Live*, cit., p. 13. *Viaggiare è il mio peccato*, cit., p. 18.
11 CAT Max ad Agatha (29 luglio 1930).
12 Andrew Eames, *The 8.55 to Baghdad*, cit., pp. 247–248.
13 NT 119087.57.7 Bozza dell'articolo sul giardino di Greenway di Audrey Le Lievre, pubblicata su *Hortus* (primavera 1993).
14 CAT Agatha a Max (26 agosto 1943).
15 CAT Agatha a Max (15 dicembre 1942).
16 Artemis Cooper, *Cairo in the War, 1939–45*, cit., p. 103.
17 EUL MS 99/1/1942 Cork ad Agatha (21 settembre 1942).
18 CAT Agatha a Max (22 novembre 1942).
19 CAT Max ad Agatha (15 giugno 1942).
20 CAT Agatha a Max (27 ottobre 1942).
21 CAT Max a Rosalind (7 dicembre 1941).
22 CAT Max a Rosalind (15 settembre 1942).
23 CAT Agatha a Max (31 agosto 1942).
24 EUL MS 99/1/1942 Agatha a Cork (4 ottobre 1942).
25 CAT Max ad Agatha (20 settembre 1942).
26 CAT Max ad Agatha (16 ottobre 1943).
27 *Coventry Evening Telegraph* (22 aprile 1942).
28 EUL MS 99/1/1941 Cork a Ober (3, 31 gennaio 1941).
29 CAT Agatha a Max (15 maggio 1943).
30 CAT Agatha a Max (27 ottobre 1942).
31 CAT Agatha a Max (17 ottobre 1942).
32 CAT Max ad Agatha (20 settembre 1942).
33 CAT Max ad Agatha (12 gennaio 1943).
34 CAT Max ad Agatha (20 settembre 1942).
35 CAT Agatha a Max (7 marzo 1945).
36 CAT Agatha a Max (6 maggio 1944).
37 CAT Max a Rosalind (17 giugno 1943).
38 CAT Max a Rosalind (15 ottobre 1943).
39 CAT Agatha a Max (19 maggio 1943).
40 CAT Agatha a Max (8 agosto 1943).
41 GH Agatha a Georgina Herrmann (8 febbraio, verso la fine degli anni Sessanta).
42 CAT Agatha a Max (22 settembre 1943).
43 CAT Max ad Agatha (16 ottobre 1943).
44 CAT Max a Rosalind (15 ottobre 1943).
45 Citata in Laura Thompson, *Agatha Christie: An English Mystery*, cit., p. 341.

## *La vita è assai complicata*

1 CAT Agatha a Max (12 ottobre 1943).
2 CAT Agatha a Max (20 ottobre 1943).
3 CAT Agatha a Max (16 dicembre 1943).
4 *Sparkling Cyanide* (1945). Trad. it. di Alberto Tedeschi, *Giorno dei morti*, Milano, Mondadori, 1981 (prima ed. 1955), p. 59.

5 CAT Agatha a Max (26 agosto 1943); CAT Agatha a Max (senza data, 1945).
6 CAT Max ad Agatha (22 marzo 1943).
7 CAT Max ad Agatha (3 marzo 1943).
8 CAT Agatha a Max (20 febbraio 1944).
9 CAT Agatha a Max (1° ottobre 1943).
10 CAT Agatha a Max (30 ottobre 1943).
11 CAT Agatha a Max (20 ottobre 1943).
12 CAT Agatha a Max (27 marzo 1943).
13 CAT Agatha a Max (22 novembre 1942).
14 CAT Agatha a Max (12 marzo 1943).
15 CAT Agatha a Max (19 maggio 1943).
16 CAT Agatha a Max (12 marzo 1943).
17 CAT Stephen Glanville ad Agatha (18 novembre 1943).
18 CAT Stephen Glanville ad Agatha (9 marzo 1943).
19 CAT Agatha a Max (22 novembre 1942).
20 CAT Max ad Agatha (16 ottobre 1943).
21 John Curran, *Agatha Christie's Secret Notebook*, cit., p. 167. *I quaderni segreti di Agatha Christie*, cit., pp. 183-184.
22 Charlotte Trümpler, *Agatha Christie and Archaeology*, cit., p. 351, pp. 362-365.
23 Max Mallowan, *Mallowan's Memoirs*, cit., p. 172.
24 Laura Thompson, *Agatha Christie: An English Mystery*, cit., p. 331.
25 Charlotte Trümpler, *Agatha Christie and Archaeology*, cit., p. 28.
26 Rosalind Hicks sul *Times* (8 settembre 1990), p. 65.
27 Max Mallowan, *Mallowan's Memoirs*, cit., p. 173.
28 CAT Agatha a Max (9 gennaio 1944).
29 CAT Agatha a Max (2 agosto 1944).
30 CAT Agatha a Max (9 aprile 1944).
31 Claire Langhamer, *The English In Love: The Intimate Story of an Emotional Revolution* (2013).
32 *Five Little Pigs* (1942). Trad. it. di Alberto Tedeschi, *Il ritratto di Elsa Greer*, Milano, Mondadori, 1980 (prima ed. 1946).
33 CAT Agatha a Max (1° luglio 1944).
34 CAT Agatha a Max (9 gennaio 1944).
35 CAT Agatha a Max (2 marzo 1944).
36 CAT Agatha a Max (9 giugno 1944).
37 CAT Agatha a Max (23 luglio 1944).
38 CAT Agatha a Max (28 aprile 1944).
39 Mathew Prichard, in Lynn Underwood (a cura di), Agatha Christie, *Official Centenary Edition Underwood*, cit., p. 65.
40 CAT Agatha a Max (25 maggio 1944).
41 EUL MS 99/1/1947/1 Agatha a Cork (11 gennaio 1947).
42 CAT Agatha a Max (25 agosto 1944).
43 CAT Agatha a Max (31 agosto 1944).
44 CAT Agatha a Max (13 ottobre 1944).
45 CAT Agatha a Max (31 agosto 1944).

46 CAT Agatha a Max (6 ottobre 1944).
47 Henrietta McCall, *The Life of Max Mallowan*, cit., p. 148.
48 EUL MS 99/1/1951 Agatha a Cork (14 febbraio 1951).
49 CAT Agatha a Max (2 novembre 1944).
50 EUL MS 99/1/1944 Cork a Ober (22 febbraio 1944).
51 EUL MS 99/1/1944 Agatha a Cork (19 dicembre 1944).
52 CAT Agatha a Max (16 dicembre 1944).
53 Andrew Norman, *Agatha Christie, The Disappearing Novelis*, cit., p. 91.

## *I Romanzi di Mary Westmacott*

1 EUL MS 99/1/1942 Agatha a Cork (21 febbraio 1942).
2 EUL MS 99/1/1944 Agatha a Cork (11 ottobre 1944).
3 CAT Max a Agatha (12 gennaio 1943).
4 CAT Agatha a Max (14 aprile 1943).
5 CAT Agatha a Max (20 febbraio 1944).
6 Citata in Jared Cade, *Agatha Christie and the Eleven Missing Days*, cit., pp. 276-277, *Agatha Christie e il mistero della sua scomparsa*, cit., p. 279.
7 Max Mallowan, *Mallowan's Memoirs*, cit., p. 195.
8 John Curran, *Agatha Christie, Murder in the Making: More Stories and Secrets from Her Notebooks* (2011).
9 *The Hollow*, cit. (1946). *Poirot e la salma*, cit., p. 22.
10 EUL MS 99/1/1940 Agatha a Sydney Horler, copia (16 novembre 1940).
11 Francis Wyndham, *The Algebra of Agatha Christie*, cit.
12 *An Autobiography*, cit., p. 499. *La mia vita*, cit., pp. 585-586.
13 *Absent in the Spring* (1944). Trad. it. di Hilia Brinis, *Il deserto del cuore*, Milano, Mondadori, 2010, p. 184, p. 186, p. 172.
14 Julius Green, *Curtain Up – Agatha Christie: A Life in Theatre*, cit., p. 430.
15 Citato in Julius Green, *Curtain Up – Agatha Christie: A Life in Theatre*, cit., p. 431.
16 Martin Fido, *The World of Agatha Christie* (1999), p. 94.
17 Jeffrey Feinmann, *The Mysterious World of Agatha Christie* (1975).
18 Dorothy B. Hughes, «The Christie Nobody Knew», in *Bloom et al*, (1992, edizione del 2002), p. 20.
19 Rosalind Hicks in Lynn Underwood (a cura di), *Agatha Christie, Official Centenary Edition*, cit., p. 51.
20 EUL MS 99/1/1947/1 Agatha a Cork (10 aprile 1947).
21 EUL MS 99/1/1949 Agatha a Cork (13 marzo 1949).
22 EUL MS 99/1/1970/2 Agatha a Yasuo Suto (senza data, 1970).
23 EUL MS 99/1/1952 Cork a Ober (18 gennaio 1952).
24 Gillian Gill, *Agatha Christie: The Woman and Her Mysteries*, cit., p. 151. *Agatha Christie: la donna e i suoi misteri*, cit., p. 159.
25 *Giant's Bread*, cit. *Il pane del gigante*, cit., p. 424.

## *Un sogno grandioso e costoso*

1 CAT Agatha a Max (1° luglio 1944).
2 *A Daughter's a Daughter* (1952). Trad. it. di Lorenzo Flabbi, *Una figlia per sempre*, Milano, Mondadori, 2012, p. 21.
3 *The Hollow* (1946). *Poirot e la salma*, cit.
4 ons.gov.uk, percentuale annua di donne che lavorano nel Regno Unito.
5 Viola Klein e Alva Myrdal, *Women's Two Roles* (1956), pp. 1–28. Trad. it. *I due ruoli della donna: famiglia e lavoro*, Roma, Armando, 1973.
6 NT 123881 ex guardia costiera ad Agatha (16 settembre 1970).
7 NT 123882 ex guardia costiera ad Agatha (10 ottobre 1970).
8 Ricordi di Tessa Tattershall raccolti dal National Trust.
9 NT 122918.3 R.J. Knapton & Son, imprenditori edili, ad Agatha (28 luglio 1945).
10 EUL MS 99/1/1951 Agatha a Mrs MacPherson (senza data).
11 EUL MS 99/1/1952 Cork ad Agatha (25 aprile 1952); Hilary Macaskill, *Agatha Christie at Home*, cit., p. 51.
12 EUL MS 99/1/1958/2 Impiegato della Hughes Massie Agency a Dorothy Olding (12 dicembre 1958); 99/1/1962/1 Impiegato della Hughes Massie Agency a impiegato della Harold Ober Associates (21 febbraio 1962).
13 *Sunday Dispatch* (30 agosto 1959), p. 8.
14 NT 123690 Inventory and Valuation of Greenway (12 ottobre 1942), p. 2
15 Marcelle Bernstein, *Hercule Poirot is 130*, cit.
16 Janet Morgan, *Agatha Christie: A Biography*, cit., p. 200.
17 EUL MS 99/1/1950 Agatha a Cork (17 agosto 1950).
18 GH Agatha a Georgina Herrmann (12 giugno, fine anni Sessanta).
19 Janet Morgan, *Agatha Christie: A Biography*, cit., p. 245.
20 Peter Saunders, *The Mousetrap Man* (1972), p. 109.
21 Mathew Prichard, in Lynn Underwood (a cura di), *Agatha Christie, Official Centenary Edition* cit., p. 66.
22 Peter Saunders, *The Mousetrap Man*, cit., p. 116.
23 *Sparkling Cyanide*, cit. *Giorno dei morti*, cit.
24 *The Times* (8 novembre 1949).
25 CAT Rosalind ad Agatha (23 ottobre 1949).
26 Max Mallowan, *Mallowan's Memoirs*, cit., p. 202.
27 CAT Rosalind ad Agatha (23 ottobre 1949).
28 Mathew Prichard, comunicazione personale (27 luglio 2021).
29 Max Mallowan, *Mallowan's Memoirs*, cit., p. 202.
30 Citata in Gwen Robyns, *The Mystery of Agatha Christie*, cit., p. 294.
31 CAT Agatha a Rosalind (senza data).

## *Ritorno a Baghdad*

1 CAT Agatha a Max (senza data, gennaio o febbraio 1944).
2 Archive of the Institute of Archaeology at University College London Li-

brary d'ora in poi UCLL, lettera del direttore dell'Institute of Archaeology all'Academic Registrar (3 febbraio 1947).
3 Henrietta McCall, *The Life of Max Mallowan*, cit., p. 155.
4 EUL MS 99/1/1950 Cork ad Agatha (2 marzo 1950).
5 CAT Max a Rosalind (5 maggio 1947).
6 Matthew Sturgis, *The century makers: 1931, Telegraph* (5 luglio 2003).
7 Citato in Gwen Robyns, *The Mystery of Agatha Christie*, cit., p. 148.
8 CAT Max a Rosalind (5 maggio 1947).
9 Eleanor Robson, «Remnants of empire: views of Kalhu in 1950», oracc. museum. upenn.edu (2016).
10 M.E.L. Mallowan, *The Excavations at Nimrud (Kalhu), 1951*, «Iraq» 14, n° 1 (1952), pp. 1–23, p. 1.
11 Citato in Henrietta McCall, *The Life of Max Mallowan*, cit., pp. 158-159.
12 CAT Agatha a Rosalind (7 gennaio, anno non indicato).
13 Henrietta McCall, *The Life of Max Mallowan*, cit., p. 194, 162.
14 Georgina Herrmann, comunicazione personale (18 gennaio 2022).
15 Citato in John Curran, *Agatha Christie's Secret Notebooks*, cit., p. 264. *I quaderni segreti di Agatha Christie*, cit.
16 CAT Max ad Agatha (17 febbraio 1943).
17 Judy Suh, *Agatha Christie in the American Century*, cit., pp. 63-66.
18 Max Mallowan, *Mallowan's Memoirs*, cit., p. 248.
19 Charlotte Trümpler, *Agatha Christie and Archaeology*, cit., p. 52.
20 Max Mallowan, *Mallowan's Memoirs*, cit., p. 248.
21 Joan Oates, citata in Charlotte Trümpler, *Agatha Christie and Archaeology*, cit, p. 215.
22 Donald Wiseman in Lynn Underwood (a cura di), *Agatha Christie, Official Centenary Edition*, cit., p. 62.
23 Max Mallowan, *Mallowan's Memoirs*, cit., p. 290.
24 EUL MS 99/1/1953/1 Cork a Harold Ober (6 febbraio 1953).
25 Donald Wiseman in Lynn Underwood (a cura di), *Agatha Christie, Official Centenary Edition*, cit., p. 62.
26 Joan Oates citata in Laura Thompson, *Agatha Christie*, cit., p. 420.
27 Dottor Paul Collins, comunicazione personale (27 aprile 2021).
28 Eleanor Robson, «Remnants of empire: views of Kalhu in 1950», cit.
29 Donald Wiseman, in Lynn Underwood (a cura di), *Agatha Christie, Official Centenary Edition*, cit., p. 62.
30 Joan Oates, citata in Laura Thompson, *Agatha Christie*, cit., p. 420.
31 Donald Wiseman, in Lynn Underwood (a cura di), *Agatha Christie, Official Centenary Edition*, cit., p. 62.
32 Joan Oates, «Agatha Christie, Nimrud and Baghdad», in Charlotte Trümpler (a cura di), *Agatha Christie and Archaeology*, cit., pp. 205–228, p. 211.
33 Donald Wiseman, in Lynn Underwood (a cura di), *Agatha Christie, Official Centenary Edition*, cit., p. 61.
34 Max Mallowan, *Mallowan's Memoirs*, cit., p. 290.
35 Citato in Henrietta McCall, *The Life of Max Mallowan*, cit., p. 174.
36 Max Mallowan, *Mallowan's Memoirs*, cit., p. 237, p. 233.

37 Henrietta McCall, *The Life of Max Mallowan*, cit., p. 176.
38 Citato in Laura Thompson, *Agatha Christie*, cit., p. 417.
39 Charlotte Trümpler, *Agatha Christie and Archaeology*, cit., p. 161.
40 https://www.bbc.co.uk/news/world-middle-east-37992394
41 Andrew Eames, *The 8.55 to Baghdad*, cit., p. 330; l'edificio che fungeva da base della spedizione viene distrutto al cinquantottesimo secondo del video, si veda https://www.bbc.co.uk/news/world-middle-east-37992394
42 Eleanor Robson, *Old habits die hard: Writing the excavation and dispersal history of Nimrud*, «Museum History Journal» (vol. 10, 2017), pp. 217–232, nota a piè di pagina 52.
43 *Agatha Christie in the Middle East*, documentario di Sabine Scharnagl proiettato per la prima volta all'International Agatha Christie Festival, Torquay Museum (12 settembre 2021).

## *Christieland dopo la guerra*

1 *A Murder Is Announced* (1950). Trad. it. *Un delitto avrà luogo*, in *Miss Marple: indagare è il mio peccato*, a cura di Alberto Tedeschi, Milano, Mondadori, 1972.
2 Nicola Humble, *The Feminine Middlebrow Novel, 1920s to 1950s*, cit., p. 103, p. 107.
3 Nigel Dennis, *Genteel Queen of Crime*, cit., p. 98.
4 John Mallowan, comunicazione personale (8 gennaio 2022).
5 Charles Osborne, *The Life and Crimes of Agatha Christie*, cit., p. 272.
6 Janet Morgan, *Agatha Christie: A Biography*, cit., p. 270.
7 EUL MS 99/1/1962/1 Olding a Cork (25 aprile 1962).
8 EUL MS 99/1/1964/2 Sara Jane Beal a Dodd, Mead (23 aprile 1964).
9 EUL MS 99/1/1964/2 dipendente della Hughes Massie a Sarajane Beal (9 giugno 1964).
10 Jane Arnold, *Detecting Social History: Jews in the work of Agatha Christie*, «Jewish Social Studies», vol. 49, n° 3–4 (estate-autunno 1987), pp. 1987, p. 279.
11 *Poirot e la salma*, cit., p. 93.
12 EUL MS 99/1/1949 James Wise a Raymond Bond (21 gennaio 1949).
13 EUL MS 99/1/1947/1 Ober a Cork (6 febbraio 1947).
14 Gillian Gill, *Agatha Christie*, cit., p. 161. *Agatha Christie: la donna e i suoi misteri*, cit., p. 169.
15 *An Autobiography*, cit., p. 192.
16 EUL MS 99/1/1953/1 Cork a Ober (25 febbraio 1953).
17 Citato da Frelin in H.R.F. Keating (a cura di), *Agatha Christie: First Lady of Crime*, cit., pp. 13–24, p. 19; Charles Osborne, *The Life and Crimes of Agatha Christie*, cit., p. 277.
18 *Agatha's last mystery – her fortune*, *Chicago Tribune* (26 gennaio 1976).
19 Francis Wyndham, *The Algebra of Agatha Christie*, cit.
20 Conversazione con Agatha Christie, BBC Radio Light Programme (13 febbraio 1955).

21 EUL MS 99/1/1949 Agatha a Cork (13 marzo 1949).
22 John Curran, *Agatha Christie's Secret Notebooks*, cit., p. 24. *I quaderni segreti di Agatha Christie*, cit., p. 34.
23 *Ibidem*, p. 44. *I quaderni segreti di Agatha Christie*, cit., p. 54.
24 *Ibidem*, pp. 99-101. *I quaderni segreti di Agatha Christie*, cit., p. 77 e pp. 110-114.
25 *Ibidem*, p. 74. *I quaderni segreti di Agatha Christie*, cit.
26 A. L. Rowse, *Memories and Glimpses*, cit., p. 74.
27 CAT Agatha a Max (10 ottobre 1931).
28 CAT Agatha a Max (13, 16 e 26 ottobre 1931).
29 John Curran, *Agatha Christie's Secret Notebooks*, cit., p. 139. *I quaderni segreti di Agatha Christie*, cit.
30 *Ibidem*, p. 25, p. 335. *I quaderni segreti di Agatha Christie*, cit.
31 Quaderno 36, citato in John Curran, *Agatha Christie's Secret Notebooks*, cit., p. 355. *I quaderni segreti di Agatha Christie*, cit.
32 Mathew Prichard, in Lynn Underwood (a cura di), *Agatha Christie, Official Centenary Edition*, cit., p. 66.
33 Rosalind Hicks sul *Times* (8 settembre 1990), p. 65.
34 EUL MS 99/1/1947/1 Agatha a Cork (7 febbraio 1947).
35 EUL MS 99/1/1952 (progetto di quarta di copertina senza data).
36 Gwen Robyns, *The Mystery of Agatha Christie*, cit., p. 25.

## *Seconda fila in platea*

1 *Daily Mail* (14 aprile 1958). In *An Autobiography*, Agatha confonde il party per la millesima rappresentazione di *Trappola per topi* con il party per il decimo amnniversario della rappresentazione, nel 1962. È comprensibile: Peter Saunders amava molto i party.
2 Peter Saunders, *The Mousetrap Man* (1972), pp. 7-8.
3 *Daily Mail* (14 aprile 1958).
4 CAT Agatha a Max (31 gennaio 1945).
5 Peter Saunders, *The Mousetrap Man* cit., p. 9.
6 *Daily Mail* (14 aprile 1958).
7 John Bull (a cura di), *The Dictionary of Literary Biography volume on British and Irish Dramatists Since World War II* (2001), p. 281, p. 98.
8 Julius Green, *Curtain Up – Agatha Christie: A Life in Theatre*, cit., p. 1.
9 CAT «Confessions» (15 ottobre 1897); Julius Green, *Curtain Up – Agatha Christie: A Life in Theatre*, cit., p. 7.
10 *Daily Express* (16 maggio 1928).
11 EUL MS 99/1/1940 Agatha a Edmund Cork (15 gennaio 1940).
12 Intervista radiofonica ad Agatha Christie, BBC Radio Light Programme (13 febbraio 1955).
13 Alison Light, *Forever England: Femininity, Literature and Conservatism between the Wars*, cit., pp. 96–97.
14 EUL MS 99/1/1942 Agatha a Cork (17 settembre 1942).
15 Julius Green, *Curtain Up – Agatha Christie: A Life in Theatre*, cit., p. 165.

16 CAT Agatha a Max (17 novembre 1943).
17 Peter Haining, in Lynn Underwood (a cura di), *Agatha Christie, Official Centenary Edition*, cit., p. 71.
18 Mark Aldridge, in *Agatha Christie on Screen*, cit., p. 308, chiarisce la versione che di solito viene data di questa storia.
19 Peter Saunders, *The Mousetrap Man*, cit., p. 106.
20 Gregg (1980) pp. 50-51, p. 19, p. 32, p. 37, foto p. 80; citato in Julius Green, *Curtain Up – Agatha Christie: A Life in Theatre*, cit., p. 266.
21 Julius Green, *Curtain Up – Agatha Christie: A Life in Theatre*, cit., p. 305, p. 320.
22 Peter Saunders, *The Mousetrap Man*, cit., p. 141.
23 EUL MS 99/1/1952 Agatha a Cork (3 febbraio 1952).
24 *Daily Express*, citato in Julius Green, *Curtain Up – Agatha Christie: A Life in Theatre*, cit., p. 367.
25 Peter Saunders, *The Mousetrap Man*, cit., p. 143.
26 Lucy Bailey, regista di *Witness for the Prosecution*, citata in *The Guardian* (28 novembre 2018).
27 Citata in Julius Green, *Curtain Up – Agatha Christie: A Life in Theatre*, cit., p. 318.
28 CAT Agatha a Max (3 gennaio 1945).
29 Citata in Richard Hack, *Duchess of Death*, cit., p. 215.

## *Una tenera nonna*

1 Nigel Dennis, *Genteel Queen of Crime*, cit., pp. 88-89.
2 EUL MS 99/1/1966/2 lettera di Cork (31 gennaio 1966).
3 EUL MS 99/1/1957/1 Cork a Rosalind (22 febbraio 1957).
4 EUL MS 99/1/1940 Agatha a Edmund Cork (15 gennaio 1940).
5 EUL MS 99/1/1960/1 Agatha a Cork (6 giugno 1960).
6 Philip Ziegler, comunicazione personale (16 novembre 2021).
7 Francis Wyndham, *The Algebra of Agatha Christie*, cit.
8 EUL MS 99/1/1971/1 Cork a Mrs Arthur F. Chuttle (22 giugno 1971).
9 Philip Ziegler, comunicazione personale (16 novembre 2021).
10 Joseph G. Harrison, *Agatha Christie's life – less interesting than her novels*, *Christian Science Monitor* (1° dicembre 1977).
11 Citato in Gwen Robyns, *The Mystery of Agatha Christie*, cit., p. 31.
12 CAT Agatha a Max (23 ottobre 1931).
13 Gillian Gill, *Agatha Christie*, cit., p. 212. *Agatha Christie: la donna e i suoi misteri*, cit., p. 221.
14 EUL MS 99/1/1957/1 Cork a Rosalind (27 giugno 1957).
15 EUL MS 99/1/1950 Agatha a Cork (8 settembre 1950).
16 EUL MS 99/1/1953/1 Agatha a Cork (12 febbraio 1953).
17 Citato in Gwen Robyns, *The Mystery of Agatha Christie*, cit., p. 190.
18 Gwen Robyns, *The Mystery of Agatha Christie*, cit., p. 270.
19 CAT copia di una lettera di Cork a Dorothy Olding (6 ottobre 1966) (l'originale non è stato reperito in EUL).

20 Alfred Leslie Rowse, *Memories and Glimpses*, cit., p. 84, p. 73.
21 Citata in Gwen Robyns, *The Mystery of Agatha Christie*, cit., p. 192.
22 Hubert Gregg, *Agatha Christie and All That Mousetrap*, cit., p. 161.
23 Margaret Lockwood intervistata su *Reynolds News* (17 gennaio 1954), citata in Julius Green, *Curtain Up – Agatha Christie: A Life in Theatre*, cit., p. 403.
24 Citata in Laura Thompson, *Agatha Christie: An English Mystery*, cit., p. 483.
25 Max Mallowan, *Mallowan's Memories*, p. 201.
26 Susan Pedersen e Joanna Biggs, podcast *No, I'm not getting married!*, *London Review of Books Conversations* (9 giugno 2020).

## *Il mistero del patrimonio di Agatha*

1 Mark Aldridge, *Agatha Christie on Screen*, cit., pp. 27-28.
2 *Ibidem*, pp. 82-91.
3 EUL MS 99/1/1955/1 Cork a Ober (8 settembre 1955).
4 Julius Green, *Curtain Up – Agatha Christie: A Life in Theatre*, cit., pp. 391-392.
5 EUL MS 99/1/1960/1 Agatha a Cork (20 gennaio 1960).
6 *Daily Mail* (12 marzo 1960).
7 EUL MS 99/1/1960/3 Cork a Rosalind (26 febbraio 1960).
8 EUL MS 99/1/1961/1 Agatha a Cork (18 agosto 1961).
9 EUL MS/99/1/1961/3 Cork a Rosalind (11 gennaio 1961).
10 EUL MS 99/1/1961/1 Agatha a Cork (17 settembre 1961).
11 Mark Aldridge, *Agatha Christie on Screen*, cit., p. 150.
12 Citato in Mark Aldridge, *Agatha Christie on Screen*, cit., p. 150.
13 EUL MS 99/1/1964/1 Agatha a Pat Cork (18 marzo 1964).
14 EUL MS 99/1/1964/2 Agatha a Larry Bachmann (11 aprile 1964).
15 Citata in Lynn Underwood (a cura di), *Agatha Christie, Official Centenary Edition*, cit., p. 40.
16 Citato in Richard Hack, *Duchess of Death*, cit., p. 213.
17 Mathew Prichard, citato in Lynn Underwood (a cura di), *Agatha Christie, Official Centenary Edition*, cit., p. 68.
18 EUL MS 99/1/1964/5 Rosalind a Cork (25 marzo 1964).
19 Francis Wyndham, *The Algebra of Agatha Christie*, cit.
20 Lettera di Peter Seddon al *Sunday Times* (17 novembre 1974). Ringrazio Mark Aldridge.
21 Hubert Gregg, *Agatha Christie and All That Mousetrap*, cit., p. 16.
22 Nigel Dennis, *Genteel Queen of Crime*, cit., pp. 88-89.
23 EUL MS 99/1/1949 Cork a Ober (20 gennaio 1949).
24 EUL MS 99/1/1951 Agatha a Cork (16 aprile 1951).
25 EUL MS 99/1/1945 Cork a Ober (15 giugno 1945).
26 Charles Osborne, *The Life and Crimes of Agatha Christie*, cit., p. 296.
27 EUL MS 99/1/1947/1 «liability for income tax... 1930–1944».
28 EUL MS 99/1/1948 Norman Dixon a Cork (17 settembre 1948).
29 EUL MS 99/1/1948 Cork a Ober (30 settembre 1948).

30 EUL MS 99/1/1950 Ispettore del fisco alla Hughes Massie (27 gennaio 1950).
31 EUL MS 99/1/1948 Agatha a Cork (30 agosto 1948).
32 EUL MS 99/1/1950 Agatha a Cork (16 febbraio 1950).
33 Adam Sisman, *John le Carré* (2015), pp. 271–272; EUL MS 99/1/1953/2 Hicks a Cork (19 dicembre 1954).
34 Andrew Lycett, *Ian Fleming: The Man Who Created James Bond*, cit., p. 277.
35 EUL MS 99/1/1955/1 Agatha a Cork (19 febbraio 1955).
36 CAT Agatha a Rosalind e Anthony (20 febbraio 1956).
37 EUL MS 99/1/1956/1 Agatha a Cork (8 gennaio 1956).
38 EUL MS 99/1/1956/3 Rosalind a Cork (2 giugno 1956).
39 EUL MS 99/1/1958/2 Rosalind a Cork (5 dicembre 1958).
40 Mathew Prichard, comunicazione personale (5 gennaio 2022).
41 Janet Morgan, alla voce «Christie Dame Agatha Mary Clarissa», *Oxford Dictionary of National Biography* (2017), riassume bene l'operazione.
42 EUL MS 99/1/1966/2 Agatha a Cork (29 marzo 1966).

## *Una famiglia allargata*

1 EUL MS 99/1/1960/1 Agatha a Cork (16 settembre 1960).
2 CAT Agatha a Max da Greenway (27 ottobre 1942).
3 *The Sittaford Mystery* (1931), trad. it. di Maria Grazia Griffini, *Un messaggio dagli spiriti*, Milano, Mondadori, 2019.
4 EUL MS 99/1/1960/1 Agatha a Cork (11 gennaio 1960).
5 Andrew Eames, *The 8.55 to Baghdad*, cit., pp. 86-97.
6 EUL MS 99/1/1962/2 Agatha a Cork (senza data, ma sicuramente settembre 1960) (collocato nel faldone sbagliato).
7 Ritchie Calder, *Agatha and I*, cit.
8 Lo disse nella prima stesura inedita delle sue memorie (Janet Morgan, comunicazione personale, 3 gennaio January 2022).
9 CAT Agatha a Max (senza data, probabilmente autunno del 1930).
10 Edmund Crispin citato in H.R.F. Keating (a cura di), *Agatha Christie: First Lady of Crime*, cit., p. 45.
11 Peter Saunders, *The Mousetrap Man*, cit., p. 109.
12 *Agatha Christie in the Middle East*, cit., documentario di Sabine Scharnagl (2021).
13 CAT «In the Service of a Great Lady, the Queen of Crime», dattiloscritto di George Gowler, p. 5, p. 16.
14 NT 121991, lista rinvenuta dentro il libro di Clara Miller di «ricette per Agatha».
15 Ricordi di Dixie Gregg raccolti dal National Trust.
16 Alison Light, *Forever England: Femininity, Literature and Conservatism between the Wars*, cit., pp. 79-82.
17 Henrietta McCall, *The Life of Max Mallowan*, cit., p. 165.
18 EUL MS 99/1/1961/1 Cork a Dorothy Olding (29 agosto 1961).
19 Richard Ollard (a cura di), *The Diaries of A.L. Rowse*, cit., p. 438.

20 EUL MS 99/1/1968/2 Agatha a Cork (18 ottobre 1968).
21 Ellen McAdam, comunicazione personale (8 aprile 2021).
22 CAT Agatha a Rosalind e Anthony (20 febbraio 1956).
23 Programma del convegno su Agatha Christie presso la Solent University, Southampton (5–6 settembre 2019), abstract di Emma Shackle, p. 9.
24 Georgina Herrmann, comunicazione personale (18 gennaio 2022).
25 Mathew Prichard, in Lynn Underwood (a cura di), Agatha Christie, *Official Centenary Edition*, cit., p. 65.
26 Alfred Leslie Rowse, *Memories and Glimpses*, cit., p. 77.
27 Rosalind Hicks in *The Times* (8 settembre 1990), p. 66.
28 CAT Archie a Rosalind (24 ottobre 1958).
29 Jared Cade, *Agatha Christie and the Eleven Missing Days*, cit., p. 257.
30 Rosalind Hicks, citata in Laura Thompson, *Agatha Christie*, cit., pp. 410-411.
31 Mathew Prichard, comunicazione personale (5 gennaio 1922).
32 *Maj-Gen Campbell Christie, The Times* (22 giugno 1963).
33 Marguerite Tarrant, *Mathew Prichard, People* (10 aprile 1978).
34 Lynn Underwood (a cura di), *Agatha Christie, Official Centenary Edition*, cit., p. 42.
35 A.L. Rowse, *Memories and Glimpses*, cit., p. 89.
36 Philip Ziegler, comunicazione personale (16 novembre 2021).
37 CAT «In the Service of a Great Lady, the Queen of Crime», cit., dattiloscritto di George Gowler, p. 4.
38 George Gowler citato in *Devon cream, Daily Telegraph* (7 ottobre 1993).
39 CAT «In the Service of a Great Lady, the Queen of Crime», cit., dattiloscritto di George Gowler, pp. 16–22.
40 Janet Morgan, *Agatha Christie: A Biography*, cit., p. 239; EUL MS 991/1/1945 Agatha a Cork (18 gennaio 1945).
41 Faye Stewart, *Of red herrings and lavender: reading crime and identity in queer detective fiction*, «Clues: A Journal of Detection», vol. 27.2 (2009), pp. 33–44.
42 Julius Green, *Curtain Up – Agatha Christie: A Life in Theatre*, cit., p. 306.
43 John Curran, *Agatha Christie's Secret Notebooks*, cit., p. 179. *I quaderni segreti di Agatha Christie*, cit., p. 234.
44 *A Murder is Announced*, cit. *Un delitto avrà luogo*, cit.
45 Tina Hodgkinson, «Disability and Ableism», relazione presentata al congresso su Agatha Christie alla Solent University, Southampton (5–6 settembre 2019).
46 Mathew Prichard, comunicazione personale (28 luglio 2021).

## *Donne detective*

1 Max Mallowan, *Mallowan's Memoirs*, cit., p. 227.
2 Francis Wyndham, *The Algebra of Agatha Christie*, cit.
3 «The Affair at the Bungalow» in *The Thirteen Problems* (1932), p. 261. Trad. it. di Lydia Lax, «Un incidente al bungalow», in *Miss Marple e i tredici problemi*, Milano, Mondadori, 1981.

4 CAT Dorothy L. Sayers ad Agatha (17 dicembre 1930).
5 Francis Wyndham, *The Algebra of Agatha Christie*, cit.
6 Peter Keating, *Agatha Christie and Shrewd Miss Marple*, cit., p. 327, p. 425.
7 *The Body in the Library*, cit. *C'è un cadavere in biblioteca*, cit.
8 Margery Fry, *The Single Woman* (1953) pp. 31–33, citata in Janet H. Howarth, *Women in Britain*, cit., p. 154.
9 *Assassinio allo specchio*, trad. it. di Lidia Ballanti, Milano, Mondadori, 1982, p. 11.
10 Peter Keating, *Agatha Christie and Shrewd Miss Marple*, cit.
11 CAT quaderno 27.
12 Gillian Gill, *Agatha Christie: The Woman and Her Mysteries*, cit., p. 201; *Agatha Christie: la donna e i suoi misteri*, cit., p. 207.
13 *A Murder Is Announced*, cit. *Un delitto avrà luogo*, cit.
14 Gillian Gill, *Agatha Christie: The Woman and Her Mysteries*, cit., p. 208. *Agatha Christie: la donna e i suoi misteri*, cit., p. 214.
15 Laura Thompson, *Agatha Christie*, cit., p. 373.
16 *The Mousetrap*, cit., p. 19. Trad. it. di Ida Omboni, *Trappola per topi*, Milano, Mondadori, 1982, p. 24.
17 Gillian Gill, *Agatha Christie: The Woman and Her Mysteries*, cit., p. 203. *Agatha Christie: la donna e i suoi misteri*, cit., p. 209.
18 *A Caribbean Mystery*, cit. *Miss Marple nei Caraibi*, cit.

## *Sapere quando andarsene*

1 EUL MS 99/1/1960/1 Olding a Cork (6 luglio 1960).
2 Francis Wyndham, *The Algebra of Agatha Christie*, cit.
3 John Curran, *Agatha Christie's Secret Notebooks*, cit., p. 305.
4 Gillian Franks, Aberdeen Press and Journal, cit., p. 5.
5 John Curran, *Agatha Christie's Secret Notebooks*, cit., p. 375. Trad. it. *I quaderni segreti di Agatha Christie*, cit., p. 347.
6 CAT quaderno 3, «Notes on Passenger to Frankfurt», p. 30.
7 Charles Osborne, *The Life and Crimes of Agatha Christie*, cit., p. 30.
8 EUL MS 99/1/1970/2 Olding a Cork (30 giugno 1970).
9 *New York Times* (13 dicembre 1970).
10 EUL MS 99/1/1971/1 Cork ad Agatha (2 agosto 1971).
11 Hilary Macaskill, *Agatha Christie at Home*, cit., p. 73.
12 EUL MS 99/1/1965/2 Olding a impiegato della Hughes Massie (29 marzo 1965).
13 EUL MS 99/1/1971/1 Cork ad Agatha (2 agosto 1971).
14 CAT Agatha a Rosalind (luglio 1971).
15 CAT Rosalind ad Agatha (20 luglio 1971).
16 EUL MS 99/1/1966/2 Agatha a Cork (31 dicembre 1966).
17 Ian Lancashire e Graeme Hirst, «Vocabulary Changes in Agatha Christie's Mysteries as an Indication of Dementia: A Case Study», *19th Annual Rotman Research Institute Conference, Cognitive Aging: Research and Practice* (2009).
18 Ian Lancashire, citato in Alison Flood, *Study Claims Agatha Christie had Alzheimers*, Guardian (3 aprile 2009).

## *Winterbrook*

1 *Scheme for Torquay flats gets approval, Herald Express* (1° ottobre 1960); *An appeal against planning refusal, Torbay Express and South Devon Echo* (3 novembre 1962).
2 Hilary Macaskill, *Agatha Christie at Home*, cit., p. 42.
3 *An Autobiography*, cit., p. 531. *La mia vita*, cit., p. 623.
4 CAT Agatha a Max (24 dicembre 1943).
5 Marcelle Bernstein, *Hercule Poirot is 130*, cit.
6 CAT Agatha a Billy Collins (28 ottobre 1970).
7 Janet Morgan, *Agatha Christie: A Biography*, cit., p. 365.
8 CAT quaderno 28, 14 pagine dal retro.
9 NT 123654 Reginald Campbell Thompson a Max Mallowan (14 giugno, anno non indicato, probabilmente il 1934).
10 Richard Ollard (a cura di), *The Diaries of A.L. Rowse*, cit., p. 437.
11 NT 119087.57.7, dattiloscritto con la storia di Greenway.
12 CAT, solo un paio di esempi nella valanga di lettere di fan.
13 Michael Mortimer, comunicazione personale (12 gennaio 2022).
14 Grazie alla conservatrice del museo, Judy Dewey, gli archivi del Wallingford Museum contengono molte più informazioni sulla vita di Agatha Christie nella cittadina.
15 Max Mallowan, *Mallowan's Memoirs*, cit., p. 293.
16 CAT Max a Rosalind (15 ottobre 1943).
17 Henrietta McCall, *The Life of Max Mallowan*, cit., p. 191.
18 Miriam C. Davis, *Dame Kathleen Canyon* (2008), p. 136.
19 CAT album fotografico di famiglia.
20 Janet Morgan, *Agatha Christie: A Biography*, cit., p. 368.
21 EUL MS 99/1/1966/2 Agatha a Cork (29 marzo 1966).
22 *Sun* (16 giugno 1971).
23 EUL MS 99/1/1971/1 Cork all'agenzia di Ober (21 giugno 1971).
24 EUL MS 99/1/1971/1 Max a Cork (24 giugno 1971).
25 CAT Agatha a Rosalind (estate 1971).
26 EUL MS 99/1/1973/1 Olding a Cork (27 luglio 1973).
27 John Curran, *Agatha Christie, Murder in the Making*, cit., p. 407.
28 Citato in John Curran, *Agatha Christie's Secret Notebooks*, cit., p. 68. *I quaderni segreti di Agatha Christie*, cit.
29 CAT Lord Mountbatten, conte di Birmania, ad Agatha (8 novembre 1972).
30 Mark Aldridge, *Agatha Christie on Screen*, cit., p. 174.
31 Lynn Underwood (a cura di), *Agatha Christie, Official Centenary Edition*, cit., p. 41.
32 Richard Goodwin, comunicazione personale (22 maggio 2021).
33 Lynn Underwood (a cura di), *Agatha Christie, Official Centenary Edition*, cit., p. 41.
34 *The Times* (11 febbraio 1975).
35 Richard Goodwin, comunicazione personale (22 maggio 2021).

36 Max Mallowan, *Mallowan's Memoirs*, cit., p. 215.
37 *The Guardian* (9 ottobre 1975).
38 EUL MS 99/1/1975/1 Max a Cork (31 luglio 1975).
39 Versi da *La regina delle fate* di Edmund Spenser.
40 Max Mallowan, *Mallowan's Memoirs*, cit., p. 311; GH Max a Georgina Herrmann (29 gennaio 1976).
41 Janet Morgan, *Agatha Christie: A Biography*, cit., p. 376.
42 *Agatha Christie buried after closed funeral, Hartford Courant* (17 gennaio 1976).
43 Mathew Prichard citato in Lynn Underwood (a cura di), *Agatha Christie, Official Centenary Edition*, cit., p. 69.
44 GH Max a Georgina Herrmann (29 gennaio 1976).
45 «Remembrance», riprodotta in *Star Over Bethlehem and other stories*, cit., p. 191.
46 CAT Agatha a Rosalind (senza data, luglio 1971).
47 CAT Agatha a Max (senza data, 1930).
48 *The Mirror Crack'd from Side to Side*, cit. *Assassinio allo specchio*, cit.
49 Henrietta McCall, comunicazione personale (7 maggio 2021).
50 Jared Cade, *Agatha Christie and the Eleven Missing Days*, cit., p. 280 *Agatha Christie e il mistero della sua scomparsa*, cit.; Henrietta McCall, *The Life of Max Mallowan*, cit. p. 193.
51 Max ad Agatha (22 dicembre 1943).
52 GH Max a Georgina Herrmann (29 gennaio 1976).
53 CAT Agatha a Max (20 ottobre 1943).
54 CAT Max ad Agatha (25 febbraio 1945).
55 CAT Agatha a Rosalind (estate 1971).
56 CAT Max ad Agatha (9 settembre 1936).
57 Citato in Laura Thompson, *Agatha Christie*, cit., p. 453.
58 NT Max Mallowan, certificato ufficiale di morte conforme alla legge del 1953 sulla Registrazione delle morti e delle nascite.
59 Henrietta McCall, *The Life of Max Mallowan*, cit., p. 196.
60 CAT Agatha a Max (21 maggio 1930).

## *Dopo le esequie*

1 Nicholas de Jongh, *Agatha Christie remains unsolved, The Guardian* (13 gennaio 1976).
2 Mary Shepperston, *The Turbulent Life of the British School of Archaeology in Iraq, The Guardian* (17 luglio 2018).
3 Ellen McAdam, comunicazione personale (8 aprile 2021).
4 Mary Shepperston, *The Turbulent Life of the British School of Archaeology in Iraq*, cit.
5 *Agatha Christie in the Middle East*, cit., documentario di Sabine Scharnagl (2021).
6 *Prolific Author's Fortune Gone, Los Angeles Times* (2 maggio 1976).
7 Charles Osborne, *The Life and Crimes of Agatha Christie*, cit., p. 368.

8 Gwen Robyns, *The Mystery of Agatha Christie*, cit., p. 271.
9 Julius Green, *Curtain Up – Agatha Christie: A Life in Theatre*, cit., p. 15.
10 *The Times* (4 giugno 1998).
11 Marguerite Tarrant, *Mathew Prichard*, cit.
12 Henrietta McCall, comunicazione personale (7 maggio 2021).
13 Hilary Macaskill, *Agatha Christie at Home*, cit., p. 107.
14 NT 119087.1 Anthony Steen MP a Rosalind Hicks (12 gennaio 2000).
15 Bret Hawthorne, *Agatha Christie's Devon*, cit., p. 18.
16 Citato in Hilary Macaskill, *Agatha Christie at Home*, cit., p. 125.
17 Rapporto sull'asta Bearnes Hampton & Littlewood (12 settembre 2006).
18 https://www.irishtimes.com/life-and-style/homes-and-property/fine-art-antiques/agatha-christie-and-the-mystery-diamonds-1.1898074
19 James Prichard, comunicazione personale (4 maggio 2021).
20 CAT Agatha a Dorothy Claybourne (21 ottobre 1970).
21 Marguerite Tarrant, *Mathew Prichard*, cit.; *Liverpool Echo* (13 marzo 1990), p 8.
22 Mathew Prichard, comunicazione personale (5 gennaio 2022).
23 Gwen Robyns, *The Mystery of Agatha Christie*, cit., p. 120.
24 Lettera al *Times* (14 ottobre 1977).
25 Jared Cade, *Agatha Christie and the Eleven Missing Days*, cit., p. 131. *Agatha Christie e il mistero della sua scomparsa*, cit., p. 141.
26 Angus Calder, *Gods, Men and Mongrels* (2004), p. 2.
27 Beth Gillin, *Dame Agatha herself is still a big mystery*, *Chicago Tribune* (11 gennaio 1991).
28 Gillian Gill, *Agatha Christie: The Woman and Her Mysteries*, cit., p. 2. *Agatha Christie: la donna e i suoi misteri*, cit., p. 13.
29 Alison Light, *Forever England: Femininity, Literature and Conservatism between the Wars*, cit., p. 61.
30 Margaret Lockwood, citata in Julius Green, *Curtain Up – Agatha Christie: A Life in Theatre*, cit., p. 403.
31 *Come, Tell Me How You Live*, cit., p. 2., *Viaggiare è il mio peccato*, cit.

# Indice

SALANI
LE STANZE

**Vittorio Macioce**
*Dice Angelica*

**Sandro Marenco**
*Dillo al Prof*

**Davide Mosca**
*Amare una volta*

**Guzel' Jachina**
*Figli del Volga*

**Giovanni Ferrero**
*Blu di Prussia e rosso porpora*

**Carola Carulli**
*Tutto il bene, tutto il male*

**Luca Trapanese**
*Le nostre imperfezioni*

**Valeria Gargiullo**
*Mai stati innocenti*

**François Morlupi**
*Nel nero degli abissi*

**Paolo Calabresi**
*Tutti gli uomini che non sono*

**Romano De Marco**
*La casa sul promontorio*

**Fabio Salamida**
*L'ultimo tram*

SALANI
LE STANZE

**Pablo Maurette**
*Il tempo è un fiume*

**Maria Beatrice Alonzi**
*Noi, parola di tre lettere*

**Valeria Tron**
*L'equilibrio delle lucciole*

**Nicolò Zuliani**
*Il colore della tempesta*

**Kristina Ohlsson**
*Rischio tempesta*

**Igor De Amicis**
*'O regno*

**Nella Frezza**
*Bugie di famiglia*

**Giancarlo Piacci**
*I santi d'argento*

**Vicente Vallés**
*Operazione Kazan*

**Natàlia Romaní**
*Il tempo della nostalgia*

**Mattia Villardita**
*Io e Spider-Man*

**Camilla Ghiotto**
*Tempesta*